JN098658

事務管理・不当利得・不法行為 ^第4^版

セカンドステージ債権法 III

野澤正充

日本評論社

第4版　はしがき

　本書の第3版（2020年4月）を公にしてから、3年が経過した。改訂の間隔としては、やや短いものの、この間、不法行為の領域では、多くの重要な最高裁判所の判断が示された。例えば、後遺障害による逸失利益の定期金賠償を認めた最判令和2・7・9民集74巻4号1204頁は、平成8年の民事訴訟法改正による定期金賠償の規定（民訴117条1項本文）を背景にした新しい判断である。また、被用者の使用者に対する逆求償を認めた最判令和2・2・28民集74巻2号106頁は、使用者責任の根拠である報償責任と危険責任の考え方を、従来の理解よりも先に進める判決である。そして、建設アスベスト訴訟に関して第一小法廷が令和3年5月17日に下した四つの判決（神奈川1陣、東京1陣、京都1陣および大阪1陣）は、共同不法行為（719条1項後段）の解釈を明らかにした画期的な判決であった。さらに、IT社会の一層の進展に伴い、プライバシー権の保護が喫緊の課題となっている。そこで、一方では、2021年4月にプロバイダ責任制限法が改正され、被害者の円滑な救済が図られることが期待されている。また、他方では、ツイート記事の削除請求を認めた最判令和4・6・24民集76巻5号1170頁が公にされた。

　以上のほかにも、最高裁判所の新しい判断が、数多く示されている。そして、これらの判例や立法の概観から、私たちは、まさに現代社会の動向が不法行為法に反映されている、ということを理解することができる。

＊　　　　＊　　　　＊

　なお、本書の第3版では、債権法改正前の規律については「旧法」と表記し、それとの対比で、改正法の規律を「新法」と表記していた。「旧法」の表記は

そのままであるが、改正法が施行されてから時間も経過したため、「新法」については、単に「民法」と表記し、あるいは「現行民法」と表記した。この二つの区別には大きな意味はなく、文脈に合わせた表現の違いに過ぎない。

＊　　　＊　　　＊

　幸いにも、本書の第3版は、多くの読者に支えられた。この第4版も、引き続き、みなさんの学習に役立てていただければ幸いである。また、今回の改訂に際しても、日本評論社の柴田英輔氏にご助力をいただいた。心からお礼を申し上げたい。

　2024年3月

野澤正充

第3版　はしがき

　本書は、民法（債権関係）の改正に関する法律の施行（2020年4月1日）に合わせて、本書第2版の記述を改めたものである。

　もっとも、第2版の「はしがき」でも述べたように、「本書の対象領域においては、民法（債権関係）の改正の影響は、それほど大きくはない」。しかも、本書の第2版（2017年）は、その当時における最新の判例をカバーしていた（検索エンジンの管理者に対する検索結果の削除請求の可否が争われた、最決平成29・1・31民集71巻1号63頁）。それゆえ、この第3版では、大きな修正は必要なく、全体としては第2版の記述がそのまま活かされている。

　しかし、民法（債権関係）の改正は、まさに120年ぶりの債権法の大改正であり、その施行に合わせて改めた本書の記述も、予想以上に多くの箇所に及んだ。しかも、社会の動きはさらに速く、2018年の相続法の改正もまた、本書の領域に少なからざる影響を及ぼしている。そして、わずかではあるが、判例も付け加えた。

　読者のみなさんには、本書の第3版により、事務管理・不当利得・不法行為という錯綜した領域を、簡明に学んでいただければ幸いである。

＊　　　　＊　　　　＊

　今回の改訂に際しても、日本評論社の柴田英輔氏にご助力をいただいた。心からお礼を申し上げたい。

　2020年3月

野澤正充

第 2 版　はしがき

　本書の対象領域においては、民法（債権関係）の改正の影響は、それほど大きくはない。例えば、不当利得では、民法総則の規定ではあるが、「原状回復の義務」に関する改正法案 121 条の 2 が、少なくとも給付不当利得について類型論を基礎とすることを明らかにした。また、不法行為では、中間利息の控除が明文化されたほか、消滅時効が改正されている。

＊　　　　＊　　　　＊

　しかし、本書の初版以降、不法行為法に関しては、多くの重要な最高裁判決が公にされている。例えば、小学生が放課後に校庭で蹴ったボールが道路に出て、これを避けようとして自転車が転倒し、85 歳の方が亡くなった事案において、最高裁が親権者の監督義務者としての責任を否定した判決（最判平成 27・4・9）は、新聞等で大きく報道されて、記憶に新しい。亡くなった被害者の方には気の毒であるが、最高裁の良識を感じさせる判決であった。また、91 歳の認知症高齢者が引き起こした列車事故について、同居していた 85 歳の妻の監督義務者としての責任を否定した最高裁判決（最判平成 28・3・1）も、多くの耳目を集めた。超高齢社会における老老介護や家族関係の問題点を浮き彫りにする事件であり、今後の不法行為法のあり方をも考えさせるものである。
　そして、本年（平成 29 年）1 月 31 日には、「忘れられる権利」が争点となった判決が出された。この権利は、2009 年にフランスで提唱され、欧州司法裁判所の判決（2014 年）や EU の一般データ保護規則（2016 年 4 月 14 日可決）で認められた、インターネットの検索エンジンによる検索結果を消去する権利である。詳細は本文に譲るが、最高裁は、この権利には直接触れず、表現の自由

を重視して、事実を公表されない法的利益が優越することが「明らかな場合」には、検索事業者に対する削除請求が認められるとした。この判決は、プライバシーの保護を重視するヨーロッパに対して、表現の自由に優越的地位を認めるアメリカ的な判断として、興味深い。

　これらの新しい判例に接する度に、不法行為法が時代を反映していることに気付かされる。初版のはしがきにも書いたが、私の恩師である淡路剛久先生の時代は公害が社会問題であり、因果関係論や損害論、そして共同不法行為の理論が大きく展開した。今日もなお、公害・環境問題は引き続き重要である。しかし、それに加えて、現代のIT社会では、自己の情報をコントロールすることが不可能であることを実感する。「忘れられる権利」は、プライバシーを復権するものとして期待されるが、なおハードルは高く、今後の課題であろう。

　より一層充実した本書を基に、新しい問題も考えていただければ幸いである。

＊　　　　＊　　　　＊

　今回の改訂に際しても、日本評論社の柴田英輔氏と大東美妃氏にご助力をいただいた。心からお礼を申し上げたい。

　2017年3月

野澤正充

初版　はしがき

　本書は、『契約法』、『債権総論』に引き続き、法学セミナーに連載していた「セカンドステージ債権法」の事務管理・不当利得・不法行為の部分（2009年9月号〜2011年6月号）を一書にまとめ、これに加筆したものである。もともとこのシリーズは、判例を中心にしつつ、通説、とりわけ伝統的な学説である我妻栄の見解を再評価しよう、という意図の下に書き始めた。その傾向は、前著の『債権総論』にもすでに明らかであったが、本書では、より一層、顕著である。もっとも、我妻の『民法講義』は、不当利得までしかなく、その理論も、今日では主流となっている類型論が一般化する前のものである。しかし、本書の「不当利得」の章をお読みいただくとわかると思うが、我妻の記述は実に豊かであり、今日の類型論をも視野に捉えたものとなっている。もちろん、本書では、不当利得法に関するその後の学説や判例をも取り入れている。そして、難解な不当利得法を、できる限り、明快かつ論理的なものにしたつもりであり、本シリーズでは最も苦労して執筆した部分でもあるので、是非、一読していただければ幸いである。

　また、不法行為に関しては、我妻の『事務管理・不当利得・不法行為』（日本評論社、復刻版、1988年）と加藤一郎『不法行為』（有斐閣、増補版、1974年）を底本とした。前者の我妻による「不法行為」の部分はやや薄いが、後者の加藤による体系書は、それを十分に補い発展させている。最近の学生は、我妻・加藤の見解に直接触れることは少ないが、本書では、両見解を引用することにより、その有する「香り」をも伝えることができればよいと考えた。もちろん、後の定評ある教科書を参照し、また膨大な判例を整理して記述したことはいうまでもない。

＊　　　　＊　　　　＊

　ところで、不法行為法に関しては、恩師である淡路剛久教授の業績を避けては通れない。私自身は、師と異なるテーマ（契約上の地位の移転や瑕疵担保責任など）を研究してきたが、私が民法の研究者を志すきっかけとなったのは、大学1年の後期（1979年）に受講した淡路教授の「不法行為」の講義であった。そのときに受けた知的興奮は、おそらく当時、公害問題の最先端で活躍されていた淡路教授ご自身のものでもあったのではないかと考えている。そして、この経験と淡路教授との出会いがなければ、私が研究者となっていなかったことは確かである。法学セミナーの連載に当たっても、当時のノートを参照したが、学部の1年次生向けとは到底思われない高度な内容であり、すでに30年が経った現在でも、全く色褪せていなかった。本書の不法行為法の部分が明快であるとすれば、それは淡路教授のすばらしい講義に負うものである。

＊　　　　＊　　　　＊

　前述のように、本書は、全体としては判例・通説がベースとなっている。もっとも、判例・通説を重視する点では、これまでの『セカンドステージ債権法Ⅰ・Ⅱ』も同様である。そして、本書からセカンドステージ債権法に触れた読者のみなさんには、是非ともⅠとⅡも合わせて、債権法の体系について共に考え、民法をより深く理解していただきたいと願っている。

　なお、末尾ではあるが、2006年1月から2011年6月まで、5年6ヶ月の長期にわたって、法学セミナーの連載におつきあいくださった読者のみなさんに、改めてお礼を申し上げるとともに、日本評論社と担当の柴田英輔氏および小野邦明氏に感謝したい。どうもありがとうございました。

　2011年7月

野澤正充

事務管理・不当利得・不法行為 ［セカンドステージ債権法Ⅲ］
目次

凡例

文献

最判解説	『最高裁判所判例解説民事編』（法曹会）
重判	ジュリスト臨時増刊『各年度重要判例解説』（有斐閣）

淡路・公害賠償の理論	淡路剛久『公害賠償の理論［増補版］』（有斐閣、1978）
幾代＝徳本	幾代通・徳本伸一『不法行為法』（有斐閣、1993）
内田・Ⅱ	内田貴『民法Ⅱ債権各論［第3版］』（東京大学出版会、2011）
梅・民法要義三	梅謙次郎『民法要義巻之三』（1896、復刻版、信山社、1992 など）
大江忠・要件事実民法(4)	『要件事実民法（4）［第3版］』（第一法規出版、2005）
近江・Ⅵ	近江幸治『民法講義（6）事務管理・不当利得・不法行為［第3版］』（成文堂、2018）
大塚・環境法	大塚直『環境法［第4版］』（有斐閣、2020）
大塚・民法6	大塚直・前田陽一・佐久間毅『民法6事務管理・不当利得・不法行為』（有斐閣、2023）
片山・債権各論Ⅰ	笠井修・片山直也『債権各論Ⅰ　契約・事務管理・不当利得（弘文堂 NOMIKA シリーズ 4-1)』（弘文堂、2008）。
加藤〔一〕	加藤一郎『不法行為［増補版］』（有斐閣、1974）
加藤〔雅〕・Ⅴ	加藤雅信『事務管理・不法利得・不法行為　［第2版］（新民法大系)』（有斐閣、2005）
窪田	窪田充見『不法行為法［第2版］』（有斐閣、2018）
四宮・事務管理・不当利得	四宮和夫『事務管理・不当利得・不法行為（上)』（青林書院新社、1981)
四宮・不法行為	四宮和夫『事務管理・不当利得・不法行為（中・下)』（青林書院新社、1985)
澤井	澤井裕『テキストブック 事務管理・不当利得・不法行為［第3版］』（有斐閣、2001）
潮見・基本講義債権各論Ⅰ	潮見佳男『基本講義 債権各論Ⅰ 契約法・事務管理・不当利得［第4版］』（新世社、2021）

潮見・基本講義債権各論Ⅱ	潮見佳男『基本講義 債権各論Ⅱ 不法行為法［第4版］』（新世社、2021）
於保・債権総論	於保不二雄『債権総論［新版］』（有斐閣、1972）
鈴木・債権法講義	鈴木禄弥『債権法講義［4訂版］』（創文社、2001）
道垣内・担保物権法	道垣内弘人『担保物権法［第4版］』（有斐閣、2017）
野澤・契約法	野澤正充『契約法——セカンドステージ債権法Ⅰ［第4版］』（日本評論社、2024）
野澤・債権総論	野澤正充『債権総論——セカンドステージ債権法Ⅱ［第4版］』（日本評論社、2024）
鳩山・日本債権法各論（下）	鳩山秀夫『日本債権法各論（下）』（岩波書店、1924）
平井・債権各論Ⅱ	平井宜雄『債権各論Ⅱ 不法行為』（弘文堂、1992）
平井・損害賠償法の理論	平井宜雄『損害賠償法の理論』（東京大学出版会、1971）
藤原・不当利得法	藤原正則『不当利得法』（信山社、2002）
舟橋・物権法	舟橋諄一『物権法』（有斐閣、1960）
前田〔達〕	前田達明『不法行為法』（青林書院、1980）
前田〔陽〕	前田陽一『債権各論（2）不法行為法［第3版］（弘文堂NOMIKAシリーズ4-2）』（弘文堂、2017）
森島・講義	森島昭夫『不法行為講義』（有斐閣、1987）
村田渉・要件事実論30講	村田渉・山野目章夫編著／後藤巻則・髙橋文清・村上正敏・大塚直・三角比呂著『要件事実論30講［第4版］』（弘文堂、2018）
我妻・Ⅱ	我妻栄『新訂 物権法（民法講義Ⅱ）』（岩波書店、1983）
我妻・Ⅳ	我妻栄『新訂 債権総論（民法講義Ⅳ）』（岩波書店、1964）
我妻・Ⅴ₄	我妻栄『債権各論下巻一（民法講義V_4）』（岩波書店、1972）
我妻・事務管理・不当利得・不法行為	我妻栄『事務管理・不当利得・不法行為』（1937復刻版、日本評論社、1989）
我妻還暦（上）	川島武宜編『損害賠償責任の研究——我妻先生還暦記念』（有斐閣、1957）
松本・民法Ⅳ〔Sシリーズ〕	藤岡康宏・浦川道太郎・松本恒雄・磯村保『民法Ⅳ 債権各論［第5版］（有斐閣Sシリーズ）』（有斐閣、2023）
要件事実Ⅰ	『民事訴訟における要件事実 第一巻［増補版］』（法曹会、1998年）
吉村	吉村良一『不法行為法［第6版］』（有斐閣、2022）
民法百選Ⅱ	窪田充見・森田宏樹編『民法判例百選⑪ 債権［第9版］』（有斐閣、2023）

判例集

民録	大審院民事判決録
刑録	大審院刑事判決録
判決全集	大審院判決全集
民集	最高裁判所民事判例集
刑集	最高裁判所刑事判例集
裁判集民事	最高裁判所判例集民事
下民集	下級裁判所民事裁判例集
高民集	高等裁判所民事判例集
新聞	法律新聞
判時	判例時報
判タ	判例タイムズ
交民	交通事故民事裁判例集

第1章　事務管理

第1節　意義・性質

1　意義

　事務管理とは、義務がないのに、他人のために事務を処理する行為である（697条）。この場合に、その「他人」を「本人」ということがあり、また、事務の管理を始めた者を「管理者」という。

　他人の事務を処理する義務は、通常は、委任契約（643条以下）によって生じ、この場合に受任者は、委任の本旨に従って委託された事務を処理する義務を負う（644条）。そして、各人は、その事務を自己の意思に従って処理する自由を有し、公序良俗に反しない限りは、その意思が尊重されなければならない（私的自治の原則・所有権絶対の原則）。それゆえ、委託もないのに、他人の事務に勝手に介入することは、違法な行為となる。しかし、場合によっては、共同生活における相互扶助の理念から、他人の合理的な利益を図る行為を尊重する必要がある。例えば、隣人の長期不在中に、暴風雨によってその所有する家屋が損傷した場合にその修繕をしたり、道路で倒れている人を近くの病院に連れて行き、入院加療をさせたり、また、負債に苦しんでいる友人のために、代わって債務の弁済をするなど、さまざまな場合が存在する。そこで、民法は、これらの行為を一定の要件の下で正当化し、一方では、管理者が本人のために有益な費用を支出したときはその償還を認める（702条）とともに、他方では、管理者にその管理を継続し（700条）、かつ、善良な管理者の注意をもってその

管理を行うべき義務を課している（697条1項）。

　ところで、事務管理に相当する行為が、法律上義務づけられている場合がある。例えば、警察官、消防署員、自衛官の行う救助行為は、その職務であるとともに、国・公共団体の責務である。また、水難救護法は、遭難した船舶を発見した者が「遅滞ナク最近地ノ市町村長又ハ警察官吏」に報告する義務を課し（2条）、船員法も、「船長は、他の船舶又は航空機の遭難を知ったときは、人命の救助に必要な手段を尽さなければならない」（14条本文）とする。

　しかし、民法上は、事務管理をすべき義務はなく、ただ、他人の事務を処理し始めた場合には、委託を受けたときと同じように、責任をもってその事務を処理しなければならないとされる。そして、事務管理においては、上記のように、有益な費用は管理者に償還されるものの、あくまで相互扶助の理念に基づいて認められるものであるから、特別法が定める場合（遺失物法28条、水難救護法24条2項、商800条など）を除いては、管理者の報酬請求権は認められない。

2　法的性質

　事務管理が成立するためには、管理者が本人のためにする意思を有することが必要である。しかし、この要件は、相互扶助の理念から要求されるものであって、この意思に従った法律効果が付与されるものではない。すなわち、事務管理は、意思表示または法律行為ではなく、その効果は法律が付与するものであるから、準法律行為である。

　このように、事務管理は意思表示ではないから、意思表示に関する規定（心裡留保・虚偽表示・詐欺・強迫）は、適用ないし類推適用されない。また、他人の事務を自己の事務と誤信して管理を始めても、錯誤の規定（95条）は類推されない（後述）。さらに、制限行為能力者であっても、事務管理をすることができる。ただし、他人のために事務を行うだけの意思能力は必要である。

第 2 節　要件

1　成立要件一般

　事務管理の成立要件としては、①他人の事務の管理を始めること、②他人の
ためにする意思があること、③義務がないこと、④本人の意思に反しまたは本
人に不利であることが明らかでないこと、の四つが挙げられる。このうち、①
から③は、697 条 1 項から直接に導かれ、④は、700 条ただし書から間接的に
導かれる。ただし、要件事実としては、事務管理の成立を主張する者が①と②
を主張立証し、その成立を否定する者が、③または④に関して、義務の存在や
本人の意思に反しまたは不利であることを主張立証することとなる。そして、
事務管理が実際に争われるのは、(a)本人が管理行為を不法行為であるとして損
害賠償請求をしたのに対し、管理者が事務管理であるとの抗弁を主張する場合
と、(b)管理者が本人に対して費用償還請求をする場合である。

2　他人の事務の管理を始めること

　「事務」とは、生活に必要な一切の仕事であり、事実行為であると、法律行
為であるとを問わない。また、「管理」とは、その仕事を処理することであり、
保存行為だけでなく、処分行為も含まれる。そして、これらの事務は、自己の
事務ではなく、他人の事務でなければならない。
　他人の事務か否かは、学説上、事務の性質に応じて、(ア)客観的他人の事務、
(イ)客観的自己の事務、および、(ウ)中性の事務の三つに分けて考察されている
（我妻・V₄ 903 頁）。
　(ア)　客観的他人の事務とは、他人の家屋の修繕や他人の債務の弁済のように、
その事務の性質上、他人の事務と定まっているものである。このような事務の
管理は、他人のためにする意思があると推定され、事務管理が成立する。また、
管理者が自己の事務と誤信したとしても、他人の事務であることが否定される

ものではない。ただし、その場合には、他人のためにする意思を欠き、事務管理の成立が否定される。

　（イ）　客観的自己の事務とは、自分の家屋の修繕や自分の債務の弁済のように、その事務の性質上、自己の事務と定まっているものである。この場合には、他人の事務と誤信して管理しても、事務管理は成立しない。

　（ウ）　中性の事務（主観的他人の事務）とは、例えば、家屋を修繕するための材料を購入する場合など、事務そのものとしては、他人の事務とも自己の事務とも定まらないものである。この場合には、管理者の意思に従い、他人のために購入する意思であれば他人の事務となり、自己のために購入したのであれば、自己の事務になると解されている。そして、他人のためにする意思の立証責任は、管理者が負い、管理者が他人のためにすることが合理的なものと認められ、かつ、その他人のためにしたことが明瞭なときは、事務管理の成立が認められる。

3　他人のためにする意思（管理意思）

　「他人のために」事務を管理するとは、他人に事実上の利益を与える意思で管理することである。この意思は、自己の利益を図る意思と両立し、例えば、倒壊しようとする隣人の家屋を修繕することが、同時に、その倒壊によって自己の家屋が被るであろう損傷を防止する目的であっても、事務管理が成立する（我妻・V₄902頁）。また、自分以外の者の利益を図る意思で足り、特定の者の利益を図ることを認識する必要はない。それゆえ、倒壊するおそれのある隣家の所有者について錯誤があっても、真の所有者のために事務管理が成立する。

　このように、事務管理の要件においては、他人のためにする意思が重要であり、その有無は、個々の管理行為について個別に判断されなければならない。事務管理は、相互扶助の理念に基づく制度であるため、他人のためにする意思がなければ、事務管理の成立を認める必要がないからである。

4　義務がないこと

　管理者が本人に対して、当該の事務を管理する義務を負わないことが要件となる。なぜなら、管理者が、法律の規定または契約によって義務を負う場合には、その法律または契約によって処理すべきであり、事務管理を認める必要がないからである。ただし、本人に対して義務を負う場合であっても、当該管理行為がその範囲を超えているときは、その超えた範囲で事務管理が成立する。例えば、売買代金の支払と目的物の引渡しを受けるだけの代理権を有する者が、売買の状況から買主の名で代金の増額を承諾した場合に、その承諾が事務管理であるとされ、買主が売主に対し増加額の返還を請求できないとした判決がある（大判大正 6・3・31 民録 23 輯 619 頁）。もっとも、代理権の範囲を超えて事務管理がなされたとしても、その効果は、本人の追認がない限り、本人には帰属しないはずであり（後述）、代金増額の効果が当然に本人に及ぶとした判決は妥当でない。

　また、第三者に対して義務を負う者が、その義務を履行することにより、同時に他人の事務を処理することになる場合には、その他人に対する事務管理が成立する。例えば、主たる債務者の委託を受けずに保証人となった者が、主たる債務者に代わって弁済をする場合には、保証人は自己の保証債務を履行するのであるが、主たる債務者との間には事務管理が成立する。それゆえ、この場合における保証人の主たる債務者に対する求償権（462 条）の性質は、事務管理の費用償還請求権（702 条）である（我妻・V₄ 908 頁）。

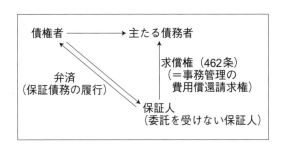

　また、判例は、連帯債務者の中で、内部関係において負担部分のない者が弁

済した場合には、その弁済は、他の連帯債務者に対する事務管理となるとした（大判大正5・3・17民録22輯476頁）。ただし、学説は、この場合はむしろ、連帯債務者の相互間に全額弁済の委託があると解すべきであり、委託を受けない保証人の弁済とは性質が異なるとする（我妻・V₄ 909頁）。

5 本人の意思に反しまたは本人に不利であることが明らかでないこと

民法は、事務管理の継続が本人の意思に反し、または本人に不利であることが明らかであるときは、管理を継続すべきでないとする（700条ただし書）。そこで、学説は、この規定を拡大解釈して、事務の管理が、当初から、本人の意思に反しまたは本人に不利であることが明らかである場合には、たとえ管理者が本人の利益を図る意思があったとしても、事務管理は成立しないとする。

もっとも、事務管理が本人の意思または利益に反したとしても、本人がこれを追認した場合（事務管理の追認）には、本人の意思と利益に適するものとして、事務管理の成立が認められる。

第3節 効果

事務管理の成立が認められると、(1)管理者と本人との間にどのような効果が生じるか（対内的効果）と、(2)管理者の行った法律行為の効果が本人に帰属するか（対外的効果）、という二点が問題となる。

1 管理者と本人の関係——対内的効果

(1) 行為の違法性の阻却

前述のように、私的自治と所有権絶対の原則とを掲げる近代法においては、委託もないのに、他人の事務に介入することは、違法な行為となる。しかし、事務管理が成立すると、管理行為の違法性が阻却される。ただし、事務管理が成立しても、管理の方法を誤って本人に損害を与えた場合には、管理者の債務

不履行となり、管理者はその責任を負わなければならない。

(2)　管理者の義務

　事務管理が成立すると、管理者は、本人に対して、事務を管理すべき義務を負い（法定債権債務関係の発生）、この義務に違反した場合には、上記のように、債務不履行責任を負う。

　管理者の義務は、以下のとおりであり、その内容は、委任における受任者の債務とほぼ同一である。

　(ア)　通知義務　　管理者は、事務管理を始めたことを遅滞なく本人に通知しなければならない。ただし、本人がすでにこれを知っているときは、通知しなくてもよい（699条）。また、事務管理が継続的な行為でないときは、管理者は、直ちに管理終了の通知をすべきである（701条による645条の準用）。

　(イ)　管理継続義務　　管理者は、本人または相続人もしくは法定代理人が管理することができるに至るまで、事務管理を継続しなければならない（700条本文）。例えば、義務がないのに病人を引き取って同居させた者は、病人が保護を受ける必要がなくなるか、または関係者が病人の世話をすることができるようになるまでは、継続して保護すべき義務を負う（大判大正15・9・28刑集5巻387頁）。ただし、前述のように、管理の継続が本人の意思に反し、または本人に不利であることが明らかであるときは、管理を継続すべきでない（700条ただし書）。

　(ウ)　管理の方法と善管注意義務　　管理者は、本人の意思を知っているとき、またはこれを推知することができるときは、その意思に従って事務を管理すべきである（697条2項）。しかし、本人の意思を知らず、推知することもできないときは、「その事務の性質に従い、最も本人の利益に適合する方法によって」、事務を管理すべきである（697条1項）。

　管理者は、原則として、善良な管理者の注意をもって管理しなければならない。ただし、管理者が、「本人の身体、名誉又は財産に対する急迫の危害を免れさせるために事務管理をしたとき」（緊急事務管理）は、その注意義務が軽減され、「悪意又は重大な過失があるのでなければ、これによって生じた損害を賠償する責任を負わない」（698条）。

　(エ)　受任者と同様の義務　　管理者は、一定の事項につき、委任における受任者と同様の義務を負う（701条による645条から647条の準用）。すなわち、管理者は、本人に対して、①「事務の処理の状況を報告」し、②事務管理が終了した後にも、遅滞なくその経過と結果を報告しなければならない（645条）。また、③事務処理に当たって受け取った金銭その他の物や果実を本人に引き渡し、かつ、管理者が自己の名で取得した権利を本人に移転する義務を負う（646条）。さらに、④管理者が本人に引き渡すべき金銭を自己のために消費した場合には、消費した日以後の利息を支払うとともに、損害があるときは、その賠償責任も負わなければならない（647条）。

(3)　本人の義務

　(ア)　費用償還義務　　管理者が本人のために「有益な費用」を支出したときは、本人に対して、その償還を請求することができる（702条1項）。この「有益な費用」には、いわゆる有益費のみならず、目的物の保存に必要な費用（必要費）も含まれる（大判昭和10・7・12判決全集1輯20号24頁―他人の馬を飼育した場合における飼料の代価）。また、有益費は完全に償還できるというのが民法の趣旨であるから、管理者は、本人に対し、利息を請求することができると解されている。

　(イ)　債務弁済義務　　管理者が本人のために有益な債務を負担した場合には、本人に対し、自己に代わって弁済することを請求でき、その債務が弁済期にないときは、相当の担保を供させることができる（702条2項による650条2項の準用）。

　ところで、管理者が本人の意思に反して事務管理をしたときは、費用の償還請求も、負担した債務の弁済請求も、本人が現に利益を受けている限度に限られる（702条3項）。もっとも、本人の意思に反した場合には事務管理が成立しないため、この規定がどのような場合を想定しているのかが問題となる。

　この問題について、通説は、本人の「意思に反することが明瞭だとまではいえないが、なおその意思に反する場合」に、702条3項の適用があるとする（我妻・V₄ 920頁）。しかし、学説には、この場合には事務管理が成立せず、不当利得の問題となるが、その特則として702条3項が存在するとの見解もある

（近江・Ⅵ 17頁）。

　この見解のように、仮に事務管理が成立しないとしても、不当利得返還請求
の範囲は、本人の「利益の存する限度」に限られるため（703条）、702条3項
の帰結と同じになり、有益費の償還に関しては、議論の実益はないといえよう。

　㈦　その他　　以上のほかに、管理者の本人に対する報酬請求権や損害賠償
請求権（650条3項参照）が認められるか否かについて議論がある。しかし、
いずれも明文の規定がなく、結論的には否定に解さざるをえない。とりわけ、
650条3項は、委任者の無過失責任を定めるものであり、702条がその準用を
していない以上、これを認めることは難しい。そこで、事務の管理に際して当
然に予想される損害は、702条1項の「費用」に含ませるべきであるとの見解
（我妻・Ｖ₄ 922頁）も有力である。

2　管理行為の本人への効果帰属──対外的効果

　管理者が第三者との間で法律行為を行ったとしても、その効果は、当然には
本人に帰属しない。ここでは、法律行為が、㈦管理者の名でなされた場合と、
㈥本人の名でなされた場合（無権代理行為）とを区別して検討する。

　㈦　管理者の名でなされた法律行為　　例えば、隣人の家の修繕をするため
にその材料を管理者の名で購入した場合には、その売買契約の効果は管理者に
帰属する。すなわち、材料の所有権と代金支払義務は管理者に帰属し、管理者
は、その所有権を本人に移転する義務を負う（701条・646条2項）とともに、
代金債務については、本人に対し、自己に代わって弁済するよう請求すること
ができる（702条2項・650条2項）にとどまる。

　㈥　本人の名でなされた法律行為　　管理者が無権代理人として本人の名で
法律行為をしたときは、たとえその行為が、本人の意思に反せずに利益となり、
事務管理に当たるとしても、当然には本人に効果を生じない。事務管理は、管
理者に代理権を付与するものではないからである。それゆえ、法律行為の効果
が本人に帰属するためには、本人の追認（113条）が必要である（大判大正7・
7・10民録24輯1432頁）。そして、最高裁もこの理論を踏襲し、次のように判
示した。すなわち、「事務管理は、事務管理者と本人との間の法律関係を謂う

のであって、管理者が第三者となした法律行為の効果が本人に及ぶ関係は事務
管理関係の問題ではない。従って、事務管理者が本人の名で第三者との間に法
律行為をしても、その行為の効果は、当然には本人に及ぶ筋合のものではなく、
そのような効果の発生するためには、代理その他別個の法律関係が伴うことを
必要とするものである」（最判昭和 36・11・30 民集 15 巻 10 号 2629 頁）。

第 4 節　準事務管理

1　問題の所在

　他人の事務を、それをする権限のないことを知りながら、自己の利益を図る
ために自己の事務として管理した場合には、事務管理の要件を満たさないため、
事務管理は成立しない。例えば、A が、B の権利を無断で使用し、多額の利益
を取得した場合には、A の不法行為が成立し、A は、B に対して損害賠償義
務を負う（709 条）。また、A は、それによって得た利益も、不当利得に基づき
返還しなければならない（704 条）。しかし、不法行為による損害賠償も、不当
利得の返還も、B の被った損害を基準とするため、A の得た利得がすべて B
の損害であるとは限らず、その証明も難しい。このような場合に、ドイツ民法
は、事務管理の規定を準用し、A の利得をすべて B に返還させる旨の規定を
置いている。そこで、このような規定の存在しない日本民法においても、同様
の理論（準事務管理の理論）を認めるべきであるとの見解があり、その適否が
問題となる。

2　学説の対立

　学説は、肯定説と否定説とに分かれる。
　まず、(a)準事務管理を肯定する見解（鳩山・我妻旧説）は、他人の事務を自
己の利益を図るために管理した場合にも、管理者が取得した全部の利益を本人

に引き渡さなければならない（701条・646条）とする。

　これに対して、(b)準事務管理を否定する見解（我妻・V₄ 927-928頁）は、他人の事務を自己の利益を図るために管理する行為が不法行為に該当し、これに「事務管理という本来利他的な行為として管理者を保護することを目的とする制度を準用するというのは、民法の体系として筋が違う」とする。そして、この場合には、不法行為と不当利得とで対応し、また、「僭称管理者が特殊の才能や機会に恵まれて、一般に合理的と予想される以上の利得をえたとすれば、それをむしろ返還させない方が公平に適する」とする。

　しかし、「法律的正義の観念からは、そのような利益は吐き出させるべきだとするのが一般的な感覚」である（近江・Ⅵ 23頁）との評価もあり、近時は、(a)準事務管理を肯定する見解が多いと思われる。

　ところで、準事務管理が最も問題となる知的財産権の領域では、特別な規定が設けられている。例えば、特許法は、特許権等を侵害した者が「その侵害の行為により利益を受けているときは、その利益の額」は、特許権者等が受けた損害の額と推定する旨を定めている（特許102条2項）。このほか、著作権法（114条2項）、実用新案法（29条2項）、意匠法（39条2項）、商標法（38条2項）などにも、同様の規定が存在する。それゆえ、問題は、このような特別の規定がない場合にもなお、一般法である民法の理論として、不正な利得者の利益の吐き出しを認めるべきか否かに存する。そして、たしかに、相互扶助の理念に基づく事務管理を、自己の利益を図るための管理行為に準用するのは、無理がある。しかし、不正な利得者の利益を吐き出させる必要があるとすれば、そのために適切な規定がなくても、既存の法律構成を借用することは許されよう（例えば、旧法下においては、代理人の権限濫用に関して、旧93条ただし書の類推適用が、法律構成の借用として認められていた。なお、現107条参照）。したがって、「準事務管理」という用語は適切ではないが、他人の権利を不正に利用して得た利益は、701条と646条の類推適用により、本人に引き渡さなければならないと解される。

第2章　不当利得

第1節　不当利得の意義・類型

1　意義

　不当利得とは、法律上の原因のない利得が生じた場合に、利得者に、その利得を損失者に返還すべき債務を負わせる制度である（703条）。法律上の原因のない利得が生じる場合にはさまざまなものがあるが、典型例としては、次の二つを挙げることができる。

　①売買契約が締結され、売主と買主が双方の債務を履行したが、買主が売主の詐欺を理由に売買契約を取り消した場合（96条1項）には、売買契約が遡及的に無効となり（121条本文）、両当事者がその給付を保持する「法律上の原因」が失われる。それゆえ、売主は買主に代金を返還し、かつ、買主も売主に対して、目的物を返還する義務を負うこととなる。

　②隣地の一部を自己の所有する土地であると誤信し、これを耕作して収穫を得た場合には、耕作者は、「法律上の原因」なく、利得したことになるため、その利得を隣地の所有者に返還すべきである。

　この二つの場合のいずれもが、不当利得の制度によって規律されることとなる。しかし、この二つの場合には、大きな差異が存在する。すなわち、②はそもそも「法律上の原因」がなく、耕作者が何の権原もなく、勝手に隣地を耕作して利益を得た場合である。これに対して、①は、売主と買主の「利益」が売買契約という「法律上の原因」に基づくものであったが、後にその「法律上の

原因」が失われた場合である。換言すれば、①は、財産的価値の移動が損失者の意思に基づく給付行為によるものであるのに対して、②は、それが利得者の権原のない侵害行為によるものである。そこで、学説は一般に、①を他人の給付による「給付不当利得」とし、②を他人の侵害行為による「侵害不当利得」であるとする。

　このうち、①の給付不当利得では、その要件である「法律上の原因」が明確である。すなわち、損失者がその意思に基づいて給付をするのは、契約に基づく既存の債務を履行し、また、新たな債権を取得するなど、何らかの原因（目的）が存するからである。それゆえ、その原因を欠くときは、すでに給付がなされていたとしても、法律上の原因のない給付となる。これに対して、②の侵害不当利得では、利得者による侵害行為を想定すれば、その「権原」（所有権や利用権など）のないことが「法律上の原因」のないこととなる。しかし、現実には、利得者の行為を必要とせず、損失者の行為によって利得が生じる場合や、第三者の行為による場合、さらには何人の行為にもよらず、法律の規定や事件によって利得が生じる場合も存在し、「法律上の原因」は一様ではない。そこで、学説は、「給付不当利得」と「侵害不当利得」という類型を区別する点では一致するものの、それ以外にどのような類型を考えるか、また、それらを統一的に理解しうる制度を構築することができるか否かについて、見解が分かれている。

2　制度の本質——公平(衡平)説と類型論

(1)　公平説（衡平説）

　通説的見解は、侵害不当利得における「法律上の原因」にはさまざまなものがあり、これを「統一的に把握することはほとんど不可能である」とする。それゆえ、侵害不当利得の類型は、給付不当利得の類型に対立するものとして、それ以外のもの、つまり、「財産的価値の移動が損失者の意思に基づく出捐行為以外の原因によるもの」とするほかないとする（我妻・V₄ 940-941 頁）。そして、沿革的にも、給付不当利得は、ローマ法以来認められたものであり、侵害不当利得は、「近世法がこれを拡張しようとした分野である」とし、両類型を

区別する（我妻・同前 942 頁）。しかし、これらのすべての類型を「包括する統一的理念」として、次の点を指摘する。すなわち、「形式的・一般的には正当視される財産的価値の移動が、実質的・相対的には正当視されない場合に、公平の理念に従ってその矛盾の調整を試みようとすることが不当利得の本質である」（我妻・同前 938 頁）。換言すれば、不当利得の制度は、利得者と損失者との間の「財産上の均衡をはかり、公平の理想を実現」するものである（我妻・同前 931 頁）。この通説的見解（公平説または衡平説と呼ばれる）によれば、不当利得の要件と効果は、すべての類型に共通するものとして、703 条と 704 条に従い、統一的に処理されることとなる。

(2) 類型論

公平説に対して、「不当利得一般は存在しない」とし、その明確な類型化を行う類型論が、ドイツのフォン・ケメラー（von Caemmerer）の見解に基づき、わが国でも提唱された。この見解は、民法における物権と債権の対置に即し、「所有権の場」における不当利得（侵害不当利得ないし他人の財貨からの不当利得）と「契約の場」における不当利得（給付不当利得）とを峻別する。そして、給付不当利得は、契約の無効・取消しなど、契約関係における「攪乱を匡正する機能を担う」ものであり、「法律上の原因」である契約の原理に即して要件と効果を考えるべきこととなる。これに対して、侵害不当利得（他人の財貨からの不当利得）は、所有権の絶対性を「貫徹する機能を担うもの」であり、「原物による返還請求が不能となったのちに代わって登場」し、「『所有権』に基づく返還請求権の補充」となるとする（川村泰啓「返還さるべき利得の範囲（四）」法律評論 65 号 29 頁〔1964 年〕、同「契約の無効・取消と不当利得」『契約法大系 7』〔有斐閣、1965 年〕155 頁、187 頁）。

(3) 箱庭説

これまでの見解に対して、そのいずれもが、不当利得をめぐる紛争の「一部には妥当しても、すべてには妥当しえない」として、新たな統一的把握を行おうとしたのが、加藤雅信の箱庭説（法体系投影説）である。この見解は、不当利得の中心的要件である「法律上の原因」の判断に、「財貨移転と関連するか

ぎりでの実定法体系全体」が投影され、その内容は、「全実定法体系の箱庭の観を呈する」とする（加藤〔雅〕・後掲292頁）。もっとも、加藤も、従来の類型論を反映して、財貨移転の矯正（給付不当利得）と財貨移転の帰属（侵害不当利得）とを区別するが、これらは不当利得の異なる機能にすぎず、「法律上の原因」の立証責任と効果論において分化するものの、「類型」として分かれるわけではない、と主張する（加藤〔雅〕・後掲294頁）。

(4)　民法（債権関係）の改正

　不当利得を統一的に把握できるか否かについて、学説は混迷し、いまだ定説はない。その要因としては、加藤が指摘したように、不当利得をめぐる紛争にはさまざまな類型があり、そこには全実定法体系が投影されているからである。その意味では、箱庭説が、「あるべき理論発展の方向である」（潮見・基本講義債権各論I 333頁）とも考えられる。しかし、加藤の理論に対しても、給付不当利得では適切であるものの、侵害不当利得、とりわけ、三者間で問題となる不当利得を必ずしも統一的に説明することはできない、との批判がなされている（例えば、近江・VI 35頁）。また、近時は、すべての類型を柔軟に説明するために、公平の理念を重視する見解も有力である（近江・VI 35頁、片山・債権各論I 388頁など）。

　しかし、以上のような状況において、民法は、少なくとも給付不当利得に関しては、公平説ではなく類型論を基礎にすることを明らかにした。すなわち、「原状回復の義務」を規定する121条の2は、「無効な行為に基づく債務の履行として給付を受けた者は、相手方を原状に復させる義務を負う」（1項）ことを前提に、無効な無償行為に基づく債務の履行として給付を受けた者は、給付を受けた当時その行為が無効であることを知らなかったときは、その行為によって現に利益を受けている限度において、返還の義務を負うとする（2項）。その趣旨は、次の点にある。まず、給付の原因となった法律行為が無効または取消可能であることを知らない給付受領者は、受領した給付が自分の財産に属すると考えており、費消や処分、さらには滅失させることも自由にできると考えている。それゆえ、受領した物が滅失するなどして利得が消滅したにもかかわらず、常に果実を含めた原状回復義務を負うとすると、給付受領者の信頼に反

し、不測の損害を与えることになる（部会資料66A・38頁）。しかし、このような善意者の保護（＝利得消滅の抗弁）は、無効な法律行為が有償契約である場合には認められない。なぜなら、有償契約においては、給付受領者が反対給付を履行することなくして受領した給付を自己の物として保持することはできないため、その有償契約が無効であるとしても、給付受領者が、一方で反対給付の返還を求めつつ、他方で受領した給付については現存利益がないことを理由に返還を免れるという結論を認めることは不当だからである（同部会資料38頁）。

　この民法の規律は、無償契約と有償契約とに応じて、その原状回復義務の範囲を異にするものであり、703条と704条に従い統一的に処理する公平説ではなく、類型論を採用するものである。そうだとすれば、今後の不当利得論は、公平説ではなく、類型論を中心に展開されることとなろう。

　以下では、「給付不当利得」と「侵害不当利得」（他人の財貨からの不当利得）を対置するとともに、それ以外の問題として、「支出不当利得」と「多数当事者間の不当利得」とを扱うこととする。

【参考文献】　加藤雅信『財産法の体系と不当利得法の構造』（有斐閣、1986年）

第2節　要件・効果の概観

1　要件

(1)　民法の要件と不当利得の類型

　703条によると、不当利得の一般的な成立要件は、「他人の財産又は労務によって利益を受け」たこと（受益）、「そのために他人に損失を及ぼした」こと（損失）、および、受益が「法律上の原因」のないものであること、の三つである。もっとも、第二の要件は、「他人に損失を及ぼした」ことのほかに、損失を及ぼすことと利益を受けることとの間に因果関係があることをも含む。それ

ゆえ、不当利得の要件は、①受益、②損失、③受益と損失の因果関係、④法律上の原因のないこと、の四つとなる。

　ところで、類型論によれば、この四つの要件は、侵害不当利得にはそのまま妥当する。しかし、給付不当利得においては、①受益と②損失とが表裏をなし、その結果、③受益と損失との因果関係も問題とならない。すなわち、給付不当利得における①受益とは、財貨の給付を受けたことであり、②損失とは、その給付をしたことである。それゆえ、給付がなされたこと（①～③）と、④法律上の原因のないことが実質的な要件となり、とりわけ、④法律上の原因のないことが中心的な要件となる。

(2)　受益・損失

　不当利得における「受益」とは、一定の事実が生じたことによって財産が増加することである。そして、財産の増加には、財産が積極的に増加するだけでなく、その事実がなければ当然に生ずべき財産の減少を免れたこと（消極的増加）も含まれる。例えば、負担すべき債務を免れたことや、自己の財産からの支出を免れたことも「受益」となる。

　利益は、「他人の財産又は労務によって」受けられたものであることを要する。ここにいう「他人の財産」とは、すでに「現実に他人の財産に帰属しているものだけでなく、当然他人の財産としてその者に帰属すべきものを含む意味に解すべき」である。それゆえ、第1順位の抵当権の被担保債権が消滅していたにもかかわらず、競売代金がその抵当権者に配当されたため、第2順位の抵当権者が配当を受けられなかったときは、第2順位の抵当権者に帰属すべき財産によって利益を得たこととなる（最判昭和32・4・16民集11巻4号638頁）。そして、この場合には、それによって第2順位の抵当権者に「損失」を及ぼしたことにもなる。つまり、「他人の財産又は労務によって」ある者が利益を受けた場合には、原則として、その他人にその分の「損失」を及ぼすこととなる。

　「損失」は、受益の反対概念であるから、一定の事実が生じたことによって財産が積極的に減少すること（積極的減少）と、その事実がなければ当然に生ずべき財産の増加がないこと（消極的減少）とを含む（大判大正3・7・1民録20輯570頁）。

　なお、前述のように、給付不当利得においては、受益と損失の要件はあまり意味を持たない。しかし、多数当事者間の不当利得においては、受益と損失の要件が、不当利得返還請求訴訟の当事者を確定するという重要な機能を有する。

(3)　受益と損失の因果関係

　703条では、受益と、「そのために」損失を及ぼしたことを要件とするため、受益と損失の間の因果関係を要求する。しかし、給付不当利得においては、受益と損失とが表裏をなし、同時に因果関係も肯定されるため、受益と損失の因果関係の存否は問題とならない。これに対して、侵害不当利得、とりわけ、多数当事者間における不当利得においては、受益と損失の因果関係が不当利得の成否を決する判断基準となる。ただし、その「因果関係」の意義については、見解が分かれている。

　(a)　直接の因果関係を必要とする見解　　かつての学説には、ドイツの理論にならって、直接の因果関係が必要であるとしたものがある。そして、当初の判例も、因果関係の直接性を要求し、第三者が介在した場合には、不当利得の成立を否定していた。

　大判大正8・10・20民録25輯1890頁（騙取金による弁済と直接の因果関係）

　AがXに対し、偽造の借用証書を差し入れて、2500円を騙取した。そして、Aは、その騙取金の中から1900円余をYのBに対する債務の弁済としてBに支払った。そこで、XがYに対し不当利得に基づく返還請求訴訟を提起した。原審は、Yが債務を免れたこととXの損失の間に直接の原因結果の関係がないとして、Xの請求を棄却した。X上告。

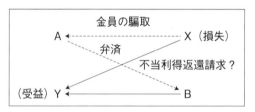

　大審院は、次のように判示した。すなわち、「他人ノ損失ト受益者ノ受益ト

　ハ直接ノ因果関係アルコトヲ要ス。若シ其受益ノ発生原因ト其損失ノ発生原因トガ直接ニ関聯セズシテ、中間ノ事実介在シ、他人ノ損失ハ其中間事実ニ起因スルトキハ、其損失ハ受益者ノ利益ノ為メニ生ジタルモノト謂フコトヲ得ザルヲ以テ、受益者ハ其他人ニ対シ不当利得返還ノ責ニ任ズルコトナキモノトス」。そして、本件では、Ｙの受益とＸの損失の間に「Ａノ独立ナル行為介在シ、直接ノ因果関係」がないとして、Ｘの上告を棄却した。

　しかし、その後の判例は、直接の因果関係を要件としつつ、その要件を緩和し、第三者が介在する場合にも不当利得の成立を認めた。すなわち、Ｙ村の村長ＡがＹの金員を横領し、ＹのＢに対する債務の弁済ができなくなったため、村長の名義を濫用してＸ銀行から金員を借り入れ、これをＹの債務の弁済に充てたという事案につき、大審院は、「Ｘ銀行ノ被リタル損失トＹ村ノ受ケタル利益トハ、直接ノ因果関係ヲ有スル」とした（大判大正9・5・12民録26輯652頁）。また、最高裁も、転用物訴権を認めた判決において、第三者が介在しても、直接の因果関係を認めることができるとした。すなわち、Ｘのしたブルドーザーの修理を受領した者が、同ブルドーザーの所有者Ｙではなく、修理契約の相手方であるＡ会社であったとしても、「本件ブルドーザーの修理は、一面において、Ｘにこれに要した財産および労務の提供に相当する損失を生ぜしめ、他面において、Ｙに右に相当する利得を生ぜしめたもので、Ｘの損失とＹの利得との間に直接の因果関係ありとすることができ」、「Ｘのした給付（修理）を受領した者がＹでなくＡ会社であることは、右の損失および利得の間に直接の因果関係を認めることの妨げとなるものではない」とした（最判昭和45・7・16民集24巻7号909頁）。

　(b)　社会観念上の因果関係とする見解　　これに対して、学説は、「債務関係の清算に第三者が介入した場合」にも、「直接」の因果関係を認めることは、「事実を直視しない不適当なもの」であるとし、批判した（我妻・V₄ 971-972頁）。そして、受益と損失の「因果関係の存否は社会観念によって判定すべき」であるとする。すなわち、「Ａの損失がＢの利益に帰したと社会観念上認められる限り、不当利得の成立要件として必要な因果関係の存在を認め」、そのうえで、「一連の関係者のうちの誰から誰への不当利得返還請求権を認めること

によって全関係の調整を行うべきかは、専ら『法律上の原因の有無』というつぎの要件によって決すべき」であるとした（我妻・V₄ 977頁）。

このような学説の批判を容れ、最高裁も、「甲が、乙から金銭を騙取又は横領して、その金銭で自己の債権者丙に対する債務を弁済した場合」において、「社会通念上乙の金銭で丙の利益をはかったと認められるだけの連結がある」ときは、「なお不当利得の成立に必要な因果関係があるものと解すべき」であると判示した（最判昭和49・9・26民集28巻6号1243頁）。

(c)　関連性とする見解　　上記の判例・通説に対しては、「社会観念」という基準があいまいであり、受益と損失とが「同一の事件によって発生」したか否かという「関連性」を基準とすべきであるとの見解も存在する（加藤〔雅〕・V 37頁）。しかし、この見解に対しては、「社会的通念からの判断を否定することは妥当性を欠」くのではないか（近江・Ⅵ 43頁）、また、「同一の事件」を判断基準とすると、「財産価値の移動が連続的・逓次的に生ずる場合」には、「充分な解決を与えない」のではないか（我妻・V₄ 975頁）との疑問が呈されている。

結論的には、社会観念上の因果関係を認める判例・通説が、多様な紛争類型に妥当な解決をもたらすものであると解される。

(4)　法律上の原因がないこと

この要件は、「不当利得の中核をなす」ものである（我妻・V₄ 985頁）。ここにいう「法律上の原因」とは、一般的・抽象的には、「正義公平ノ観念上」、利得者に利益を得させる正当な原因をいう（大判昭和11・1・17民集15巻101頁）。しかし、給付不当利得と侵害不当利得を区別すると、それぞれ以下のように考えられる。

(ア)　給付不当利得　　受益と損失が損失者の意思に基づく給付行為による給付不当利得では、その給付を基礎づける法律関係が、「法律上の原因」となる。例えば、冒頭の①売買契約が取り消された事例（12頁）では、売買契約が遡及的に無効となり、売主と買主の給付（財産権の移転と代金の支払）は、「法律上の原因」を欠くことになる。その意味では、売買契約（またはそれに基づく債権）が「法律上の原因」となる。

　この給付不当利得との関連でやや問題となるのが、目的の不到達による不当
利得である。すなわち、ある契約が一定の目的を達成することを前提としてな
された場合において、その目的が達せられなかったときに、契約そのものは有
効であるが、その契約による受益を、不当利得に基づき返還請求できるか否か
が問題となる。判例では、婚姻予約を合意解除した場合における結納金の返還
請求の可否が争われた。

> **大判大正 6・2・28 民録 23 輯 292 頁**（婚姻予約の解除と目的の不到達）
>
> 　A 男と B 女が婚姻予約（婚約）をし、慣習に従い、A の父 X が B の父 Y
> に対して結納金 1050 円を交付した。しかし、その後、婚姻予約が合意によっ
> て解除されたため、X が Y に対し、不当利得に基づき、結納金の返還を請求
> した。原審は、婚姻予約の解除により、「結納金交付ノ目的ハ消滅」し、法律
> 上の原因を欠くに至ったため、Y の受益が不当利得となるとし、X の請求を
> 認容した。Y 上告。
>
> 　大審院は、次のように判示して、原判決が「適当」であるとした（上告棄
> 却）。すなわち、結納金の交付は、婚姻「予約ノ成立ヲ証スルト共ニ、併セテ
> 将来成立スベキ婚姻ヲ前提トシ、其親族関係ヨリ生ズル相互ノ情誼ヲ厚ウスル
> コトヲ目的トスルモノナレバ、婚姻ノ予約解除セラレ、婚姻成立スルコト能
> ワザルニ至リタルトキハ、之ニ依リテ証スベキ予約ハ消滅シ、又温情ヲ致スベ
> キ親族関係ハ発生スルニ至ラズシテ止ミ、究局、結納ヲ給付シタル目的ヲ達ス
> ルコト能ワザルガ故ニ、斯ノ如キ目的ノ下ニ其給付ヲ受ケタル者ハ、之ヲ自己
> ニ保留スベキ何等法律上ノ原因ヲ欠クモノニシ、不当利得トシテ給付者ニ返還
> スベキ」である。

　目的の不到達による不当利得は、ローマ法に由来し、ドイツ民法では明文に
よって規定されている（812 条―椿寿夫・右近健男編『注釈ドイツ不当利得・不法
行為法』〔三省堂、1990 年〕6 頁参照）。しかし、近時は、目的の不到達を黙示の
解除条件として構成する見解が有力である（内田・II 581 頁など）。すなわち、
結納金の交付を婚姻の不成立を解除条件とする贈与とし、婚姻予約が解除され
た場合には、贈与の効力が失われ（127 条 2 項）、受益者はこれを返還しなけれ
ばならないとする構成である。このような構成は、実務に「かなり適合的」

（加藤〔雅〕・V 83 頁）ではある。しかし、「解除条件というほど明確な合意内容」がない場合が問題となり（我妻・V₄ 993 頁）、結局は、「客観的にみて一定の目的が達成されることを前提として」契約が締結された場合には、その目的の不到達により契約が無効となることを認めるべきであろう。もっとも、いずれにしても、目的の不到達は、給付不当利得の一場合として位置づけられる。

　(イ)　侵害不当利得　　契約関係を前提とせずに、他人の権利や利益が侵害される侵害不当利得においては、その行為を基礎づける権原が「法律上の原因」となる。例えば、冒頭の②隣地を勝手に耕作した事例（12 頁）では、所有権や賃借権など、土地を耕作するための適法な権原がない場合に、「法律上の原因」がないとされる。

2　効果

　以上の要件が充たされると、不当利得返還請求権が発生する。すなわち、不当利得返還請求権は、法律の規定（703・704 条）を発生原因とする法定債権である。

(1)　原物返還の原則
　不当利得として返還すべきものは、利得した原物を原則とし、その返還が不可能な場合には、価格相当額の金員で返還すべきである。もっとも、民法には、原物返還の原則を定めた規定はない。しかし、特殊の不当利得に関する 705 条、706 条および 708 条は、「その給付したものの返還を請求することができない」と規定し、原物返還を前提とする。また、実質的にも、受益者は、受益したものを保有すべき法律上の原因を欠くため、原物返還が可能である限りは、受益したものそれ自体を返還しなければならないと解される。そして、判例も、原物返還の原則を明言している（大判昭和 8・3・3 民集 12 巻 309 頁、大判昭和 16・10・25 民集 20 巻 1313 頁）。

　問題となるのは、原物返還が「不可能な場合」とは何かであり、とりわけ、株券のように、代替性のある物（代替物）が第三者に売却された場合にも原物返還が不可能であるか否かが争われる。なぜなら、代替性のある物は、同種・

同等・同量の他の物を調達し、原物として返還することも可能だからである。

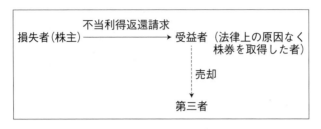

　この問題につき、大審院は、代替性のある物が特定物として交付されたか否かにより、その結論を区別していた。すなわち、(i)代替性のある物でも特定物として交付された場合（例えば、担保目的での交付）には、その物の売却によって原物の返還ができなくなり、受益者は、損失者に対して価格返還をすべきである（前掲大判昭和 16・10・25）。しかし、(ii)代替性のある物が不特定物として交付され、その物が第三者に処分された場合には、損失者は、受益者に対して、①同種・同等・同量の代替物の返還を請求する（大判昭和 18・12・22 新聞 4890号 3 頁）ことも、また、②売却代金相当額の返還を請求する（大判昭和 12・7・3 民集 16 巻 1089 頁）こともできる。

　このような大審院の判例に対しては、次の二つの批判がなされていた。一つは、(ii)—①のように、同種・同等・同量の物を調達してまで原物返還する義務を負わせることは、「受益者に受益の返還以上の負担を課す」ことになるとの批判である（四宮・事務管理・不当利得 75 頁）。もう一つは、(i)の価格返還に対する批判であり、株式のようにその価格の変動が大きい物については、それが「値上がりしているときは、現存利益を返還すべき不当利得返還の理論に反」し、また、「値下がりしているときは、損失者の立場を考慮して、処分当時の価格を標準」とすべきであるとの批判（我妻・V₄ 1068 頁）である。

　そこで、最高裁は、このような学説の批判を容れて、大審院の判例を変更した。

　最判平成 19・3・8 民集 61 巻 2 号 479 頁（代替性のある物の不当利得返還義務）
　　X らは、A 会社の株式を取得したが、名義書換手続をしなかったため、株

主名簿上の株主は、かつて株主であったYのままであった。その後、Aが、普通株式1株を5株に分割する旨の株式分割をし、Yは、株主名簿上の株主として、Aから、株式分割により増加した新株式に係る株券の交付を受けた。Yは、この新株式を第三者に売却し、その売却代金5350万円余を取得した。そこで、Xらが、Yに対して、不当利得返還請求権に基づき、売却代金相当額の支払を求めて訴えを提起した。第一審は、Xらの請求を認容し、原審は、「Yが市場において本件新株式の銘柄及び数量を調達して返還する際の価格、すなわち、事実審の口頭弁論終結時又はこれに近い時点における同株式の時価によって算定された金額」の返還をYに命じた。Y上告受理申立て。

　最高裁は、次のように判示して、原判決を変更した（一部破棄自判、一部上告棄却）。すなわち、「受益者が法律上の原因なく代替性のある物を利得し、その後これを第三者に売却処分した場合、その返還すべき利益を事実審口頭弁論終結時における同種・同等・同量の物の価格相当額であると解すると、その物の価格が売却後に下落したり、無価値になったときには、受益者は取得した売却代金の全部又は一部の返還を免れることになるが、これは公平の見地に照らして相当ではないというべきである。また、逆に同種・同等・同量の物の価格が売却後に高騰したときには、受益者は現に保持する利益を超える返還義務を負担することになるが、これも公平の見地に照らして相当ではなく、受けた利益を返還するという不当利得制度の本質に適合しない。

　そうすると、受益者は、法律上の原因なく利得した代替性のある物を第三者に売却処分した場合には、損失者に対し、原則として、売却代金相当額の金員の不当利得返還義務を負うと解するのが相当である。大審院昭和18年(オ)第521号同年12月22日判決・法律新聞4890号3頁は、以上と抵触する限度において、これを変更すべきである」。

　この判決は、受益者が「代替性のある物を第三者に売却処分した場合」において、原物返還の原則を明確に否定し、「原則として、売却代金相当額の金員の不当利得返還義務を負う」とした。すなわち、本判決は、大審院判例(ⅱ)──①を変更するとともに、「事実審口頭弁論終結時における同種・同等・同量の物の価格相当額」の返還をも否定した。その理由は、物の価格が売却後に下落しまたは高騰した場合において価格相当額の返還を認めることは、「公平の見地

に照らして相当ではなく、受けた利益を返還するという不当利得制度の本質に適合しない」というものであり、学説（我妻）の批判を容れたものである（野澤「判批」速報判例解説2号99頁〔2008年〕）。

(2)　返還の範囲

　民法は、原則として、（善意の）受益者に対し、「その利益の存する限度」（現存利益）において返還すべきことを命じる（703条）。そして、「悪意の受益者」は、その受けた利益に利息を付して返還しなければならず、「なお損害があるときは、その賠償の責任を負う」とする（704条）。そこで、従来の通説的見解（公平説）は、「法律上の原因なく」という要件に関しては、給付不当利得とその他の類型とを区別するものの、効果論では、すべての類型を703条と704条に従って処理する。

　これに対して、給付不当利得と侵害不当利得とを区別する多数説は、効果に関しても、両類型を区別する。すなわち、給付不当利得は、契約関係の清算としての機能を有するため、受益者の善意と悪意の区別に応じて返還の範囲を区別することは妥当でなく、全面返還が原則となる（703条の適用はない）とする。民法は、前述のように、契約が無効である場合の原状回復の範囲について、無償契約と有償契約とを区別し、無効な無償行為に基づく債務の履行として給付を受けた者は、給付を受けた当時その行為が無効であることを知らなかったときは、その行為によって現に利益を受けている限度において、返還の義務を負うとする（121条の2第2項）。それゆえ、給付不当利得については、類型論を基礎にしていると解される。また、もとの法律関係（表見的な法律関係）が双務契約である場合には、清算の場面でも同時履行の抗弁や危険負担が妥当すると解する。さらに、侵害不当利得では、原物返還が可能であれば、所有権に基づく返還請求権を行使しうるため、それが不可能な場合にのみ、不当利得返還請求が認められるとする（不当利得返還請求権の補充性）。これらの点については、両類型を区別して、さらに検討する。

第3節 侵害不当利得（他人の財貨からの不当利得）

1 要件

(1) 侵害不当利得の発生

Ａの土地の一部をＢが権原なくして耕作したように、利得が損失者の意思に基づかない侵害不当利得の要件は、基本的には、703条がそのまま妥当する。すなわち、①受益、②損失、③受益と損失の因果関係（社会観念上の因果関係）、④法律上の原因のないことの四つである。このうち、④法律上の原因とは、財貨の帰属を正当化する権原であり、上記の例では、他人の土地を耕作するための賃借権や地上権をいう。このような権原がないにもかかわらず、不当利得が生じる場合には、さまざまなものがある。

(2) 受益者の行為による場合

(ア) 不法行為との関係　Ａの土地をＢが権原なしに耕作する場合が典型である。このような場合の多くは、受益者(Ｂ)の損失者(Ａ)に対する不法行為となり、Ａは、Ｂに対して損害賠償を請求することもできる（709条）。そこで問題となるのは、不法行為に基づく損害賠償請求権と不当利得に基づく返還請求権の関係である。この問題は、請求権の競合の一つであるが、両請求権の要件と効果は異なる。

まず、要件に関しては、不法行為が侵害者の故意または過失を要求するのに対して、不当利得では、受益者が、他人に帰属する財貨であることを知っていたか否か、知らないことにつき過失があったか否かを問わない。なぜなら、侵害不当利得は、受益者が権原なくして利得した場合に、その利得を損失者に返還させるものだからである。ただし、受益者が善意であるか否かは、返還の範囲において差異を生じる。

また、不当利得に基づく返還債務は、期限の定めのない債務であり、履行の請求（催告）によって遅滞に陥る（大判昭和2・12・26新聞2806号15頁）。そし

て、その返還請求権は、債権者が権利を行使することができることを知った時から5年、または、権利を行使することができる時、すなわち権利の発生した時から10年の消滅時効にかかる（166条1項）。これに対して、不法行為に基づく損害賠償債務は、催告をまたずに、不法行為の時から当然に遅滞に陥る（最判昭和37・9・4民集16巻9号1834頁）とともに、その消滅時効についても、特別の規定が存在する（724条）。

　さらに、効果の面では、不法行為が原則として損害賠償を認めるのに対して、不当利得では、原物返還が原則となる。

　以上の要件と効果の違いを前提に、両請求権が共に認められる場合には、どちらの請求権を行使するかは、当事者の選択に委ねられよう。

　(イ)　具体例　受益者の行為による侵害不当利得として、判例は、自己の持分を超えて単独で共有不動産を占有する共有者に対し、他の共有者が、その持分の割合に応じて、占有部分にかかわる地代相当額の不当利得の返還を請求することができるとした（最判平成12・4・7判時1713号50頁）。ただし、その場合にも、他の共有者は、当該占有者に対して、不動産の「明渡しを当然には請求することができ」ない（最判昭和41・5・19民集20巻5号947頁）。

　これに対して、法律上の原因があるとして、不当利得の返還請求を否定した判例もある。例えば、最高裁は、遺産である建物の相続開始後の使用について、被相続人と同居の相続人との間に使用貸借の合意が推認されるとして、他の共同相続人による当該相続人に対する不当利得返還請求を否定した（最判平成8・12・17民集50巻10号2778頁）。また、最高裁は、「内縁の夫婦がその共有する不動産を居住又は共同事業のために共同で使用してきたときは、特段の事情のない限り、両者の間において、その一方が死亡した後は他方が右不動産を単独で使用する旨の合意が成立していたものと推認するのが相当である」とし、相続人による占有者（内縁配偶者）に対する不当利得返還請求を否定した（最判平成10・2・26民集52巻1号255頁）。

　なお、2018年の相続法の改正では、上記の平成8年12月17日の最高裁判決を補強する「配偶者短期居住権」が明文化された（1037条）。すなわち、配偶者は、相続開始時に被相続人の建物（居住建物）に無償で住んでいた場合には、以下の期間、居住建物を無償で使用する権利（配偶者短期居住権）を有す

るものとされた（1037条1項柱書き）。

①　配偶者が居住建物の遺産分割に関与するときは、居住建物の帰属が確定する日までの間。ただし、相続開始の時から最低6か月間は保障される（1037条1項1号）。

②　居住建物が第三者に遺贈された場合や、配偶者が相続放棄をした場合には、居住建物の所有者から消滅請求（1037条3項）を受けてから6か月（1037条1項2号）。

この配偶者短期居住権が認められた背景には、次のような問題が存在した。すなわち、被相続人と同居の相続人（配偶者）との間における使用貸借の合意の推認を認める判例法理によると、第三者に居住建物が遺贈されてしまった場合や、被相続人が反対の意思を表示した場合には、使用貸借の合意が推認されず、配偶者の居住が保護されないこととなる。そこで、上記のような配偶者短期居住権を認めることによって、被相続人が居住建物を遺贈した場合や、反対の意思を表示した場合であっても、少なくとも相続開始の時から6か月間は、配偶者の居住を保護することが可能となった。ただし、このような配偶者居住権は、法律上の「配偶者」に認められるものであって、内縁配偶者には認められず、内縁配偶者に関しては、なお平成10年2月26日判決の法理が妥当することとなる。

(3)　第三者の行為による場合

教科書設例としては、①第三者が損失者の所有に属する飼料で受益者の家畜を飼育した場合（事実行為）と、②債務者が受領権者としての外観を有する者に弁済して、真の債権者（損失者）の債権を失わせる場合（法律行為）が挙げられる。

しかし、現実の裁判例で問題となるのは、利得が執行行為や担保権の実行による配当によって生じた場合である。例えば、任意競売における配当異議訴訟の確定判決に従って配当がなされたとしても、同判決は、「各抵当権の存否、その順位を確定するものではないから」、何ら債権を有しないにもかかわらず誤って配当を受けた者に対して、債権者は、不当利得返還請求権を行使することができる（最判昭和43・6・27民集22巻6号1415頁）。また、最高裁は、「債

権者が第三者所有の不動産のうえに設定を受けた根抵当権が不存在であるにも
かかわらず、その根抵当権の実行による競売の結果、買受人の代金納付により
右第三者が不動産の所有権を喪失したときは、その第三者は、売却代金から弁
済金の交付を受けた債権者に対し民法 703 条の規定に基づく不当利得返還請求
権を有する」とした（最判昭和 63・7・1 民集 42 巻 6 号 477 頁）。さらに、抵当権
者は、「債権又は優先権を有しないにもかかわらず配当を受けた債権者に対し
て、その者が配当を受けたことによって自己が配当を受けることができなかっ
た金銭相当額の金員の返還を請求することができる」とする（最判平成 3・3・
22 民集 45 巻 3 号 322 頁）。

　これに対して、次のような場合には、不当利得返還請求権が否定される。す
なわち、不動産が競売手続において競落された場合において、同不動産につい
て仮登記をした権利者は、たとえ所有権を取得していたとしても、「仮登記の
後に登記を経由した抵当権者に対して、不当利得を理由として、その者が競売
手続において交付を受けた代価の返還を請求することはできない」。なぜなら、
「仮登記は本登記の順位を保全する効力を有するにとどまり、仮登記の権利者
は仮登記に係る権利を第三者に対抗することができ」ないからである（最判昭
和 63・12・1 民集 42 巻 10 号 719 頁）。

　なお、利得が執行行為や担保権の実行によって生じた場合を、「広い意味で
の」受益者の行為による場合に分類する見解（我妻・V₄ 1027 頁）もある。

(4)　損失者の行為による場合

　損失者が誤って自己の所有物を受益者の利益のために消費する場合である。
教科書設例としては、他人の所有する家畜を自己の家畜と誤信して、自己の飼
料で飼育した場合が挙げられる。しかし、現実に問題となるのは、賃借人が目
的物に改良を加えて、その改良費（有益費）を不当利得として賃貸人に請求す
る場合（608 条 2 項）や、法律上扶養義務を負わない者が事実上の扶養をして、
扶養義務者に対し、不当利得返還請求をする場合（我妻・V₄ 1043 頁）などであ
る。

(5)　法律の規定や事件による場合

　法律の規定によって不当利得が生じる場合としては、物の添付（付合・混和・加工）による所有権の取得（242-247条）が挙げられる。この添付は、所有者の異なる数個の物が結合して一個の物とみられるようになり、また、所有者以外の者によって加工されて別な物が生じたときに、これを原状に復することが社会経済的には不利益であるから、一つの物としてその所有権の取得を認める制度である。しかし、その場合にも、受益者は損失者に対して不当利得の返還義務を負う（248条）。なぜなら、添付は、価値の終局的な移転を認めるものではなく、「法律上の原因」とはならないからである（我妻・V₄ 1049頁）。

　利得が事件によって生じる例としては、養魚池の魚が洪水によって他人の池に混入した場合が挙げられる。

2　効果

(1)　原物の返還——物権的請求権との関係

　不当利得の返還は、できる限り、利得した原物を返還すべきである（原物返還の原則）。それゆえ、不当利得として特定物を受け取った者が、その物の占有をすでに移転していたとしても、取り戻すことが可能であれば、なお原物返還の義務を負う（大判昭和16・10・25民集20巻1313頁）。しかし、役務の提供など、その性質上原物の返還が不可能な場合、または、利得した物を受益者が消費・処分するなど、原物の返還が不能となった場合には、価格での返還が認められる。

　問題となるのは、損失者が原物の所有権を有している場合に、その所有権に基づく物権的返還請求権と、不当利得による返還請求権との関係である。

　この問題につき、従来の通説（公平説）は、侵害不当利得と給付不当利得とを区別せず、不当利得に基づく返還請求権のみが成立するとする（我妻・V₄ 1054頁以下）。これに対して、多数説（類型論）は、侵害不当利得が所有権の侵害に関するものであることを根拠に、所有権に基づく物権的返還請求権によってのみ原物の返還が認められ、それが不能となった場合にはじめて、価格の返還について、不当利得返還請求権が生じるとする。換言すれば、侵害不当利得

における不当利得返還請求権は、所有権に基づく物権的返還請求権を「補充」するものとなる。

　ところで、いずれの見解によっても、不当利得の効果として、原物返還の原則が認められることには異論がない。それゆえ、ここでの問題は、損失者が受益者に対して原物を返還するように求める権利の法的性質が、物権的返還請求権と不当利得返還請求権のどちらなのか、という点にある。そして、この二つの権利を比較すると、消滅時効に関しては、物権的請求権の方が損失者には有利である。というのも、前述のように、不当利得返還請求権は 5 年または 10 年の消滅時効（166 条 1 項）にかかるが、所有権に基づく物権的返還請求権は、消滅時効にかからない（166 条 2 項参照）からである。そうだとすれば、損失者が原物の所有権を有している場合にも、物権的返還請求権が認められず、不当利得返還請求権のみが成立するというのは妥当でない。しかし反面、損失者が不当利得返還請求訴訟を提起したにもかかわらず、所有権に基づく返還請求訴訟を提起しなかったことを理由に棄却するのも不当である。そこで、両請求権の要件をともに満たす場合には、両請求権が競合し、当事者はそのいずれかを選択することができる、と考えるのが現実的であろう。

(2)　返還の範囲(i)——果実・使用利益等

　原物が損失者（所有者）に返還された場合においても、それまでの間にその物が果実を生じたり、滅失・損傷したときに、その利害調整をどうするかという問題が生じる。この問題につき、学説は一般に、189 条以下の規定が適用されるとする。すなわち、通説（公平説）は、給付不当利得と侵害不当利得とを区別せずに、189 条以下が不当利得の特則であり、不当利得の規定が排斥されるとする。また、類型論も、侵害不当利得に関しては、それが所有権に基づく物権的返還請求権であることから、189 条以下も、侵害不当利得に特有の返還規定であるとする。なお、類型論は、給付不当利得については、契約の問題であるから、545 条 2 項や 575 条の類推適用などの契約法理によって処理されるとする。

　いずれにせよ、189 条以下の規定に従うと、次のようになる。

　①　果実　　利得物から生じた果実について、善意の受益者は、それを取得

することができる（189 条 1 項）。しかし、悪意の受益者は、果実を返還し、か
つ、すでに消費し、過失によって損傷し、または収取を怠った果実の代価を償
還しなければならない（190 条 1 項）。そして、善意の受益者であっても、不当
利得返還請求訴訟において敗訴したときは、「その訴えの提起の時」から、悪
意の受益者とみなされる（189 条 2 項）。善意の占有者には果実の収取権が認め
られているため（189 条 1 項）、その限りでは、不当利得の成立を否定するだけ
の「法律上の原因」となり、不当利得の規定（703 条）は適用されない（我
妻・Ⅱ 495 頁）。

　② 　使用利益　　受益者が物の利用によって得た利益（使用利益）はどうか。
判例（大判大正 14・1・20 民集 4 巻 1 頁、最判昭和 38・12・24 民集 17 巻 12 号 1720
頁）・通説は、果実と使用利益とを区別すべきでないとして、善意の受益者が
それを返還する必要はないとする（我妻・Ⅱ 494 頁）。これに対して、両者を区
別し、善意の受益者であっても、使用利益を損失者に返還すべきであるとの見
解（近江・Ⅵ 53 頁）も存在する。この見解によれば、果実は元物から生じる
「所得」であるが、使用利益は、物の使用にかかる「損失」であり、真の権利
者の利益が失われているのであるから、その返還を認めるべきであるとされる。
しかし、189 条 1 項の趣旨は、果実収取権があると誤信して元物を占有してい
る者が、果実を収取して消費するのを「常とする」ことにある（我妻・Ⅱ 493
頁）。そうだとすれば、法律上の原因があると過失なく誤信している者が、そ
の物を利用するのも通常であり、189 条 1 項の趣旨からすれば、果実と使用利
益とを区別する必要はない。判例・通説が妥当である。

　ところで、善意の受益者が使用利益を取得できるとしても、同時履行の抗弁
や留置権によって不動産を占有する場合に、その用益による利得は返還しなけ
ればならない。例えば、借地権者が建物買取請求権（借地借家 14 条）を行使し
た場合には、買取代金の支払を受けるまで、その建物と敷地の引渡しを拒むこ
とができる（533 条）。しかし、同時履行の抗弁による引渡しの拒絶は、敷地を
用益することを正当化するものではない。それゆえ、借地権者が敷地の用益に
よって取得する利益は、法律上の原因のないものとなり、その賃料相当額を不
当利得として返還しなければならない（最判昭和 35・9・20 民集 14 巻 11 号 2227
頁）。

③　**滅失・損傷**　　利得物が受益者の責めに帰すべき事由によって滅失・損傷した場合には、善意の受益者は、その滅失または損傷によって「現に利益を受けている限度」において賠償をする義務を負い、悪意の受益者は、その損害の全部の賠償をする義務を負う（191 条）。

④　**費用**　　受益者がその利得した物に費用を支出した場合には、196 条によってその償還を請求することができる。すなわち、「必要費」については償還を受けることができ（同 1 項）、「有益費」については、その価格の増加が現存する場合に限り、損失者の選択に従って、その支出した金額または増加額の償還を受けることができる（同 2 項本文）。

(3)　返還の範囲(ii)──善意・悪意の区別

　原物の全部または一部の返還が不能となった場合には、損失者は、受益者に対し、原物に代わる利得の返還を請求することとなる。その範囲につき、703条は、受益者が、「利益の存する限度」（現存利益）において返還義務を負うとする。同条は、「悪意の受益者」の返還義務の範囲を定めた 704 条に対応するものであるから、善意の受益者の返還義務の範囲を現存利益に限定する趣旨である、と解されている。そして、悪意の受益者は、その受けた利益に「利息」を付して返還しなければならず（704 条前段）、さらに損害があるときは、損害賠償責任を負う（704 条後段）。この 704 条後段の規定は、悪意の受益者が不法行為責任を負うことを注意的に規定したにすぎず、悪意の受益者に対して不法行為責任とは異なる特別の責任を負わせたものではない（最判平成 21・11・9民集 63 巻 9 号 1987 頁）。

　善意の受益者とは、その利得が法律上の原因のないことを知らない者をいう。法律上の原因がないことを知らないことにつき過失のある者に関しては、見解が分かれている。かつての通説は、過失があっても、「善意の不当利得者である」とする（我妻・V₄ 1102 頁）。しかし、現在の多数説は、善意について過失のある者は、悪意の受益者と同視すべきであるとする。その理由は、過失のある者に現存利益の返還義務しか認めないのは、不法行為責任（709 条）との均衡を失い、妥当でないことにある（四宮・事務管理・不当利得 93 頁）。

　受益者の善意・悪意を決定すべき時期は、利得が法律上の原因のないことを

事実上知った時である。すなわち、受益者が利益を受けた時に法律上の原因が
ないことを知っていれば、当初から悪意の受益者としての責任を負う。後に法
律上の原因がないことを知ったときは、その時までは善意の受益者であるが、
その時以後は悪意の受益者としての責任を負う。それゆえ、受益者が利得に法
律上の原因がないことを認識した後に利得が消滅したとしても、「返還義務の
範囲を減少させる理由とはならない」(最判平成 3・11・19 民集 45 巻 8 号 1209
頁)。なお、善意の受益者が不当利得返還請求訴訟を提起され、敗訴したとき
は、「その訴えの提起の時から」悪意の受益者とみなされる (189 条 2 項参照—
我妻・V₄ 1104 頁)。

　現存利益とは、受けた利益のうち、受益者になお残存するものである。例え
ば、受益者が利得した金銭を預金しまたは貸与した場合には、債権 (預金債
権・貸金債権) として所有するため、利得が現存する。そして、判例は、金銭
による利得は現存すると推定する。すなわち、法律上の原因なくして金銭を取
得した場合には、受益者がこれを消費したか否か、また消費の方法が生産的で
あるか否かに関係なく、現存するものとする (大判明治 35・10・14 民録 8 輯 73
頁)。また、銀行が法律上の原因なくして受け取った金銭を「運営資金として
利用することにより、少なくとも商事法定利率による利息相当の運用利益」を
得た場合には、その運用利益も、703 条によって返還すべきであるとされた
(商事法定利率の規定 [商 514 条] は、債権法改正により削除された)。なぜなら、
「社会観念上受益者の行為の介入がなくても不当利得された財産から損失者が
当然取得したであろうと考えられる範囲においては、損失者の損失があるもの
と解すべきであり、したがって、それが現存するかぎり同条にいう『利益ノ存
スル限度』に含まれる」と解されるからである (最判昭和 38・12・24 民集 17 巻
12 号 1720 頁)。

　これに対して、受益者が受け取った金銭を浪費した場合には、利得が消滅し、
現存利益はない (大判昭和 14・10・26 民集 18 巻 1157 頁—旧 121 条ただし書 [現
121 条の 2 第 3 項後段] の事案)。問題となるのは、受益者が金銭を消費した場
合に、なお利益が現存するか、あるいは消滅した (利得の消滅) かを区別する
基準を、どのように考えるかである。この問題につき、判例・通説は、「出費
の節約」となるか否かを基準とする。すなわち、金銭の消費が有益な使途に用

いられた場合には、それによって他の財産の出費を節約できたのであるから、利益はなお現存するとする。例えば、受益者が利得した金銭を生活費に充てた場合には、生活費は、その金銭がなければ他の財産から支出しなければならないものであるから、利益が現存する（大判大正 5・6・10 民録 22 輯 1149 頁、大判昭和 7・10・26 民集 11 巻 192 頁）。

　受益者の善意・悪意の主張・立証責任は、悪意であることを主張する原告（損失者）にある（四宮・事務管理・不当利得 93 頁）。なぜなら、受益者は、法律上の原因があると考えて利得をするのが通常だからである。また、金銭が利得された場合における利益が現存しないこと（利得の消滅）の主張・立証責任は、不当利得返還請求権の消滅を主張する者（受益者）が負う（利得消滅の抗弁—前掲最判平成 3・11・19）。

　なお、最高裁は、貸金業者が利息制限法 1 条 1 項所定の制限を超える利息を受領したが、その受領について貸金業法 43 条 1 項が適用されない場合には、「法律上の原因がないことを知りながら過払金を取得した者、すなわち民法704 条の『悪意の受益者』であると推定される」とした。なぜなら、「貸金業者は、同項の適用がない場合には、制限超過部分は、貸付金の残元本があればこれに充当され、残元本が完済になった後の過払金は不当利得として借主に返還すべきものであることを十分に認識している」はずだからである（最判平成19・7・13 民集 61 巻 5 号 1980 頁）。そして、貸主が悪意の受益者であるときは、貸主は、過払金発生の時から 704 条前段所定の利息を支払わなければならない（最判平成 21・9・4 裁時 1491 号 2 頁）。ただし、貸金業者が過払金の受領につき悪意の受益者であると推定される場合においても、貸金業者が借主に対し貸金の支払を請求し借主から弁済を受ける行為が不法行為を構成するのは、暴行・脅迫等を伴うなど、その行為の態様が社会通念に照らして著しく相当性を欠く場合に限られる（最判平成 21・9・4 民集 63 巻 7 号 1445 頁）。

(4)　返還の範囲(iii)——価格の返還

　受益者が利得した物を第三者に転売した場合には、原物の返還は不可能となり、損失者は受益者に対して価格の返還を請求することとなる。もっとも、第三者が即時取得（192 条）をしない場合には、受益者は、その第三者に対して

所有権に基づく物権的返還請求権を行使することも可能である。しかし、それとは関係なく、損失者は受益者に対して不当利得の返還を請求することができる。そして、この場合における返還の範囲は、前述のように、原則として、売却代金相当額である（最判平成19・3・8、大判昭和12・7・3を参照─22-24頁）。ただし、受益者の才覚によって目的物の客観的価格以上で売却した場合には、例外が認められることもあろう。

第4節 給付不当利得

1 要件

(1) 給付不当利得の発生

受益者の利得が損失者の意思に基づく給付行為による給付不当利得では、給付がなされたこと（受益・損失・因果関係）と、法律上の原因のないことが実質的な要件となる。この場合における「法律上の原因」とは、給付を基礎づける法律関係であるが、これがないとされるのは、(ア)法律行為（契約）が不成立または無効とされる場合、(イ)取り消された場合、および、(ウ)解除された場合である。

(ア) 不成立・無効　契約が無効とされるのは、公序良俗（90条）に反する場合のほか、意思無能力による無効（3条の2）、虚偽表示（94条）などである。

(イ) 取消し　契約が取り消される場合としては、制限行為能力による取消し（5条以下）、錯誤による取消し（95条）、詐欺・強迫による取消し（96条）、無権代理行為の相手方による取消し（115条）などがある。

(ウ) 解除　債務不履行による契約の解除（法定解除）については、原状回復義務を定める545条1項がある。それゆえ、同条と不当利得返還義務との関係が問題となる。判例（大判大正8・9・15民録25輯1633頁）・通説は、解除によって契約が遡及的に消滅し、その契約は初めから存在しなかったのと同様になるとする（直接効果説）。その結果、既履行給付については、法律上の原因が

なくなるため、原状回復義務は不当利得の返還と性質を同じくし、545条1項
は、不当利得の特則であるとする（我妻・V₄ 991頁）。

　以上のほかにも、地上権の設定契約(物権契約)に従って地代が支払われたが、
同契約が無効となったり取り消された場合にも、給付不当利得が生じる。また、
扶養義務などの家族法上の行為についても、その前提がない場合には、給付不
当利得の問題となる。さらには、民事執行や税金の誤徴収など、国の行為が介
在する場合もある。例えば、判例は、賃金の仮払を命ずる仮処分命令に基づく
強制執行によって、仮処分債権者が金員の給付を受領した後に、同仮処分が控
訴審において取り消された場合には、「仮処分債権者は、仮払金と対価的関係
に立つ現実の就労をしたなどの特段の事情がない限り、仮処分債務者に対し、
受領した仮払金につき返還義務を負い、その範囲は不当利得の規定に準じてこ
れを定めるべき」であるとする（最判昭和63・3・15民集42巻3号170頁）。

(2)　占有の不当利得

　ところで、契約が無効である場合には、当事者がそれを有効であると信じて
占有や登記名義を移転しても、所有権は移転しない。それゆえ、譲渡人は、所
有権に基づく物権的返還請求権を行使することにより、占有の返還や登記の抹
消を求めることができるから、不当利得返還請求権を認める必要がないとも考
えられる。そして、契約の取消しや解除の場合にも、契約が遡及的に消滅し、
所有権も遡及的に譲渡人に復帰するから、同様の問題を生じることとなる。

　この問題につき、学説は一般に、「占有の不当利得」を認めている。すなわ
ち、目的物の返還請求権者がその目的物の所有権を有している場合にも、相手
方に占有が残っているときは「なお実質上の利得が存」し、所有権者には占有
自体の損失が認められるから、「その返還請求を目して不当利得」と解するこ
とも可能であるとする（我妻栄「法律行為の無効取消の効果に関する一考察」『民
法研究Ⅱ』〔有斐閣、1966年〕176頁）。もっとも、ローマ法では、所有権が移転
しない場合には、相手方に利得もないから、自己の物に対する不当利得の返還
請求は認められていなかった。しかし、「占有も一の経済的価値ある利得」で
あり、無効・取消し等によって契約が遡及的に消滅し、その所有権が譲渡人に
復帰したとしても、譲渡人は譲受人に対して、不当利得に基づき、占有の返還

や登記の抹消を請求することができると解される。

(3) 請求権の競合

占有の不当利得が認められるとすれば、さらに、所有権に基づく物権的返還請求権と不当利得返還請求権との論理的な関係が問題となる。この問題は、かつては請求権の競合として、学説により華々しく議論され、さまざまな見解が対立している（その一つの到達点として、四宮和夫『請求権競合論』〔一粒社、1978年〕がある）。例えば、給付不当利得返還請求権が成立する場合には、一般法である所有権に基づく物権的返還請求権は排除されるとする見解（法条競合説）や、契約規範である給付不当利得返還請求権が優先して適用されるとする見解が多数であるとも考えられる。このほか、両請求権の規範を統合しようとする見解も有力に主張されている。

しかし、侵害不当利得におけると同じく、両請求権の要件を共に満たす場合には、当事者がそのいずれを選択してもよいと考えられる。ただし、所有権に基づく物権的返還請求権を行使したとしても、双務契約が遡及的に消滅して給付不当利得が生じた場合には、その(表見的)契約関係が影響し、相手方が同時履行の抗弁を出したときにはそれが認められ、同時履行の抗弁を免れることはできないと解される。

2 効果

(1) 契約の清算と表見的法律関係の反映

民法は、受益者が善意であるか否かに応じて不当利得返還義務の範囲を区別し（703・704条）、従来の通説も、すべての不当利得に同規定が適用されるとする（我妻・V_4 1054頁）。これに対して類型論は、703条と704条の規定が、侵害不当利得には妥当するが、損失者の意思に基づく給付行為がなされ、後にその「法律上の原因」を欠くに至った給付不当利得には適用されないとする。なぜなら、給付不当利得は、一度は存在した「法律上の原因」に基づく法律関係（表見的法律関係）を清算するものであり、また、その法律関係の性質を反映させることが適切だからである。例えば、売買契約が無効である場合には、

両当事者を、当該契約が当初から存在しなかった状態に戻すために、全面返還が原則となり、現存利益の返還を原則とする703条の適用はないと考えられる（なお、121条の2参照）。また、その清算に際しては、双務契約における牽連関係（同時履行の抗弁・危険負担）も考慮されるべきである。

　もっとも、「法律上の原因」となった表見的法律関係がすべて給付不当利得に反映されるとすれば、「法律上の原因」がないと評価したことが無意味となる。それゆえ、「法律上の原因」となる表見的法律関係の性質（売買契約か、物の利用を目的とする契約かなど）と、それを欠くに至った理由（無効・取消しなど）とを考慮しつつ、類型に応じて給付不当利得の効果を検討しなければならない（松本・民法Ⅳ〔Ｓシリーズ〕470頁）。

(2)　売買契約（双務有償契約）の清算

　(ア)　**全面返還の原則——利得消滅の抗弁の否定**　　両当事者がともに、すでにその義務を履行している双務契約が、不成立、無効または取り消された場合には、当事者双方が給付利得の返還義務を負う。例えば、売買契約が買主の錯誤によって取り消され（95条）、または、売主の詐欺・強迫を理由に買主によって取り消されたとき（96条）は、買主は目的物を売主に返還し、売主はその受領した代金の全額を買主に返還しなければならない。すなわち、給付利得の場合にも、原物返還の原則が認められ、原物が第三者に譲渡されてその返還が不可能であるときは、その売却代金相当額を返還しなければならない。また、原物が消費されたときは、その時価相当額の金員の返還義務を負う。

　しかし、侵害不当利得におけると異なり、双務(有償)契約の清算には703条の適用がなく、「利得を浪費して現存利益がない」との利得消滅の抗弁は認められない。民法は、これを明文化した（121条の2第2項）。ただし、行為時に意思無能力であったことを理由とする無効の場合（3条の2）、および、制限行為能力を理由とする取消しの場合（5条2項・9条・13条4項・17条4項）には、意思無能力者および制限行為能力者の側の返還義務の範囲は、現存利益に限定される（121条の2第3項）。これは、意思無能力者・制限行為能力者を特に保護するための政策的な例外規定である。

　また、目的物について受益者が費用（必要費・有益費）を支出した場合には、

占有者による費用償還請求権に関する 196 条の類推により、利害の調整が図られることとなる。

　なお、契約の解除については、これを無効・取消しと区別して、給付不当利得に含めない見解（近江・Ⅵ 62 頁）も存在する。しかし、解除が契約の遡及的消滅をもたらすものである（直接効果説）とすれば、無効・取消しと区別する必要はなく、解除の結果生じる原状回復義務（545 条 1 項本文）も、給付不当利得の一つであると解される。

　(イ)　果実・使用利益の返還　　受益者は、受領した目的物から生じた果実やその使用によって得た利益（使用利益）、および、金銭を受領した場合における利息もすべて返還しなければならない。もっとも、古い判例には、建物の売買契約が売主の未成年を理由に取り消された場合において、その取消しまでの間、同建物を善意で使用していた買主に 189 条を適用し、使用利益の返還義務がないとしたものがある（大判大正 14・1・20 民集 4 巻 1 頁）。しかし、189 条は、侵害不当利得に適用される規定であり、契約関係の清算を前提として、全面返還の原則が認められる給付不当利得には適用されないと解すべきである。そして、最高裁も、契約の解除に関して、「契約当事者に該契約に基づく給付がなかったと同一の財産状態を回復させるために」、使用利益の返還を認めるべきであるとした（最判昭和 51・2・13 民集 30 巻 1 号 1 頁）。この理は、無効・取消しの場合にも同様であると解される。

　なお、最高裁は、金銭が給付された場合において、受益者である銀行が「少なくとも商事法定利率による利息相当の運用利益」を得たときは、189 条の適用を認めず、「社会観念上受益者の行為の介入がなくても不当利得された財産から損失者が当然取得したであろうと考えられる範囲においては、損失者の損失がある」とし、その運用利益の返還を認めている（最判昭和 38・12・24 民集 17 巻 12 号 1720 頁）。

　(ウ)　双務契約の牽連性　　双務契約が無効となり、または取り消された場合には、両当事者それぞれに、他方当事者に対する不当利得返還請求権が発生する。そこで、両請求権の関係が問題となる。

　(i)　同時履行の抗弁　　古い判例は、両請求権が「独立シテ履行セラルベキ性質ノモノ」であるとして、その牽連関係を否定した（大判大正 3・4・11 刑録

20 輯 525 頁—傍論）。しかし、公平の見地からは、双務契約の清算の場合にも同時履行の抗弁を認めるべきである。最高裁は、まず、未成年者の取消しについて、「契約解除による原状回復義務に関する民法 546 条に準じ同法 533 条の準用あるものと」した（最判昭和 28・6・16 民集 7 巻 6 号 629 頁）。そして、第三者の詐欺を理由に買主が不動産の売買契約を取り消した事案において、買主の抹消登記手続と売主の代金返還義務とが、「民法 533 条の類推適用により同時履行の関係にある」と判示した（最判昭和 47・9・7 民集 26 巻 7 号 1327 頁）。

　なお、詐欺・強迫を理由とする取消しにおいては、被害者の側の同時履行の抗弁が認められるものの、詐欺・強迫をした者の同時履行の抗弁は認められないとする見解が多い。その理由は、① 295 条 2 項の類推適用と、②詐欺・強迫をした者の利得が侵害不当利得であることに存する。そして、この見解によれば、詐欺・強迫をした者が自己の権利を実現するためには、反訴または別訴を提起せざるをえなくなる（四宮・事務管理・不当利得 127 頁）。

　(ii)　危険負担　　無効な売買契約に基づいて引き渡された目的物が、その後に滅失または損傷した場合に、両当事者の法律関係はどうなるか。解除の場合にも同様の問題が生じるが、いずれの場合にも、学説は帰一しない。

　まず、受益者の責めに帰すべき事由によって目的物が滅失・損傷した場合には、次の二つの見解が対立する。(a)通説は、191 条本文の趣旨から、善意の受益者は、「その滅失又は損傷によって現に利益を受けている限度において賠償する義務を負う」とする。その実質的な理由は、善意の受益者が、「自分に帰属したと誤信」した財産について、「一般人として当然払うべき注意を欠きまたは合理的な管理を怠ることによって生じた滅失」・損傷の賠償義務を免れないことにある（我妻・V₄ 1092 頁）。これに対して、(b)有力な見解は、受益者の責めに帰すべき事由によって目的物が滅失または損傷した場合には、不当利得返還義務の債務不履行（履行不能）となり、目的物の時価に相当する損害賠償義務を負うとする（内田・Ⅱ 602 頁）。

　この問題については、給付不当利得に占有の規定（191 条）を適用すべきでないとし、(b)の見解を支持する学説も存在する（片山・債権各論Ⅰ415 頁）。しかし、ここでの実質的な問題は、「法律上の原因」に基づいて給付された目的物を、自己の物と信じて占有している善意の受益者に、善管注意義務（400 条）

を前提とする債務不履行責任を負わせることが適切か否かという点にある。そして、この点に関しては、自己に帰属したと誤信している善意の受益者に善管注意義務を負わせるのは妥当でなく、「自己の財産に対するのと同一の注意」を欠いた場合にのみ損害賠償義務を負い、その範囲も現存利益に縮減されると解すべきである。

　では、両当事者の責めに帰することのできない事由によって目的物が滅失・損傷した場合はどうか。この問題について、債権法改正前民法下においては、「危険負担の発想」から、受益者の支配領域で生じた帰責事由のないリスクは受益者に負担させて、受益者に目的物の時価相当額の賠償義務を負わせ、これと損失者の代金返還債務とが同時履行の関係に立つとの見解（内田・Ⅱ603頁）が有力であった。この見解は、目的物を事実上支配し、危険を防ぐことができる者が当該危険を負う、という567条1項の趣旨に適合的である。しかし、同条は、売買契約における売主の担保責任（契約不適合責任）を規律するものであり、当該契約が無効であるときの善意の受益者とは、その利益状況を異にする。この問題は、契約類型と無効（取消し・解除）原因によっても異なり、さらなる検討が必要である。ただし、現実に問題となることは少なく、理論的な問題に止まるであろう。

(3) 賃貸借契約の清算

　(ア) 返還義務の範囲　　例えば、建物の賃貸借契約が無効となり、また取り消された場合には、受益者（賃借人）は、善意であっても、目的物を返還するほか、使用利益（賃料相当額）をも返還しなければならない。なぜなら、賃貸借などの物を利用する契約では、賃料支払義務と対価関係に立つのは目的物を使用収益させる義務であり、その清算に際しては、使用利益の返還が必要かつ不可欠だからである。ただし、受益者がすでに賃料を支払っている場合において、その賃料が社会的に相当な額であるときは、620条の趣旨を類推して、給付不当利得の返還義務を目的物の返還のみにとどめることができる。

　また、目的物について受益者が費用（必要費・有益費）を支出した場合には、賃借人による費用償還請求に関する608条の類推により、利害の調整が図られる。

　なお、賃貸借契約が無効となり、または取り消された場合には、目的物の所有者は、受益者に対して、所有権に基づく返還請求権と給付不当利得返還請求権とを有する。この両請求権の関係については、前述のとおりである（38頁）。

　(イ)　危険負担　　売買契約におけると異なり、物の利用を目的とする契約では、受益者は、たとえ善意であっても、目的物の保管については善管注意義務を負う。それゆえ、契約の無効・取消しの後に、受益者の責めに帰すべき事由によって目的物が滅失・損傷した場合には、受益者は、原物返還義務の不履行による損害賠償責任を負わなければならない。具体的には、目的物の時価相当額の損害賠償義務を負うこととなる。

　これに対して、両当事者の責めに帰することのできない事由による滅失・損傷の場合には、その損失は、所有者が負担し、受益者はその賠償義務の履行を拒むことができる（536条1項）。賃貸借契約が有効である場合には、その損失は賃貸人の負担となるため（536条1項）、賃貸借契約が無効となり、また取り消された場合にも、同様に解されるからである。

(4)　役務提供契約の清算

　雇用・請負・委任などの契約が有効に存在するものとして他人の労務を利用した受益者は、その契約が無効となり、または取り消された場合には、原則として、労務の客観的な価格を返還すべきであり、労務によって生じた結果を返還すべきではない。なぜなら、他人の労務による「利益」とは、損失者の一定量の労働が受益者のために費やされることであって、その労務によって生じた物が受益者に帰属することではないからである。

　ただし、労務の結果が独立の価値を有する特別な場合には、受益者が、その結果を不当利得として返還すべきである。例えば、損失者が特定の物を製作して受益者に交付した場合には、受益者は、その製作・交付された物を返還すべきである。問題となるのは、請負人が無効な契約に基づき建物を建築した場合である。というのも、注文者（受益者）が完成した建物を返還しても、その敷地の利用権を伴わないときは、損失者（請負人）が不当利得の返還を受けたことにならないからである。そこで、この場合には、建物に「独立の価値」がないとして、労務の客観的価格の返還を認めるべきである（我妻・V₄1095頁）。

(5) 無償契約の清算

　例えば、贈与契約が無効となり、または取り消された場合には、703条と704条がそのまま適用され、善意の受益者は、利得消滅の抗弁を主張することができると解されていた。しかし、無償契約であっても、その「法律上の原因」を欠く場合には、給付した物の全面返還が認められるべきであろう。ただし、受益者のもとで目的物が滅失・損傷した場合には、「法律上の原因」があると信じた善意の受益者を保護すべきであるから、自己の財産に対するのと同一の注意をした限りでは、利得の消滅による返還義務が縮減されると解される（四宮・事務管理・不当利得131頁）。民法も、この立場を採用している（121条の2）。

3　権利の行使期間

　不当利得返還義務は、期限の定めのない債務であり、履行の請求によって遅滞に陥る（412条3項）。ただし、悪意の受益者については、不法行為におけると同じく、履行の請求なくして直ちに遅滞に陥るとの見解（四宮・事務管理・不当利得96頁）も存在する。

　ところで、不当利得返還請求権も債権であるから、その成立の時から10年の経過によって時効消滅する（旧167条1項。最判昭和55・1・24民集34巻1号61頁）。これに対しては、「法律上の原因」が短期の消滅時効に服する場合には給付不当利得返還請求権も短期の消滅時効に服し、また、契約の取消しによって不当利得返還請求権が生じる場合には、取消権の行使期間（126条）内に取消権を行使しかつ返還請求をしなければならないとの見解（四宮・事務管理・不当利得97頁）も存在した。

　なお、債権法改正後の民法は、債権者が「権利を行使することができる時」（客観的起算点）から10年間行使しないとき」に債権が消滅するほか（166条1項2号）、「権利を行使することができることを知った時」（主観的起算点）から5年間行使しないときにも消滅するとした（同1号）。また、職業別の短期消滅時効（170-174条）が廃止され、商事消滅時効（商旧522条）も削除された。

第5節　給付不当利得の特殊な類型

1　特殊の不当利得一般

「法律上の原因」のない利益を受け、本来であれば認められるはずの給付不当利得返還請求権が、法政策的な観点から成立しないとされる場合がある。非債弁済（705-707条）と不法原因給付（708条）である。

　非債弁済とは、債務が存在しないのに弁済がなされた場合をいう。この場合において、弁済者は、弁済受領者に対して給付不当利得返還請求権を取得する。しかし、民法は、①弁済者が債務の存在しないことを知って弁済したとき（705条）、および、②他人の債務を弁済し、債権者が一定の事由によって債権を喪失し、またはその行使が困難になったとき（707条）に、給付したものの「返還の請求をすることができない」とした。この①と②を併せて、狭義の非債弁済という。また、債務が存在するため、正確には「非債弁済」ではないが、③期限前の弁済に関する規定（706条）をも含めて、広義の非債弁済という。

　ところで、不法な原因に基づいて給付をすることも、非債弁済の一場合である。というのも、不法な原因による法律行為は、公序良俗に反して無効（90条）だからである。それゆえ、この場合にも、当該給付は不当利得となる。しかし、民法は、原則として、「給付したものの返還を請求することができない」とした（708条本文）。以下では、狭義の非債弁済（705・707条）、期限前の弁済（706条）、および、不法原因給付（708条）を順に検討する。

2　狭義の非債弁済

(1)　債務の不存在を知ってした弁済（705条）

(ア)　意義　　債務の弁済として給付をした者が、その時において債務の存在しないことを知っていたときは、給付したものの返還を請求することができない（705条）。その趣旨について、民法の起草者は、このような弁済が「一の贈

与を構成」するとした（梅・民法要義三 872 頁）。しかし、通説は、債務のない
ことを知りながら弁済として給付をした者に、その返還請求権を認める必要は
ないとする（我妻・V₄ 1119 頁）。

　(イ)　要件　　①債務が存在しないこと、②弁済として給付したこと、および、
③債務の不存在を知っていたことである。このうち、①と②は、不当利得の成
立要件であるため、返還請求をする者が主張・立証責任を負う（大判大正 4・
4・20 民録 21 輯 547 頁、大判昭和 7・4・23 民集 11 巻 689 頁）。これに対して、③
は、権利障害事実であるため、返還を請求された者が主張・立証しなければな
らない（大判明治 40・2・8 民録 13 輯 57 頁、大判大正 7・9・23 民録 24 輯 1722 頁）。

　①債務が存在しないこと　　債務が弁済の時に存在しないことであり、債務
を発生させる契約の不成立・無効などによって当初から債務が存在しない場合
と、債務が一度は成立したが、弁済その他の事由によって消滅した場合とがあ
る。ただし、契約が公序良俗に反して無効である場合には、その債務の弁済が
不法原因給付（708 条）となることがあり、705 条の適用はない。

　②弁済として給付したこと　　705 条の趣旨から、給付が任意になされた場
合にのみ同条が適用される。それゆえ、強制執行を避けるためなど、やむをえ
ずに弁済した場合には、705 条の適用はない（大判大正 6・12・11 民録 23 輯
2075 頁）。具体的には、借家人が地代家賃統制令に反することを知りながら、
債務不履行責任を問われることを避けるために弁済した場合（最判昭和 35・
5・6 民集 14 巻 7 号 1127 頁）や、賃料の支払義務のない者が賃料の不払を理由
に家屋の明渡請求訴訟を提起され、その防御手段として弁済した場合（最判昭
和 40・12・21 民集 19 巻 9 号 2221 頁）に、705 条の適用が否定されている。

　③債務の不存在を知っていたこと　　債務の不存在について善意であれば、
過失があっても 705 条の適用はなく、不当利得の返還請求が認められる（大判
昭和 16・4・19 新聞 4707 号 11 頁）。705 条は、債務の存在しないことを知りな
がら弁済した者を保護しない趣旨であり、過失を責めるものではないからであ
る。また、双務契約の清算に際しては、両当事者の公平の観点から、両当事者
がともに債務の不存在を知っている場合にのみ、705 条の適用が認められる。

　なお、最高裁は、債務者が利息制限法所定の制限を超える利息・損害金を任
意に支払ったとしても、制限超過部分の元本充当により計算上元本が完済とな

ったときは、その後に債務の不存在を知らないで支払った金額の返還を請求することができるとした（最大判昭和43・11・13民集22巻12号2526頁）。

　(ウ)　効果　　以上の要件が満たされれば、703条と704条が適用されず、給付をした者は、その受領者に対して、不当利得の返還を請求することができない。

(2)　他人の債務の弁済（707条）

　(ア)　意義　　他人の債務を他人の債務であると知りながら弁済をした場合には、第三者の弁済（474条）となる。例えば、Cが、BのAに対する債務であることを知りつつ、Aに対して弁済をした場合において、その弁済が効力を生じるときは、Aには不当利得はなく、CがBに対して不当利得返還請求権（求償不当利得）を取得する。

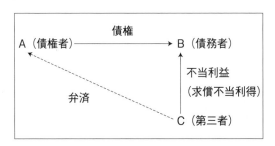

　これに対して、他人の債務を自己の債務と誤信して弁済をしたときは、弁済は有効とならず、給付をした者からその受領者に対しての不当利得返還請求権が発生する。例えば、CがBの債務を自己の債務と誤信してAに弁済した場合には、CのAに対する不当利得返還請求が可能である。しかし、この場合において、Aが有効な弁済を受けたと誤信して、債権証書を滅失・損傷させたり、担保を放棄し、またはBに対して請求せずに消滅時効が完成したときは、Aを保護する必要がある。そこで、民法は、弁済をした者（C）が、Aに対して、不当利得の返還を請求することができないとした（707条1項）。

　なお、上記の例で、第三者（C）の弁済が、債務者（B）の意思に反するなどの理由から効力を生じない場合（474条2項本文）には、CのAに対する不当利得返還請求権が発生する。ただし、CがBの意思に反することを知りなが

ら弁済した場合には、705条の類推適用の問題となり、また、AもCもともに有効な弁済がなされたと誤信して担保を放棄した場合には、707条の類推適用の問題となる。

(イ)　要件　　①他人の債務が存在すること、②債務者でない者が錯誤によって債務の弁済をしたこと、および、③債権者が善意で証書を滅失・損傷し、担保を放棄し、または時効によってその債権を失ったことである。現実の訴訟においては、弁済をした者(C)が①と②を主張・立証して、債権者(A)に対して不当利得返還請求権を行使するのに対し、Aが③を抗弁として主張・立証し、その返還を免れることとなる。

　①他人の債務が存在すること　　債務が存在しないのに存在すると誤信して第三者の弁済をしても、707条は適用されない（大判明治34・3・28民録7輯3巻88頁）。

　②債務者でない者が錯誤によって債務の弁済をしたこと　　保証人や連帯債務者でない者が自らをそうであると誤信して弁済した場合にも、他人の債務の弁済ではないが、善意の債権者を保護する707条の趣旨から、同条の類推適用が認められる（大判昭和6・4・22民集10巻217頁―身元保証人の事案）。また、弁済は任意によるものに限られ、「供託官が、供託金取戻請求権につき、無効な転付命令を有効なものと誤信したため、正当な取戻権者以外の者に供託元利金の払渡をした場合には、右供託元利金の払渡を受けた転付命令取得者が当該転付命令の執行債権につき証書の毀滅、担保の放棄等の事由を生じさせたとしても」、707条1項の類推適用は認められない（最判昭和62・4・16判時1242号43頁）。

　③債権者が善意で証書を滅失・損傷し、担保を放棄し、または時効によって債権を失ったこと　　このうち、証書の滅失・損傷とは、「証書を必要に応じて自由に立証方法に供すること」ができないことをいう。それゆえ、債権者が「債務者又は弁済者に証書を返還してこれに対する支配」を失った場合も含まれる。しかし、手形と引換えに弁済をした者が不当利得として手形金の返還を求める際に、「手形の返還を申し出てその履行の提供」をしているときは、立証方法に問題はないため、証書の滅失・損傷には当たらない（最判昭和53・11・2判時913号87頁）。

(ウ)　効果　　以上の要件が満たされれば、弁済者(C)は、不当利得の返還請
求ができなくなる。その結果、債務者(B)の債務が履行されたことになり、A
の債権は消滅する。ただし、弁済をしたCは、Bに対して求償権（求償不当利
得）を行使することができる（707条2項）。

3　期限前の弁済（706条）

　債務者が弁済期の前に債務を弁済した場合には、債務が存在し、弁済期には
弁済しなければならないものであるから、民法は、給付したものの返還請求を
認めず（706条本文）、ただ、債務者が錯誤によって弁済期前に弁済したとき
のみ、債権者は、これによって得た利益（中間利息）を返還しなければならない
（同ただし書）とした。

4　不法原因給付（708条）

(1)　意義

　給付者（損失者）がその意思に基づいて給付をしたが法律上の原因を欠く場
合には、受益者に対して、給付不当利得返還請求権を行使することができる。
このことは、法律行為が公序良俗に反して無効（90条）である場合にも妥当す
るはずである。しかし、その場合にも、給付をした者に不当利得返還請求を認
めることは、公序良俗違反の法律行為に関与した者を裁判所が保護することと
なり、正義の理念に反する。そこで、民法は、不法な原因のために給付をした
者は、その給付したものの返還を請求することができないとした（708条本文）。
その趣旨は、ローマ法以来各国の法制において認められ、フランスでは、「何
人も自己の背徳行為を告白する者は、聴き届けられることはない」（Nemo
auditur turpitudinem suam allegans）という法格言が判例によって認められてい
る。また、英米法では、「衡平法に訴えようとする者は、潔い手を持っていな
ければならない」（He who comes into equity must come with clean hands）とい
う、「クリーン・ハンズの原則」が認められる。
　日本民法の起草者も、これらの原則に従い、例えば賭博で負けた者が賭け金

を支払った後に、賭博が公序良俗に反し無効であるとしてその返還を請求することは、「自ラ不法ノ事」をしながら「法廷ニ主張」するもので、「鉄面皮モ亦甚シ」いとした（梅・民法要義三878頁）。

　しかし、給付者からの不当利得返還請求を否定することは、公序良俗に反する法律行為に関与した受益者の給付の保持を認めることとなり、結果的に不法な目的の実現を助長するおそれがある。そこで民法は、「不法な原因が受益者についてのみ存したとき」は、給付をした者が不当利得の返還請求をすることができるとし（708条ただし書）、その範囲を制限するとともに、判例・学説によって、708条本文の要件も厳格に解釈されている。

(2) 要件

　708条本文によって給付者の不当利得返還請求権が否定される要件は、㋐「不法な原因」のために、㋑「給付」をしたことである。実際の訴訟では、給付者（原告）が公序良俗違反（90条）に基づく給付をしたことを主張・立証し、不当利得返還請求（704条）をするのに対して、受益者（被告）が、㋐を主張・立証することとなる（不法原因給付の抗弁）。これに対して、給付者は、再抗弁として、㋒「不法な原因が受益者についてのみ存した」こと（708条ただし書）を主張・立証して、不法原因給付の抗弁を排斥することができる。

　㋐　不法な原因

　（i）「不法」の意義　　708条は90条と表裏をなす。すなわち、708条にいう「不法」とは、公序良俗違反を意味し、単なる取締法規違反や強行規定違反は含まれない、と解されている。例えば、大審院の古い判決は、「不法ノ原因」を、「原因タル行為ガ公ノ秩序又ハ善良ノ風俗ニ反スル事項ヲ目的トスル場合」であるとし、「不適法ノ行為ハ常ニ不法ノ原因ナリト論ズル」ことはできないとして、無効な権利株の売買であることを知っていたとしても、「不法な原因」には当たらないとした（大判明治41・5・9民録14輯546頁）。もっとも、大審院は、その具体的な解決においては一貫せず、鉱業法に反する斤先堀契約（大判大正8・9・15民録25輯1633頁）や外国人に対する土地の売買（大判大正15・4・20民集5巻262頁）も「不法な原因」に当たるとし、それぞれ、斤先堀業者による税金の代納、または手付金の支払が不法原因給付になるとした。

　しかし、戦後の最高裁は、一貫して、「不法」を公序良俗違反と捉えている。すなわち、不法とは、「反道徳的な醜悪な行為としてひんしゅくすべき程の反社会性を有する違反」（最判昭和 35・9・16 民集 14 巻 11 号 2209 頁）、または、「その原因となる行為が、強行法規に違反した不適法なものであるのみならず、更にそれが、その社会において要求せられる倫理、道徳を無視した醜悪なものであることを必要」とする（最判昭和 37・3・8 民集 16 巻 3 号 500 頁）とした。そして、「行為が不法原因給付に当るかどうかは、その行為の実質に即し、当時の社会生活および社会感情に照らし、真に倫理、道徳に反する醜悪なものと認められるか否かによって決せらるべき」であり、物資統制法規に違反した給付に 708 条が適用されないとした（前掲最判昭和 37・3・8）。このほか、法定額を超える選挙費用の立替払（最判昭和 40・3・25 民集 19 巻 2 号 497 頁）、および、導入預金取締法に反する導入預金（最判昭和 49・3・1 民集 28 巻 2 号 135 頁）が、不法原因給付に当たらないとされている。

　これに対して、不法原因給付に当たるのは、賭博の賭け金として支払われた金員のほか、芸娼妓・酌婦稼業を事実上強制するために消費貸借名義で交付された金員（最判昭和 30・10・7 民集 9 巻 11 号 1616 頁）、妾関係の維持を目的としてなされた建物の贈与（最大判昭和 45・10・21 民集 24 巻 11 号 1560 頁）などであり、いずれもその返還請求が否定されている。

　(ii)　主観的要件・客観的要件　　708 条の趣旨は、不法に関与した者に法の保護を与えないことにあるから、同条の適用のためには、①給付者の主観的要件と、②給付者と受領者（受益者）の不法性の比較（客観的要件）が必要となる。もっとも、①給付者の主観的要件としては、法の不知は害するため、給付者に違法の認識までは要求されず、給付者が不法となる「事実」を認識していたことと、責任能力があれば十分であろう（四宮・事務管理・不当利得 173 頁）。ただし、古い大審院の判例には、給付が不法な原因に基づくものである以上、不法が受益者にのみ存する場合のほかは、「当事者ガ其不法ナルコトヲ知ルト知ラザルトニ」かかわらず、返還請求できないとしたものがある（前掲大判大正 8・9・15）。

　より重要なのは、②給付者と受領者の不法性の比較であり、この要件は、とりわけ 708 条ただし書の場合に必要とされる。なぜなら、同ただし書は、「不

法な原因が受益者についてのみ存したとき」とするが、そのような場合はまれ
で、通常は、給付者と受益者の双方に不法性があり、その不法性を比較して返
還請求の可否を決すべきだからである。換言すれば、給付者の側に不法性があ
っても、受領者の側の不法性がより多いときは、ただし書により、不当利得返
還請求が認められることとなる。そしてこの理は、708 条本文の要件としても
妥当し、給付者の不法性が受領者の不法性より多いときは、受領者の不法性を
無視して、返還請求を否定すべきである（我妻・V₄ 1134 頁）。判例も同様であ
り、最高裁は、動機の不法に関する次の判決により、不法性の比較を説示して
いる。

　　最判昭和 29・8・31 民集 8 巻 8 号 1557 頁（動機の不法と不法性の比較）
　　Y は、X に対し、韓国に苛性ソーダを密輸出し、同国から阿片を密輸入す
れば大きな利益をあげることができる旨を説き、X が 15 万円の出資をするこ
とを約束した。しかし、X は家族に反対され、同約束を解消することを Y に
申し出たところ、Y が、せめて一航海の経費として 15 万円を貸してほしいと
要請したため、X はこれを貸し渡した。Y はこの金員を遊興費に充て、X が
Y に対し貸金返還請求をした。これに対して、Y は、同貸金が苛性ソーダの
密貿易のためのものであり、不法原因給付に当たると反論した。第一審は、不
法の原因が Y のみに存したとして、708 条ただし書の適用により、X の返還
請求を認容した。しかし、原審は、「給付行為自体が不法でない場合でも、表
示された給付の動機が不法な事項を包含するときは、不法原因のための給付」
であるとの理由で、X の請求を棄却した。X 上告。
　　最高裁は、次のように判示した（破棄差戻し）。すなわち、「民法第 708 条は
社会的妥当性を欠く行為を為し、その実現を望む者に助力を拒まんとする私法
の理想の要請を達せんとする民法第 90 条と並び社会的妥当性を欠く行為の結
果の復旧を望む者に助力を拒まんとする私法の理想の要請を達せんとする規定
である」。そして、「社会的妥当性を欠く行為の実現を防止せんとする場合はそ
の適用の結果も大体右妥当性に合致するであろうけれども、既に給付された物
の返還請求を拒否する場合はその適用の結果は却って妥当性に反する場合が非
常に多いから、その適用については十分の考慮を要するものである」。
　　ところで、本件においては、「X は一旦 Y の密輸出計画に賛同したけれども、

後にこれを思い止まりＹに対して出資を拒絶した処、Ｙから『既に密輸出の準備を進めたことでもあるから、せめて一航海の経費として金15万円を貸与して貰いたい』と要請され、（一審判決では強制といって居る）止むを得ず金15万円を貸与するに至ったのであって、密輸出に対する出資ではなく通常の貸借である」。そうだとすれば、「Ｘが本件貸金を為すに至った経路において多少の不法的分子があったとしても、その不法的分子は甚だ微弱なもので、これをＹの不法に比すれば問題にならぬ程度のものである。殆ど不法はＹの一方にあるといってもよい程のものであって、かかる場合は既に交付された物の返還請求に関する限り民法第90条も第708条もその適用なきものと解するを相当とする」。

　この判決は、当事者の不法性を比較し、給付者側の不法性が受益者側の不法性と比べて「甚だ微弱」である場合に、708条の適用を否定して、不当利得返還請求を認めたものであり、「同条但書を直接の根拠としたわけではない」こと（青山・最判解説131頁）が注目されよう。

　なお、賭博の資金を貸した場合にも、両当事者の不法性の比較から、通常は、借主の不法性が大きく、貸主の返還請求が肯定されよう。これに対して、賭博の賭け金を支払うように、給付の内容自体が不法である場合には、両当事者の不法性は同程度であり、その返還請求が否定される。また、不倫の対価としての金銭の給付のように、給付の内容自体には不法性がないが、それが不法な行為の対価である場合にも、不法原因給付が認められる（我妻・V₄1154頁）。

　(イ)　給付　708条本文の「給付」は、受領者に終局的な利益を与えるものでなければならない。なぜなら、不法原因給付の終局的な実現に至らない段階においては、①返還請求を否定すると、その終局的な実現のためにさらに国家の助力を要することとなり、同条の趣旨に反するとともに、②返還請求を認めることによって、不法の実現を抑止することが可能だからである（四宮・事務管理・不当利得159-160頁）。それゆえ、ＸがＹに対する賭博による負債を担保するために、Ｘの所有する不動産に抵当権を設定して登記を経由したとしても、抵当権が実行されるまでは「給付」がなく、ＸはＹに対し抵当権設定登記の抹消を請求することができる。最高裁も、この理を認め、「Ｘが右抵当権

設定登記の抹消を求めることは、一見民法708条の適用を受けて許されないようであるが、他面、Yが右抵当権を実行しようとすれば、Xにおいて賭博行為が民法90条に違反することを理由としてその行為の無効、したがって被担保債権の不存在を主張し、その実行を阻止できるものというべき」であるから、「このような場合には、結局、民法708条の適用はなく、Xにおいて右抵当権設定登記の抹消をYに対して請求できるものと解するのが相当である」と判示した（最判昭和40・12・17民集19巻9号2178頁）。

　また、最高裁は、不倫の関係を維持継続するために未登記の建物を贈与した場合は、「その引渡しにより贈与者の債務は履行を完了したものと解されるから」、引渡しが708条本文にいう「給付」に当たるとした（前掲最大判昭和45・10・21）。しかし、最高裁は、同様の事案において既登記の建物が贈与された場合には、その引渡しがなされただけでは708条本文の「給付」があったとはいえず、その返還請求を拒むためには、「所有権移転登記手続が履践されていることをも要する」とした（最判昭和46・10・28民集25巻8号1069頁）。

　㈡　「不法な原因が受益者についてのみ存した」こと　　「給付をした者」がこの要件を主張・立証した場合には、例外的に、給付したものの返還を請求することができる（708条ただし書）。給付者に不法の原因がない場合には、国家の助力を求めることができるとともに、受益者に給付を保持させることは衡平に反するからである。もっとも、前述のように、不法の原因が受益者のみに存することはまれであり、通常は、給付者と受益者の双方に不法性が認められる。そこで、判例および学説は、両者の不法性を比較して、受益者の不法性が大きい場合には、給付者に不法性が存しても、708条ただし書により、その返還請求を認めている。また、給付者の不法性が大きい場合には、同条本文により、その返還請求が否定される。

　(3)　効果

　㈠　一般的効果　　708条本文が適用されると、給付者は、給付したものの返還を請求することができない。この場合には、給付者の債権者が、債権者代位権（423条）に基づいて不当利得返還請求権を行使することも許されない（大判大正5・11・21民録22輯2250頁）。債権者代位権は、「債務者に属する権

利」（被代位権利）を行使するにすぎないからである。これに対して、債権者が、単に債務者の権利を行使するものではなく、その独自の立場で行使する詐害行為取消権（424 条—否認権〔破 160 条以下〕も同様）は認められる。すなわち、債務者の給付が「不法な原因」によるものであっても、債権者が詐害行為取消権を行使してその給付したものの返還を請求する場合には、708 条本文の適用はない（大判昭和 6・5・15 民集 10 巻 327 頁—否認権の事案）。

　返還請求が認められないのは、給付した原物のみならず、それに代わる価格も含まれる。財貨の移転を戻すための請求が否定されるのだから、価格の返還も認められないのは当然である（我妻・V₄ 1162 頁）。

　以上に対して、不法原因給付を受領者が任意に返還することはさしつかえない。給付者と受領者との間でなされた、給付の返還を約束する契約も有効である。判例も、「給付を受けた不法原因契約を合意の上解除してその給付を返還する特約をすることは、(708)条の禁ずるところでない」とし、同特約に基づく返還義務の履行のために振り出された手形の請求には、「708 条を適用する余地がない」とした（最判昭和 28・1・22 民集 7 巻 1 号 56 頁）。

　なお、最高裁は、無限連鎖講に該当する事業によって配当金の給付を受けた者が、その給付が不法原因給付に当たることを理由としてその返還を拒むことは、信義則上許されないとした。なぜなら、仮に事業者が配当金の返還を拒むことができるとすれば、「被害者である他の会員の損失の下に（事業者が）不当な利益を保持し続けることを是認することになって、およそ相当であるとはいい難い」からである（最判平成 26・10・28 民集 68 巻 8 号 1325 頁）。

　(イ)　所有権の帰属　　例えば、不動産の贈与が公序良俗に反して無効である場合において、不当利得に基づく不動産の返還請求が 708 条本文によって認められないときは、当該不動産の所有権は給付者と受領者のどちらに帰属するか。ここでの問題は三つある。第一に、贈与契約が無効であるため、不動産の所有権は給付者に帰属しているものとして、給付者が受領者に対し、所有権に基づく返還請求権を行使することができるかが問題となる。これが否定されると、第二に、不動産の所有権の帰属が問題となる。そして、第三に、仮に所有権が受領者に帰属すると、受領者が給付者に対して移転登記請求権を有するか否かが問題となる。

　まず、第一の問題については、判例・学説ともに、給付者の所有権に基づく返還請求を否定する点では一致している。ただし、その理論構成は異なり、類型論の中には、給付不当利得では不当利得返還請求権のみが成立し、所有権に基づく返還請求権は成立しないとの見解も存在する（好美清光「不当利得法の新しい動向について㈠」判タ386号25頁）。これに対して、両請求権の競合を認める最高裁は、所有権に基づく返還請求権にも708条本文が適用されるとした（前掲最大判昭和45・10・21）。給付不当利得返還請求権が708条本文によって否定される場合にも所有権に基づく返還請求権が認められるとすれば、同条の目的を達することができないため、708条本文は、所有権に基づく返還請求権にも適用されると解すべきである。

　第二に、所有権に基づく返還請求も否定されるとすれば、不動産の所有権は、給付者と受領者のどちらに帰属するか。最高裁は、不倫の関係を継続する目的で未登記の建物をY（女）に贈与して引き渡したX（男）の、Yに対する所有権に基づく建物明渡請求につき、次のように判示して、建物の所有権がYに帰属するとした。すなわち、「本件建物を目的としてなされたXY間の右贈与が公序良俗に反し無効である場合には、本件建物の所有権は、右贈与によってはYに移転しない」。しかし、贈与が無効であり、贈与による所有権の移転が認められないとしても、「Xがした該贈与に基づく履行行為が民法708条本文にいわゆる不法原因給付に当たるときは、本件建物の所有権はYに帰属するにいたったものと解するのが相当である。けだし、同条は、みずから反社会的な行為をした者に対しては、その行為の結果の復旧を訴求することを許さない趣旨を規定したものと認められるから、給付者は、不当利得に基づく返還請求をすることが許されないばかりでなく、目的物の所有権が自己にあることを理由として、給付した物の返還を請求することも許されない筋合であるというべきである。かように、贈与者において給付した物の返還を請求できなくなったときは、その反射的効果として、目的物の所有権は贈与者の手を離れて受贈者に帰属するにいたったものと解するのが、最も事柄の実質に適合し、かつ、法律関係を明確ならしめる所以と考えられるからである」（前掲最大判昭和45・10・21）。

　この判決は、給付者の返還請求が否定されることの「反射的効果」として、

受領者への所有権の帰属を認めるものであり、「708 条によって復旧を許され
ざる給付は法律的にも終局的にも受領者に帰属することになる」との学説（我
妻・事務管理・不当利得・不法行為 83 頁）を参照したものである（杉田洋一・最
判解説 517 頁）。法律関係の明確化という観点からは、判例が妥当である（多数
説。反対、内田・Ⅱ 620 頁）。

　そこで、第三に、Y の X に対する移転登記請求の可否が問題となる。上記
の最高裁判決は、以下のように判示して、問題を肯定に解した。

前掲最大判昭和 45・10・21（不法原因給付による所有権の帰属と移転登記請求）

　「X は、本件建物について昭和 31 年 11 月 10 日附で同人名義の所有権保存
登記を経由したのであるが、右登記は、X が本件建物の所有権を有しないに
もかかわらず、Y に対する右建物の明渡請求訴訟を自己に有利に導くため経
由したもので、もともと実体関係に符合しない無効な登記といわなければなら
ず、本件においては他にこれを有効と解すべき事情はない。そして、前述のよ
うに、不法原因給付の効果として本件未登記建物の所有権が Y に帰属したこ
とが認められる以上、Y が X に対しその所有権に基づいて右所有権保存登記
の抹消登記手続を求めることは、不動産物権に関する法制の建前からいって許
されるものと解すべきであってこれを拒否すべき理由は何ら存しない。そうと
すれば、本件不動産の権利関係を実体に符合させるため、Y が右保存登記の
抹消を得たうえ、改めて自己の名で保存登記手続をすることに代え、X に対
し所有権移転登記手続を求める本件反訴請求は、正当として認容すべきもので
ある」。

　判旨は、本件が「所有権保存登記の抹消登記手続を求めること」ができる事
案であることを指摘する。しかし、この指摘には格別の意味はなく、「不動産
物権に関する法制の建前」からは、受領者の所有権が肯定される以上、給付者
に対して、「所有権移転登記手続を求める」ことができると解される。

　なお、最高裁は、前述のように、既登記の建物の贈与については、引渡しが
あっても移転登記がなければ、708 条本文の「給付」がなされたことにはなら

ないとし、その移転登記請求を否定する（前掲最判昭和46・10・28）。このような判例の立場に対しては、既登記か未登記かを問わずに、受領者による移転登記請求を否定する見解とそれを肯定する見解とが存在する。しかし、708条本文の「給付」の概念を制限的に解釈し、既登記の場合と未登記の場合とを区別する判例の見解が、給付者と受領者の衡平の観点からは妥当であると思われる。

　(ウ)　貸借型契約による給付　　建物の所有者が不法な目的で建物を賃貸し、引渡しをした場合には、建物の返還請求は認められるか。この場合には、708条本文により建物の返還請求が認められないとすると、受領者は、有効な賃貸借契約に基づく借主より多くの利益を得ることとなり、不当である。そこで、学説は、賃貸借における「給付」が、物の引渡しではなく、「物を使用収益させること」であると捉える。そして、給付者（所有者）は、すでに経過した期間については不法原因給付が終局的に実現したものとして、賃料相当額の償還を請求することができないが、将来の期間は未だ終局的な給付をしていないから、賃貸借契約の無効を主張して、占有の返還を請求することができる（708条本文は適用されない）とする（我妻・V₄ 1161頁）。

(4)　適用範囲——不法行為による損害賠償請求への類推

　708条本文の趣旨（当事者の不法性の比較）が、不法行為に基づく損害賠償の請求に際して類推されることがある。

　　最判昭和44・9・26民集23巻9号1727頁（不倫関係にある女性の慰謝料請求）
　　　X（女—19歳）の上司であるY（男）は、昭和35年5月頃、Xが異性に接した経験がなく、思慮不十分であるのにつけこみ、妻と別れてXと結婚する旨の詐言を用い、Xと情交関係を結んだ。その約1年半後、Xが妊娠し、出産して、子を養育したが、Yは、Xと会うことを避け、他の女性とも情交関係を結んだ。そこで、XがYに対し、貞操権の侵害を理由に慰謝料を請求した。第一審は、XがYに妻があることを知っていたのだから、「自己に存する公序良俗に違反する行為によって生じた損害の賠償を請求することとなる」ため、「708条に示された法の精神に鑑み、保護を与えるべきではない」との

理由で、X の請求を棄却した。これに対して、原審は、「不法性は明らかに Y の方が大きく、このような公序良俗違反の事態を現出させた主たる原因は Y に帰せしめられる」とし、「708 条但書の規定により同条本文の規定の適用は排除され」るとして、X の請求を認容した。Y 上告。

　最高裁は、次のように判示して、上告を棄却した。「女性が、情交関係を結んだ当時男性に妻のあることを知っていたとしても、その一事によって、女性の男性に対する貞操等の侵害を理由とする慰藉料請求が、民法 708 条の法の精神に反して当然に許されないものと画一的に解すべきではない。すなわち、女性が、その情交関係を結んだ動機が主として男性の詐言を信じたことに原因している場合において、男性側の情交関係を結んだ動機その詐言の内容程度およびその内容についての女性の認識等諸般の事情を斟酌し、右情交関係を誘起した責任が主として男性にあり、女性の側におけるその動機に内在する不法の程度に比し、男性の側における違法性が著しく大きいものと評価できるときには、女性の男性に対する貞操等の侵害を理由とする慰藉料請求は許容されるべきであり、このように解しても民法 708 条に示された法の精神に反するものではない」。

　この判決の結論には、学説にも異論はない。ただし、その理論構成としては、不法行為に基づく損害賠償請求にも 708 条の適用ないし類推適用が認められるとする見解（我妻・V₄ 1179 頁）と、不法行為（709 条）の成立要件としての「違法性」の判断に際して、708 条の趣旨が参考にされたとする見解（四宮・事務管理・不当利得 181 頁）とが存在する。

　また、最高裁は、証券会社の従業員が顧客に法令で禁止されている利回り保証の約束をして株式投資の勧誘をし、一連の取引によって顧客に 8000 万円を超える損失を被らせたという事案において、「（顧客）の不法性に比し、（証券会社）の従業員の不法の程度が極めて強いものと評価することができ、（証券会社）は不法行為に基づく損害賠償責任を免れないというべきであって、このように解しても、民法 708 条の趣旨に反するものではない」とした（最判平成 9・4・24 判時 1618 号 48 頁）。

　ところで、最高裁は、ヤミ金融業者による取立てによって被害を被った者の、業者に対する不法行為に基づく損害賠償請求訴訟において、損害額から貸付金

に相当する利益を損益相殺の対象として控除することが、708条の趣旨に反して許されないとした（最判平成20・6・10民集62巻6号1488頁─野澤・契約法187頁）。さらに、最高裁は、投資資金名下に金員を騙取された者が不法行為に基づく損害賠償を請求した事案において、その者が仮装配当金の交付によって利益を得ていたとしても、当該利益は「不法原因給付によって生じたものというべきであり、本件損害賠償請求において損益相殺ないし損益相殺的な調整の対象として本件各騙取金の額から本件各仮装配当金の額を控除することは許されない」と判示した（最判平成20・6・24判時2014号68頁）。

第6節　支出不当利得

1　意義

　支出不当利得とは、損失者の支出により、①受益者の負っている債務が弁済され、または、②その所有する物に費用が投下された場合に生じるものである。このうち、①は、損失者の給付行為が存在するものの、損失者と受益者の間に、第三者である債権者が介在する点に給付不当利得との違いがあり、この場合を「求償不当利得」という。具体的には、第三者の弁済（474条）が有効である場合の弁済者の債務者に対する求償権がこれに当たる。また、②は、給付行為がなく、受益者の所有する物に対して損失者の労務や費用が直接に投下される場合であり、それが常に損失者の意思に基づく点で、侵害不当利得と区別される。この場合を「費用不当利得」といい、隣家の塀を勝手に修理した場合における費用償還請求権がこれに当たる。

　支出不当利得においては、受益者が利得を強いられることとなり（利得の押しつけ）、損失者の「損失」をそのまま受益者の「受益」として返還させることはできない。そこで、「利得の押しつけ」をどのように防止するかが問題となる。もっとも、支出不当利得の多くの場合には、個別の規定が存在し、例えば、返還の範囲を現存利益に限るなど、利得の押しつけを防止するための一定

の策が講じられている。それゆえ、このような場合には、不当利得法ではなく、個別の規定が優先的に適用されよう。また、支出不当利得が成立する場合には、事務管理が成立することも多い。その場合には、事務管理の費用償還請求権（702条）と不当利得返還請求権とが競合することになる。ただし、事務管理の規定の方が、不当利得のそれよりも詳細であるため、事実上は、事務管理の規定が優先的に適用されることが多いと思われる。

2　費用不当利得

(1)　費用不当利得の発生

　例えば、賃貸借契約において、賃借人が賃借物について費用を支出した場合には、その費用の償還請求が認められる（608条）。また、それ以外の場合で、占有者が占有している物について費用を支出し、その占有物を所有者に返還するときにも、費用の償還請求が認められる（196条）。それゆえ、支出不当利得として不当利得の規定が適用される場面は、損失者が受益者の所有する物を占有していない場合に限られる。具体的には、前述のように、隣家の塀を勝手に修理した場合が考えられる。しかし、その場合にも、事務管理（697条）が成立し、その費用の償還請求が認められる（702条）ため、費用不当利得が機能する場面は、多くはない。

(2)　要件

　基本的には、不当利得（703条）に従い、①受益、②損失、③受益と損失の因果関係（社会観念上の因果関係）、④法律上の原因のないこと、の四つが要件となる。このうち、①と②は、受益者の有する物に対する費用や労務の投下であり、受益者に対する直接の給付ではない。また、利得の押しつけを防止するために、損失者による支出が、たとえそれがなくても、受益者が自ら負担すべきであった費用の支出でなければならない、と解されている。つまり、損失者の支出によって、受益者が自己の財産の出費を節約できたこと（「出費の節約」―33頁参照）が要求される。

　このほか、④では、契約がないことはもちろん、受益者と損失者が所有者・

占有者の関係にないことが要求される。

(3)　効果
原物返還ではなく、常に価格の返還となる。

3　求償不当利得

(1)　求償不当利得の発生
　受益者の債務を損失者が弁済する場合に、損失者の受益者に対する求償権が求償不当利得である（45頁参照）。

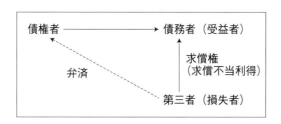

　もっとも、連帯債務者の一人による弁済（442条）や、委託を受けた保証人による弁済（459条）は、法律上の原因に基づく弁済であり、不当利得は成立せず、それぞれ求償権が規定されている。また、委託を受けない保証人（462条1項）や主たる債務者の意思に反した保証人（同2項）、共同保証人（465条）による弁済も、それぞれ個別に求償権の規定が存在し、不当利得の問題とはならない。さらに、不法行為の領域では、使用者責任（715条3項）と土地の工作物責任（717条3項）についても、求償権の規定が存在する。そうだとすれば、求償不当利得は、求償権に関する特別の規定のない場合に問題となるにすぎない。しかも、事務管理が成立する場合にも、求償不当利得は問題とならないため、費用不当利得と同じく、その適用領域は大きくない。

(2)　要件
　①受益、②損失、③受益と損失の因果関係（社会観念上の因果関係）は特に問題はない。いずれも、受益者が債務を負っているため、損失者の弁済は、利

得の押しつけとはならないからである。ただし、第三者の弁済の要件が考慮されなければならず、弁済をするについて正当な利益を有しない第三者（損失者）は、債務者（受益者）の意思に反して弁済をすることができない（474条2項）。

　なお、④法律上の原因のないことは、損失者が、第三者として弁済する義務を受益者に対して負ってないことである。ただし、法律に求償権に関する個別の規定があれば求償不当利得に優先することは、上記のとおりである。

(3)　効果

　損失者の受益者に対する求償権が発生する。ただし、その求償権は、債務者（受益者）の関与なくして生じるものであるから、受益者が従前よりも不利な立場に置かれるべきではない。それゆえ、受益者は、債権者に対して有していた抗弁をもって、損失者に対抗することができる（468条1項の類推）、と解されている（四宮・事務管理・不当利得208頁）。

第 7 節　多数当事者間の不当利得

1　多数当事者間の不当利得の諸類型

(1)　問題の所在

　第三者が介在し、その第三者との関係において不当利得が問題となる場合にも、さまざまな事例がある。例えば、① A が B に金銭を詐取されて、B がその金銭を自己の債権者である C に弁済した場合（騙取金員による弁済）には、A が C に対して不当利得の返還請求をすることができるか否かが問題となる。なぜなら、C は、自己の債権の弁済を受けたにすぎないから、BC 間では不当利得が成立しないからである。

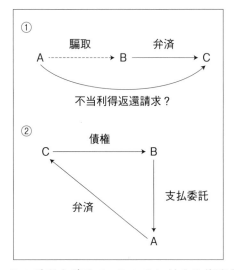

　また、②Aが、Bの委託を受けて、BのCに対する債務をBに代わってC
に弁済した場合において、AB間の支払委託契約が無効であったり、あるいは、
BC間の債権を発生させた契約（売買や消費貸借契約など）が無効であるときは、
誰と誰との間に不当利得が生じるのかが問題となる。

(2) 類型化の適否

　多数当事者間の不当利得については、これを侵害不当利得と給付不当利得の
類型に応じて処理する見解（近江・Ⅵ 68頁）が存在する。すなわち、①は、C
の利得が他人（A）の財貨による不当利得であるとし、侵害不当利得に位置づ
けられるとともに、②は、「法律上の原因」に基づく給付がなされたものの、
後にそれが失われた場合であるため、給付不当利得に位置づけられる、と解す
ることができる。

　しかし、侵害不当利得と給付不当利得の区別は、財貨の移動が損失者の意思
に基づく給付行為によるものであるか（給付不当利得）、利得者の侵害行為によ
るものであるか（侵害不当利得）に従う（13頁）とすれば、①も損失者（A）の
意思に基づく給付行為がなされているため、給付不当利得に位置づけられよう。
そうだとすれば、多数当事者間の不当利得を、侵害不当利得と給付不当利得と
に類型化することは適切ではない。そして、実際にも、多数当事者間の不当利

得が困難な問題を生じるのは、「本来は給付利得の場合だけのはずである」との指摘もなされている（藤原・不当利得法 311 頁）。その意味では、多数当事者間の不当利得が問題となる場合の多くは、給付不当利得に位置づけられる。

　また、学説の中には、①の騙取金員による弁済の事例が、そもそも不当利得の問題ではないとする見解も存在する。なぜなら、C は、自らの債権に基づいて弁済を受けているため、「法律上の原因」が存在し、不当利得の問題とはならないからである（加藤〔雅〕・V 81 頁）。しかし、この見解は、後述のように、学説の支持を得るには至らず、判例および多数説は、①を不当利得法によって処理している。

(3)　直線連鎖型・三角関係型

　多数当事者間の不当利得の多くが給付不当利得に位置づけられるとすれば、従来の類型論に従ってこれを分類することは難しい。そこで、学説には、あくまで便宜上の分類として、「直線連鎖型」と「三角関係型」とを区別する見解が存在する（四宮・事務管理・不当利得 209 頁）。すなわち、直線連鎖型は、「二個の利得過程が A―B―C といわば直線的に連なる場合」であるのに対して、三角関係型は、債権債務の実現過程に第三者が介入することによって、三面関係が生じる場合である。この見解によれば、上記の②が三角関係型に位置づけられることには問題がない。しかし、①騙取金員による弁済の事例については、金銭に関して物権的価値返還請求権（価値のレイ・ヴィンディカチオ）を認めることにより、これを多数当事者間の不当利得ではなく、侵害不当利得の一場合として処理することが提案されている（四宮・事務管理・不当利得 77-78 頁、197 頁以下参照）。

　本書は、後述のように、物権的価値返還請求権を認めるものではない。しかし、多数当事者間の不当利得の類型としては、①をも含めた「直線連鎖型」（連続給付型）と、②のような「三角関係型」（一回給付型）とを区別することが便宜であると考える。なぜなら、直線連鎖型では、財貨の移動が連続してなされるのに対して、三角関係型では、多数の当事者が存在するものの、財貨の移動は一回しかなされない、という違いが存するからである（松本・民法Ⅳ〔S シリーズ〕486 頁）。

2　直線連鎖型

(1)　騙取金員による弁済

(ア)　問題の所在　　上記の①のように、BがAから騙取した金員を自己の債権者であるCに弁済した場合に、AのCに対する不当利得返還請求は認められるか。この場合に、BC間に不当利得の問題が生じないことは、前述したとおりである。また、Aは、Bに対して、不法行為（709条）に基づく損害賠償請求をすることができる。しかし、Bは、通常は無資力であるため、これによってAが救済されることはない。そこで、AのCに対する不当利得返還請求権の可否が問題となる。

　この問題について、判例は、不当利得の成立要件のうち、受益と損失の因果関係と受益に法律上の原因のないこと、の二つを中心に論じてきた。そして、現在の判例の到達点は、「社会通念上Aの金銭でCの利益をはかったと認められるだけの連結がある場合には、なお不当利得の成立に必要な因果関係があるものと解すべきであり、また、CがBから右の金銭を受領するにつき悪意又は重大な過失がある場合には、Cの右金銭の取得は、被騙取者又は被横領者たるAに対する関係においては、法律上の原因がなく、不当利得となる」とするものである（最判昭和49・9・26民集28巻6号1243頁）。しかし、この結論に至るまでには判例の変遷があり、また、この結論に対しても、学説の理解が分かれている。

(イ)　判例の変遷

(i)　因果関係　　大審院の判例は、受益と損失との間に「直接の因果関係」が必要である（前掲大判大正8・10・20―18頁）とするとともに、Bの騙取した金銭の所有権がBに移転したときは、Aの損失とCの受益の間には直接の因果関係がなく、また、Bに移転せずにAの所有に属するときは、直接の因果関係が認められるとした。すなわち、金銭の所有権は、原則としてはBに移転せず、Bが騙取した金銭を自己の固有の金銭と混和（245条）せずにそのままCに交付したときは、Aの損失とCの受益の間に直接の因果関係が認められるが、混和したときは、直接の因果関係がないとした（大判昭和2・7・4新

聞 2734 号 15 頁)。

　これに対して、学説は、金銭が価値を具現しているだけであり、それ自体と
しては個性のないものであるから、その所有権は占有とともに移転すると主張
し (我妻・Ⅱ 236 頁、舟橋諄一・物権法 235 頁)、最高裁もこの理を認めるに至っ
た。すなわち、「金銭は通常物としての個性を有せず、単なる価値そのものと
考えるべきであり、価値は金銭の所在に随伴するものであるから、金銭の所有
権は特段の事情のないかぎり金銭の占有の移転と共に移転する」とした (最判
昭和 29・11・5 刑集 8 巻 11 号 1675 頁、最判昭和 39・1・24 判時 365 号 26 頁)。こ
の理論に従えば、騙取金の所有権は B に帰属するため、A の損失と C の受益
との間の「直接の因果関係」は、常に否定されることになる。しかし、学説は、
すでに述べたように (19 頁)、不当利得の成立要件としての因果関係は、「社会
観念によって判定すべき」であるとし、「判例のように硬直に解すべきもので
ない」とした (我妻・V₄ 1020 頁)。

　(ⅱ)　法律上の原因　　ところで、騙取された金銭の所有権が B にあるとす
ると、C は常に B の所有する金銭の給付を受けることとなり、A の不当利得
返還請求権は C には及ばないことになりそうである。しかし、学説は、騙取
された金銭が B の所有に属するというのは、「金銭の特殊性に基づくいわば形
式的な理由によるもの」であり、「騙取された金銭は、実質的にはなお騙取さ
れた者に帰属していると見るべき」であるから、「弁済受領者がそのことにつ
いて悪意または重過失がある場合には、不当利得の関係では、なお有効な弁済
とならず、A に対して返還義務を負う」とした (我妻・V₄ 1022 頁)。

　最高裁も、この理論に従い、まず、昭和 42 年の判決において、C が「善意
で受領した」場合には、法律上の原因があるとした。

　最判昭和 42・3・31 民集 21 巻 2 号 475 頁 (騙取金による弁済と受領者の
善意)
　Y は、A に対して蜜柑を売り渡し、その代金債権 13 万円余を有していた。
その支払に窮した A は、X を欺いて、蜜柑の購入を斡旋するとの口実で、X
から 14 万円を受け取り、その金員で Y に対する代金債務を弁済した。そこで、
X が Y に対して、不当利得に基づく返還請求をした。原審は、Y が「善意で、

Ａより、同人に対する前記売掛残代金等の債権の弁済として本件金員の交付を受けたもの」であるから、不当利得とならないとして、Ｘの請求を棄却した。Ｘ上告。

最高裁も、次のように判示して、Ｘの上告を棄却した。すなわち、「Ｙは、自己らに対してＡが負担する債務の弁済として本件金員を善意で受領したのであるから、法律の原因に基づいてこれを取得したものというべき」である。

この判決に対して、学説は、「金銭の融通性に鑑み、積極的に善意を要求せず、悪意または重大な過失なき限り、弁済は有効となると解するのが一層妥当である」とした（我妻・V₄1023頁）。そして、最高裁が、先の昭和49年判決を公にした。

最判昭和49・9・26民集28巻6号1243頁（騙取金による弁済と不当利得）

事案は単純化すると、次のようであった。農林事務官Ａは、Ｘ農業共済組合連合会の経理課長であるＢらと結託し、Ｙ（国）が各団体に交付すべき国庫金を詐取した。そのため、国庫負担金が不足し、犯行の発覚をおそれたＡは、Ｂに対して、取引銀行からＸ名義で金員を借り入れ、これを「Ｙに融通してもらいたい」と申し込んだ。Ｂは、Ａの意図を察知することができたが、この金員を調達できなければ犯行が発覚することをおそれ、Ｘの経理課長としての地位を利用し、上司の決裁を受けることなく、Ｘ振出しの約束手形2通を作成した。そして、Ｂは、この手形を用いて取引銀行からＸ名義で金員を借り受け、これをＡに交付し、ＡがＹに弁済として交付した。ＸがＹに対して、不当利得に基づく返還請求訴訟を提起した。第一審・原審ともにＸの請求を棄却し、Ｘが上告した。

最高裁は、次のように判示した（破棄差戻し）。すなわち、「およそ不当利得の制度は、ある人の財産的利得が法律上の原因ないし正当な理由を欠く場合に、法律が、公平の観念に基づいて、利得者にその利得の返還義務を負担させるものであるが、いま甲が、乙から金銭を騙取又は横領して、その金銭で自己の債権者丙に対する債務を弁済した場合に、乙の丙に対する不当利得返還請求が認められるかどうかについて考えるに、騙取又は横領された金銭の所有権が丙に

移転するまでの間そのまま乙の手中にとどまる場合にだけ、乙の損失と丙の利得との間に因果関係があるとなすべきではなく、甲が騙取又は横領した金銭をそのまま丙の利益に使用しようと、あるいはこれを自己の金銭と混同させ又は両替し、あるいは銀行に預入れ、あるいはその一部を他の目的のため費消した後その費消した分を別途工面した金銭によって補塡する等してから、丙のために使用しようと、社会通念上乙の金銭で丙の利益をはかったと認められるだけの連結がある場合には、なお不当利得の成立に必要な因果関係があるものと解すべきであり、また、丙が甲から右の金銭を受領するにつき悪意又は重大な過失がある場合には、丙の右金銭の取得は、被騙取者又は被横領者たる乙に対する関係においては、法律上の原因がなく、不当利得となるものと解するのが相当である」。

　(ウ)　学説の対立　　最高裁昭和49年判決が、我妻の「見解をその基盤として採用している」(井田友吉・最判解説585頁) ことは明らかである。しかし、これに対しては、騙取金員を受領した受益者が、騙取金であることを知らなかった場合には法律上の原因が認められ、悪意または重過失であった場合には法律上の原因がないとされることの理論的根拠が明らかではない、との批判が考えられる。そこで、学説には、判例を支持する見解(鈴木・債権法講義767頁)のほかに、次の二つの見解が存在する。
　(a)　価値返還請求権説　　金銭という価値についても、その帰属の割当てを考えることができるから、合意に基づかないで事実上価値を失った場合には、価値の帰属者を保護するために、他の財産権が侵害された場合と同じく、物権的価値返還請求権を認めるべきであるとする見解がある (四宮・事務管理・不当利得77頁)。この見解によれば、騙取金員による弁済の場合には、「社会観念上その金銭について価値の同一性を認識しうる限り、そして、第三者に悪意または重過失があれば」、善意取得が成立しないため、物権的価値返還請求権が及ぶことになる (四宮・事務管理・不当利得198頁)。この見解は、騙取金員による弁済の事例も、意思に基づかない価値の帰属の変更の問題となり、侵害不当利得に位置づけるとともに、損失者の物権的価値返還請求権が優先され、それが認められない場合にはじめて不当利得返還請求権が問題になるとする

（四宮・事務管理・不当利得78頁）。

　この見解に対しては、次のような批判がある。すなわち、この見解は、冒頭①の例で、AからBに対して交付された金銭が特定性を保っている場合だけでなく、Bの固有の金銭と混和してもなお、Aの金銭の所有権が維持され、価値返還請求権が認められるとする。そうだとすれば、Bが破産したとしても、Aは、取戻権の行使により、Bのすべての債権者に優先して弁済を受けることとなり、きわめて強力な一般先取特権を有するのと同じ結果となる。しかし、このような一般先取特権を何の限定もなく認めることは、一般債権者を害することとなり、妥当でない（鈴木・債権法講義767頁）。

　(b)　詐害行為取消権説　　この見解は、まず、騙取金員による弁済の事案が不当利得の問題ではないとする。というのも、冒頭①の例のCや判例の事案におけるYが、自己の債権に基づいて金員を受領しているので、「法律上の原因」が存在し、不当利得が問題となる余地がないからである（加藤〔雅〕・V 81頁）。そして、この種の事案では、金員を騙取されたAは、騙取者であるBに対し、不法行為に基づく損害賠償請求権や不当利得返還請求権などを有し、AB間で紛争が解決されればよいが、Bの無資力によってAの債権が効を奏さない場合には、詐害行為取消権（424条）によって処理されるべきであるとする。具体的には、最高裁の昭和42年判決と49年判決の事案においては、Yが悪意であれば、Xは、AY間の弁済を詐害行為であるとして、取り消すことができるとする（加藤〔雅〕・V 80頁）。

　この見解に対しては、冒頭①の例では、中間者であるBの無資力が要件となるほか、本旨弁済を受けたCの詐害行為の要件としては、Cの単なる悪意でなく、Bとの通謀が要求され、Aの救済される範囲が狭くなるとの批判が考えられる（鈴木・債権法講義767頁―424条の3第1項2号参照）。また、Aは、Bの他の債権者との競合を余儀なくされるため、この点においても、Aの救済が不当利得によるよりも「一歩後退する」（片山・債権各論I 401頁）こととなろう。

　(エ)　若干の検討　　騙取金員による弁済の事案を不当利得によって処理する判例・通説に対して、(a)と(b)の見解は、これを不当利得の問題とはしない。しかし、金銭の特殊性を考慮すると、結論としては、判例・通説が妥当であると

解される。

　まず、金銭の所有権がその占有に伴って移転するため、騙取金員の所有権も騙取者Bに移転するとしても、それは金銭の特殊性に基づく形式的なものであって、Aの損失とCの受益の間に「社会観念上の因果関係」が認められるときはなお、その実質的な価値は、Aにとどまっているといえよう。

　ところで、金銭は、その価値が動産である紙片または金属に化体したものであり、一種の有価証券としての性質を有すると考えられる（舟橋・物権法235頁）。それゆえ、少なくとも、有価証券と同様の流通の保護が図られるべきである。そうだとすれば、有価証券の善意取得（手形77条1項1号・16条2項、小切手21条）の法意に鑑み、あるいはその趣旨を類推して、騙取金員の取得者Cが、その金員が騙取されたものであることにつき悪意または重過失でない限り、「法律上の原因」があると解される。

　したがって、Aの損失とCの受益の間に社会観念上の因果関係が認められ、かつ、Cが騙取金員であることを知り（悪意）、または知らないことにつき重過失がある場合には、AはCに対して不当利得に基づく返還請求権を行使することができると思われる。

(2)　誤振込み

　㋐　問題の所在　　騙取金員による弁済で問題となった金銭に対する物権的な権利の成否は、誤振込みに関する事案において争われた。この問題は、不当利得とも関連するため、簡潔に紹介する。

　まず、銀行の振込手続の仕組みは、次のようである。すなわち、振込みとは、銀行（仕向銀行）が、振込依頼人による振込依頼の委託に基づいて、受取人の取引銀行（被仕向銀行）に対し、その受け取った資金を受取人の預金口座に入金するよう依頼し、これを受けた被仕向銀行が受取人の口座に入金記帳することをいう。この場合に、受取人が被仕向銀行に対して預金債権を取得するのは、両当事者間の消費寄託契約に基づく。

　判例（最判平成8・4・26民集50巻5号1267頁）で争われたのは、原因関係の存在しない振込み（誤振込み）についても、受取人が預金債権を取得するか否かであるが、原審はこれを否定し、金銭の価値が「実質的には」振込依頼人に

帰属するとした。

　(イ)　最高裁の見解　この判決の事案は、次のようであった。X は、株式
会社「東辰」に対する債務の弁済に充てるつもりで、約 558 万円を誤って、A
銀行上野支店の株式会社「透信」名義の普通預金口座に振り込む手続をしてし
まったため、これが「透信」の口座に入金記帳された。そこで、透信の債権者
Y が、この普通預金債権を差押え、これに対して X が第三者異議の訴え（民
執 38 条）を提起し、強制執行の不許を求めた。

　原審（東京高判平成 3・11・28 判時 1414 号 51 頁）は、「振込が原因関係を決済
するための支払手段であることに鑑みると」、原因関係のない振込みについて、
「誤って受取人とされた透信のために預金債権が成立する」ことはないとした。
そして、「X の振込金が透信の預金口座に入金記帳され、その金銭価値が透信
に帰属しているように取扱われていても、実質的には、右金銭価値は、なお
X に帰属しているものというべき」であり、これが「外観上存在する本件預
金債権に対する差押えにより、あたかも透信の責任財産を構成するものとして
取り扱われる結果となっているのであるから、X は、右金銭価値の実質的帰
属者たる地位に基づき、これを保全するため、本件預金債権そのものが実体上
自己に帰属している場合と同様に、右預金債権に対する差押えの排除を求める
ことができると解すべきである」とした。

　これに対して、最高裁は、まず、「振込依頼人から受取人の銀行の普通預金
口座に振込みがあったときは、振込依頼人と受取人との間に振込みの原因とな
る法律関係が存在するか否かにかかわらず、受取人と銀行との間に振込金額相
当の普通預金契約が成立し、受取人が銀行に対して右金額相当の普通預金債権
を取得するものと解するのが相当である」とした。なぜなら、「振込みは、銀
行間及び銀行店舗間の送金手続を通して安全、安価、迅速に資金を移動する手
段であって、多数かつ多額の資金移動を円滑に処理するため、その仲介に当た
る銀行が各資金移動の原因となる法律関係の存否、内容等を関知することなく
これを遂行する仕組みが採られているからである」。そして、「振込依頼人と受
取人との間に振込みの原因となる法律関係が存在しないにかかわらず、振込み
によって受取人が振込金額相当の預金債権を取得したときは、振込依頼人は、
受取人に対し、右同額の不当利得返還請求権を有することがあるにとどまり、

右預金債権の譲渡を妨げる権利を取得するわけではないから、受取人の債権者がした右預金債権に対する強制執行の不許を求めることはできない」と判示した（破棄自判）。

　(ウ)　若干の検討　　本件における原審は、誤振込みによって「透信」の預金口座に入金記帳されても、その金銭の「実質的価値」は振込依頼人であるXに帰属し、XがYの「差押えの排除を求めることができる」とした。これは、金銭の価値に対して物権的な権利を認めるものである。しかし、最高裁は、このような見解を否定し、誤振込みがなされたとしても、振込依頼人は、受取人に対し、不当利得返還請求権を有するだけであり、「受取人の債権者がした預金債権に対する強制執行の不許を求めることはできない」とした。その結論は、大量かつ迅速に振込事務を処理し、その原因関係の有無を判断しえない銀行実務からはやむをえないものである。のみならず、理論的にも、金銭の所有権が占有に伴って移転し、その価値に対する物権的な権利が認められないことからも、最高裁の結論が支持されよう。

　なお、最高裁は、平成 8 年判決を前提としつつ、「誤った振込みがあることを知った受取人が、その情を秘して預金の払戻しを請求することは、詐欺罪の欺罔行為に当たり、また、誤った振込みの有無に関する錯誤は同罪の錯誤に当たるというべきであるから、錯誤に陥った銀行窓口係員から受取人が預金の払戻しを受けた場合には、詐欺罪が成立する」としている（最判平成 15・3・12 刑集 57 巻 3 号 322 頁）。

(3)　無償譲受人に対する直接請求の可否

　(ア)　問題の所在　　例えば、Aの動産を借りているBが、その動産を自分の物としてCに売却した場合には、Cは、即時取得の規定（192 条）によって所有権を取得し、その反面、本来の所有者であるAは所有権を失う。その結果、Aは、Bに対して、その価格（売却代金相当額）を不当利得として請求することとなる。では、Bが、Aの動産をCに贈与した場合はどうか。この場合には、Cが即時取得したとしても、AのCに対する不当利得返還請求を認めるべきか否かについて、見解が分かれている。

　(イ)　学説の対立　　この問題について、有力な見解は、AのCに対する不

当利得返還請求を肯定する。その理由は、Aの所有権の喪失（損失）とCの所有権の取得（受益）の間には因果関係が認められるとともに、Cの受益の「法律上の原因」となる即時取得の制度は、不当利得との関連において、無償の取得をも保護する趣旨ではないことにある（我妻・V₄ 1012頁、Ⅱ 227頁）。

　この見解に対しては、次のような批判がある。すなわち、Cが不当利得返還義務を負うのは、Bの利得が無償処分によって消滅したこと（703条）を前提とし、公平上、その代償として、贈与を受けたCがBのいわば身代わりとなる場合に限られる。しかし、贈与は、単なる浪費と異なり、自己の責任で行う財産の処分であるから、「利得の消滅」とはならない。しかも、Bは、通常は悪意であるから、「利得の消滅」を主張することはできない。そこで、AのCに対する不当利得返還請求は原則として否定され、Bが善意であり、かつ、「利得の消滅」が認められる例外的な場合にのみ、Cに対する直接請求が認められるとする見解が存する（四宮・事務管理・不当利得121頁）。

　この問題は、理論的な対立にすぎないが、贈与によって即時取得（192条）が認められる場合には、Cの所有権の取得には「法律上の原因」があると考えられる。そうだとすれば、AのCに対する不当利得返還請求は否定に解されよう。

(4) 転用物訴権

⑦　意義と問題の所在　　転用物訴権とは、契約に基づいてなされた給付によって、契約当事者ではない第三者が利益を受けた場合に、損失者がその第三者に対して行使する不当利得返還請求権をいう。「転用物訴権」という語は、ローマ法における用語（actio de in rem verso）の直訳であり、本来は契約当事者が受けるべき利益を第三者が「転用」（verso）していることから、「転用物」に対する請求権（訴権＝actio）といわれる。

　転用物訴権が問題となるのは、次のような場合である。すなわち、Cが自己の所有する物をBに賃貸し、Bがその物の修理をAに依頼した。そして、Aが修理を行い、Bに物を引き渡したが、修理代金は未払いのままであった。その後、Cに物を返還したBが債務超過に陥った場合に、AがCに対して、修理代金相当額を不当利得として返還請求することができるかが問題となる。

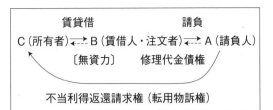

　この場合において、BがCに対して債権（費用償還請求権〔608条1項〕・代弁済請求権〔650条2項の準用〕など）を有しているときは、Aは、Bに対する修理代金債権を保全するため、BのCに対する債権を代位行使（423条）することができる（鈴木・債権法講義770頁）。しかし、賃借人の賃貸人に対する費用償還請求権（608条）は、賃借人が費用を「支出したとき」にしか認められず、修理代金を未だ支払っていないBには認められない。また、AB間の特約により、Bが修繕費を負担する場合には、BのCに対する代弁済請求権も否定されよう。そうだとすれば、Aが債権者代位権を行使しうる場合は限られ、Cに対する不当利得返還請求の可否が問題とならざるをえない。

　ところで、上記のような転用物訴権の事例においては、不当利得の成立要件として、次の二点が問題となる。すなわち、①第三者であるBが介在するため、受益と損失の因果関係が問題となるとともに、②Cの受益は、BC間の契約に基づくものであるため、「法律上の原因」があるのではないかが争われる。そして、最高裁も、昭和45年判決と平成7年判決とではそれぞれ、①と②を問題とした。

　(イ)　最高裁昭和45年判決と学説の対応
　(ⅰ)　昭和45年判決の理解　　転用物訴権が初めて学界の注目を浴びたのは、次の最高裁昭和45年判決が公にされてからである。

　最判昭和45・7・16民集24巻7号909頁（ブルドーザー事件）
　Yは、その所有するブルドーザーを、昭和38年11月20日頃、有限会社A重機に賃貸した。Xは、同年12月3日、Aより、同ブルドーザーの自然損耗による修理の依頼を受け、その主クラッチ、オーバーホールほか合計51万

4000円相当の修理をして、同月10日これをAに引き渡した。ところが、同修理の後2ヶ月あまりでAが倒産したため、Xは、Aに対する修理代金債権を回収することができなくなった。そこで、Xは、Aからブルドーザーを引き揚げ、これを170万円で他に売却したYに対し、本件ブルドーザーがXの修理により修理代金相当の価値の増大をきたし、YはXの財産および労務により利益を受け、半面、Xが損失を受けたとして、不当利得の返還を請求した。第一審は、Yの受益とXの損失の間には、「社会通念上も因果関係」がないとして、Xの請求を棄却した。そして、原審も、第一審判決の「理由と同一である」と判示し、Xの控訴を棄却した。X上告。

最高裁は、次のように判示して、原判決を破棄差戻しとした。すなわち、「本件ブルドーザーの修理は、一面において、Xにこれに要した財産および労務の提供に相当する損失を生ぜしめ、他面において、Yに右に相当する利得を生ぜしめたもので、Xの損失とYの利得との間に直接の因果関係ありとすることができるのであって、本件において、Xのした給付（修理）を受領した者がYでなくAであることは、右の損失および利得の間に直接の因果関係を認めることの妨げとなるものではない。ただ、右の修理はAの依頼によるものであり、したがって、XはAに対して修理代金債権を取得するから、右修理によりYの受ける利得はいちおうAの財産に由来することとなり、XはYに対し右利得の返還請求権を有しないのを原則とする（自然損耗に対する修理の場合を含めて、その代金をAにおいて負担する旨の特約があるときは、AもYに対して不当利得返還請求権を有しない）が、Aの無資力のため、右修理代金債権の全部または一部が無価値であるときは、その限度において、Yの受けた利得はXの財産および労務に由来したものということができ、Xは、右修理（損失）によりYの受けた利得を、Aに対する代金債権が無価値である限度において、不当利得として、Yに返還を請求することができるものと解するのが相当である（修理費用をAにおいて負担する旨の特約がAとYと

　の間に存したとしても、X から Y に対する不当利得返還請求の妨げとなるも
　のではない）」。

　本件では、まず、X の損失と Y の受益との間に因果関係が認められるか否
かが問題となる。というのも、両者の間には第三者である A が介在し、かつ
ての判例は、このような場合には直接の因果関係がないとして、不当利得の成
立を否定していたからである（前掲大判大正 8・10・20—18 頁参照）。しかし、
本判決も含めて、判例は、第三者が介在しても、「直接の因果関係」を認め、
さらに後には、社会観念上の因果関係ないし「社会通念上」の「連結」があれ
ば、「不当利得の成立に必要な因果関係がある」とした（前掲最判昭和 49・9・
26—68 頁参照）。したがって、現在の判例法理によれば、第三者である A が介
在しても、X の損失と Y の受益の因果関係は、異論なく認められる。
　また、本件では、X が A に対して修理代金債権を有するにもかかわらず、
X の Y に対する不当利得返還請求が認められるか否かが問題となる。なぜな
ら、A が修理代金債務を履行すれば、Y の X に対する利得はなくなるからで
ある。そして、最高裁も、「X は A に対して修理代金債権を取得する」から、
X は Y に対して不当「利得の返還請求権を有しないのを原則とする」と判示
した。しかし、「A の無資力のため、右修理代金債権の全部または一部が無価
値であるときは、その限度において」、X の Y に対する不当利得返還請求権が
成立するとした。それゆえ、本判決は、中間者 A の無資力を要件として、X
の Y に対する不当利得返還請求権（転用物訴権）を認めるものである。
　ところで、前述のように、A が無資力である場合には、X がその修理代金
債権を回収するためには、A の Y に対する費用償還請求権（608 条 1 項）ない
し代弁済請求権（650 条 2 項の準用）を代位行使すればよいとも考えられる。し
かし、債権者代位権（423 条）によって X が救済されるのは、「修繕費用を賃
借人 A の負担とする特約のない場合に限られる」（可部恒雄・最判解説 164 頁）。
本件では、まさにこの点が争われ、最高裁も、「自然損耗に対する修理の場合
を含めて、その代金を A において負担する旨の特約があるときは、A も Y に
対して不当利得返還請求権を有しない」とした。そして、差戻後の控訴審判決
（福岡高判昭和 47・6・15 判時 692 号 52 頁）では、修理費を A が負担する旨の

AY 間の特約が認定され、その分、「賃料も相場からみて安価に定められ」ていたとされた。したがって、本件事案においては、X は債権者代位権を行使することができず、最高裁は、A の無資力を要件として、X の Y に対する不当利得返還請求（転用物訴権）を認め、AY 間の特約が「不当利得返還請求の妨げとなるものではない」としたのである。

(ⅱ) 学説の対立　　最高裁昭和 45 年判決に対して、学説は、これを肯定する見解（我妻・V₄ 1041 頁）のほか、転用物訴権を否定する見解と限定的に認める見解（限定的承認説）とが対立した。

(a) 否定説　　昭和 45 年判決の事案では、X は A との請負契約に基づいて修理をしたのであり、修理代金支払についての A の無資力のリスクは、X 自らが引き受けるべきである（契約関係自律性の原則）。そして、仮に Y の受益が実質的には無償であるとしても、その受益には「法律上の原因」があり、また、X と Y の保護利益を比較すると、X のコストの負担者は、X と有効な請負契約を締結した相手方である A 以外にはありえず、結論としては、転用物訴権は認められないとする（四宮・事務管理・不当利得 242-243 頁）。

(b) 限定的承認説　　関係当事者の利害状況を分析して、転用物訴権の成立範囲を限定する見解である（加藤〔雅〕『財産法の体系と不当利得法の構造』〔有斐閣、1986 年〕713 頁以下、同・V 109 頁以下）。この見解は、具体的には次の三つの類型を提示する。

〔Ⅰ〕 A が Y の利得に対応する反対債権を有する場合　　例えば、A が Y に対して費用償還請求権（608 条 1 項）を有する場合には、X の Y に対する不当利得返還請求（転用物訴権）を認めても、関係当事者（XAY）間の利害には問題がない。なぜなら、Y は、その債務の履行の相手方が A から X に変わるだけであり、また、A も、X に対する債務不履行があるため、X の転用物訴権に反対する理由がないからである。しかし、A の一般債権者の利害が問題となる。すなわち、この場合に X の転用物訴権を認めると、A の一般債権者に対する X の優先的な立場を認めることとなり、破産法秩序が害される。したがって、この場合に転用物訴権を認めるべきではない。

〔Ⅱ〕 A が Y の利得に対応する反対債権を有しない場合であって、Y の利得が AY 間の関係全体からみて有償と認められるとき　　例えば、AY 間の特

約により、A が修理義務を負い、Y が費用償還義務を負わないとしても、その分、A の賃料が安くなるなど、賃貸借契約全体としては有償である場合には、X の転用物訴権を認めると、Y が、賃料を安くしたうえ修理費用も支払うという二重の経済的負担を被ることとなる。それゆえ、この場合にも、転用物訴権を認めるべきではない。

　〔Ⅲ〕　A が Y の利得に対応する反対債権を有しない場合であって、Y の利得が AY 間の関係全体からみて無償と認められるとき　　例えば、AY 間で、費用を A が負担する旨の特約がなされたり、A が Y に対する費用償還請求権を放棄した場合には、無償で利益を受けた Y よりも X をより保護すべきであるから、転用物訴権を認めるべきである。

　結局、限定的承認説によれば、〔Ⅲ〕の場合にのみ、X の Y に対する不当利得返還請求権（転用物訴権）が認められ、〔Ⅱ〕の事案においてこれを認めた昭和 45 年判決は妥当でないことになる。

　(iii)　最高裁平成 7 年判決の理解　　以上のような学説の批判を考慮して、実質的に限定的承認説を採用したのが、次の最高裁判決である。

　　最判平成 7・9・19 民集 49 巻 8 号 2805 頁（ビル改修事件）
　Y は、昭和 57 年 2 月 1 日、その所有する建物を A に対し、賃料月額 50 万円、期間 3 年の約束で賃貸した。A は、本件建物に改修、改装工事を施し、これをレストラン、ブティック等の営業施設を有するビルにすることを計画しており、Y と A は、本件賃貸借契約において、A が権利金を支払わないことの代償として、本件建物に対してする修繕、造作の新設・変更等の工事はすべて A の負担とし、A は本件建物の返還時に、Y に対して金銭的請求を一切しないとの特約を結んだ。

　X は、A との間で、同年 11 月 4 日、本件建物の改修、改装工事を代金合計 5180 万円で施工する旨の請負契約を締結し、大部分の工事を下請業者を使用して施工し、同年 12 月初旬、工事を完成して A に引き渡した。しかし、A が Y の承諾を受けずに本件建物中の店舗を転貸したため、Y は、A に対し、同年 12 月 24 日、本件賃貸借契約を解除する旨の意思表示をした。ところで、A は、X に対し、本件工事代金中 2430 万円を支払ったが、残代金 2750 万円を

支払わず、昭和58年3月以降は所在不明となり、Xは、残代金を回収することができなくなった。そこでXは、Yに対し、不当利得を根拠に、残代金相当額の支払を求めて訴えを提起した。第一審は、転用物訴権を認めて、Xの請求を認容したが、原審は、Xが下請業者に工事代金を支払っていないことを理由に、「本件工事に関してXが自らの財産又は労務を出捐して損失を被ったものとは認められない」として、Xの請求を棄却した。X上告。

　最高裁は、次のように判示して、Xの上告を棄却した。すなわち、「甲が建物賃借人乙との間の請負契約に基づき右建物の修繕工事をしたところ、その後乙が無資力になったため、甲の乙に対する請負代金債権の全部又は一部が無価値である場合において、右建物の所有者丙が法律上の原因なくして右修繕工事に要した財産及び労務の提供に相当する利益を受けたということができるのは、丙と乙との間の賃貸借契約を全体としてみて、丙が対価関係なしに右利益を受けたときに限られるものと解するのが相当である。けだし、丙が乙との間の賃貸借契約において何らかの形で右利益に相応する出捐ないし負担をしたときは、丙の受けた右利益は法律上の原因に基づくものというべきであり、甲が丙に対して右利益につき不当利得としてその返還を請求することができるとするのは、丙に二重の負担を強いる結果となるからである」。そして、本件においては、「YがXのした本件工事により受けた利益は、本件建物を営業用建物として賃貸するに際し通常であれば賃借人であるAから得ることができた権利金の支払を免除したという負担に相応するものというべきであって、法律上の原因なくして受けたものということはできず」、Xの請求を棄却した原審の判断は、「結論において」妥当であるとした。

　本件においては、AY間の特約により、修繕等の工事費をAの負担としつつも、本来であればAから得ることができた権利金の支払が免除されている。それゆえ、Yの利得は、本件賃貸借契約全体からは有償であると認めることができ、限定的承認説の〔Ⅱ〕に該当する。そこで、本判決の射程を、〔Ⅱ〕の場合にのみ転用物訴権を認めないものと解することも可能である。しかし、判旨は、YA間の「賃貸借契約を全体としてみて」、Yが「対価関係なしに」利益を受けたときには、その受益には「法律上の原因」がないとしているため、〔Ⅲ〕の場合には転用物訴権が認められうることを明らかにしている。そうだ

とすれば、最高裁は、〔Ⅱ〕では転用物訴権を認めず、〔Ⅲ〕の場合にのみこれを認める限定的承認説を採用したものであると解される（田中豊・最判解説 912 頁）。もっとも、最高裁は、限定的承認説の指摘する〔Ⅰ〕については、何ら言及していない。それゆえ、最高裁は、Ａ がＹ の利得に対応する反対債権を有する場合には、Ｘ のＹ に対する転用物訴権を否定するものの、債権者代位権（423 条）の行使までは否定していないと考えられる（田中・最判解説 913 頁）。

　(ⅳ)　まとめ　転用物訴権については、関係当事者の利害を踏まえて、その範囲を限定する限定的承認説が妥当である。すなわち、昭和 45 年判決や平成 7 年判決の事案におけるように、〔Ⅱ〕Ａ がＹ の利得に対応する反対債権を有しない場合であって、Ｙ の利得が AY 間の関係全体からみて有償と認められるときには、Ｙ の二重の負担を避けるため、Ｘ のＹ に対する転用物訴権が否定される。そして、転用物訴権が認められるのは、〔Ⅲ〕Ｙ が実質的に無償で利得した場合に限られるが、これを実際に肯定した最高裁判決は未だ存在しない。

　なお、〔Ⅰ〕Ａ がＹ の利得に対応する反対債権を有する場合には、Ａ の無資力を要件として、Ｘ によるＡ のＹ に対する債権（費用償還請求権等）の代位行使を否定する理由はなく、その結果、Ｘ がＡ の一般債権者に優先してもやむをえない。したがって、〔Ⅰ〕では、債権者代位権の行使が認められる以上、「他に適切な救済手段がない場合の補充的手段」としての転用物訴権を認める必要はない（田中・最判解説 913 頁）と解される。

3　三角関係型

(1)　第三者の弁済

　(ア)　支払委託の有無による区別　〔Ⅰ〕第三者Ａ が、債務者Ｂ の委託を受けて、Ｂ のＣ（債権者）に対する債務をＢ に代わって弁済した場合において、AB 間の支払委託契約が無効であったときは、Ａ のＢ に対する不当利得返還請求が認められ、Ａ のＣ に対する不当利得返還請求は否定される。Ｃ は、自己の債権の弁済として第三者Ａ の弁済を受けたため、「法律上の原因」が存在し、不当利得は生じない。半面、Ａ の弁済によって自己の債務を免れたＢ は、Ａ に対して不当利得返還義務を負う（求償不当利得—大判大正 13・7・23 新聞 2297

号 15 頁、大判昭和 15・12・16 民集 19 巻 2337 頁）。A が、B の委託なしに C に弁済した場合も同様である。

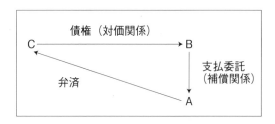

債権（対価関係）

C ──────────────→ B

支払委託
（補償関係）

弁済

A

　問題となるのは、BC 間の債権を発生させた契約（売買や消費貸借契約など）が無効となった場合である。まず、〔Ⅱ〕A が B の委託に基づいて C に弁済した場合には、B の C に対する不当利得返還請求権のみが成立する。なぜなら、A は、BC 間の契約の無効を知りうる立場になく、B の委託に従って弁済したにすぎない者であり、C の無資力のリスクを負わせるのは妥当でないからである（四宮・事務管理・不当利得 217 頁）。これに対して、〔Ⅲ〕A が B の委託なしに C に弁済した場合には、A の C に対する不当利得返還請求権のみが成立する。A は、頼まれもしないのに無効な債務の弁済をしたのであり、C の無資力のリスクを負うこともやむをえないと考えられる。

　(イ)　判例による例外的な解決　　上記のように、三角関係型の不当利得の考え方〔Ⅰ〕からすれば、AB 間に委託関係がない場合には、A は、C に対して不当利得返還請求権を有さず、A の弁済によって債務を免れた B に対して不当利得返還請求権を行使することとなる。しかし、次の最高裁判決は、特殊な事案についてではあるが、このような解決をとらず、A の C に対する不当利得返還請求を認めている。

　　最判昭和 63・7・1 民集 42 巻 6 号 477 頁（抵当権の不存在と抵当債権者の不当利得）
　　A 会社は、Y から 3500 万円の融資を受け、その担保として、昭和 54 年 8 月 20 日、A の代表取締役 B が義父 C の所有する本件土地に極度額 4000 万円の根抵当権を設定した。しかし、この根抵当権の設定は、B の無権代理によるものであった。昭和 56 年 10 月 16 日、Y は、本件根抵当権の実行として本件

土地の競売を申し立て、昭和 57 年 3 月 23 日、自ら本件土地を買い受け、同年 6 月 17 日、被担保債権に対する弁済金として、売却代金から 4123 万円余の交付を受けた。ところで、C は、本件土地を含む全財産を長男 X に包括遺贈し、競売手続中の昭和 57 年 2 月 28 日に死亡した。そこで、X は、本件根抵当権が無効であるから、Y が本件土地の売却代金から弁済金を受け取るべき権利はないとして、Y に対し、4000 万円の不当利得の返還を求める訴えを提起した。第一審は X の請求を認容したが、原審は、「法律上の原因なくして X 所有の不動産により不当に利得した者は、債務者 A であつて債権者 Y ではない」との理由で、X の Y に対する不当利得返還請求権を否定した（請求棄却）。X 上告。

　最高裁は、次のように判示して、X の請求を認容した（破棄自判）。すなわち、「債権者が第三者所有の不動産のうえに設定を受けた根抵当権が不存在であるにもかかわらず、その根抵当権の実行による競売の結果、買受人の代金納付により右第三者が不動産の所有権を喪失したときは、その第三者は、売却代金から弁済金の交付を受けた債権者に対し民法 703 条の規定に基づく不当利得返還請求権を有するものと解するのが相当である。けだし、右債権者は、競売の基礎である根抵当権が存在せず、根抵当権の実行による売却代金からの弁済金の交付を受けうる実体上の権利がないにもかかわらず、その交付を受けたことになり、すなわち、その者は、法律上の原因なくして第三者に属する財産から利益を受け、そのために第三者に損失を及ぼしたものというべきだからである」。

　民事執行法 184 条によれば、担保権が不存在であっても、「担保不動産競売における代金の納付による買受人の不動産の取得」は、「妨げられない」。その趣旨は、不動産の所有者に一定の手続保障（民執 182 条、183 条）を与える反面、これを利用しなかった所有者の権利を失わせ、買受人の地位を保護することにある。それゆえ、本件でも、根抵当権の設定が B の無権代理によるものであり、根抵当権が不存在であるとしても、その実行により本件不動産を買い受けた Y の地位は保護され、X はその所有権を失うことになる。

　問題となるのは、X の不当利得返還請求の相手方が、本件根抵当権の実行により債務を免れた A と弁済を受けた Y のどちらか、という点にある。そし

て、三角関係型の不当利得の考え方〔Ⅰ〕からすれば、原審のように、弁済によって債務を免れたAが不当利得返還請求の相手方となると解することもできよう。しかし、本件は、通常の三角関係型の不当利得とその事案を異にし、第三者による弁済が適法なものではない。すなわち、抵当権者は、「実体的に有効な抵当権の設定された不動産」から優先弁済を受けることができるのであり、「利害関係のない第三者所有の不動産の換価代金から弁済」を受ける理由はない。そうだとすれば、「これを弁済金として交付されても適法な弁済」ではなく、債権者（Y）は、「法律上の原因なくして弁済金の交付を受けたことになり」、第三者である不動産所有者（X）に対して、不当利得返還義務を負わなければならない（伊藤博・最判解説251頁）。したがって、本件は、三角関係型に類する事案ではあるが、第三者の弁済が有効なものではなく、第三者の債権者に対する不当利得返還請求が肯定されうる。

　また、次の最高裁判決は、債務者と第三者の支払委託も、債権者と債務者の契約（対価関係）も存しない事案に関する。

　　最判平成10・5・26民集52巻4号985頁（第三者の強迫による貸付金の交付と不当利得）
　　Yは、平成3年3月15日、Aから強迫を受けて、貸金業者Xとの間に、YがXから3500万円を弁済期日同年6月15日、利息年3割6分の割合等の約定により借り受ける旨の消費貸借契約を締結した。この際、Yは、Aの指示に従い、Xに対し、貸付金をAの関係者の経営するB会社の当座預金口座に振り込むよう指示した。これに応じてXは、利息等を控除した残金（3000万円余）を同口座に振り込んだ。その後、平成6年2月24日、Yは、Xに対し、Aの強迫を理由に本件消費貸借契約を取り消す旨の意思表示をした。Xは、Yが本件消費貸借契約によってBに給付された金員につき悪意の受益者に当たるとして、民法704条に基づき、不当利得の返還を請求した。第一審は、Aの強迫を否定して、Xの請求を認容した。原審も、Xの振込みがYの指示に基づくものであるため、Yには利得があるとして、Xの請求を認容した。Y上告。

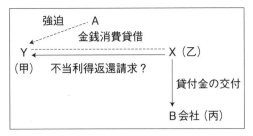

最高裁は、以下のように判示して、Xの請求を棄却した（破棄自判）。

　まず、①「消費貸借契約の借主甲が貸主乙に対して貸付金を第三者丙に給付するよう求め、乙がこれに従って丙に対して給付を行った後甲が右契約を取消した場合、乙からの不当利得返還請求に関しては、甲は、特段の事情のない限り、乙の丙に対する右給付により、その価額に相当する利益を受けたものとみるのが相当である。けだし、そのような場合に、乙の給付による利益は直接には右給付を受けた丙に発生し、甲は外見上は利益を受けないようにも見えるけれども、右給付により自分の丙に対する債務が弁済されるなど丙との関係に応じて利益を受け得るのであり、甲と丙との間には事前に何らかの法律上又は事実上の関係が存在するのが通常だからである。また、その場合、甲を信頼しその求めに応じた乙は必ずしも常に甲丙間の事情の詳細に通じているわけではないので、このような乙に甲丙間の関係の内容及び乙の給付により甲の受けた利益につき主張立証を求めることは乙に困難を強いるのみならず、甲が乙から給付を受けた上で更にこれを丙に給付したことが明らかな場合と比較したとき、両者の取扱いを異にすることは衡平に反するものと思われるからである」。

　しかし、②本件では、「YとBとの間には事前に何らの法律上又は事実上の関係はなく、Yは、Aの強迫を受けて、ただ指示されるままに本件消費貸借契約を締結させられた上、貸付金をBの右口座へ振り込むようXに指示したというのであるから、先にいう特段の事情があった場合に該当することは明らかであって、Yは、右振込みによって何らの利益を受け」ていない。そうだとすれば、「Yの指示に基づきXがBに対して貸付金の振込みをしたことによりYがこれを利得したとして、Xの不当利得返還請求」を認めた原判決は破棄を免れず、Xの請求を棄却すべきである。

　まず、三角関係型の不当利得の考え方〔II〕によれば、本件は、XY間の金

銭消費貸借契約がＡの強迫を理由に取り消されたが、ＸがＹの委託に基づいて金員をＢに交付しているため、ＸのＹに対する不当利得返還請求権のみが成立しよう。なぜなら、Ｘは、ＢＹ間の事情を知りうる立場になく、Ｙの委託に従って金員をＢに交付したにすぎないからである。判旨①も、一般論としてはこの理を認め、ＢＹ間に「事前に何らかの法律上又は事実上の関係が存在するのが通常」であるから、Ｘに対し、ＢＹ間の関係とＸの給付によりＹの受けた利益につき主張立証を求めることはＸに「困難を強いる」として、ＸのＹに対する不当利得返還請求を肯定する。しかし、本件では、ＹのＸに対する支払委託もＡの強迫に基づくものであり、このような場合は、ＹがＸのＢに対する給付によって利益を受けない「特段の事情」に当たるとして、ＸのＹに対する不当利得返還請求を否定した（判旨②）。つまり、本判決は、原則としては、不当利得の成立要件としての「受益」の主張立証責任を請求者（Ｘ）が負うが、Ｙが「給付の実現に関与したとの一種の信義則上の配慮」から、ＹがＢとの間の「事情を明らかにすべく」、その主張立証責任の一部を変更したものである（八木洋一・最判解説532頁）。そして、Ｙが、Ｂとは無関係であり、Ｘに対する委託がＡの強迫に基づくことを立証したときは、「特段の事情」が認められ、Ｙには利得がなく、ＸのＹに対する不当利得返還請求が否定されることとなる。事案の解決としては、ＸＹ間の契約も、またＹのＸに対する委託もＡの強迫によるものであるため、Ｙに利得がないとした最高裁の判断が適切であり、Ｘは、貸付金の交付を受けたＢに対してのみ、不当利得の返還を請求することができると考えられる。

(2) 第三者に対する弁済

(ア) 受領権を有する第三者への弁済　　債務者Ａが、債権者Ｂから受領権を与えられた第三者Ｃに弁済した場合において、ＡＢ間の債権を発生させる契約が無効であったときは、Ａは、ＢとＣのいずれに不当利得の返還を請求することができるか。

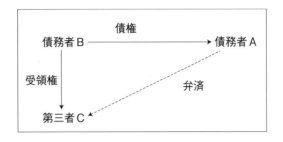

　この場合には、BのCに対する受領権の授与が、(i)Bの利益のために行われた場合（例えば、Bの債権の回収をCに委託する）と、(ii)Cの利益のために行われた場合（例えば、CのBに対する債権を担保するため、Cが代理受領権を有する）とを区別しなければならない。

　(i)　Bの利益のための受領権授与　　この場合には、実質的な受領権者はBであるから、すでにAがCに対して弁済した金員を、BがCから受け取っているときは、AはBに対して不当利得の返還を請求することができる。しかし、Cが金員をなお保有しているときは、Aは、BとCのいずれに対しても、不当利得の返還請求をすることができる。

　(ii)　Cの利益のための受領権授与　　この場合には、Cが終局的にAの弁済を保持する者であるため、Aは、BではなくCに対して、不当利得の返還を請求することになる。下級審裁判例では、Cが、B（被保険者）のA保険会社に対する保険金請求権（火災保険）に対して質権の設定を受けていたところ、目的建物が焼失したため、保険金がCに対して支払われたが、火災の原因が被保険者Bの放火であることが判明し、Aが免責された（商旧665条による商旧641条の準用、保険17条1項）という事案において、AのCに対する不当利得の返還請求を認めたものがある（大阪高判昭和40・6・22下民集16巻6号1099頁）。

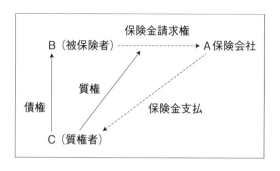

　(イ)　受領権のない第三者への弁済　　Aが受領権のない第三者Cに対して
弁済した場合には、Aは、原則として、Cに対して不当利得返還請求権を有す
る。Cに受領権を授与する旨のBC間の委託契約が無効であった場合も、同様
である。ただし、AのCに対する弁済が、受領権者としての外観を有する者
に対する弁済（478条）として有効となる場合には、債権者Bに対する関係に
おいても当該弁済が有効となるため、AのCに対する不当利得返還請求は認
められず、BがCに対して不当利得の返還を請求することとなる。

第**3**章　不法行為

第1節　不法行為法の基礎

1　意義・機能

(1)　意義

　不法行為とは、ある者（加害者）が、その故意または過失によって、他人（被害者）の権利または法律上保護される利益を侵害した結果、その被害者に損害を与えた場合に、加害者に対して被害者の損害を賠償すべき債務を負わせる制度である（709条）。例えば、Aがその運転する自転車のスピードを出しすぎ、歩行していたBにぶつかってけがを負わせた場合には、Aは、Bの被った損害（治療費など）を賠償しなければならない。

　このような不法行為は、事務管理および不当利得とともに、特定の者の間に法定の債権関係を発生させるものであり、当事者の合意によって債権関係を発生させる契約と対置される。

(2)　他の制度との異同

　(ｱ)　民事責任・刑事責任　　一定の加害行為がなされると、加害者は、不法行為による損害賠償義務を負うとともに、処罰されることがある。前者が民事責任であり、後者が刑事責任である。この両責任は、古くは明確に区別されず、不法行為制度も刑罰の一種であると考えられていた。例えば、ローマ法では、私人によって追及される民事責任（不法行為責任）と国家によって追及される

刑事責任とは、一応区別されていたものの、不法行為制度の目的は、加害者に罰金を科すことにあり、被害者が損害賠償を得ることではなかった。その結果、刑事上の訴追がなされると、私人が不法行為訴権を行使することはできず、また、不法行為による罰金は、損害額のみならず、その倍額を請求することも認められていた。しかし、近代になると、公法と私法が分化され、国家が刑罰権を独占する半面、不法行為は、被害者に生じた損害を塡補することを目的とする制度として純化されることとなった。

　したがって、今日では、民事責任と刑事責任とは明確に区別され、以下の違いがあるとされている（加藤〔一〕3-4頁）。

　まず、責任の内容の面では、刑事責任は、加害者に対する応報であり、その社会的責任を問うものである。そのため、加害者の主観的事情を重視し、原則としては故意による加害のみを罰して、過失犯の処罰は例外であるが、未遂でも処罰されることがある。これに対して、民事責任は、被害者に生じた損害を塡補するものである。それゆえ、加害者の主観的事情によっては差異を設けず、故意または過失によって他人に損害を与えた場合には、一様に損害賠償が認められる反面、現実に損害の生じていない未遂の場合には、不法行為責任は生じない。ただし、学説の中には、後述のような、不法行為の制裁的機能を重視する見解も存在する。しかし、「近代法における民事責任は、損害の塡補を中心として」いる（加藤〔一〕4頁）といえよう。

　また、手続の面では、民事責任は、民事訴訟法の適用される民事裁判によって課され、刑事責任は、刑事訴訟法の適用される刑事裁判によって科される。もっとも、フランスでは、不法行為が犯罪を構成する場合には、刑事裁判所に対して損害賠償請求訴訟の提起を可能とする付帯私訴（action civile）が認められている（フ刑訴2条以下）。そして、わが国でも、旧刑事訴訟法においては、公訴に附帯して損害賠償を求める附帯私訴の制度が認められていた（旧刑訴567-613条）。このような制度には、公訴の証拠を私訴にも共通に活用でき、被害者の救済に資するという長所も存するが、わが国では、戦後の改正により、英米法系にならって附帯私訴の制度を廃止した。しかし、平成12年11月1日に施行された「犯罪被害者等の権利利益の保護を図るための刑事手続に付随する措置に関する法律」は、被害者の損害賠償請求権の行使のために、公判記録

の閲覧・謄写を認める（3・4条）。そして、平成20年の同法の改正では、一定の犯罪に係る刑事被告事件の被害者またはその相続人（一般承継人）が、同事件の係属する裁判所に対し、損害賠償命令の申立てをすることができるとした（17条）。この損害賠償命令の申立ての制度は、附帯私訴に類似するものであり、犯罪被害者による損害賠償請求に関する紛争を「簡易かつ迅速に解決すること」（1条）を可能にする。

　ところで、刑事裁判と民事裁判とが分離した結果、同一の事件について、両裁判において結果が異なるということも起こりうる。ただし、原則としては、刑事責任よりも民事責任の方がより広く認められ、刑事責任が認められる場合には、民事責任を免れることはできないと考えられる。

　㈠　不法行為責任・債務不履行責任　　民事責任には、不法行為責任のほかに、債務不履行責任も含まれる。両責任の違いは、一般的には、不法行為が社会的に接触のなかった当事者間に債権関係を生じさせるのに対して、債務不履行責任は、すでに契約が存する当事者間に債務不履行を契機として債権関係が生じるものであると説明される。

　しかし、一方では、契約が締結されていなくても、契約交渉にはいった当事者間には一定の信頼関係が生じ、その交渉を一方的に破棄した場合や誤った説明をした場合には、債務不履行責任が認められてもよいのではないか、との議論がなされている（契約締結上の過失ないし契約交渉の不当破棄、説明義務違反など）。

　また、他方では、すでに契約関係にある当事者間においても、その加害行為が債務不履行であると同時に、不法行為の要件を満たす場合も存在する。例えば、医師による医療過誤や雇用契約における使用者の安全配慮義務違反は、債務不履行責任であると同時に、不法行為責任の要件をも満たすこととなる。そこで、これらの場合に、不法行為責任と債務不履行責任のいずれを適用すべきかが問題となる。

　ところで、両責任の違いは多岐にわたるが、その主なものは次の点にある。すなわち、責めに帰すべき事由の有無の立証責任、独立補助者の扱い（715・716条参照）、損害賠償の範囲（416条参照）、過失相殺における責任の減免（418・722条2項）、消滅時効期間（166条1項、724条）などである。そして、

いずれの責任を選択するかは、広く請求権競合の問題であるが、現在の判例・多数説は、原告にその選択を認めていると解される。また、判例は、やや形式的ではあるが、契約締結より前の問題（特に説明義務違反）は不法行為で処理し、契約締結以降の問題（安全配慮義務違反）は、債務不履行責任で処理する傾向があるといえよう（最判平成23・4・22民集65巻3号1405頁は、契約締結前における信義則上の説明義務違反が、不法行為であって、債務不履行ではないとした）。

(3) 機能

不法行為制度の機能としては、(ア)損害の填補、(イ)加害者への制裁と不法行為の予防の二つが挙げられる。このうち、主要なものは(ア)損害の填補であるが、これにも一定の限界が存在する。

(ア) 損害の填補　　不法行為制度の機能は、不法行為によって被害者の被った損害を填補することにある。とりわけ、刑事責任と民事責任とを峻別する近代法の立場からは、損害の填補が不法行為制度の主要な目的ないし機能であることになる。しかし、不法行為制度による損害の填補には、以下のような限界が存在する。

第一に、被害者が損害の填補を受けるためには、不法行為責任の要件を満たさなければならず、その要件を欠く場合には、仮に損害が生じたとしても、その填補を受けることはできない。とりわけ、被害者は、加害者の過失や加害行為と損害との間の因果関係の存在を立証しなければならず、その立証に成功しなければ、損害を加害者に転嫁することはできない。そこで、各種の特別法によって、加害者の過失を要件とせずに、一定の類型の事故の被害者を救済する制度が設けられている。すなわち、労働者災害補償保険法による労働者災害補償制度や、公害健康被害の補償等に関する法律による公害健康被害補償制度などが存在する。また、犯罪被害者給付金（犯罪被害者等給付金の支給等に関する法律）も、ここに含まれる。しかし、これらの被害者救済制度は、被害者の損害のすべてを填補するものではなく、その補償の範囲は制限されている。

第二に、加害者が不法行為責任を認めて、任意に損害賠償を支払う場合はともかく、過失や因果関係の存否などについて争いがある場合には、最終的には

裁判所が加害者の責任の有無を判断することとなる。しかし、裁判には、費用のみならず、多大な時間と労力とを要する。それゆえ、これらを負担することのできない被害者は、損害の塡補を受けることはできない。これに対して、上記の被害者救済制度においては、加害者の責任が前提とされないため、通常は裁判とならず、簡易かつ迅速な損害の塡補が図られている。

　第三に、不法行為法によって加害者の損害賠償義務が認められたとしても、加害者が無資力である場合には、被害者の損害は塡補されない。ただし、不法行為責任が責任保険制度と結びつく場合には、たとえ加害者が無資力であっても、被害者の損害は塡補される。具体的には、自動車損害賠償責任保険や原子力損害賠償責任保険が挙げられる。また、上記の被害者救済制度は、公的なものであるため、加害者の資力の有無とは関係なく、被害者に対して一定の給付を行う。

　(イ)　制裁・予防　　不法行為制度の機能は、損害賠償によって加害者に制裁を加え、その制裁を通じて損害の発生を抑止することにもある、との見解が有力である（森島・講義 470 頁以下とそこに引用する文献）。この見解は、故意による不法行為と過失によるそれとを区別し、前者の損害賠償の額を大きくしたり、また、慰謝料の算定に際して、加害者の行為態様の悪質性を考慮するなどの解釈論に反映する。しかし、日本の不法行為法は、故意と過失とに応じて効果に差異を設けず、故意による不法行為を強調することは、現行法の解釈論としては適切ではない。また、民事責任と刑事責任とが区別されている以上、不法行為制度の有する制裁的機能を強調すべきではない。そうだとすれば、不法行為制度の機能が損害の塡補に限られず、加害者に対する制裁を通じて損害の発生を抑止することにも存するとしても、現行法の下では、副次的なものにとどまると考えられる。

　なお、最高裁も、懲罰的損害賠償を認めた外国判決の執行に関する次の判決により、不法行為制度が損害の塡補を目的とするものであって、制裁・予防が副次的な効果にすぎない旨を明らかにしている。

最判平成9・7・11民集51巻6号2573頁（懲罰的損害賠償の執行の可否）

カリフォルニア州民法典には、契約に起因しない義務の違反を理由とする訴訟において、被告に欺罔行為などがあったとされた場合、原告は、実際に生じた損害の賠償に加えて、見せしめと被告に対する制裁のための損害賠償を受けることができる旨の懲罰的損害賠償に関する規定（3294条）が置かれている。そして、カリフォルニア州上位裁判所は、1982年5月19日、XとY（日本法人）の同州法人の子会社Aとの間の賃貸借契約の締結に際して、YがXに対して欺罔行為を行ったことを理由に、Yに対し、補償的損害賠償として42万5251ドルに加えて、懲罰的損害賠償として112万5000ドルをXに支払うよう命ずる判決を言い渡した（確定）。そこで、XがYに対し、この外国判決の執行を日本において求めたのが本件訴訟である。

ところで、民事執行法によれば、外国裁判所の判決についての執行判決を求める訴えが、民事訴訟法118条の各号に掲げる要件を具備しないときは、却下しなければならないとする（民執24条3号）。そして、民事訴訟法118条3号は、外国判決の「内容及び訴訟手続が日本における公の秩序又は善良の風俗に反しないこと」を要件とする。そこで、本件訴訟においては、カリフォルニア州の認める懲罰的損害賠償が「公の秩序」に反するか否かが争われた。第一審・第二審ともに懲罰的損害賠償を命じる部分の執行を認めず（一部棄却）、Xが上告した。

最高裁は、次のように判示して、Xの上告を棄却した。すなわち、「カリフォルニア州民法典の定める懲罰的損害賠償（以下、単に「懲罰的損害賠償」という。）の制度は、悪性の強い行為をした加害者に対し、実際に生じた損害の賠償に加えて、さらに賠償金の支払を命ずることにより、加害者に制裁を加え、かつ、将来における同様の行為を抑止しようとするものであることが明らかであって、その目的からすると、むしろ我が国における罰金等の刑罰とほぼ同様の意義を有するものということができる。これに対し、我が国の不法行為に基づく損害賠償制度は、被害者に生じた現実の損害を金銭的に評価し、加害者にこれを賠償させることにより、被害者が被った不利益を補てんして、不法行為がなかったときの状態に回復させることを目的とするものであり（最高裁昭和63年（オ）第1749号平成5年3月24日大法廷判決・民集47巻4号3039頁参照）、加害者に対する制裁や、将来における同様の行為の抑止、すなわち一般

予防を目的とするものではない。もっとも、加害者に対して損害賠償義務を課することによって、結果的に加害者に対する制裁ないし一般予防の効果を生ずることがあるとしても、それは被害者が被った不利益を回復するために加害者に対し損害賠償義務を負わせたことの反射的、副次的な効果にすぎず、加害者に対する制裁及び一般予防を本来的な目的とする懲罰的損害賠償の制度とは本質的に異なるというべきである。我が国においては、加害者に対して制裁を科し、将来の同様の行為を抑止することは、刑事上又は行政上の制裁にゆだねられているのである。そうしてみると、不法行為の当事者間において、被害者が加害者から、実際に生じた損害の賠償に加えて、制裁及び一般予防を目的とする賠償金の支払を受け得るとすることは、右に見た我が国における不法行為に基づく損害賠償制度の基本原則ないし基本理念と相いれないものであると認められる」。したがって、「本件外国判決のうち、補償的損害賠償及び訴訟費用に加えて、見せしめと制裁のために Y に対し懲罰的損害賠償としての金員の支払を命じた部分は、我が国の公の秩序に反するから、その効力を有しない」。

2　損害賠償責任の根拠——過失責任・無過失責任

(1)　結果責任主義から過失責任主義へ

民法709条は、「故意又は過失によって」他人に損害を与えた者に損害賠償責任を負わせるものであり、過失責任主義に立脚している。もっとも、過失責任主義は、近代法の所産であり、古くは結果責任主義（原因主義）が採られていた。すなわち、結果責任主義とは、行為と損害との間に原因と結果の関係があれば、その行為者が損害賠償義務を負うとの考え方であり、ドイツでは、意思能力のない幼児にも責任が認められていたとされる（加藤〔一〕6頁）。しかし、一方では、ギリシャ哲学やキリスト教の発展により、過失の概念が次第に明確化するとともに、他方では、経済の発展により、個人の自由な活動が促進され、行為者は、自己に責めのない行為によっては責任を負わないようにする必要が生じた。そこで、「過失なければ責任なし」との過失責任主義が採られることとなる。

この過失責任主義は、近代市民法の基本原理の一つである私的自治の原則か

ら導かれる。すなわち、私的自治の原則は、個人がその自由意思に基づいて自律的に法律関係を形成することを認めるものであり、契約自由の原則が個人の自由な活動を積極的に支援するのに対して、過失責任主義（過失責任の原則）は、通常の注意さえ払えば自由な活動ができるとして、これを「裏面から消極的に保障するもの」（加藤〔一〕7頁）である。

(2) 無過失責任主義の発展

(ア) 無過失責任立法の制定　　過失責任主義は、個人の自由な活動を促進し、社会経済の発展に寄与した。しかし、科学技術の飛躍的な発展に伴い、企業が危険性を内包する機械や設備を用いてその事業活動を行うようになると、過失責任主義によっては対応できない事態が生じることとなる。すなわち、危険な設備等を用いて収益をあげている企業は、その危険から生じた損害を賠償すべきであるが、その時点の科学水準からは過失がなかったと判断せざるをえない場合があり、また、企業に過失があったとしても、その過失を被害者が立証することが困難な場合も少なくないからである。そこで、無過失責任論が登場し、いくつかの立法においては、無過失責任が取り入れられた。例えば、昭和14年の鉱業法の改正により、無過失の鉱害賠償制度が設けられ、これが昭和25年の鉱業法109条に受け継がれている。すなわち、同条1項は、「鉱物の掘採のための土地の掘さく、坑水若しくは廃水の放流、捨石若しくは鉱さいのたい積又は鉱煙の排出によって他人に損害を与えたときは、損害の発生の時における当該鉱区の鉱業権者（当該鉱区に租鉱権が設定されているときは、その租鉱区については、当該租鉱権者）が、損害の発生の時既に鉱業権が消滅しているときは、鉱業権の消滅の時における当該鉱区の鉱業権者（鉱業権の消滅の時に当該鉱業権に租鉱権が設定されていたときは、その租鉱区については、当該租鉱権者）が、その損害を賠償する責に任ずる」と規定する。また、昭和36年に制定された「原子力損害の賠償に関する法律」3条1項は、次のように規定し、原子力事業者の無過失責任を定めている。すなわち、「原子炉の運転等の際、当該原子炉の運転等により原子力損害を与えたときは、当該原子炉の運転等に係る原子力事業者がその損害を賠償する責めに任ずる。ただし、その損害が異常に巨大な天災地変又は社会的動乱によって生じたものであるときは、この限りでな

い」。このほか、公害に関しては、大気汚染防止法 25 条(昭和 43 年)、水質汚濁防止法 19 条(昭和 45 年)、船舶油濁損害賠償保障法 3 条・39 条の 2(昭和 50 年)などがある。また、経済的損害について、独占禁止法（私的独占の禁止及び公正取引の確保に関する法律—昭和 22 年）25 条 1 項は、違反行為をした事業者および事業者団体の被害者に対する損害賠償責任を認め、同 2 項は、事業者および事業者団体が「故意又は過失がなかったことを証明して、前項に規定する責任を免れることができない」とする。さらに、自動車については、事実上の無過失責任を認めた自動車損害賠償保障法(昭和 30 年)が制定されている。

　しかし、無過失責任立法は、諸外国と比較すると、かなり遅れてできたものであり、その領域も限られている。

　(イ)　無過失責任の論拠　　民法の採る過失責任の原則に対して、無過失責任論の根拠となるのは、報償責任と危険責任である。

　(i)　報償責任　　「利益のあるところに損失も帰する」という言葉で表される。利益をあげる過程において他人に損害を与えた者は、その利益の中から損害を賠償するのが公平に適するという考え方であり、715 条の使用者責任が報償責任に基づく。すなわち、同条は、被用者の活動によって利益を得ている使用者が、無過失を立証しない限り、被用者がその事業の執行について第三者に加えた損害を賠償しなければならないとする（715 条 1 項）。もっとも、715 条は、使用者に無過失責任を認めるものではなく、過失の立証責任を転換したもの（中間的責任）である。しかし、実際の運用においては、使用者の無過失の立証をほとんど認めないため、使用者の無過失責任を認めたものに近い結果となっている。

　また、使用者責任については、報償責任のみならず、次の危険責任もその無過失責任の根拠として挙げられる。すなわち、被用者によってその活動領域を広げている使用者は、社会に対する危険性を増大させるため、その危険から生じた責任を負うべきであるとの考え方である。そしてこのように、報償責任と危険責任とは相容れないものではなく、「両者相まって無過失責任を根拠づけるもの」（吉村 14 頁）であるといえよう。

　(ii)　危険責任　　危険な物を管理する者が損害賠償責任を負うべきである、という考え方である。換言すれば、自ら危険を作り出した者は、その危険につ

いて絶対的な責任を負うべきこととなる。民法の規定では、土地の工作物等の占有者および所有者の責任（717条）が危険責任の原理に基づく。すなわち、建物など土地の工作物の設置または保存に瑕疵があることによって他人に損害が生じた場合には、その工作物の占有者は、立証責任の転換によって、「損害の発生を防止するのに必要な注意をした」ことを立証しなければ、損害賠償責任を負う。また、工作物の所有者は、占有者が無過失の立証により免責されたときに、絶対的な責任を負う（717条1項ただし書）。その意味では、717条は、土地の工作物の所有者に無過失責任を認めた規定であるといえよう。もっとも、同条は、工作物の設置または保存に「瑕疵」があることを要件とするため、完全な無過失責任を認めたものではない（加藤〔一〕20頁）。しかし、717条が危険責任に基づく規定であることには、異論はない。また、自動車損害賠償保障法も、危険責任を根拠としている。

3 不法行為法の構造

(1) 一般および特殊の不法行為

民法の不法行為の規定は、709条と714条以下とに大別することができる。すなわち、709条は、加害者の「故意又は過失」を要件の一つとし、被害者側がこれを立証しなければならない。また、同条は、加害行為の態様を明らかにしていないため、広く一般的に適用される。その意味では、709条は、不法行為に関する一般的・概括的な規定である。これに対して、714条以下は、加害行為の態様が限定され、かつ、過失の立証責任が転換されている。そこで、709条を一般の不法行為（一般的不法行為）といい、714条以下を特殊の不法行為という。

(2) 各国の立法例

不法行為に関する規定は、比較法的には、次の三つのタイプに分けることができる。

第一は、不法行為に関する一般的な規定を有さず、個別の不法行為類型を集成するもので、判例法によって法準則が形成される英米法がこのタイプに属す

る。しかし、その一つの類型であるネグリジェンス（negligence）がかなり広範に適用されるため、現実には、加害行為が不法行為類型に当てはまらないとして、その救済を拒否されることはない、との指摘がなされている（幾代＝徳本 15 頁注 2）。

第二は、すべての不法行為に当てはまる一般的な規定を有するものであり、フランス民法がその典型である。すなわち、フランス民法典 1382 条は、「他人に損害を生じさせる人の行為は、いかなるものであってもすべて、フォート（faute—「過失」と訳される）によってそれをもたらした者に、それを賠償する義務を負わせる」と規定する（規定の訳は、法務資料 441 号による）。

第三は、不法行為を比較的広範な三つの類型に限定して認めるドイツ民法の立場である。すなわち、ドイツ民法は、不法行為を、①絶対権侵害（823 条 1 項）、②保護法規違反（823 条 2 項）、③故意の良俗違反行為による加害（826 条）に限定する（規定の訳は、椿＝右近編『注釈ドイツ不当利得・不法行為法』〔三省堂、1990 年〕による）。

ドイツ民法 823 条　1　故意又は過失により他人の生命、身体、健康、自由、所有権又はその他の権利を違法に侵害した者は、その他人に対し、これによって生じた損害を賠償する義務を負う。

2　他人の保護を目的とする法律に違反した者も、前項と同様である。法律の内容によれば過失がなくとも違反を生ずる場合には、賠償義務は、過失があるときに限り生ずる。

同 826 条　善良の風俗に反する方法で他人に対し故意に損害を加えた者は、その他人に対し損害を賠償する義務を負う。

以上三つのタイプの立法例のうち、日本民法は、ボワソナードの起草した旧民法財産編 370 条以下の規定に基づくものであるため、第二のフランス民法の系譜に連なる。しかし、ドイツ民法草案も参酌され、不法行為法学もその後のドイツ民法学説の影響を受けている。それゆえ、日本の不法行為法（学）は、混迷をきわめている（平井・債権各論 II 7 頁以下参照）。

第2節　一般的不法行為の成立要件

1　709条の成立要件

　一般的不法行為の成立要件は、709条によれば、次の四つである。すなわち、①故意または過失によること（故意・過失）、②他人の権利または法律上保護される利益を侵害したこと（権利侵害ないし違法性）、③損害が発生したこと（損害の発生）、および、④行為と損害との間に因果関係があることである。

　しかし、この四つの要件が満たされたとしても、行為者(加害者)に責任能力がない場合には、当該行為者は損害賠償責任を負わない(712・713条)。また、加害行為が正当防衛（720条1項）または緊急避難（同2項）と評価される場合にも、行為の違法性が阻却され、損害賠償責任が否定される。さらに、民法に規定はないが、自力救済（最判昭和40・12・7民集19巻9号2101頁）、被害者の承諾（最判昭和37・2・27民集16巻2号407頁）、または正当行為であると認められれば、行為の違法性が阻却される。

　ところで、被害者が加害者に対して不法行為に基づく損害賠償を請求する場合には、被害者（原告）は、上記の四つの要件を主張立証しなければならない。もっとも、①の「過失」の有無は、1条3項の「権利の濫用」や借地借家法の「正当の事由」（同法6・28条）と同じく、規範的な評価が問題となる（規範的要件）。それゆえ、後に再度触れるように、被害者は、加害者に過失があるという評価を基礎づける事実（評価根拠事実）を主張立証すべきであり、これに対して加害者が、過失があることを妨げる事実（評価障害事実）を主張立証することとなる。

2　加害者の行為

(1)　自己責任の原則
　一般的不法行為の成立要件としての故意・過失の前提としては、それが自己

の行為に基づくものであることが要求される。すなわち、近代法においては、各人は自己の行為についてのみ責任を負う、という自己責任の原則（個人責任の原則）が確立している。もっとも、民法では、責任無能力者の監督義務者が、その責任無能力者の行為について責任を負い（714 条）、また、使用者が被用者の不法行為についての責任を負う（715 条）ことがある。その場合においても、条文上は、監督義務者が「その義務を怠」り（714 条ただし書）、または使用者が「被用者の選任及びその事業の監督について相当の注意」をしなかったこと（715 条 1 項ただし書）が要件とされ、自己責任の原則が貫かれている。

　しかし、使用者責任に関しては、使用者が被用者の選任監督について「相当の注意をした」との立証が容易に認められず、事実上の無過失責任となっている。その意味では、自己責任の原則は、過失責任の原則とともに「動揺」している。しかし、使用者責任は、被用者の活動によって使用者が利益をあげることに基づく責任（報償責任）であり、広い意味では、自己責任の原則における「『自己』の範囲が拡張したもの」（加藤〔一〕63 頁、幾代＝徳本 19 頁など）と捉えることができよう。

(2)　「行為」が問題となる事例

　(ア)　不作為による不法行為　　刑法学では、「行為」とは何かが争われ、かつては目的的行為論の採否などが問題とされた。これに対して、民法では、「行為」が人の身体の動静、すなわち、人の積極的な行動である作為のみならず、不作為をも含むものであることには異論がない。ただし、不作為による不法行為の成否に関しては、刑法における不作為犯（不真正不作為犯）と同様の議論がある。というのも、積極的な加害行為のない不作為では、不法行為責任の成否が不明確だからである。例えば、川で溺れている子供を助けずに見ていた者が、その子供の溺死について、倫理的な責任はともかく、不法行為に基づく損害賠償責任を負うとは解されない。そこで、どのような場合に不作為による不法行為責任が成立するかが問題となる。

　この問題につき、かつての判例は、これを因果関係の問題であるとした。すなわち、行為者が法律上の義務である行為をしなかった場合に、「不作為ト損害トノ間ニ因果関係アリ」とした（大判大正 7・7・12 民録 24 輯 1448 頁）。しか

し、因果関係の問題とすれば、川で溺れている子供を「助けなかった」ことと、その子供の「溺死」との間の因果関係も認められ、不法行為責任の成否は、なお不明確である。そこで、通説は、作為義務に反して不作為となったことが違法であると評価される場合に不法行為責任が生じるとする（我妻・事務管理・不当利得・不法行為110頁、加藤〔一〕133頁）。そして、作為義務は、以下の場合に認められる。

　(i)　法令に基づく場合　　夫婦の扶助義務（752条）や親権者の子に対する監護義務（820条）など、法律が特定の作為を義務づけている場合がある。

　(ii)　契約・事務管理等に基づく場合　　例えば、幼児の養育を引き受けた者は、その幼児に十分な食物を与えて養育すべき契約上の義務を負う。また、病で倒れている者を義務なくして自宅に引き取った者も、その生存に必要な保護をすべき事務管理上の義務を負う（697条）。したがって、これらの義務に反して幼児や病人に損害を与えた者は、不法行為責任を負うことになる。

　(iii)　慣習・条理に基づく場合　　作為義務は、慣習や条理によっても生じる。とりわけ、自己の行為によって損害発生の切迫した危険を生じさせた者は、その損害を防止すべき義務を負う（先行行為による作為義務）。例えば、古い下級審裁判例には、有毒アルコールを販売した者が販売先に対して危険予防の措置を執らなかった場合に、不作為による不法行為の成立を認めたものがある（大阪控判大正7・2・15新聞1386号20頁）。また、最高裁は、次の判決において、先行行為による作為義務を肯定した。

　　最判昭和62・1・22民集41巻1号17頁（レール上の置石と不作為による不法行為）
　　昭和55年2月20日の夜9時頃、京阪電鉄本線において、X所有の軌道上を進行してきた京都行の急行電車（7両編成、乗客約1000名）が、レール上に置かれていた拳大の石を踏み、前部2両が脱線転覆し、1両目が民家の庭先に突っ込んで全損し、2両目が横転大破した。その結果、民家の建物が損壊するとともに、乗客104名が負傷した。この事故は、Y（当時中学2年生、14歳6ヶ月）が中学校の友人であるA・B・CおよびDと雑談をしていたところ、BとCがレール上にガムを置いて、Dが軌道敷から拳大の石を拾い、京都行と

大阪行の軌道のレール上にこれを置いたことによるものであった。そして、Y
は、Aと共に、軌道敷内には入らず、それに隣接した道路上にいたが、B・
C・Dが軌道敷内に入り、かつ、Dが大阪行軌道上に置石行為をするのを見て
いた。ただし、Yは、京都行軌道上の置石については認識していなかった。
その後、Cが大阪行軌道上の置石を取り除いたものの、京都行軌道上の置石に
は気がつかずこれを除去しなかったため、本件事故が発生した。Xは、本件
事故直後に、Yら5名の保護者と示談交渉を行い、Yとその両親を除くAら
4名との間では示談が成立した。しかし、Yとその両親との示談は決裂したた
め、Xは、Yに対し、不法行為に基づく損害賠償（2180万円）を求めて訴え
を提起した。第一審は、Yの共同不法行為責任（719条）を認めて、Xの請求
を認容した。これに対して、原審は、Yが置石の「存在さえも事故直前まで
認識」せず、仮に発見したとしても「これを取り除くことが不可能であった」
として、Yの不法行為責任を否定した。X上告。

　最高裁は、次のように判示して、原判決を破棄差戻しとした。すなわち、
「およそ列車が往来する電車軌道のレール上に物を置く行為は、多かれ少なか
れ通過列車に対する危険を内包するものであり、ことに当該物が拳大の石であ
る場合には、それを踏む通過列車を脱線転覆させ、ひいては不特定多数の乗客
等の生命、身体及び財産並びに車両等に損害を加えるという重大な事故を惹起
させる蓋然性が高い」。そこで、このような「置石行為がされた場合には、そ
の実行行為者と右行為をするにつき共同の認識ないし共謀がない者であっても、
この者が、仲間の関係にある実行行為者と共に事前に右行為の動機となった話
合いをしたのみでなく、これに引き続いてされた実行行為の現場において、右
行為を現に知り、事故の発生についても予見可能であったといえるときには、
右の者は、実行行為と関連する自己の右のような先行行為に基づく義務として、
当該置石の存否を点検確認し、これがあるときにはその除去等事故回避のため
の措置を講ずることが可能である限り、その措置を講じて事故の発生を未然に
防止すべき義務」を負わなければならない。

　この判決は、置石の実行行為をせず、実行行為者であるDとの間に共同の
認識も共謀もないYに対して、その先行行為に基づく、「置石の存否を点検確
認し、これがあるときにはその除去等事故回避のための措置を講ずる」義務を

認めている。その意味では、「条理に基づく作為義務の一例を示したもの」（篠原勝美・最判解説 27 頁）といえよう。

（イ） その他の類型　刑法において議論されている間接正犯の類型に当たる場合、すなわち、他人を自己のいわば手足として利用して不法行為をした場合にも、他人を利用した者が直接に不法行為責任を負うことには異論がない。例えば、責任無能力者を利用して第三者を傷つけた場合などが考えられる。

　また、他人の自主的な行為を介して損害が生じた場合にも、自己の行為として不法行為責任を負う場合がある。例えば、偽造した公正証書によって強制執行した場合には、執行官の行為によって損害が生じる。しかし、公正証書を偽造した債権者は、自らの「行為」として、その責任を問われることがある。

第3節　故意・過失

1　故意

(1)　意義

　不法行為責任が成立するためには、原則として、加害者に「故意又は過失」のあることが必要である。そして、故意とは、「一定の結果の発生すべきことを知りながら、あえてある行為をするという心理状態」であり、過失とは、一定の「結果の発生することを知るべきでありながら、不注意のためそれを知りえないで、ある行為をするという心理状態である」と定義される（加藤〔一〕64頁）。もっとも、過失については、後述のように、このような行為者の「心理状態」ではなく、客観的な行為義務違反として捉える見解が通説である。しかし、故意については、これを行為者の心理状態と解する見解が一般的である。

　ところで、刑法では、故意の場合のみを処罰し、過失犯を処罰しないのが原則であるため、故意と過失の区別が重要である。より具体的には、故意と過失の境界を分けるものとして、未必の故意と認識ある過失の区別が議論されている。そして、刑法では、行為者が結果の発生を認容したときが未必の故意で、

それを認容しなかったときが認識ある過失であるとする見解（認容説）が通説であるといえよう。これに対して、民法では、故意と過失を区別する実益は乏しい。というのも、刑法では、行為者の悪性を重視して、故意のある場合にその道義的責任を問うのに対して、民法では、損害の塡補を重視し、故意であるか過失であるかを問わずに、行為者に帰責性があればそれによって生じた損害の賠償を認めるからである（加藤〔一〕65 頁）。

　しかし、民法においても、故意と過失を区別する実益が全くないわけではない。両者の区別は、実際には、次の三つの点に現れる。

　第一に、被侵害利益の種類や程度によっては、加害者に故意がある場合にのみ、不法行為責任が認められる場合がある。例えば、物権に比して被侵害利益が小さい債権の侵害については、侵害行為の違法性が特に強い場合でなければ不法行為が成立しない。とりわけ、第三者が給付行為を侵害した場合には、その「主観的要件としては、故意を要する」と解されている（我妻・Ⅳ 78 頁）。

　第二に、損害賠償の範囲も、416 条に従う判例・通説によれば、故意による不法行為の方が過失による不法行為におけるよりも、より広くなると考えられる。すなわち、同条によれば、不法行為によって「通常生ずべき損害」（1 項）のほか、「特別の事情によって生じた損害であっても、当事者がその事情を予見すべきであったとき」（2 項）は、損害賠償責任が発生することとなる。そして、故意の場合には、特別の事情を予見していることが多いと考えられる。例えば、被害者に精神的なダメージを与えるために、その記念の品を故意に損傷したときは、特別の事情による損害（精神的損害）の賠償が認められよう（加藤〔一〕65 頁）。

　第三に、損害賠償額の算定に際しても、実際には、故意の方が過失よりも重く評価されることがある。すなわち、慰謝料の算定に関しては、当事者の具体的な事情が考慮されることになり、行為が故意によるものであるか否かは、それによる精神的損害も異なるため、重要な要素となる。

　ただし、以上の故意と過失の違いは、刑法におけるような質的な差（処罰の可否）ではなく、行為者に対する非難性の程度の差にすぎない。それゆえ、損害賠償額の算定に際しては、故意がなくても、重大な過失（重過失）があれば、ほぼ同じ結果となることが指摘されている（加藤〔一〕66 頁）。

(2) 過失との境界──故意の概念

以上のように、民法においては、故意と過失とを区別する実益は大きくない。しかし、論理的には、両者の境界について、三つの見解が存在する。

(a) **故意を狭く解する見解** かつては、故意を、一定の結果を発生させる意思をもって行為をすることであるとする見解が存在した。しかし、このように、結果発生の意欲を要求すると、故意の範囲が狭くなる。そこで、近年は、次の認容説が多数を占めている。ただし、故意と過失をそれぞれ別個の不法行為類型として捉える立場から、故意を、「『権利侵害』を目指して、自己の身体を含めた外界を支配操縦する目的意思」であるとする見解（前田〔達〕25頁）や、加害の意思であるとする見解（平井・債権各論Ⅱ 70頁）が存在する。

(b) **認容説** 故意とは、一定の結果の発生を認識しながら、それを容認して行為をすることであるという見解（加藤〔一〕67頁─観念主義ともいう）で、現在の通説である。この見解は、刑法における認容説に対応し、未必の故意と認識ある過失とを区別するものである（加藤〔一〕67-68頁）。

(c) **認識説** 一定の結果の発生を認識しつつ行為をすれば、加害の意思や容認の有無にかかわらず、故意が認められるとする見解である。この見解によれば、結果発生の認識のみで故意が認められるため、未必の故意と認識ある過失の区別は失われる（淡路・公害賠償の理論100頁）。

判例は、必ずしも明確ではない。ただし、一般論としては、認識説に立つかのような判示をしたものがある。すなわち、最高裁は、「所有権侵害の故意ありというためには、必ずしも特定人の所有権を侵害することについて、認識のあることを要するものではなく、単に他人の所有権を侵害する事実の認識があれば足」りるとした（最判昭和32・3・5民集11巻3号395頁）。

(3) 違法性の認識の要否

故意には、一定の結果の発生という事実の認識のほかに、それが違法であることの認識も必要か。

かつての通説は、行為者に違法性の認識がなく、正当な行為であると誤信していたとしても、客観的に違法とされる事実が発生することの認識さえあれば、故意の成立を認めてよいとした（我妻・事務管理・不当利得・不法行為104頁）。

しかし、現在の多数説は、故意というためには、行為者が違法であることを認識すべきであるとして、違法性の認識を必要とする（加藤〔一〕67頁、幾代＝徳本26頁、森島・講義160頁など）。

この問題は、刑法では、法律の錯誤（刑38条3項）に関して議論がある。これに対して、民法では、故意と過失とで不法行為の成否に差異はなく、違法性の認識の要否を議論する実益はない。なぜなら、仮に故意には違法性の認識が必要であるとしても、行為者が一定の結果を認識し、それが客観的には違法な行為であると認められる場合には、少なくとも過失が認められるからである。ただ、行為者に対する非難という観点からは、違法性の認識がある場合のみを故意とし、それを欠くときは過失の有無を問題とするのが、現実的であろうか。

なお、古い判例は、「或権利ヲ有セザル債権者ガ、法律ノ規定ヲ知ラズ若クハ之ヲ誤解シテ之アリト確信シ、債務者ニ対シテ財産ノ仮差押ヲ為シ、之ニ損害ヲ生ゼシメタ」場合には、過失の有無のみを問題とした（大判明治41・7・8民録14輯847頁）。この判決は、故意には違法性の認識が必要である、との前提に立っていると解される。

2　過失

(1)　意義——心理状態から行為義務違反へ

先に触れたように、かつての通説は、過失を行為者の主観的な心理状態によって説明してきた。すなわち、過失とは、自己の行為により、一定の結果が発生すべきことを知るべきでありながら、不注意のためそれを知りえないでその行為をするという心理状態であるとされた（我妻・事務管理・不当利得・不法行為103頁、加藤〔一〕64頁）。その背景には、ドイツ法の意思主義の考え方があり、行為者の帰責性の根拠がその意思に求められたことによる。また、故意・過失を主観的要件とし、これを客観的要件である権利侵害（違法性）と対置させ、故意・過失を行為者の主観的な心理状態と解する違法性論の影響も大きい。

このようなかつての通説に対して、判例は、古くから、過失を、結果を回避するための行為義務を尽くさなかったことであるとしていた。すなわち、大審院は、「過失ハ注意義務ノ違反」であり、行為者が「相当ノ注意」をすれば

「違法ノ結果ヲ避クルコト」ができたのに、その「注意ヲ欠クコト」であると
した（大判大正2・4・26民録19輯281頁）。そして、学説も、過失を行為義務
違反（結果回避義務違反）として捉える見解が次第に多数を占め、現在では、
この見解が支配的である。

　過失が行為者の心理状態ではなく、客観的な行為義務違反として捉えられる
ようになった背景には、過失を行為者の主観的な心理状態であるとすると、そ
の立証が容易でなく、また、裁判所にとっても、行為者のなすべき行為義務を
措定し、そこからの逸脱を判示する方が説得的である、という事情がある（前
田〔達〕36-37頁）。それに加えて、次に述べるように、過失の判断は、行為者の
注意でなく、一般人の注意が基準とされる(抽象的過失)。そうだとすれば、過失
を行為者の心理状態であるとすることと、一般人を基準とした注意義務違反を
前提とする抽象的過失とは相容れないものとなる（前田〔達〕45頁）。

　ところで、過失が行為者の主観的な心理状態ではなく、客観的な行為義務違
反であるとしても、より具体的には、どのように判断されるのであろうか。こ
の問題（過失の構造）は、項目を改めて論じることとし、以下では、過失につ
いて、争いのない一般的な事項を取り上げる。

(2)　過失の種類──過失の基準

　(ア)　抽象的過失・具体的過失　　過失は、客観的な注意義務に違反するもの
であり、その前提となる注意義務の性質によって、抽象的過失と具体的過失と
が区別される。まず、抽象的過失とは、一般人・通常人を基準としてなすべき
注意を怠ったことをいう。民法上の「善良な管理者の注意」（400、644条など）
がこれにあたる。これに対して、具体的過失とは、当該行為者が通常する注意
を怠ったことであり、民法上は、「自己のためにするのと同一の注意」（827条）
または「自己の財産に対するのと同一の注意」（659条。なお、918条は、「固有
財産におけるのと同一の注意」とする）を怠ったことをいう。

　このうち、不法行為の場合には、抽象的過失のみが問題となる。なぜなら、
被害者は、加害者が通常人としての標準的な注意を払うと思って行動するので
あり、たまたま加害者の注意力が劣るためにその具体的過失が否定され、不法
行為責任が認められないとすると、被害者が保護されないからである（加藤

〔一〕69頁）。もっとも、過失を行為者の主観的な心理状態とするかつての通説からは、論理的には、具体的過失が要件となるはずである。しかし、この見解も、過失が「単なる社会的事実ではなくて、その法的評価」を加えたものであり、「過失の客観化・定型化」が認められるとして、抽象的過失のみを問題とする（加藤〔一〕70頁）。それゆえ、今日では、不法行為の要件としての過失が「抽象的過失」であることには、異論はない。

　(イ)　軽過失・重過失　　過失は、その程度に応じて、著しく注意を欠いた重過失と、それ以外の軽過失とに分けられる。不法行為の要件としての過失は、原則として軽過失（抽象的軽過失）である。ただし、失火による責任については、「失火ノ責任ニ関スル法律」（明治32年）により、軽過失は免責され、故意と重過失の場合にのみ責任を負う。軽過失が免責されるのは、木造家屋の多いわが国では、失火による損害が予想外に莫大となるおそれがあることと、失火者自身も損害を受けるのが通常であることによる。

(3)　過失の立証責任

　(ア)　規範的要件における主要事実　　故意・過失は、不法行為の積極的な成立要件である（709条）から、その主張立証責任は、不法行為の成立を主張する被害者（原告）が負う。すなわち、故意または過失の立証に成功しないで、その真偽が不明である場合には、不法行為の成立が認められず、被害者（原告）が損害を負担することとなる。

　ところで、前述のように、「過失」は、規範的な評価を問題とする規範的要件である。そして、このような規範的要件における主要事実とは何かについては、見解が分かれている。すなわち、(a)「過失」という規範的評価が主要事実であり、それを基礎づける事実（評価根拠事実）は間接事実であるとする見解（間接事実説）と、(b)「過失」という規範的評価自体は主要事実でなく、その評価根拠事実が主要事実であるとする見解（主要事実説）が対立する。

　(a)間接事実説は、民法上、「過失」が要件となっていることをその根拠とし、かつては有力であった。しかし、現在の通説は、(b)主要事実説である。その理由は、①過失という評価自体を証拠によって直接に立証する方法はなく、個々の評価根拠事実を立証するほかないこと、および、②訴訟の相手方による防御

の機会の保障や裁判所の訴訟指揮という面でも、個々の評価根拠事実が立証の
対象とならざるをえないことにある（要件事実 I 31-32頁、村田渉・要件事実論
30講90頁）。そうだとすれば、現実の不法行為に基づく損害賠償請求訴訟では、
原告（被害者）は、過失を基礎づける個々の評価根拠事実を主張立証し、これ
に対して被告（加害者）が、過失の成立を妨げる事実（評価障害事実）を主張立
証しなければならない。

(イ) **立証責任の転換**　　以上のような「過失」の立証責任は、原則として、
原告である被害者にあるとしても、特殊の不法行為（714-718条）の場合には、
その立証責任が転換されている。すなわち、特殊の不法行為では、被告（加害
者）が故意・過失のなかったことを立証しない限り、不法行為責任を免れるこ
とはできない。このような立証責任の転換は、事実上加害者の責任を重くする
結果となり、過失責任を無過失責任に近づけるものであるため、中間的責任と
いわれる。その論拠としては、無過失責任の論拠である報償責任や危険責任が
挙げられるため、中間的責任は、無過失責任につながるものである。

(ウ) **事実上の推定**　　法律による立証責任の転換のほかに、事実上、立証責
任が転換されることがある。すなわち、裁判官は、その「自由な心証により、
事実についての主張を真実と認めるべきか否かを判断する」（民訴247条）ため、
原告（被害者）の主張立証活動により、裁判官の「過失あり」との心証が強く
なれば、被告（加害者）側は、それを覆すだけの反証をあげなければ敗訴する
ことになる。また、加害行為の類型から、ただちに過失ありという心証が形成
されることもある。このような事実上の「過失」の推定は、訴訟の終了時にお
ける立証責任の所在の問題ではなく、訴訟中における裁判官の心証形成の問題
である。そして、過失の証明が現実には困難であることを考えると、事実上の
推定を活用して被害者の救済を図ることは、「ある程度までは当然のことであ
り、かつ、望ましいことである」（加藤〔一〕79頁）といえよう。

3　過失の構造

(1)　予見可能性と結果回避義務

(ア) **行為義務の内容**　　過失が行為者の主観的な心理状態ではなく、客観的

な行為義務違反であるとしても、それが具体的にどのように判断されるのかが問題となる。この問題について、現在の多数説は、予見可能性を前提とした結果回避義務の違反が過失である、と解している。なぜなら、過失は、行為者が結果(損害)を回避することができたにもかかわらず回避しなかったことを非難するものであるが、結果を予見できない場合には、そもそも結果を回避することができず、行為者に非難可能性がないからである。換言すれば、不法行為では、結果の発生が予見できたにもかかわらず、その結果を防止すべき措置(結果回避義務)を怠った行為者に対して、法的な非難(損害賠償義務)が加えられることになる(森島・講義183頁)。

　(イ)　予見義務　　しかし、行為時における知見のみを前提に予見可能性を論ずると、公害や薬害事件では、予見可能性が否定され、過失が認められなくなるおそれがある。というのも、現在の知見では予測できない新たな危険については、その予見が困難であることも少なくないからである。また、安全性についての研究調査を怠ってきた行為者(企業)が、知見が少ないために予見可能性がなかったとして免責されるのも不当である。

　そこで、現在の多数説は、行為時に存在した知見を前提とするのではなく、十分な研究調査を尽くしていたとすれば結果の発生を予見することができたか否かという研究調査義務ないし予見義務を前提として、予見可能性の有無を判断すべきであるとする。すなわち、現実には行為時に危険を予見することができなかったとしても、行為者が十分に調査研究をしていれば危険を予見できた場合には、予見可能性が認められることになる(森島・講義192頁)。

　このような予見義務を前提に予見可能性を認めることは、今日の裁判例では、広く承認されている。例えば、東京スモン事件判決(東京地判昭和53・8・3判時899号48頁)は、709条の「過失」が、「終局において、結果回避義務の違反」であり、かつ、「具体的状況のもとにおいて、適正な回避措置を期待し得る前提として、予見義務に裏づけられた予見可能性の存在を必要とする」として、予見義務の存在を明らかにした。そして、予見義務の内容については、次のように判示した。すなわち、「医薬品の製造・販売をするにあたっては、なによりもまず、当該医薬品のヒトの生命・身体に及ぼす影響について認識・予見することが必要であるから、製薬会社に要求される予見義務の内容は、(1)当

該医薬品が新薬である場合には、発売以前にその時点における最高の技術水準
をもってする試験管内実験、動物実験、臨床試験などを行なうことであり、ま
た、⑵すでに販売が開始され、ヒトや動物での臨床使用に供されている場合に
は、類縁化合物を含めて、医学・薬学その他関連諸科学の分野での文献と情報
の収集を常時行ない、もしこれにより副作用の存在につき疑惑を生じたときは、
さらに、その時点までに蓄積された臨床上の安全性に関する諸報告との比較衡
量によって得られる当該副作用の疑惑の程度に応じて、動物実験あるいは当該
医薬品の病歴調査、追跡調査などを行なうことにより、できるだけ早期に当該
医薬品の副作用の有無および程度を確認することである」とした。そうして、
「製薬会社は、予見義務の履行により当該医薬品に関する副作用の存在ないし
はその存在を疑うに足りる相当な理由（以下、これを『強い疑惑』と呼ぶ）を把
握したときは、可及的速やかに適切な結果回避措置を講じなければならない」
とした。

　さらに判決は、「結果回避措置の内容としては、副作用の存在ないしその
『強い疑惑』の公表、副作用を回避するための医師や一般使用者に対する指
示・警告、当該医薬品の一時的販売停止ないし全面的回収などが考えられる」
とし、「そのいずれの措置をとるべきかは、前記予見義務の履行により把握され
た当該副作用の重篤度、その発生頻度、治癒の可能性（これを逆にいえば、
いわゆる不可逆性の有無）に加えて、当該医薬品の治療上の価値、すなわち、
それが有効性の顕著で、代替性もなく、しかも、生命・身体の救護に不可欠の
ものであるかどうか、などを総合的に検討して決せられなければならない」と
した。

　なお、この判決は、製造物責任法が制定される以前の事案であるため、709
条の「過失」を問題とした。しかし、現在では製造物責任法が施行されている
ため、薬害については、同法3条の「欠陥」の解釈が問題となる。

　以上の東京スモン事件判決をやや図式化すると、その過失の判断構造は次の
四つにまとめられよう。

　①製薬会社は、医薬品の製造・販売をするに際しては、医薬品が人の生命・
身体に影響を及ぼすおそれがあるため（行為の一般的・抽象的な危険性）、予見
義務を負う。

②予見義務の内容は、当該医薬品が新薬であるか否かによって異なるが、いずれにしても十分な調査研究義務を負う。

③予見義務を履行した結果、当該医薬品の副作用についての予見可能性があれば、製薬会社は、「可及的速やかに適切な結果回避措置を講じなければならない」（結果回避義務）。

④結果回避義務の内容としては、副作用の存在の公表や副作用を回避するための指示・警告、当該医薬品の販売停止や全面回収などがあるが、そのいずれをとるべきかは、副作用の程度や当該医薬品の価値などを「総合的に検討して」決しなければならない。

(ウ)　学説の対立　　ところで、過失が予見可能性を前提とした結果回避義務であるとしても、予見可能性を重視するか、結果回避義務を重視するかに応じて、見解は分かれている。

（i）　予見可能性説　　結果の発生についての予見可能性があるときは、行為者に不作為を含む結果回避義務が課されるとする。この見解は、予見可能性を重視するもので、後述の大阪アルカリ事件の原審判決や新潟水俣病判決によって示された考え方である。

この見解に対しては、「現代社会のほとんどすべての活動について危険が予見されるから、たいていの場合に結果が発生さえすれば過失が認められる」ことになる（森島・講義187頁）、との批判が存在する。換言すれば、不法行為制度は、社会活動を行う者にとって、「耐えがたい桎梏になるおそれ」があり、妥当性を欠くものとなる（幾代＝徳本37頁）。もっとも、予見可能性説においても、予見の対象を抽象的な危険であると捉えれば、その実質は無過失責任または結果責任と同じとなり、これらの批判が妥当する。しかし、予見の対象を具体的な損害発生の危険性であると捉えれば、行為者は、具体的な損害回避措置をとることも可能となり、実質的には、回避可能性説の結論と大きく異ならないと考えられる。

（ii）　回避可能性説　　過失の有無は、予見可能性の存否のみで判断されるのではなく、予見可能性を前提に、予見された危険に対応した損害回避義務を措定して、行為者がその義務に違反したかどうかによって判断されるとする見解（森島・講義188頁）である。その論拠は、危険が予見されても、行為者が一定

の適切な結果回避のための措置をとっている限り、当該行為は許されるべきである、ということに求められる。

　この見解に対しては、「産業保護に偏した考え方である」との批判も考えられる（幾代＝徳本34頁）。しかし、回避可能性説においても、行為者の損害回避義務の水準を高く設定すれば、実質的には予見可能性説の結論と大きく異ならない。しかも、人の生命・身体など、侵害される利益が重大である場合には、行為者の結果回避義務には不作為（例えば、企業の操業停止）も含まれるとすれば、「実質的には予見可能性説とほとんど変わりのないものになる」（幾代＝徳本35頁）。そうだとすれば、回避可能性説が多数説ではあるが、結論的には、予見可能性説との間に大きな隔たりはないといえよう。

　(ｴ)　裁判例の検討　　判例は、次の有名な大審院判決が、回避可能性説の立場を明らかにした。しかし、下級審裁判例には、予見可能性説に立つものも見受けられる。以下では、大審院の判例と水俣病事件の判決を検討する。

　　大判大正5・12・22民録22輯2474頁（大阪アルカリ事件）
　　Ｙ会社の経営する工場の煙突から噴出された亜硫酸ガスと硫酸ガスによって、農民や地主であるＸらの耕作する稲と麦に被害が生じた。そこで、ＸらがＹに対して損害賠償を請求した。原審は、Ｙのように、「亞硫酸を製造し銅を製錬する等化學工業に從事する會社」では、亜硫酸ガス等がその設備から噴出することを「知らざる筈なく」、それが「附近の農作物其他人畜に害を及ぼすべきことを知らざる筈も」ないとし、仮に知らなかったとすれば、「調査研究を不當に怠りたるものにして」Ｙには過失があるとした。これに対して、Ｙは、「今日技術者ノ為シ得ル最善ノ方法」を尽くした旨を主張したが、原審は、Ｘらに被害が生じた以上はＹが「責任ヲ有スル」とした（Ｘの請求を認容）。Ｙ上告。
　　大審院は、次のように判示して、原判決を破毀差戻しとした。「化學工業ニ從事スル会社其他ノ者ガ、其目的タル事業ニ因リテ生ズルコトアルベキ損害ヲ予防スルガ為メ、右事業ノ性質ニ從ヒ相當ナル設備ヲ施シタル以上ハ、偶他人ニ損害ヲ被ラシメタルモ、之ヲ以テ不法行為者トシテ其損害賠償ノ責ニ任ゼシムルコトヲ得ザルモノトス。何トナレバ、斯ル場合ニ在リテハ、右工業ニ從事

スル者ニ民法第709条ニ所謂故意又ハ過失アリト云フコトヲ得ザレバナリ」。
そして、「Y会社ニ於テ硫煙ノ遁逃ヲ防止スルニ相当ナル設備ヲ為シタルヤ否
ヤヲ審究セズシテ、漫然Y会社ヲ不法行為者ト断ジタルハ、右不法行為ニ関
スル法則ニ違背」するとした。

　なお、差戻後の大阪控訴院の判決は、Yには結果の予見可能性があったと
した。そして、①炉が「既ニ長年月ヲ經過シ改造ノ時期ニ達セルモノ多」く、
換気装置を設備すれば、ガスの「噴出を減少」でき、また、②「海外に在りて
は高煙筒を有効なりとし之が建設を爲したる例少からず」とし、ドイツやアメ
リカの例のほか、「日立鑛山の五百六拾尺の高煙筒の如きも其效果大に佳良」
であり、Yは、ガスの噴出を防止するための、「其當時技術者の爲し得る適當
の方法を盡した」とはいえないとして、その不法行為責任を肯定した。

　この事件における原審は、損害の発生につき行為者に予見可能性があれば、
その回避可能性を問題とすることなく、直ちに過失があるとの見解（予見可能
性説）に立つ。しかし、大審院は、Yが損害を予防するため、「相当ナル設備」
を施せば、たまたま他人に損害を与えても、不法行為責任を負わないとした。
換言すれば、「相当ナル設備」を施さなかったことに過失があるとするもので、
予見可能性を前提に、その結果回避義務違反が過失であるとの見解（回避可能
性説）を明らかにした。この大審院の判決は、「相当ナル設備」を施せば過失
はないとする点で、「企業の操業の自由と操業しながら場合によっては他者に
損害を与える」ことも正当化するものであり、産業保護に偏しているとの批判
を免れない（幾代＝德本34頁）。しかし、差戻後の控訴審判決は、大審院の判
断枠組みを維持しつつ、「相当ナル設備」がないとして、企業（Y）の過失責
任を肯定している。

　なお、現在の考え方では、このような有毒ガスの排出の事案では、高煙筒を
設置しても相当な設備とはならないが、判決当時は、これを「相当ナル設備」
であるとした。ただし、差戻後の控訴審判決が指摘した「日立鑛山の五百六拾
尺の高煙筒」は、当時においても計画段階のものにすぎず、実在するものでは
なかった。したがって、差戻後の控訴審判決は、大審院の判旨を踏まえつつ、
Xらを勝たせようとしたものと解される。

　ともあれ、大阪アルカリ事件判決は、過失が予見可能性の有無ではなく、結果回避義務を尽くしたか否かによって判断されるということを明らかにした、先例的意義を有するものである。

　これに対して、戦後の代表的な公害訴訟の一つである水俣病判決では、損害の発生につき予見可能性があれば、不作為（操業停止）をも含む結果回避義務があるとされた。

　　新潟地判昭和46・9・29下民集22巻9＝10号別冊1頁（新潟水俣病事件）

　アセチレンから水銀（無機水銀）触媒を用いてアセトアルデヒドを合成する工場を有していたY会社は、その製造工程中に生ずる廃液を阿賀野川上流に放出していた。そのため、廃液中のメチル水銀化合物が河川に棲息する魚類を継続的に汚染し、その体内に同化合物を蓄積させ、この魚類を摂食した阿賀野川流域の住民であるXらは、同化合物の蓄積により、脳神経症を主とする水俣病を罹患するに至った。XらのYに対する損害賠償請求訴訟においては、因果関係が問題となるとともに、Yの過失については、次のように判示された。

　「およそ、化学工業を営む企業（以下『化学企業』という。）の生産活動においては、日進月歩に開発される化学技術を応用して大量に化学製品を製造するものである以上、その化学反応の過程において、製品が生成されるかたわらいかなる物質が副生されるかも知れず、しかもその副生物のなかには、そのまま企業外に排出するときは、生物、人体等に重大な危害を加えるおそれのある物質（以下『有害物質』という。）が含まれる場合もありうるから、化学企業としては、これらの有害物質を企業外に排出することがないよう、常にこれが製造工場を安全に管理する義務があるというべきである。

　したがつて、化学企業が製造工程から生ずる排水を一般の河川等に放出して処理しようとする場合においては、最高の分析検知の技術を用い、排水中の有害物質の有無、その性質、程度等を調査し、これが結果に基づいて、いやしくもこれがため、生物、人体に危害を加えることのないよう万全の措置をとるべきである。そして、右結果回避のための具体的方法は、その有害物質の性質、排出程度等から予測される実害との関連で相対的に決められるべきであるが、

最高技術の設備をもってしてもなお人の生命、身体に危害が及ぶおそれがある
ような場合には、企業の操業短縮はもちろん操業停止までが要請されることも
あると解する。けだし、企業の生産活動も、一般住民の生活環境保全との調和
においてのみ許されるべきであり、住民の最も基本的な権利ともいうべき生命、
健康を犠牲にしてまで企業の利益を保護しなければならない理由はないからで
ある」。

　そして、本件では、「特に昭和36年暮ころまでには、熊本における水俣病の
原因について有機水銀説、すなわち同種の化学製品を生産し、しかもその生産
量において業界随一を誇るチッソ水俣工場の工場排水が、水俣病の原因だとす
る考え方があることを知悉していたのであるから、右工場と同種の原料から同
種の化学製品を生産しているYとしては、死者までも発生するという予測さ
れる結果の重大性にかんがみ、工場の排水については格段の注意を払い、最高
技術の分析検知法を用いて有害物質の有無とその性質、程度等の調査をし、工
場排水として阿賀野川に放出した場合の前記危険性について絶えず検討する義
務があったというべきである」。

　この判決は、①化学企業は有害物質を排出するおそれがあるとの前提の下に、
②排水を河川に放出する場合には、「最高の分析検知の技術を用い、排水中の
有害物質の有無、その性質、程度等を調査」しなければならないとする。そし
て、③結果回避の方法は、有害物質から予測される「実害との関連で相対的に
決められるべき」であり、「人の生命、身体に危害が及ぶおそれがあるような
場合には、企業の操業短縮はもちろん操業停止までが要請される」とした。つ
まり、判旨は、被侵害利益が重大である場合には、結果回避の方法としては不
作為（操業停止）も要請されるとした。また、熊本水俣病事件判決（熊本地判
昭和48・3・20判時696号15頁）も、「化学工場が廃水を工場外に放流するにあ
たっては、常に最高の知識と技術を用いて廃水中に危険物質混入の有無および
動植物や人体に対する影響の如何につき調査研究を尽してその安全を確認する
と、もに、万一有害であることが判明し、あるいは又その安全性に疑念を生じ
た場合には、直ちに操業を中止するなどして必要最大限の防止措置を講じ」な
ければならないとした。

⑵ 小括——過失の判断の構造

以上の議論をまとめると、過失の判断は、次のような構造を有している。

① 行為の一般的・抽象的危険性があること　例えば、製薬会社の製造・販売する医薬品は、人の生命・身体に影響を及ぼすおそれがある。また、化学企業は、その製造工程から、有害物質を排出するおそれがある。

② 予見義務　①の行為が有する抽象的な危険性から、行為者には、その職業や地位に応じて、具体的な危険を予見する義務が課されることになる。例えば、研究調査義務や文献調査義務などがこれに該当する。

③ 予見可能性　②の予見義務を尽くすことにより、行為者は、結果の発生を予見することができる。

④ 結果回避義務（結果の回避可能性）　予見可能性がある場合には、行為者に結果回避義務が課される。その具体的な内容は、予見される結果の重大性との関連で相対的に決められるべきであり、人の生命・身体のような重大な保護法益が侵害されるおそれがあるときは、例えば操業停止などの不作為が要求されることもある（新潟・熊本水俣病判決参照）。

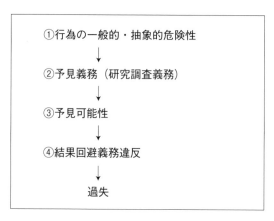

⑶ 予見可能性を不要とする見解

以上のように、現在の多数説は、過失を、予見可能性を前提とした結果回避義務違反であると解している。これに対しては、予見可能性を前提とすると、公害事件では、行為時に損害の発生を予見することが困難な場合もあり、必ずしも被害者が救済されないことから、予見可能性がないときにも過失が認めら

れるとする見解（新受忍限度論）がある。

　この見解は、過失を結果回避義務違反であるとする点では、多数説と同じである。しかし、結果回避義務の具体的な内容は、「受忍限度を超えた損害を近隣者に与えないよう措置する義務（作為および不作為）である」（淡路・公害賠償の理論46頁）とする。そして、「被害者側が被った損害の種類・程度と、加害行為の態様・損害の回避措置など加害者側の諸要因、それに地域性などのその他の諸要因を相関衡量し、損害が『受忍限度』を越えていると認められる場合には、予見可能性の有無にかかわらず加害者の責任を認めようという考え方」である（淡路・前掲95頁）。その論拠は、公害事件のように、大きな被害が予想される危険な加害類型においては、予見可能性が過失の有無を判断するうえでは、実質的には「機能していないし、機能すべきでもない」ということにある。そして、予見可能性は、結果を回避しなかったことに対する非難を不法行為責任の中核とするが、不法行為においては、加害者に対する非難は第二義的なものであり、「被害者の救済＝損害の塡補を第一義的なもの」とすべきであるとする（淡路・前掲92-94頁）。

　新受忍限度論に対しては、「予見もできないような結果について回避『義務』があるとするのは」妥当でなく、過失を結果回避義務違反と捉える以上は、予見可能性が「論理的に過失の要件とならざるを」えない、との批判がある。そして、新受忍限度論の主張は、「過失責任主義という立法政策に対する批判としては妥当」であるが、過失責任主義をとる現行法の「解釈論として論理的な飛躍が大き過ぎる」とされ、「その提唱者以外にあまり支持者が見当たらない」とまで評されている（森島・講義185-187頁）。

　このような新受忍限度論に対する批判は、正当なものではある。しかし、新受忍限度論の具体的な主張は、予見可能性を過失の要件としないとする点は別としても、次の結果回避義務の内容に反映されうるものである。

4　結果回避義務の内容

(1)　通説的見解

過失が、結果の発生を予見できたにもかかわらず結果を回避する措置をとら

なかったこと（結果回避義務違反）であるとすれば、その結果回避義務の具体的な内容をどのように決めるべきか、という点が問題となる。この問題については、学説は必ずしも一致していない。

　通説的見解は、不法行為における過失が抽象的過失であること（108頁参照）を前提に、「当該の種類の行為について当該の職業・地位・立場等に属する通常人ないし合理人（reasonable man）が払うことを期待される程度の注意」を基準として（幾代＝徳本40頁）、結果回避義務の存否を決すべきであるとする。それゆえ、その人の職業や地位に応じて、注意義務の程度は異なり、例えば、「生命・身体に直接に被害を与える危険の大きい交通事業者、意思、食品の製造販売業者などは重い注意義務を負う」ことになる（加藤〔一〕71頁）。

　このように、従来の通説的見解によれば、①加害者の行為から生じる危険の程度（大小）と、②被侵害利益の大小によって、結果回避義務の内容が決められる。

(2) 新過失論（平井）とその評価

　上記の通説的見解に対して、平井宜雄は、アメリカ法における過失（negligence）の判断に関するラーニド・ハンド（Learned Hand）裁判官の意見（ハンドの定式）を参照し、次の三つの因子によって結果回避義務の内容を決すべきであるとする。すなわち、①加害者の行為から生じる損害発生の危険の程度ないし蓋然性の大きさ、②被侵害利益の重大さ、および、③結果回避義務を負わせることによって犠牲にされる利益と①②の因子との比較衡量である（新過失論）。そして、③の因子を明らかにした判例として、先の大阪アルカリ事件を挙げ、大審院は、企業が「相当ナル設備」をしたか否かを問題とし、その事業活動の自由を確保したとする（平井・損害賠償法の理論403-411頁）。

　このような新過失論の主張は、下級審裁判例にも採り入れられている。例えば、前述した東京スモン事件判決では、結果回避措置の内容について、「副作用の重篤度、その発生頻度、治癒の可能性」（①②の因子）と、「当該医薬品の治療上の価値」（③の因子）とを「総合的に検討して決すべきである」とした。また、東京大気汚染訴訟判決（東京地判平成14・10・29判時1885号23頁）も、自動車メーカーが東京都に居住ないし勤務する者の大気汚染被害を回避する義

務を負うかについて、①から③の因子を指摘し、その過失を否定した。

　ところで、新過失論が掲げる三つの因子のうち、①損害発生の危険の程度ないし蓋然性の大きさと②被侵害利益の重大さは、従来の通説的見解が指摘する結果回避義務の判断要素と共通する。それゆえ、問題となるのは、この二つの因子と③の結果を回避することによる行為者の不利益（コスト）とを比較衡量することが適切であるか否かである。

　この問題については見解が分かれ、一方では、③の因子が加害者の責任を減免する機能のみを有するため、これを認めるべきではないとの見解（淡路・公害賠償の理論 99 頁。なお、澤井裕・法律時報 44 巻 14 号〔1972 年〕157 頁以下参照）がある。しかし他方では、危険が予想されるものの社会的に有用な行為については、その危険を完全に回避しない限り、損害賠償しなければならないというのは妥当でなく、③の因子も考慮されるべきであるとの見解（森島・講義 200 頁以下）も存在する。そしてたしかに、公害事件において③の因子を考慮すると、産業が保護される反面、被害者が保護されないという問題を生じるが、例えば副作用の危険はあるものの病気の治療に有効な新薬の投与を考えると、③の因子も考慮して過失の有無を判断すべきであるとも考えられる。

　そこで、現在では、③の因子を考慮すべき紛争類型とそうでない類型とを区別しようとする考え方が有力である。ただし、両類型をどのように区別すべきかについては見解が一致しない。例えば、被侵害利益が人の生命・身体である場合には、③の因子を無視してでも結果回避措置を講じるべきであるが、危険が経済的損失のみにかかわる場合には、③の因子が衡量されるとする見解（森島・講義 204 頁）がある。また、公害のような危険な企業活動では、被侵害利益が「大量の生命・身体・健康被害」であり、かつ、交通事故と異なり、「損害発生を防止するために配分された注意義務を被害者自身が負う」ことはないから、「予見が可能であればそれを防止すべき絶対的な回避義務が課される」が、医療行為や交通事故に関しては、「一定の注意義務をつくしさえすればその行為を行うこと自体は社会的に許容されている」ため、結果回避義務違反が重要な意味を有するとの見解（吉村 76 頁）も存する。

　おそらく、この問題を一義的に決することはできず、結局は、被侵害利益の重大さと、行為の有する危険性およびその社会的価値（上記の三つの因子）を

考慮しつつ、不法行為を類型化してゆくことになろう（吉村78頁）。

　なお、被害者側が被った損害の種類・程度と加害行為の態様との相関衡量によって過失を判断する新受忍限度論や、上記の三つの因子を比較衡量して結果回避義務を判断する新過失論は、後に述べる違法性の判断（相関関係説）と過失の判断とが重複する。そこで、これらの見解は、709条の要件としての違法性が不要であり、「過失」の要件に一元化されるとする（淡路・前掲111頁、平井・債権各論Ⅱ 24頁）。しかし、これに対しては、違法性と過失とを区別する見解（二元説）もなお有力である。

5　過失の認定

(1)　日常生活上の事故と業務活動に伴う事故

　不法行為には、日常生活の中で生じるものから、公害事件のような企業活動に伴うものまで、さまざまな事例が存在する。そして、過失の判断に際しては、行為の有する危険性の程度や、行為者の職業・地位に応じて、注意義務の程度が異なることになる。

　例えば、自室で音楽を聴いていて、その騒音によって隣室の者に迷惑をかけたり、食事中にグラスを倒して、他の者の洋服を汚した場合など、日常生活において生じる事故を考えてみよう。これらの場合は、通常、加害行為の有する危険の程度は小さく、被侵害利益もそれほど大きくはない。そうだとすれば、行為者は、市民生活を営むうえで「最低限度必要とされる程度の」注意義務を負う（吉村76頁）と解される。

　これに対して、自動車を運転する者や医師などの専門家は、その行為の危険性が大きく、かつ、被侵害利益も人の生命・身体にかかわるため、通常の市民よりもより高度の注意義務を課されることになる。食品や薬などを扱う者（企業）も同様である。そこで、裁判例を中心に、これらの者の注意義務の程度を検討する。

(2)　交通事故

　交通事故における運転者の過失の認定は、電車のようにレール(軌道)の上を

走行するものと、自動車のようにそうでないものとでは、大きく異なる。

　(ア)　自動車　　自動車による物損事故については、民法の規定が適用される。しかし、人身事故に関しては、自動車損害賠償保障法が適用され、「自己のために自動車を運行の用に供する者」（運行供用者）は、①自己および運転者が自動車の運行に関し注意を怠らなかったこと、②被害者または運転者以外の第三者に故意または過失があったこと、③自動車に構造上の欠陥または機能の障害があったこと、のすべてを証明しなければ、損害賠償責任を負う（自賠3条）。同法は、自動車の有する危険性を前提に、責任保険と結合して、自動車の運行供用者に事実上の無過失責任を負わせるものである。

　問題となるのは、信頼の原則の適否である。すなわち、刑事事件においては、自動車の運転者は、「他の車両が交通法規を守り自車との衝突を回避するため適切な行動に出ることを信頼して運転すれば足り」、「あえて交通法規に違反し、自車の前面を突破しようとする車両のありうることまでも予想して」安全を確認し、「事故の発生を未然に防止すべき業務上の注意義務はない」（最判昭和41・12・20刑集20巻10号1212頁）。そして最高裁は、このような信頼の原則が民事事件にも適用されるとし、例えば、運転者は、「信号を無視して交差点に進入してくる車両のありうることまでも予想して、交差点の手前で停止できるように減速し、左右の安全を確認すべき注意義務を負うものでない」とした（最判昭和52・2・18裁判集民事120号91頁。このほか、最判昭和43・9・24判時539号40頁、最判昭和45・10・29裁判集民事101号225頁など多数。比較的最近のものとしては、最判平成3・11・19判時1407号64頁）。これに対しては、少なくとも人身事故については、信頼の原則を採るべきではないとの見解も有力である（吉村80頁、近江・Ⅵ 115頁）。

　(イ)　電車　　軌道上を高速で走行する電車の運転者については、踏切などで減速する義務はなく、その注意義務の程度は低いと解されている。また、信頼の原則も適用されやすい、との指摘もなされている（幾代＝徳本48頁）。しかし、現実には、被害者の保護のために、運転者の過失が容易に認められる傾向にある。

(3)　医療事故

(ア)　不法行為と債務不履行　　医療事故に関しては、医療契約を前提とするため、これを債務不履行の問題として処理する方法（債務不履行構成）と、不法行為の問題として処理する方法（不法行為構成）がある。債務不履行責任においては、債務者（加害者）が損害賠償責任を免れるためには、責めに帰することができない事由（415条1項ただし書）を立証しなければならないため、不法行為と構成するよりも被害者に有利であるとも考えられる。しかし、安全配慮義務に関する判例ではあるが、最高裁は、「義務の内容を特定し、かつ、義務違反に該当する事実を主張・立証する責任」は、その義務違反を主張する原告（被害者）にあるとした（最判昭和56・2・16民集35巻1号56頁）。そうだとすれば、実質的には被害者が過失の立証をするのと同じであり、医療事故を不法行為でなく債務不履行と構成する実益はない。しかも、医療事故を債務不履行と構成すると、その損害賠償請求権は、債権者が履行を請求した時（412条3項）から遅滞に陥り、かつ、遺族固有の慰謝料請求権（711条）も認められない（最判昭和55・12・18民集34巻7号888頁）。したがって、被害者にとっては、消滅時効（166条、724条）の点を除くと、医療事故を債務不履行と構成する実益は乏しく、現実の裁判例では、これを不法行為の問題とすることが多い。

(イ)　医師の過失の認定　　医療行為は、人の健康を回復させるものであり、その社会的な有用性を否定することはできない。しかも、治療のためには、ある程度の危険を避けられない場合もある。しかし、医師は、高度の専門的技能を有するとともに、医療事故によって侵害される利益は人の生命・身体であるため、高度の注意義務を負う。この点を明らかにし、医師は「危険防止のために実験上必要とされる最善の注意義務」を負うとしたのが、次の有名な最高裁判決である。

> 最判昭和36・2・16民集15巻2号244頁（梅毒輸血事件）
> 　X（女性）は、高等女学校の教員をした後に婚姻し、円満な家庭生活を営むとともに、自宅で華道・茶道・洋裁の師匠をしていたが、昭和23年2月5日、子宮筋腫のため、Y（国）の経営する東京大学医学部付属病院の産婦人科に入院した。2月27日、Xは、担当のA医師から、体力増強のために輸血を受け

たところ、その給血者であったＢが梅毒に感染していたため、Ｘも梅毒に罹患した。そのため、Ｘは、視力が衰え、収入を失い、また夫とも離婚するに至った。そこでＸは、Ａの使用者であるＹに対し、損害賠償請求（715条）をした。争点となったのは、医師ＡのＢ（職業的給血者）に対する採血行為に際しての過失の有無である。すなわちＡは、Ｂが血液斡旋所の会員証と血液検査所の発行した検査証明書を持参したので、あらためて血液反応検査を行わず、また視診・触診・聴診をせずに、問診としては「身体は丈夫か」という質問をしたにとどまった。もっとも、Ｂが梅毒に感染したのは同年２月14、15日頃であり、27日に血液反応検査を行っても、その結果は陰性であったであろうこと、および、視診・触診・聴診では梅毒を発見することはできなかったことが認定された。第一審・第二審ともにＡの過失を認め、Ｘの請求を認容した。Ｙ上告。

最高裁は、「いやしくも人の生命及び健康を管理すべき業務（医業）に従事する者は、その業務の性質に照し、危険防止のために実験上必要とされる最善の注意義務を要求されるのは、已むを得ない」とし、本件事案においては、Ａが、「医師として必要な問診をしたに拘らず、なおかつ結果の発生を予見し得なかったというのではなく、相当の問診をすれば結果の発生を予見し得たであろうと推測されるのに、敢てそれをなさず、ただ単に『からだは丈夫か』と尋ねただけで直ちに輸血を行ない、以って本件の如き事態をひき起すに至ったというのであるから、原判決が医師としての業務に照し、注意義務違背による過失の責ありとしたのは相当」であるとした（上告棄却）。

本件では、予見義務としての問診義務の有無が問題となる。すなわち、ＡがＢに対して問診をすれば、Ｂの梅毒の罹患を予見できたか、という問題がある。そして、最高裁は、これを肯定に解して予見可能性を認め、結果回避義務については、Ａが「事情の許すかぎり（本件の場合は、一刻を争うほど緊急の必要に迫られてはいなかった）そのような危険がないと認められる給血者から輸血すべき」であったとした。

しかし、本判決に対しては、当時、さまざまな立場からの批判が提起された。

まず、医師界は、過失の認定が不当であるとした。すなわち、本件では、たとえ問診をしても梅毒を予見することはできず、また、給血者が本件における

ような証明書を持参すれば、梅毒感染の危険はないとするのが、一般的な医師の平均的な認識であるとした。

　また、民法学界では、Aが「売春婦と接したことがあるか」という質問を怠っただけでその過失を認定したことは「疑問」であるが、Xの被害が甚大であり、反面Yには賠償能力があるから、Xの請求を認容した結論は妥当であるとする見解が多数であった（四宮和夫「梅毒輸血事件の判決について」ジュリスト120号32頁、唄孝一「判批」法協81巻5号550頁）。

　このような状況において、医師の過失を認定した判旨が「ごく当然」であると主張したのは、星野英一であった。星野は、まず、医師界における一般的な慣行は、紛争の当事者の一方がその特定の社会に属しない第三者である場合には妥当せず、「国民全般の感覚」を考慮すべきであるとする。また、「問診によってしか梅毒罹病の可能性を知ることができない」のであるから、医師であれば、巧妙かつ詳細な問診により真実を発見することも不可能ではなかったとする。そして、問診によって梅毒の罹患について「いくぶんでも疑念が生じたならば、採血を中止するべき」であったとした（前掲法協565頁以下）。そうだとすれば、医師Aに「最善の注意義務」を課し、Bの罹患についての予見義務を認め、「相当の問診をすれば」予見が可能であった（予見可能性）としてAの結果回避義務違反を認めた判旨は、妥当であるといえよう。

　(ウ)　医師の注意義務の基準——医療水準　　医師には「最善の注意義務」が課されるとしても、その判断基準は何か。今日では、医師の注意義務の基準は、医療水準であるとされている。すなわち、学問としての「医学水準」と区別された、「診療当時のいわゆる臨床医学の実践における医療水準」が医師の注意義務の基準であり、医師の行為が医療水準からみて適切であれば、当該医師の過失が否定される（最判昭和57・3・30判時1039号66頁）。

　もっとも、医療水準は、未熟児網膜症に対する光凝固法のような新規の治療法であれば、その普及には一定の時間を要することとなる。そこで、最高裁も、「ある新規の治療法の存在を前提にして検査・診断・治療等に当たることが診療契約に基づき医療機関に要求される医療水準であるかどうかを決するについては、当該医療機関の性格、所在地域の医療環境の特性等の諸般の事情を考慮すべきであり、右の事情を捨象して、すべての医療機関について診療契約に基

づき要求される医療水準を一律に解するのは相当でない」とした。そして、「新規の治療法に関する知見が当該医療機関と類似の特性を備えた医療機関に相当程度普及しており、当該医療機関において右知見を有することを期待することが相当と認められる場合には、特段の事情が存しない限り、右知見は右医療機関にとっての医療水準である」とした（最判平成7・6・9民集49巻6号1499頁）。

　㈢　転送義務・研鑽義務・説明義務　　このように、医療水準は、すべての医療機関に一律のものではなく、医療機関によって異なることになる。そこで、医療機関による格差を解消するために、新規の治療法について、「医療機関が予算上の制約等の事情によりその実施のための技術・設備等を有しない場合には、右医療機関は、これを有する他の医療機関に転医をさせるなど適切な措置を採るべき義務」（転送義務）がある（前掲最判平成7・6・9、最判平成15・11・11民集57巻10号1466頁）。また、医師には、最新の医療知識を習得する研鑽義務がある。例えば、最高裁は、向精神薬の副作用の知見に関する精神科医の義務について、次のように判示した。すなわち、「精神科医は、向精神薬を治療に用いる場合において、その使用する向精神薬の副作用については、常にこれを念頭において治療に当たるべきであり、向精神薬の副作用についての医療上の知見については、その最新の添付文書を確認し、必要に応じて文献を参照するなど、当該医師の置かれた状況の下で可能な限りの最新情報を収集する義務がある」（最判平成14・11・8判時1809号30頁）。

　ところで、医師の患者に対する新規の治療法についての説明義務は、原則として、医療水準として確立したものに限られる。それゆえ、乳がん手術における乳房温存療法のように、医療水準としては未確立の療法については、医師は「常に説明義務を負うと解することはできない」。しかし、最高裁は、「未確立の療法（術式）ではあっても」、医師が説明義務を負う場合があるとする。すなわち、「当該療法（術式）が少なからぬ医療機関において実施されており、相当数の実施例があり、これを実施した医師の間で積極的な評価もされているものについては、患者が当該療法（術式）の適応である可能性があり、かつ、患者が当該療法（術式）の自己への適応の有無、実施可能性について強い関心を有していることを医師が知った場合などにおいては、たとえ医師自身が当該

療法（術式）について消極的な評価をしており、自らはそれを実施する意思を有していないときであっても、なお、患者に対して、医師の知っている範囲で、当該療法（術式）の内容、適応可能性やそれを受けた場合の利害得失、当該療法（術式）を実施している医療機関の名称や所在などを説明すべき義務がある」とした（最判平成13・11・27民集55巻6号1154頁）。

(4) 食品・薬品事故

　食品・薬品事故は、人の生命・健康という重大な法益を侵害するおそれがある。そこで、1994年に成立した製造物責任法により、過失の要件に代えて、被害者にとって立証の容易な「欠陥」を要件として、製造業者等の損害賠償責任が認められている（同法3条）。

　これに対して、同法の施行以前は、裁判所が、食品や医薬品の製造業者に高度の注意義務を課すことにより、その過失を認定してきた。例えば、米ぬか油製造の脱臭工程に熱媒体として用いたカネクロール（毒性の強い合成化学物質）が米ぬか油に混入し、これを食用した者が油症被害を被ったカネミ油症事件では、裁判所が、カネミの結果回避義務について次のように判示した。すなわち、「カネミは、食品製造販売業者として、消費者に安全な商品を供給するため、有毒危険な化学合成物質であるカネクロールをその食品製造工程に使用する以上、最高度の技術を用いてカネクロールが製品油に混入することのないようにその製造工程における万全の管理をなし、また、製品油のカネクロール混入の有無について十分な製品検査をなし、混入を疑わせしめる異常を発見すれば、直ちにその製品油の出荷を停止するのは勿論その操業を停止して原因の解明を徹底的に行う等して、カネクロールの混入した製品油が消費者に供給されることがないよう万全の措置をとり、以て製品油による人体被害の発生を未然に防止すべき極めて高度の注意義務を負う」べきである（福岡地小倉支判昭和53・3・10判時881号17頁）。

　また、北陸スモン事件判決（金沢地判昭和53・3・1判時879号26頁）は、「医薬品製造業者の医薬品安全性確保義務は、医薬品が直接人の生命、健康にかかわるものであることに照らすと、最高の学問的水準に拠ったものでなければなら」ないとした。

第 4 節　権利侵害・違法性

1　権利侵害から違法性へ

(1)　709 条の沿革

　709 条の第二の要件としては、「他人の権利又は法律上保護される利益を侵害した」ことが挙げられる。もっとも、「法律上保護される利益」という文言は、2004 年の民法の現代語化（民法の一部を改正する法律）に伴って挿入されたものであり、この改正以前の規定では、「他人ノ権利ヲ侵害シタ」ことが要件とされていた。そこで、2004 年の改正がどのような意味を有するかが問題となる。そして、この問題を考えるうえでは、改正以前の要件である「権利侵害」がどのように理解されていたかを検討しなければならない。

　まず、現行民法 709 条に対応する旧民法財産編 370 条 1 項は、フランス民法 1382 条に従い、「過失又ハ懈怠ニ因リテ他人ニ損害ヲ加ヘタル者ハ其賠償ヲ為ス責ニ任ズ」と規定して、「権利」の侵害を要件としなかった。これに対して、現行民法の起草者は、旧民法の規定に従うと、不法行為の成立する範囲が広くなりすぎるため、これを狭める趣旨で「権利ノ侵害」を要件とした。すなわち、不法行為の規定は、「既ニ存在セル他人ノ権利ヲ保護スルモノ」であり、事業において他人と競争してその者に損失を与えた場合のように、「未ダ権利ヲ侵害シタ」とはいえないときは、「賠償ノ責任ヲ生ズルコト」はない（民法修正案理由書）とした。このような起草者の考えは、権利侵害の要件を課すことによって、個人や企業の活動の自由を保障し、その自由競争を促進することにあった。

(2)　判例の変遷

　判例も当初は、権利侵害の要件を厳格に解していた。その代表的な判決が、有名な雲右衛門事件である。

大判大正 3・7・4 刑録 20 輯 1360 頁（雲右衛門事件）

Ｙらは、Ａ会社の発売した桃中軒雲右衛門の浪曲の蠟盤（レコード）を無断で複製し、これを販売した。Ｘは、雲右衛門からレコードの著作権を譲り受け、Ｙらを著作権法違反で告訴するとともに、付帯私訴により、Ｙらに対して損害賠償を請求した。第一審・第二審ともにＹらの著作権違反を認めて、Ｙらを有罪とした。Ｙらが上告した。

大審院は、次のように判示した。すなわち、演奏された音楽が音楽的著作物として著作権法の保護を受けるためには、その音楽が「先入未発ノ新ナル旋律ヲ包含スル」とともに、「其創意ニ係ル新旋律ガ一種ノ定型」をなすことを要する。しかし、雲右衛門の浪花節は、即興的かつ瞬間的創作にすぎないものであり、たまたま新しい旋律を含んでいても、著作権の目的となることはできない。それゆえ、本件のように、他人が費用を出して「蓄音機ノ蠟盤ニ吹込マシメタル楽曲ヲ、他ノ蠟盤ニ写シ取リ」利益を得ることが「正義ノ観念ニ反スル」ことはもちろんではあるが、「之ニ関スル取締法ノ設ケナキ今日ニ在テハ、之ヲ不問ニ付スル外、他ニ途」がなく、Ｙらを「無罪」とせざるをえない（破毀）。

　この判決は、浪花節について著作権という「権利」が成立しないため、そのレコードを無断で複製して販売しても「権利侵害」がなく、不法行為が成立しないとした。しかし、その「権利」の解釈は著しく狭く、後の多くの学説によって批判を受けることとなる。もっとも、近年は、本件が著作権法違反の刑事事件として立件されたものであり、罪刑法定主義の観点からすれば、Ｙらを無罪としたことはやむをえない、との評価も存在する（大村敦志「雲右衛門事件(1)」法学教室 349 号 78 頁）。しかし、いずれにしても、本判決を契機として、著作権法が改正され、その第1条に「演奏歌唱」（現行の著作権法では「実演」）の文言が加えられたとともに、次の大学湯事件判決が登場した（大村・前掲 80 頁）。その意味では、本判決は、権利侵害の要件に関して、重要な問題を提起したものである。

大判大正 14・11・28 民集 4 巻 670 頁（大学湯事件）

　Ｘの先代は、大正4年4月2日、Ｙから、Ｙの所有する「大学湯」という

名称の風呂屋（建物）を賃借し、風呂屋を経営していた。この賃貸借契約によれば、「老舗」（営業権）は、本件賃貸借の終了に際して、Y が買い取るか、または X の先代がこれを第三者に売却することができるとされていた。ところが、大正 10 年 10 月 15 日、本件賃貸借契約が合意解約されたものの、Y は、X の先代による老舗の売却を妨げ、同建物を第三者に賃貸してしまった。そこで、X が Y に対し、債務不履行ないし不法行為を理由に、損害賠償を請求した。原審は、当事者間の特約を否定し、かつ、老舗が権利ではないとの理由で、Y の不法行為責任も否定した。X 上告。

　大審院は、次のように判示して、原判決を破棄差戻しとした。すなわち、民法 709 条は、「故意又ハ過失ニ因リテ法規違反ノ行為ニ出デ、以テ他人ヲ侵害シタル者ハ、之ニ因リテ生ジタル損害ヲ賠償スル責ニ任ズト云フガ如キ、広汎ナル意味ニ外ナラズ。其ノ侵害ノ対象ハ、或ハ夫レ所有権、地上権、債権、無体財産権、名誉権等、所謂一ノ具体的権利ナルコトアルベク、或ハ此ト同一程度ノ厳密ナル意味ニ於テハ未ダ目スルニ権利ヲ以テスベカラザルモ、而モ法律上保護セラルル一ノ利益ナルコトアルベク、否詳ク云ハバ、吾人ノ法律観念上其ノ侵害ニ対シ不法行為ニ基ク救済ヲ与フルコトヲ必要トスト思惟スル一ノ利益ナルコトアルベシ」。それゆえ、侵害されたのが「何権ナリヤトノ穿鑿ニ腐心」する必要はなく、「不法行為ノ救済ヲ局限」すべきではない。そして、本件における侵害の対象は、老舗そのものではなく、X の「得ベカリシ利益」であり、このような利益は、不法行為に基づく損害賠償請求権を認めることによって保護する必要がある。

　この判決は、法律上の「権利」でなくても、「法律上保護される利益」の侵害があれば不法行為が成立することを認め、「連合部判決ではないが、雲右衛門事件の判例を正面から変更した画期的なもの」（加藤〔一〕35 頁）であった。そして、その論理は、後の判決（阪神電鉄事件—大判昭和 7・10・6 民集 11 巻 2023 頁）においても維持され、不法行為の要件を「権利侵害から違法性へ」とする学説の契機となる。のみならず、2004 年の民法の現代語化における 709 条の改正へとつながるものとなる。

(3) 学説の展開

(ア) 相関関係説の確立　　大学湯事件判決を契機に、法律上保護される利益が「違法」に侵害された場合には、「権利」の侵害がなくても、不法行為の成立が認められると主張したのが、末川博の『権利侵害論〔第2版〕』(日本評論社、1949年、初版1930年)であった。その背景には、ドイツ民法の規定がある。すなわち、ドイツ民法は、①権利侵害の場合(823条1項)に加えて、②法規違反(同2項)と③公序良俗違反(826条)の三つの場合に不法行為の成立を認めている。そこで、末川は、権利侵害が、「違法性を認識するための手がかりとしての徴表」にすぎず、①権利侵害はなくても、②法規または③公序良俗に反して「違法と評価されるような行為によって他人に損害が加えられたとき」には、不法行為の成立が認められなければならないとした(前掲304-305頁)。

このような末川の見解を支持し、「権利侵害なる要件は加害行為の違法性あることを意味する」としつつ、その違法性の判断基準を提示したのが我妻栄であった。すなわち、我妻は、違法性を、「被侵害利益の種類と侵害行為の態様との相関関係」によって考察すべきであるとした(我妻・事務管理・不当利得・不法行為125頁)。この我妻の見解(相関関係説)を、より洗練された定式としたのが、加藤一郎である。

加藤は、まず、709条の「権利」侵害を「違法性」に置き換えて読み、その「加害の違法性を具体的に判断するには、加害の事実を被侵害利益と侵害行為の両面から検討」する必要があるとする。そして、「被侵害利益が強固なものであれば、侵害行為の不法性が小さくても、加害に違法性があることになるが、被侵害利益があまり強固なものでない場合には、侵害行為の不法性が大きくなければ、加害に違法性がない」とした(加藤〔一〕106頁)。さらに、加藤は、被侵害利益を、物権的なもの、債権的なもの、人格権的なものの三つに分けるとともに、侵害行為の態様として、刑罰法規違反、取締法規違反、公序良俗違反を挙げて、両者の相関関係を検討する。そして例えば、名誉毀損(刑230条)や詐欺(刑246条)などの刑罰法規違反の行為によって他人に損害を与えれば、「被侵害利益が何かをとくに問題にしなくても違法性がある」とした(加藤〔一〕132頁)。

このような相関関係説は、通説的地位を確立するとともに、立法にも採り入

れられた。例えば、昭和22年に制定された国家賠償法の1条1項は、公務員が、その職務を行うについて、故意または過失によって「違法に」他人に損害を加えたときは、国または地方公共団体が損害賠償責任を負う旨を規定し、権利侵害ではなく、「違法」という語を用いている。そして、判例の立場は必ずしも明確ではないが、最高裁判例の中には、被侵害利益の種類と侵害行為の態様の相関関係によって、違法性の有無を判断しているものも見受けられる（例えば、情報提供義務違反に関する最判平成16・11・18民集58巻8号2225頁）。

　(イ)　相関関係説に対する批判　　通説的見解は、不法行為の成立要件としての「過失」と「違法性」とを対置させ、前者が主観的要件であるのに対し、後者が客観的要件を構成すると解してきた。しかし、このような考え方に対しては、以下のような批判が展開された（幾代＝徳本110頁以下、平井・債権各論Ⅱ22頁以下参照）。

　第一に、かつての通説は、「過失」を行為者の主観的な心理状態（不注意）であると解し、これを客観的要件である「違法性」と対置させていた。しかし、今日では、過失は客観的な行為義務違反（結果回避義務違反）であると解されている。そうだとすれば、客観的な行為義務違反を問題とする「違法性」と「過失」とを区別する意味が失われる。

　第二に、通説は、被侵害利益の種類と侵害行為の態様との相関関係によって「違法性」を判断し、その場合における侵害行為の態様としては、刑罰法規違反・取締法規違反・公序良俗違反を想定した。しかし、実質的には、加害者の主観的な態様（害意・故意・過失・動機など）が考慮されているのであり、この意味でも、主観的要件と客観的要件とを区別する意味がない。

　第三に、「違法性」の要件は、709条の「権利」の要件を拡大するという機能を担っていた。しかし、「権利侵害から違法性へ」という命題が定着し、「権利侵害」の要件が制限的なものではないことが確立すると、「違法性」の概念はその役割を果たし終わったと評価することができる。

　以上の批判を考慮して、学説には、「違法性」と「過失」の要件とを一元化する見解が存在する。すなわち、一方では、「過失」の要件に一元化し、「違法性」の概念を不要とする新受忍限度論（淡路）や新過失論（平井）が存在する（その内容については、119-122頁）。また、他方では、不法行為の成立要件を

「違法性」に統合する見解（前田達明『不法行為帰責論』〔創文社、1978 年〕185 頁以下）も存在する。

　(ウ)　相関関係説を継承する見解　　上記の一元論に対して、現在の多数説は、過失が客観的な行為義務違反であることを前提としたうえでなお、「過失」と「権利侵害」（違法性）の要件とを二元的に理解している（新二元論）。もっとも、その見解は、論者によってニュアンスが異なり、「違法性」という語を用いずに、「権利」侵害を要件とする考えも有力である。例えば、幾代通は、「違法性」が「実質的には、全体的評価の結論として当該行為が不法行為を構成するか否か――たとえば、『不法行為性』とでもいうべきもの――を示すものになっている」との批判を受け容れて、「違法性」の概念を用いず、「故意・過失」と「権利侵害」が 709 条の要件であるとする。そして、権利ないし「不法行為法上の救済を与えるのが妥当と認められる利益」の存否は、「行為者（加害者）の主観的状態との相関関係によって規定される場合がありうる」とし、従来の相関関係説の判断枠組みを維持している（幾代＝徳本 113-115 頁）。また、内田貴は、日照紛争の事例を素材に、「正当な権利の行使が一定の限度を超えることによって不法行為を構成する事案においては、故意・過失とは別に『権利』や『法律上保護される利益』の侵害の要件は積極的な意味を持ちうる」とし、「過失」と「権利侵害」の二つを要件とする。ただし、「趣旨をきちんと理解しておけば、あえて違法性という表現を排斥しなければならないわけではない」との留保を付している（内田・Ⅱ 362 頁）。

　これに対して、「違法性」の概念を維持しつつ、相関関係説の判断枠組みを維持する見解も多い。例えば、吉村良一は、「違法性」の概念には、権利侵害の要件を拡大する機能のほかに、「侵害行為が客観的・一般的に見て法秩序に反する（法的に非難される）行為であるという法的評価機能も存在」し、「相関関係説の枠組みを維持して現代社会における多様な不法行為の種類に柔軟に対応」すべきであるとする（吉村 38-39 頁。このほか、澤井 102-103 頁、近江Ⅵ 137 頁など）。

　(4)　まとめ
　(ア)　過失・権利侵害・違法性　　一般的不法行為の成立要件としてのこれら

三つの概念の相互関係については、学説が多岐にわたり、収束しえない状況にある。しかし、709 条の明文上、「故意又は過失」と「他人の権利又は法律上保護される利益を侵害した」ことが要件とされるため、両要件をいずれか一方に統合することは適切でない。現在の多数説が、過失と権利侵害（違法性）の二つの要件を維持しているのも、そのことを裏付けよう。

　問題となるのは、「違法性」概念ないし相関関係説の判断枠組みを維持すべきか否かである。この問題について、判例は、事案に応じて、各要件の有無を検討していると考えられる。すなわち、医療事故のように、医師の過失の有無が問われる場合には、客観的な予見義務や結果回避義務の判断をとおして、「過失」の存否が決せられることとなる。また、日照紛争のように、侵害行為が正当な権利の行使である場合には、「権利又は法律上保護される利益」の侵害の有無が問題となろう。しかし、現実の紛争では、客観的な行為義務違反（過失）の有無と被侵害利益（権利または法律上保護される利益）の有無のみならず、具体的な行為者の侵害行為の態様と被侵害利益の程度を総合的に判断して、不法行為責任の有無を決しなければならない場合も存在すると思われる。

　例えば、国立景観訴訟（最判平成 18・3・30 民集 60 巻 3 号 948 頁）では、第一段階として、新しい権利ないし利益である「景観利益」が法律上の保護に値するか否かが問題とされた。そして、最高裁は、「良好な景観に近接する地域内に居住し、その恵沢を日常的に享受している者は、良好な景観が有する客観的な価値の侵害に対して密接な利害関係を有するものというべきであり、これらの者が有する良好な景観の恵沢を享受する利益（以下『景観利益』という。）は、法律上保護に値する」とした。しかし、このような「景観利益」が侵害されても、ただちに不法行為責任が生じるわけではなく、「建物の建築が第三者に対する関係において景観利益の違法な侵害となるかどうかは、被侵害利益である景観利益の性質と内容、当該景観の所在地の地域環境、侵害行為の態様、程度、侵害の経過等を総合的に考察して判断」されなければならない。そこで、最高裁は、相関関係説に従い、「ある行為が景観利益に対する違法な侵害に当たるといえるためには、少なくとも、その侵害行為が刑罰法規や行政法規の規制に違反するものであったり、公序良俗違反や権利の濫用に該当するものであるなど、侵害行為の態様や程度の面において社会的に容認された行為としての相当

性を欠くことが求められると解するのが相当である」と判示した。

　また、判旨のうえでは、国立景観訴訟判決ほどには明確ではないが、情報提供義務違反を問題とした最高裁判決（前掲最判平成 16・11・18。同判決と関連する最判平成 12・2・29 民集 54 巻 2 号 582 頁、最判平成 15・12・9 民集 57 巻 11 号 1887 頁も参照）も、実質的には、被侵害利益の強度に応じて、侵害行為の具体的な態様を問題とし、それらの総合判断によって、損害賠償請求権の発生を「肯認し得る違法行為と評価することができる」か否かを決している。

　そうだとすれば、「違法性」ないし相関関係説の判断枠組みは、「故意又は過失」の判断と異なり、被侵害利益の強固の程度に応じて、具体的な当該行為者の行為態様などを含めて、損害賠償責任を認めるべきか否かを総合的に判断するものであると考えられる（それはあたかも、詐害行為取消権〔424 条〕において、客観的要件〔被担保債権の存在、債務者が法律行為をして無資力となったこと〕と主観的要件〔詐害の意思〕とを総合的に判断することによって、詐害行為の有無が判断されることと似ている）。そして、このような侵害行為の態様と被侵害利益の強固の程度を含めた総合的な判断が、不法行為法に柔軟かつ妥当な解決をもたらすものであると考える。

　したがって、709 条に従い、「故意又は過失」および「権利又は法律上保護される利益」の要件が必要であるとしたうえで、行為者（加害者）が損害賠償責任を負うか否かは、侵害行為の態様と被侵害利益の程度の総合的判断によって決せられると解される（なお、この総合的な判断の過程ないし結果を「違法性」というか否かは、用語法の問題であろう）。

　(イ)「法律上保護される利益」　残された問題は、2004 年の民法改正によって 709 条に付加された文言が、従来の要件論に影響を与えるか否かである。この問題については、同改正が、「一ノ具体的権利」のほか「法律上保護セラルル一ノ利益」を侵害の対象とした大学湯事件判決（前掲）に従ったものと考えるのが、「最も自然な解釈」（池田真朗編『新しい民法』〔有斐閣、2005 年〕99 頁〔水野謙〕）であると思われる。そして、同判決を契機として、さまざまな見解が提唱されたことを考えると、この改正は、どの見解からも、「文言面での障害となることのないように」慎重に配慮したもの（潮見・基本講義債権各論Ⅱ 22 頁）であったと解される。そうだとすれば、この改正に積極的な意義を見出

すか否かは論者によって異なるものの、709条の文言からは、一義的な解釈を導くことはできないであろう。

2　違法性の判断

(1)　人格的利益と財産的利益

(ア)　民法上の区別　　侵害の対象となる「他人の権利又は法律上保護される利益」(709条) は、大別すると、人格的利益と財産的利益に分けることができる。このことは、710条においても示唆される。すなわち、同条は、①「他人の身体、自由若しくは名誉を侵害した場合」と、②「他人の財産権を侵害した場合」のいずれもが、不法行為になることを明らかにしている。そして①は、限定的列挙ではなく、例示であり、これ以外の人格的利益も広く不法行為制度によって保護される、と解されている。

(イ)　判例による区別　　最高裁も、説明義務違反による意思決定権の侵害の事例において、人格的利益を財産的利益よりもより保護し、その違法性判断を区別していると考えられる。すなわち、最高裁は、一方では、「患者が、輸血を受けることは自己の宗教上の信念に反するとして、輸血を伴う医療行為を拒否するとの明確な意思を有している場合、このような意思決定をする権利は、人格権の一内容として尊重されなければならない」とした。そして、患者に対して「輸血する可能性があることを告げないまま」手術を行い輸血をした医師は、患者の「人格権を侵害したもの」として、「これによって被った精神的苦痛を慰謝すべき責任を負うものというべきである」と判示した (最判平成12・2・29民集54巻2号582頁)。

しかし、他方では、「地震保険に加入するか否かについての意思決定は、生命、身体等の人格的利益に関するものではなく、財産的利益に関するものであることにかんがみると、この意思決定に関し、仮に保険会社側からの情報の提供や説明に何らかの不十分、不適切な点があったとしても、特段の事情が存しない限り、これをもって慰謝料請求権の発生を肯認し得る違法行為と評価することはできない」と判示した。そして、阪神・淡路大震災により家財や建物を失った者が、火災保険契約の締結に際して地震保険に加入せず、保険会社の説

明が不十分であったとしても、火災保険契約申込書に地震保険不加入意思確認
欄が設けられ、契約者が「この欄に自らの意思に基づき押印をし」、かつ、保
険会社も「意図的にこれを秘匿したなどという事実はない」場合には、慰謝料
請求権が発生しないとした（最判平成15・12・9民集57巻11号1887頁）。さら
に、最高裁は、分譲住宅の譲渡契約に際して、譲渡人が譲受人に対し、価格の
適否を検討するうえで重要な事実を全く説明しなかった場合には、「譲渡契約
を締結するか否かの意思決定は財産的利益に関するものではある」が、「慰謝
料請求権の発生を肯認し得る違法行為と評価すること」ができると判示した。
そして、この結論は、上記の平成15年判決に「抵触するものではない」とし
た（最判平成16・11・18民集58巻8号2225頁）。

　したがって、最高裁は、いずれも意思決定権に関するものではあるが、侵害
された利益が、①生命・身体等の人格的利益に関する場合と、②財産的利益に
関する場合とを区別する。そして、①であれば被侵害利益が強固であり、容易
に不法行為責任を認めるが、②は、①と比較して保護の必要性が高くないため、
さらに侵害行為の態様を問題とし、説明義務違反が「信義誠実の原則に著しく
違反する」場合に慰謝料請求権を肯定した（前掲最判平成16・11・18）と解さ
れる（野澤・判タ1187号102頁も参照）。

　(ウ)　人格的利益の多様性　　以上のように、人格的利益と財産的利益を区別
し、前者をより保護する考え方は、今日の社会における人格尊重の理念に照ら
して適切である。そこで、以下の違法性の判断については、まず人格的利益を
概観する。もっとも、人格的利益にも、上記の意思決定権や710条に列挙され
た身体・名誉をはじめ、さまざまなものが存在する。そして、違法性の判断も、
その侵害される人格的利益に応じて異なる。そこで、以下では便宜的に、人格
的利益を、その身体的な側面と精神的側面とに大別する。

(2)　人格的利益(ⅰ)──身体的側面

　(ア)　生命・身体・健康
　(ⅰ)　生命・相当程度の生存可能性　　生命や身体は、人が社会で活動してゆ
くうえで、最も基本的な保護法益であり、その侵害が直ちに不法行為となるこ
とには異論がない。そして、民法は、生命・身体という法益の重要性を考慮し

て、生命・身体の侵害による損害賠償請求権については、それが不法行為によるものであるか、債務不履行によるものであるかを問わず、時効期間を長期化した（167 条・724 条の 2）。

　ところで、最高裁は、「建物としての基本的な安全性を損なう瑕疵」がある場合には、前主からその建物を譲り受けた所有者が、直接の契約関係にはない建物の設計者・施工者に対しても、不法行為責任を追及することを認めた（最判平成 19・7・6 民集 61 巻 5 号 1769 頁）。そして、ここにいう「建物としての基本的な安全性を損なう瑕疵」とは、「居住者等の生命、身体又は財産を危険にさらすような瑕疵をいい、建物の瑕疵が、居住者等の生命、身体又は財産に対する現実的な危険をもたらしている場合に限らず、当該瑕疵の性質に鑑み、これを放置するといずれは居住者等の生命、身体又は財産に対する危険が現実化することになる場合には、当該瑕疵は、建物としての基本的な安全性を損なう瑕疵に該当する」とした。より具体的には、「外壁が剥落して通行人の上に落下したり、開口部、ベランダ、階段等の瑕疵により建物の利用者が転落したりするなどして人身被害につながる危険があるときや、漏水、有害物質の発生等により建物の利用者の健康や財産が損なわれる危険があるときは、建物としての基本的な安全性を損なう瑕疵に該当するが、建物の美観や居住者の居住環境の快適さを損なうにとどまる瑕疵は、これに該当しない」とする（最判平成 23・7・21 判時 2129 号 36 頁）。この判決も、生命・身体という法益を重視したものである。

　また、最高裁は、生命侵害そのものではないが、「医療水準にかなった医療が行われていたならば患者がその死亡の時点においてなお生存していた相当程度の可能性」も、「法によって保護されるべき利益」であるとした。

　　最判平成 12・9・22 民集 54 巻 7 号 2574 頁（相当程度の生存可能性）
　　平成元年 7 月 8 日午前 4 時 30 分頃、A（当時 56 歳・男性）は、突然の背部痛で目を覚まし、軽快したものの、午前 5 時 35 分頃、Y の経営する病院で B 医師の診察を受けた。B は、第一次的に急性すい炎、第二次的に狭心症を疑い、診察開始の約 10 分後に A を他の部屋に移動し、看護婦に急性すい炎に対する薬を加えた点滴を静注させた。しかし、その約 5 分後、A は、苦痛を訴え、

大きく痙攣した後にいびきをかき、深い眠りについたような状態となって、ほどなく呼吸が停止した。Bは、午前6時頃、Aを集中治療室に搬入して他の医師とともに蘇生を試みたが、午前7時45分頃、Aの死亡が確認された。Aは、狭心症の発作から心筋梗塞に移行したものであって、本件診療当時の医療水準に照らすと、医師としては、まず、問診によって既往症等を聞き出すとともに、血圧・脈拍・体温等の測定を行い、ニトログリセリンの舌下投与を行いつつ、心電図検査を行って疾患の鑑別および不整脈の監視を行うべきであった。しかし、Bは、Aの診察に際して、胸部疾患の既往症を聞き出したり、血圧・脈拍・体温等の測定や心電図検査を行うこともせず、狭心症の疑いを持ちながらニトログリセリンの舌下投与もしていないなど、胸部疾患の可能性のある患者に対する初期治療として行うべき基本的義務を果たしていなかった。そして、仮にBがAに対して適切な医療を行った場合には、Aを救命し得たであろう高度の蓋然性までは認めることはできないが、これを救命できた可能性はあった。Aの相続人であるXら（Aの妻子）が、Yに対して、損害賠償を求めて訴えを提起した。第一審はXの請求を棄却したが、原審は、仮に患者を救命することが可能でなかったとしても、医師には「最善を尽くすべき義務」があり、これを怠った場合には、「患者が適切な医療を受ける機会を不当に奪われたことによって受けた精神的苦痛を慰藉すべき責任がある」とした（一部認容）。Y上告。

　最高裁は、「疾病のため死亡した患者の診療に当たった医師の医療行為が、その過失により、当時の医療水準にかなったものでなかった場合において、右医療行為と患者の死亡との間の因果関係の存在は証明されないけれども、医療水準にかなった医療が行われていたならば患者がその死亡の時点においてなお生存していた相当程度の可能性の存在が証明されるときは、医師は、患者に対し、不法行為による損害を賠償する責任を負う」とした。その理由は、「生命を維持することは人にとって最も基本的な利益であって、右の可能性は法によって保護されるべき利益であり、医師が過失により医療水準にかなった医療を行わないことによって患者の法益が侵害された」ことにある（上告棄却）。

　本判決は、医師の過失と患者の死亡との間の因果関係（高度の蓋然性）の証明が困難な場合において、患者の保護法益が、適切な診療を受けるという期待

権や「適切な医療を受ける機会」（原審）ではなく、「死亡の時点においてなお生存していた相当程度の可能性」であることを明らかにしたもの（杉原則彦・最判解説 865 頁）であり、その後の判決でも維持されている（最判平成 16・1・15 判時 1853 号 85 頁）。もっとも、その射程は、生命侵害の事案に限られず、患者に重大な後遺症が残った場合にも拡大されている。すなわち、最高裁は、開業医が転送義務を怠ったため、患者に急性脳症による運動機能障害が残り、精神発育年齢が 2 歳前後で言語能力もないとして、成年後見人が付された事案につき、平成 12 年判決を引用しつつ、「適時に適切な医療機関への転送が行われ、同医療機関において適切な検査、治療等の医療行為を受けていたならば、患者に上記重大な後遺症が残らなかった相当程度の可能性の存在が証明されるときは、医師は、患者が上記可能性を侵害されたことによって被った損害を賠償すべき不法行為責任を負う」とした（最判平成 15・11・11 民集 57 巻 10 号 1466 頁）。その根拠は、本件事案が生命侵害に準じる重大な障害であることにあり、より広く、「重大な後遺症一般、あるいは、健康侵害一般について」、それが残らない相当程度の可能性が保護法益となるかは、なお射程外であるといえよう（松波重雄・最判解説 645 頁）。

　(ii)　身体・健康　　身体の侵害には、例えば相手を殴打するように、直接の物理的な接触による場合のほか、配偶者に性病を罹患させることも、不法行為となることがある（大判昭和 15・2・16 新聞 4536 号 10 頁）。また、親権者や教員などが懲戒を加える場合にも、身体に障害を加えることは許されない。ただし、身体に対する侵害であっても、医療行為や競技のように、正当行為としてその違法性が阻却される場合がある。このほか、身体そのものに対する侵害ではないが、逮捕・監禁、通行妨害（最判昭和 39・1・16 民集 18 巻 1 号 1 頁）のように、身体的な自由を拘束する行為が不法行為となることがある。

　健康に対する侵害としては、例えば、公害による疾病が典型である。しかし、疾病に罹患しなくても、なお健康ではないという場合もある。このような場合は、次の生活利益の侵害における違法性の判断が問題となる。

　(イ)　生活妨害による生活利益の侵害
　(i)　煤煙・騒音　　生活妨害（英米ではニューサンス〔nuisance〕という）に

よる被害は、かつては、所有権などの財産権に対する侵害であると考えられていた。例えば、煤煙や騒音が自己の所有する土地に侵入した場合には、土地所有権の侵害であると考えることもできる。しかし、この場合には、土地の所有者でなくても被害を被ることがありうるのみならず、人の生活そのものが保護法益であると考えられるようになり、今日では、生活利益は、人格的な利益の一つとして理解されている。

ところで、生活妨害の事案においては、加害者の行為は正当な権利の行使である。それゆえ、古くは、権利の行使であっても他人の利益を侵害すれば、権利の濫用であって違法性があるとした。その代表的な判決が、有名な信玄公旗掛松事件である。

大判大正8・3・3民録25輯356頁（信玄公旗掛松事件）

Xの所有する山梨県の原野内に、信玄公が戦の際に旗を掲げて将兵の目印としたとの由来のある名木（松）が存在した（実際には、信玄時代の松ではなかったとの鑑定がなされている）。その後、Y（国）が中央線を開設した際に、この松の木に近接した場所に線路が敷かれたため、汽車の煤煙によって松の木が枯死した。そこで、XがYに対して、損害賠償（1500円）を請求した。第一審・原審ともにXの請求を認容し、Y上告。

大審院は、次のように判示して、Yの上告を棄却した。

①「権利ノ行使ト雖モ、法律ニ於テ認メラレタル適当ノ範囲内ニ於テ之ヲ為スコトヲ要スルモノナレバ、権利ヲ行使スル場合ニ於テ、故意又ハ過失ニ因リ其適当ナル範囲ヲ超越シ、失当ナル方法ヲ行ヒタルガ為メ他人ノ権利ヲ侵害シタルトキハ、侵害ノ程度ニ於テ不法行為」が成立する。

②「然ラバ、其適当ナル範囲トハ如何。凡ソ社会的共同生活ヲ為ス者ノ間ニ於テハ、一人ノ行為ガ他人ニ不利益ヲ及ボスコトアルハ免レベカラザル所ニシテ、此場合ニ於テ、常ニ権利ノ侵害アルモノ為スベカラズ。其他人ハ共同生活ノ必要上、之ヲ認容セザルベカラザルナリ。然レドモ、其行為ガ社会観念上被害者ニ於テ認容スベカラザルモノト一般ニ認メラルル程度ヲ越ヘタルトキハ、権利行使ノ適当ナル範囲ニアルモノト云フコトヲ得ザルヲ以テ、不法行為ト為ルモノト解スルヲ相当トス」。

　大審院の判旨①は、権利濫用論を用いた原判決を受けて、権利の行使であっても「適当ナル範囲ヲ超越」した場合には、権利の濫用であって、不法行為が成立するとした。しかし、判決はそれにとどまらず、「適当ナル範囲」について、「社会観念上被害者ニ於テ認容」することができると「一般ニ認メラルル程度」を超えた場合に不法行為が成立するとした（判旨②）。つまり、社会共同生活においては、一定程度の侵害行為は「認容」すべきであるが、その程度を超えれば、違法性が認められるとした。その意味では、この判決は、①権利濫用論を採るとともに、②侵害が社会生活上一般に受忍すべき限度を超えた場合に違法となるとする受忍限度論の先駆けとなるものであった。

　そして、その後の最高裁判決にも、上記の大審院判決を踏襲したものが見受けられる。すなわち、建築基準法違反の増築工事により、日照と通風が遮られたという事案において、最高裁は、そのような加害者の行為が、「社会観念上妥当な権利行使としての範囲を逸脱し、権利の濫用として違法性を帯びるに至ったもの」であるとした（最判昭和 47・6・27 民集 26 巻 5 号 1067 頁）。しかし、最高裁判決の多くは、権利濫用論に触れることなく、諸般の事情を総合的に考慮して、生活妨害が一般社会生活上受忍すべき限度を超えているか否かによって、不法行為の成否を決すべきであるとしている。例えば、工場の操業に伴う騒音・粉じんが、「違法な権利侵害ないし利益侵害になるかどうかは、侵害行為の態様、侵害の程度、被侵害利益の性質と内容、当該工場等の所在地の地域環境、侵害行為の開始とその後の継続の経過及び状況、その間に採られた被害の防止に関する措置の有無及びその内容、効果等の諸般の事情を総合的に考察して、被害が一般社会生活上受忍すべき程度を超えるものかどうかによって決すべきである」とした（最判平成 6・3・24 判時 1501 号 96 頁）。

　問題となるのは、このような受忍限度の判断基準として、「公共性」を考慮すべきか否かである。この問題につき、大阪国際空港事件判決（最大判昭和 56・12・16 民集 35 巻 10 号 1369 頁）は、「空港の供用のような国の行う公共事業」が受忍限度を超えるか否かについては、上記の諸事情に加えて、「侵害行為のもつ公共性ないし公益上の必要性の内容と程度等を比較検討」しなければならないとした。ただし、最高裁は、「航空機による迅速な公共輸送の必要性」を内容とする公共性は、「自明」のことであるものの、①便益が、「国民の日常

生活の維持存続に不可欠な役務の提供のように絶対的ともいうべき優先順位を
主張しうるものとは必ずしもいえない」とする。反面、②「空港の供用によっ
て被害を受ける地域住民はかなりの多数にのぼり、その被害内容も広範かつ重
大」である。しかも、③「住民が空港の存在によって受ける利益とこれによっ
て被る被害との間には、後者の増大に必然的に前者の増大が伴うというような
彼此相補」の関係が成立しない。したがって、このような場合には、公共性を
理由に、「住民に対してその被る被害を受忍すべきことを要求することはでき」
ないとした。そして最高裁は、その後も上記の判断基準を維持して、②被害が
広範かつ重大であり、③住民の受ける利益と被害とが彼此相補の関係にないと
きは、公共性を理由に、被害が「受忍限度の範囲内にある」とすることはでき
ないとした（最判平成5・2・25民集47巻2号643頁—厚木基地騒音訴訟。なお、
最判平成5・2・25判時1456号53頁—横田基地騒音訴訟も参照）。

　このような判例に対して、学説では、差止請求訴訟と異なり、損害賠償請求
訴訟においては、受忍限度の判断基準として、公共性をファクターとするのは
妥当でないとの見解が有力である（淡路・公害賠償の理論239頁、澤井150頁）。

　(ii)　日照・眺望・景観　　上記の煤煙や騒音が、他人の土地に侵入し、その
生活を妨害するもの（積極的生活妨害）であるのに対し、日照や通風などは、
隣地の利用の結果として遮断されるもの（消極的生活妨害）であり、問題がや
や異なる面もある。しかし、今日では、日照・通風などの生活上の利益も、人
格的利益の一つとして、法律上保護されるものであることには異論がない。そ
して、この点を明らかにしたのが、最高裁昭和47年6月27日判決（前掲143
頁）である。すなわち、同判決は、「居宅の日照、通風は、快適で健康な生活
に必要な生活利益」であり、「法的な保護の対象にならないものでは」ないと
した。また、「日照、通風の妨害は、従来与えられていた日光や風を妨害者の
土地利用の結果さえぎったという消極的な性質のものであるから、騒音、煤煙、
臭気等の放散、流入による積極的な生活妨害とはその性質を異にするもの」で
はあるが、「土地利用権の行使が隣人に生活妨害を与えるという点においては、
騒音の放散等と大差がなく、被害者の保護に差異を認める理由はない」とした。

　もっとも、同判決は、日照・通風の遮断が「社会生活上一般的に被害者にお
いて忍容するを相当とする程度を越えたと認められるとき」は、「権利の濫用

にわたるものであって、違法性を帯び、不法行為の責任を生ぜしめる」とし、権利濫用論を用いている。しかし、前述のように、今日では権利濫用論を介さず、端的に受忍限度を超えるか否かによって、不法行為の成否が決せられることとなる。

　ところで、以上の生活上の利益は、人格的利益として位置づけられているが、学説の中には、眺望や景観も含めて、より広範に、環境権を認めるべきであるとの主張も存在する。ここにいう環境権とは、「良い環境を享受する権利」であり、これを侵害する者に対しては、環境権を根拠に妨害の排除または予防を請求することができるとされる。そして、環境権は、私権の一つであり、環境を直接に支配できる支配権として構成されている（大塚・環境法53-54頁）。しかし、環境権が私権の一つであるとの理解は、判例および学説に承認されてはない。その理由としては、環境権の実定法上の根拠が明らかではないことに加えて、環境利益を原告の個別利益と考えることができるかという問題があり、これを民事訴訟の対象とすることが難しい、ということが指摘されている（大塚・前掲54頁）。このような状況において、最高裁が、「良好な景観の恵沢を享受する利益（以下「景観利益」という。）は、法律上保護に値する」（最判平成18・3・30民集60巻3号948頁—国立市マンション訴訟）と判示したことは、注目に値する。ただし、同判決は、このような景観利益の内容が、「景観の性質、態様等によって異なり得るものであるし、社会の変化に伴って変化する可能性のあるものでも」あり、「現時点においては、私法上の権利といい得るような明確な実体を有するものとは認められず、景観利益を超えて『景観権』という権利性を有するものを認めることはできない」とした。また、景観利益は、709条の「法律上保護される利益」に該当するものの、「ある行為が景観利益に対する違法な侵害に当たるといえるためには、少なくとも、その侵害行為が刑罰法規や行政法規の規制に違反するものであったり、公序良俗違反や権利の濫用に該当するものであるなど、侵害行為の態様や程度の面において社会的に容認された行為としての相当性を欠くことが求められる」として、結論的には、不法行為の成立が否定された。

　（ウ）　身分上の利益

　（ⅰ）　貞操（性的自由）　　暴行、脅迫、詐術または地位の利用などによって姦

淫する行為は、不法行為となる。例えば、古い判例ではあるが、妻の存在を告げずに結婚すると偽って性的関係を結んだ場合（大判明治44・1・26民録17輯16頁―詐術）に、不法行為の成立が認められた。これに対して、合意による性的関係は、不法行為とはならない。ただし、女性が男性に妻のあることを知りながら性的関係を結んだ場合には、708条本文の趣旨（当事者の不法性の比較）を類推して、不法行為の成否を決することとなる（最判昭和44・9・26民集23巻9号1727頁―58頁参照）。

(ii)　婚姻　　婚姻関係を破綻させ離婚するに至った有責配偶者、または、内縁を不当に破棄した当事者は、相手方に対して、不法行為に基づく損害賠償（慰謝料）を支払う義務を負う。すなわち、最高裁は、内縁も「婚姻関係と異るものではなく、これを婚姻に準ずる関係」として捉え、「内縁を不当に破棄された者は、相手方に対し婚姻予約の不履行を理由として損害賠償を求めることができるとともに、不法行為を理由として損害賠償を求めることもできる」とした（最判昭和33・4・11民集12巻5号789頁）。

では、配偶者の不貞行為を理由として、その相手方に対し、他方配偶者および子が不法行為に基づく慰謝料を請求することができるか。この問題については、次の最高裁判決がある。

> 　**最判昭和54・3・30民集33巻2号303頁（配偶者の不貞行為の相手方に対する慰謝料請求）**
> 　X_1（女性）とA（男性）は、昭和23年に婚姻届を出し、その後両名の間にX_{2-4}の3人の子が生まれた。昭和32年、Aは、銀座のアルバイトサロンにホステスとして勤めていたY（女性）と知り合い、やがて互いに好意を持つようになって、YはAに妻子があることを知りながら肉体関係を結び、昭和35年にBを出産した。昭和39年2月、YとAとの関係およびBの出生をX_1が知り、X_1の厳しい非難にあったAは、X_1らと別居し、昭和42年からはYと同棲するようになった。その間Yは、銀座でバーを開業し、Bを養育しているが、Aに金員を貢がせたことはなく、生活費をもらったこともない。X_{1-4}がYに対して不法行為に基づく慰謝料を請求して訴えを提起した。第一審はXらの請求を認容したが、原審は、次のような理由でXらの請求を棄却した。

すなわち、「AとYとは、Aのさそいかけから自然の愛情によって情交関係が生じたものであり、Yが子供を生んだのは母親として当然のことであって、Aに妻子があるとの一事でこれらのことが違法であるとみることは相当では」ない。また、X₂らはAの養育を受けられなくなったが、「これは一にAの不徳に帰することであって、Yに直接責任があるとすることはできない」。X上告。

　最高裁は、妻X₁に関しては、次のように判示してその慰謝料請求を肯定した。すなわち、「夫婦の一方の配偶者と肉体関係を持った第三者は、故意又は過失がある限り、右配偶者を誘惑するなどして肉体関係を持つに至らせたかどうか、両名の関係が自然の愛情によって生じたかどうかにかかわらず、他方の配偶者の夫又は妻としての権利を侵害し、その行為は違法性を帯び、右他方の配偶者の被った精神上の苦痛を慰謝すべき義務があるというべきである」。しかし、子X₂₋₄に関しては、「女性が害意をもって父親の子に対する監護等を積極的に阻止するなど特段の事情のない限り、右女性の行為は未成年の子に対して不法行為を構成するものではない」とした。なぜなら、「父親がその未成年の子に対し愛情を注ぎ、監護、教育を行うことは、他の女性と同棲するかどうかにかかわりなく、父親自らの意思によって行うことができるのであるから、（子が）不利益を被ったとしても、そのことと右女性の行為との間には相当因果関係がない」からである。

　なお、本林譲裁判官の反対意見は、女性との同棲行為と子の被る不利益との間には、「通常はそのような結果が生ずるであろうと認められる」から、相当因果関係があり、X₂₋₄の請求も認められるとした。

　この判決の結論をめぐっては、学説が対立し、少なくとも他方配偶者からの慰謝料請求については、これを否定する見解が有力である。その背景には、個人の人格や自己決定権を尊重し、私的な事柄についての法の介入をできる限り抑制すべきである、との考え方が存在する。この見解によれば、例えば、不貞行為の相手方が強姦などの手段を用いて積極的に婚姻生活を破綻させたような場合を除き、原則としては、配偶者の不貞行為の相手方に対する、他方配偶者および子の慰謝料請求は否定に解されよう。しかし、最高裁は、昭和54年判決以降もその立場を堅持している。すなわち、最高裁平成8年3月26日判決（民集50巻4号993頁）は、昭和54年判決を維持しつつ、婚姻関係の破綻後に

配偶者と肉体関係を持った第三者は、他方配偶者に対して不法行為責任を負わないとした。なぜなら、この場合における他方配偶者には、「婚姻共同生活の平和の維持という権利又は法的保護に値する利益」がないからである。この判決は、不貞行為の時にすでに婚姻関係が破綻していた場合には、第三者（配偶者の不貞行為の相手方）は、他方配偶者に対し不法行為責任を負わないとして、その成立範囲を限定するものである（水野紀子・平成8年度重判76頁）。

　また、次の最高裁判決は、昭和54年判決を前提として、配偶者の不貞行為の相手方に対する離婚に伴う慰謝料の請求を否定した。

> **最判平成31・2・19民集73巻2号187頁（配偶者の不貞行為の相手方に対する離婚に伴う慰謝料請求の可否）**
>
> 　X（男性）とA（女性）は、平成6年3月、婚姻の届出をし、同年8月に長男を、平成7年10月に長女をもうけた。しかし、Xは、仕事のため帰宅しないことが多く、AがY（男性）の勤務先会社に入社した平成20年12月以降は、Aと性交渉がない状態になっていた。Yは、平成20年12月頃、上記勤務先会社において、Aと知り合い、平成21年6月以降、Aと不貞行為に及ぶようになり、Xは、平成22年5月頃、YとAとの不貞関係を知った。Aは、その頃、Yとの不貞関係を解消し、Xとの同居を続けた。しかし、Aは、平成26年4月頃、長女が大学に進学したのを機に、Xと別居し、その後半年間、Xのもとに帰ることも、Xに連絡を取ることもなかった。Xは、平成26年11月頃、横浜家庭裁判所川崎支部に対し、Aを相手方として、夫婦関係調整の調停を申し立て、平成27年2月25日、Aとの間で離婚の調停が成立した。Xは、平成27年11月9日、YがAと不貞行為を行ったことにより婚姻関係が破綻して離婚するに至り、精神的苦痛を受けたとして、Yに対し、不法行為に基づく損害賠償請求訴訟を提起した。第一審および原審は、Xの主張を認め、その請求を一部認容した。Yが上告受理申立て。
>
> 　最高裁は、次のように判示して、Xの請求を棄却した（破棄自判）。すなわち、「夫婦が離婚するに至るまでの経緯は当該夫婦の諸事情に応じて一様ではないが、協議上の離婚と裁判上の離婚のいずれであっても、離婚による婚姻の解消は、本来、当該夫婦の間で決められるべき事柄である」。したがって、「夫婦の一方と不貞行為に及んだ第三者は、これにより当該夫婦の婚姻関係が破綻

して離婚するに至ったとしても、当該夫婦の他方に対し、不貞行為を理由とする不法行為責任を負うべき場合があることはともかくとして、直ちに、当該夫婦を離婚させたことを理由とする不法行為責任を負うことはないと解される。第三者がそのことを理由とする不法行為責任を負うのは、当該第三者が、単に夫婦の一方との間で不貞行為に及ぶにとどまらず、当該夫婦を離婚させることを意図してその婚姻関係に対する不当な干渉をするなどして当該夫婦を離婚のやむなきに至らしめたものと評価すべき特段の事情があるときに限られるというべきである」。しかし、本件においては、不貞行為が発覚した頃にYと「Aとの不貞関係は解消されており、離婚成立までの間に上記特段の事情があったことはうかがわれない」。したがって、「Xは、Yに対し、離婚に伴う慰謝料を請求することができない」。

　本件事案においても、XがYに対し、Aとの不貞行為自体を理由とする慰謝料（＝不貞慰謝料）をすることも考えられる。しかし、不貞慰謝料の短期消滅時効（724条1号）は、不貞行為が継続的なものであっても、夫婦の一方が他方の配偶者と第三者との不貞行為を知った時から進行する。なぜなら、一方の配偶者は、他方の配偶者の不貞行為を知った時点で、「第三者に慰謝料の支払を求めることを妨げられるものではない」からである（最判平成6・1・20裁判集民事171号1頁—配偶者が第三者と同棲した事案）。そうだとすれば、本件では、XがYとAとの不貞関係を知ったのは平成22年5月頃であり、不貞慰謝料の請求権は、3年の経過によってすでに時効消滅していることとなる。そこで、Xは、Yの不貞行為によってAとの離婚を余儀なくされたことを理由に、離婚そのものに対する慰謝料（＝離婚慰謝料—消滅時効は離婚時から進行する〔最判昭和46・7・23民集25巻5号805頁〕）を請求した。しかし、判旨が指摘するように、「離婚による婚姻の解消は、本来、当該夫婦の間で決められるべき事柄」であり、不貞行為がされても配偶者の自由意思が影響を受けることはない。そうだとすれば、判旨のいう「特段の事情」がない限り、配偶者の不貞行為の相手方に対する離婚慰謝料の請求は否定に解されよう（家原尚秀・最判解説132頁）。

(3) 人格的利益(ii)——精神的側面

(ア) 名誉

(i) 意義　民法は、他人の名誉を侵害（毀損）した者に対して、損害賠償責任を負わせる（710条）のみならず、裁判所が、「被害者の請求により、損害賠償に代えて、又は損害賠償とともに、名誉を回復するのに適当な処分を命ずることができる」(723条)とする。この723条にいう「名誉を回復するのに適当な処分」とは、新聞・雑誌への謝罪広告の掲載などによる原状回復処分をさす。そして、このような原状回復処分が必要となるのは、被害者の社会的評価が低下する場合である。それゆえ、723条にいう「名誉」とは、「人がその品性、徳行、名声、信用等の人格的価値について社会から受ける客観的な評価、すなわち社会的名誉」のことであり、「人が自己自身の人格的価値について有する主観的な評価、すなわち名誉感情」を含まない。換言すれば、同条が原状回復処分を認める趣旨は、「その処分により、加害者に対して制裁を加えたり、また、加害者に謝罪等をさせることにより被害者に主観的な満足を与えたりするためではなく、金銭による損害賠償のみでは塡補されえない、毀損された被害者の人格的価値に対する社会的、客観的な評価自体を回復することを可能ならしめるため」であって、このような原状回復処分が妥当するのは、人の社会的名誉が毀損された場合に限られる（最判昭和45・12・18民集24巻13号2151頁）。

　もっとも、人の主観的な評価である名誉感情も法律上保護される利益であり、その侵害が「社会生活上の受忍限度を超えた違法なもの」である場合には、損害賠償（慰謝料）の請求が認められる（大阪高判昭和54・11・27判時961号83頁）。しかし、名誉感情や後述のプライバシーの侵害は、社会的評価を低下させるものではないため、謝罪広告は認められない。

　では、死者の名誉が侵害された場合には、不法行為は成立するか。①死者の名誉も、刑法230条2項がこれを保護し、法律上保護される利益であることには異論がない。しかし、死者の名誉が侵害されたとしても、死者は権利能力を有さず、かつ、「何人が民事上の請求権を行使しうるか」についても規定がない。そうだとすれば、死者の名誉毀損そのものを理由とする請求権は、「その権利の行使につき実定法上の根拠を欠」くため、否定に解されよう（東京高判

昭和 54・3・14 高民集 32 巻 1 号 33 頁—『落日燃ゆ』事件)。これに対して、②死者の名誉毀損が同時に遺族の名誉をも毀損する場合には、遺族は、固有の人格権の侵害を理由に救済を求めることができる。しかし、『落日燃ゆ』事件のように、遺族の名前が登場せず、その存在も周知の事実でない場合には、遺族の名誉が侵害されたと考えることはできない。そこで、同事件において東京高裁は、③死者の名誉毀損を介して遺族が著しい精神的苦痛を被るときは、「故人に対する遺族の敬愛追慕の情も一種の人格的法益」であり、法律上保護に値するから、「これを違法に侵害する行為は不法行為を構成する」とした。もっとも、「死者に対する遺族の敬愛追慕の情」は社会的評価でないため、その侵害に対しては謝罪広告を求めることはできない。また、このような感情は、「時の経過とともに軽減して行く」のが通常であるため、侵害行為の違法性を判断するうえでは、「少なくとも摘示された事実が虚偽であること」が必要とされよう（前掲東京高判昭和 54・3・14)。

　また、法人については、その社会的評価の低下が考えられるため、法人に対する名誉毀損も成立する。そして、その救済手段として、財産的損害に対する損害賠償、および、謝罪広告が認められることには異論がない。問題となるのは、慰謝料が認められるか否かである。というのも、法人には、精神的苦痛がないからである。しかし、法人の名誉が侵害された場合には、謝罪広告だけでは十分な救済がなされず、また、財産的損害が生じないこともある。そこで、無形損害の賠償を認めるべきであるとの見解が有力となり、最高裁もこれを認めるに至った。すなわち、最高裁は、謝罪広告を認めつつ、法人には精神上の苦痛を考えることができないとの理由で、無形の損害に対する金銭賠償を否定した原判決を破棄し、「法人の名誉権侵害の場合は金銭評価の可能な無形の損害の発生すること必ずしも絶無ではなく、そのような損害は加害者をして金銭でもって賠償させるのを社会観念上至当とすべき」であると判示した（最判昭和 39・1・28 民集 18 巻 1 号 136 頁—代々木診療所事件)。この判決は、「無形の損害即精神上の苦痛」ではなく、慰謝料とは別の、金銭評価の可能な「無形の損害」があるとする。しかし、ここにいう「無形の損害」は、証明が著しく困難または不可能な財産的損害である、との指摘（幾代＝徳本 279 頁）もなされている。そこで、「無形の損害」という意味不明な概念を持ち込むべきではなく、

損害の証明度を緩和すべきであるとの見解（平井・債権各論Ⅱ163頁）も存在する。

　なお、権利能力なき社団に対する名誉毀損についても、下級審裁判例は、社団に無形損害の賠償を認めている（東京高判平成7・11・29判時1557号52頁など）。ただし、団体には、当事者能力がなければならない（民訴29条）。

　(ii)　違法性の阻却　　名誉毀損と違法性との関係において問題となるのは、どのような場合に違法性が阻却されるかである。というのも、名誉毀損は、表現の自由（報道の自由）と衝突し、被侵害利益である人格権と表現の自由との調整が必要となるからである。そして、このような観点からは、(α) 事実の摘示による名誉毀損と、(β) 意見の表明による名誉毀損とが区別される。

　(α)　事実の摘示による名誉毀損　　刑法は、「公然と事実を摘示し、人の名誉を毀損した者は、その事実の有無にかかわらず」処罰される（刑230条1項）としつつ、「公共の利害に関する場合の特例」（刑230条の2）を定めている。そこで、判例は、このような刑法の規定を参照し、民事においても、事実の摘示による名誉毀損が次の三つの要件を満たすときは、当該行為に違法性がないとする（最判昭和41・6・23民集20巻5号1118頁）。すなわち、①行為が公共の利害に関する事実に係り（公共性）、②専ら公益を図る目的に出た場合（公益目的性）には、③摘示された事実が真実であることが証明されたとき（真実性）は、行為に違法性がなく、不法行為は成立しない。そして、真実であることの証明は、摘示された事実のすべてについてではなく、その「重要な部分」につきなされれば足りる（最判昭和58・10・20判時1112号44頁）。

　また、③について、事実の重要な部分が真実であることが証明されなくても、④行為者においてその事実の重要な部分を真実と信ずるについて相当の理由があるとき（相当性）には、行為の故意または過失が否定され、不法行為は成立しない（前掲最判昭和41・6・23、最判平成16・7・15民集58巻5号1615頁）。

　名誉毀損に基づく損害賠償または原状回復（謝罪広告）請求訴訟においては、原告（被害者）が、被告（加害者）の事実の摘示により、原告の社会的評価が低下したことを主張立証しなければならない。そして、テレビ報道の内容が人の社会的評価を低下させるか否かについては、「一般の視聴者の普通の注意と視聴の仕方とを基準」とし、当該番組の全体的な構成、登場者の発言内容、画

面上の文字情報の内容、映像・音声にかかわる情報および放送内容全体から受ける印象等を総合的に考慮して判断すべきである（最判平成15・10・16民集57巻9号1075頁）。これに対して、真実性（①②③）または相当性（①②④）は、被告側の抗弁となる。

　ところで、最高裁によれば、真実性は違法性の問題であり、相当性は故意・過失の問題とされて、両者が区別されている。その趣旨は、次の点にある。すなわち、真実性の有無は、「事実審の口頭弁論終結時において、客観的な判断をすべきであり、その際に名誉毀損行為の時点では存在しなかった証拠を考慮することも当然に許される」。なぜなら、摘示された事実が真実であれば、それだけで「名誉毀損行為自体の違法性が否定されることになる」からである。これに対して、相当性の有無は、「名誉毀損行為当時における行為者の認識内容が問題になるため、行為時に存在した資料に基づいて検討することが必要」であり、真実性の証明とは異なるものである（最判平成14・1・29判時1778号49頁）。

　また、新聞やテレビの報道では、①と②の要件は容易に認められるが、③と④の要件については、その有無が厳格に審査される。例えば、③の真実性に関して、最高裁平成15年10月16日判決（前掲）は、テレビの報道によって、「所沢産の葉物野菜が全般的にダイオキシン類による高濃度の汚染状態」があるとの事実の摘示がなされたものの、「採取の具体的な場所も不明確な、しかもわずか1検体の白菜の測定結果」が汚染濃度の最高値に近似しているという調査結果だけでは、「真実であることの証明があるということはできない」とした。また、④の相当性に関しては、配信サービスの抗弁が問題となる。すなわち、最高裁平成14年1月29日判決（民集56巻1号185頁）の原審は、配信記事の信頼性が高く評価されている共同通信社からの配信をそのまま掲載した新聞社には、その記事が「真実であると信頼することについては、相当な理由がある」とした。しかし、最高裁は、「（同）通信社からの配信記事であっても、我が国においては当該配信記事に摘示された事実の真実性について高い信頼性が確立しているということはできない」とし、掲載記事が「配信された記事に基づくものであるとの一事をもってしては」、当該新聞社に相当性がないとした（同旨、最判平成14・3・8判時1785号38頁—ロス疑惑事件）。ただし、通信社

と新聞社とが報道主体としての一体性を有すると評価できる場合には、通信社が配信記事に摘示された事実を真実と信ずるについて相当の理由があれば、特段の事情のない限り、新聞社が自己の発行する新聞に掲載した記事に摘示された事実を真実と信ずるについても相当の理由があるとした（最判平成23・4・28民集65巻3号1499頁）。

　（β）　意見の表明による名誉毀損　　新聞などでは、事実の摘示による報道のほか、批判や論評などの意見の表明がなされることも多い。このような意見の表明は、表現の自由の観点からは、誤った事実の報道よりも、より尊重されなければならない。そこで、英米法においては、公正な論評（fair comment）であれば名誉毀損にならないとされている。そして、最高裁も、次の四つの要件を満たす場合には、意見の表明による名誉毀損行為の違法性を阻却するとした（最判平成元・12・21民集43巻12号2252頁）。すなわち、①公共の利害に関する事実に係り（公共性）、②その目的が専ら公益を図るものであり（公益目的性）、③前提としている事実が主要な点において真実であることの証明があったとき（前提事実の真実性）は、④人身攻撃に及ぶなど論評としての域を逸脱したものでない限り、名誉侵害の不法行為の違法性を欠くとした。そして、事実の摘示による名誉毀損におけると同じく、③に関しては、真実性の証明がないときにも、行為者が、⑤前提としている事実の主要な点を真実と信ずるについて相当の理由があれば（前提事実の相当性）、その故意・過失が否定される（最判平成9・9・9民集51巻8号3804頁）。

　以上の要件の主張立証責任は、不法行為の成立を否定する側にある。そして、事実の摘示による名誉毀損と意見の表明による名誉毀損とでは、不法行為の成立が否定される要件が異なることから、両者の区別の基準が問題となる。この問題を明らかにしたのが、最高裁平成9年9月9日判決(前掲)である。

　　最判平成9・9・9民集51巻8号3804頁（ロス疑惑事件）
　　Ｘは、1981年当時の妻に対する殺人未遂等の嫌疑について、1984年以降新聞等によって繰り返し報道され、1985年10月3日、殺人未遂罪として公訴の提起を受けた。Ｙ社は、同社の発行する新聞の同10月2日付けの第一面に、Ｘと交際のあったと称する女性Ａによる談話として、「Ｘは極悪人、死刑よ」

（見出し 1）、「B〔X の妻〕さんも知らない話……警察に呼ばれたら話します」（見出し 2）との見出しを付し、本文中に、「X は『知能犯プラス凶悪犯で、前代未聞の手ごわさ』という」元検事の談話（記述）を掲載した。そこで、X は、これらの記載によって名誉が毀損されたとし、Y に対して損害賠償を請求した。第一審は X の請求を認容したが、原審は、見出し 1 と記述が意見の表明に当たり、また、見出し 2 は A の戯言にすぎないとして、Y の名誉毀損による不法行為が成立しないとした。X 上告。

　最高裁は、次のように判示した。すなわち、「事実を摘示しての名誉毀損と意見ないし論評による名誉毀損とでは、不法行為責任の成否に関する要件が異なるため、問題とされている表現が、事実を摘示するものであるか、意見ないし論評の表明であるかを区別することが必要となる」。そして、「新聞記事中の名誉毀損の成否が問題となっている部分について、そこに用いられている語のみを通常の意味に従って理解した場合には、証拠等をもってその存否を決することが可能な他人に関する特定の事項を主張しているものと直ちに解せないときにも、当該部分の前後の文脈や、記事の公表当時に一般の読者が有していた知識ないし経験等を考慮し、右部分が、修辞上の誇張ないし強調を行うか、比喩的表現方法を用いるか、又は第三者からの伝聞内容の紹介や推論の形式を採用するなどによりつつ、間接的ないしえん曲に前記事項を主張するものと理解されるならば、同部分は、事実を摘示するものと見るのが相当である」。また、「当該部分の前後の文脈等の事情を総合的に考慮すると、当該部分の叙述の前提として前記事項を黙示的に主張するものと理解されるならば、同部分は、やはり、事実を摘示するものと見るのが相当である」。本件については、見出し 1 および記述は、A ないし元検事の「談話の紹介の形式」により、X が「犯罪を犯したと断定的に主張し、右事実を摘示するとともに、同事実を前提にその行為の悪性を強調する意見ないし論評を公表したもの」であり、また、見出し 2 は、X が犯罪を犯したと主張し、「事実を摘示するもの」であるとした。そして、Y が見出し 1 と記述を「真実と信ずるにつき相当の理由があったか否か」を問うことなく名誉毀損の成立を否定した原判決を、破棄差戻しとした。

　この判決は、「一般の読者の普通の注意と読み方」を基準に、「証拠等をもってその存否を決することが可能な他人に関する特定の事項を主張しているも

の」が「事実を摘示するもの」であるとする。そして、事実の摘示と意見の表明とを厳格に二分するのではなく、意見の表明が摘示された「事実を前提に」なされることを認めるものである。本判決の後の最高裁も、この基準を維持し、犯行の「動機を推論する」新聞記事も、「証拠等をもってその存否を決することが可能な他人に関する特定の事項を（その）推論の結果として主張するものと理解されるときには、同部分は、事実を摘示するもの」であるとした（最判平成10・1・30判時1631号68頁—ロス疑惑事件）。これに対して、例えば、「著作権侵害であり、違法であるとの法的な見解」の表明は、証明の対象とはなりえず、「証拠等をもってその存否を決することが可能な他人に関する特定の事項ということができないことは明らかである」から、「事実を摘示するものではなく、意見ないし論評の表明の範ちゅうに属する」とされた（前掲最判平成16・7・15—ゴーマニズム宣言事件）。

　(iii)　効果　　名誉毀損の被害者は、加害者に対して、(*α*) 金銭賠償、(*β*) 原状回復のほか、(*γ*) 侵害行為の差止めを求めることができる。

　(*α*)　金銭賠償（慰謝料）　　名誉毀損を含む人格権の侵害に対しては、広く慰謝料が認められている。その額は、かつては低額であったが、人格権の尊重に伴い、近年は高額化の傾向が見られる。例えば、プロ野球選手の名誉毀損に対して、下級審裁判例は、600万円の慰謝料を認めている（東京高判平成13・12・26判時1778号73頁、同平成14・3・28判時1778号79頁など）。

　(*β*)　原状回復（謝罪広告）　　723条は、裁判所が、「名誉を回復するのに適当な処分を命ずることができる」と規定し、金銭賠償の原則（722条1項による417条の準用）の例外としての原状回復を認めている。その方法としては、謝罪広告のほか、新聞への訂正記事の掲載（東京高判平成13・4・11判時1754号89頁）や名誉毀損的看板の撤去（横浜地判昭和63・5・24判時1311号102頁）などがある。しかし、新聞への反論文掲載請求権（反論権）は、明文の規定がなく、かつ、新聞の発行者がその掲載を強制されることとなり、表現の自由に重大な影響を及ぼすものであるから、否定に解されている（最判昭和62・4・24民集41巻3号490頁）。

　謝罪広告を被告（加害者）が自発的に掲載しない場合には、代替執行（民執

171条）が用いられる。問題となるのは、謝罪広告を命じることが良心の自由（憲法19条）に反するか否かである。学説には、違憲とする見解も有力であるが、最高裁は、「単に事態の真相を告白し陳謝の意を表明するに止まる程度のもの」であれば、代替執行も許されるとした（最大判昭和31・7・4民集10巻7号785頁）。したがって、原告（被害者）は、「記事は真実に相違しており、貴下の名誉を傷つけ、御迷惑をおかけいたしました。ここに陳謝の意を表します」という文面の広告を新聞等に掲載し、その費用を被告から取ることができる。

（γ）差止め　最高裁は、名誉を違法に侵害された者は、上記の二つの救済のほか、「人格権としての名誉権に基づき、加害者に対し、現に行われている侵害行為を排除し、又は将来生ずべき侵害を予防するため、侵害行為の差止めを求めることができる」とした。その論拠は、「名誉は生命、身体とともに極めて重大な保護法益であり、人格権としての名誉権は、物権の場合と同様に排他性を有する権利」であることに存する（最大判昭和61・6・11民集40巻4号872頁―北方ジャーナル事件）。ただし、その要件は厳格であり、同判決によれば、①公共の利害に関する事項であっても、②表現内容が真実でなく、またはそれが専ら公益を図る目的のものではないことが明白であり、かつ、③被害者が重大にして著しく回復困難な損害を被るおそれがあるときに限り、「例外的に事前差止めが許される」とする。

（イ）プライバシー

（ⅰ）意義　プライバシー権とは、古典的には、「私生活をみだりに公開されないという法的保障ないし権利」（ひとりにしておいてもらう権利）である、と定義された（東京地判昭和39・9・28下民集15巻9号2317頁参照―「宴のあと」事件）。この定義からも明らかなように、プライバシー権は、消極的な権利として捉えられていた。しかし、1960年代以降、コンピュータの普及に伴い、個人情報の収集とその利用という新たな事態が生じ、プライバシー権も、「自己の情報をコントロールする権利」という、より積極的な権利として定義されるようになった。そして、この意味でのプライバシー権が、アメリカでは、1974年の個人情報保護法に結実する。さらに、1970年代には、プライバシー

権は、自己決定権として、憲法上の権利であることが承認された（五十嵐・後掲 195-196 頁）。

　(ii)　要件　　プライバシー権が裁判上初めて争われたのは、「宴のあと」事件判決（前掲）である。この判決は、下級審裁判例ではあるが、その後の判例・学説に大きな影響を与えたリーディング・ケースである。争点は、三島由紀夫のモデル小説がプライバシーの侵害に当たるか否かであり、判決は、プライバシー権を上記の古典的な定義として捉え、「その侵害に対しては侵害行為の差し止めや精神的苦痛に因る損害賠償請求権が認められるべき」であるとした。そして、プライバシー侵害の要件として、次の三つを提示した。すなわち、公開された内容が、①私生活上の事実または私生活上の事実らしく受け取られるおそれのある事柄であること、②一般人の感受性を基準にして当該私人の立場に立った場合、公開を欲しないであろうと認められる事柄であること、③一般の人々に未だ知られていない事柄であることを必要とする。そして、同判決は、被告に対し、80 万円の慰謝料の支払を命じた。

　これに対して、最高裁は、実質的にはプライバシーの侵害に関する事件で、プライバシー権を認めることなく、不法行為責任を肯定した。例えば、区長が弁護士照会に応じて原告の前科等を報告した事件につき、最高裁は、前科等は、「人の名誉、信用に直接にかかわる事項であり、前科等のある者もこれをみだりに公開されないという法律上の保護に値する利益を有する」とした（最判昭和 56・4・14 民集 35 巻 3 号 620 頁）。また、前科等を著作物において実名で公表した事件についても、最高裁は、昭和 56 年判決を引用し、前科等の事実は、「その者の名誉あるいは信用に直接にかかわる事項」であるとした。ただし、「前科等にかかわる事実については、これを公表されない利益が法的保護に値する場合があると同時に、その公表が許されるべき場合」もあり、公表する理由よりも「公表されない法的利益が優越する」場合には、不法行為が成立するとした（最判平成 6・2・8 民集 48 巻 2 号 149 頁—「逆転」事件）。

　その後、最高裁は、「プライバシー」の侵害を明確に認め、人格権に基づく出版の差止めを肯定した（最判平成 14・9・24 判時 1802 号 60 頁—「石に泳ぐ魚」事件）。そして、最高裁平成 15 年 3 月 14 日判決（民集 57 巻 3 号 229 頁）は、週刊誌による実名類似の仮名を用いた少年犯罪の報道について、犯人情報と履歴

情報は、「他人にみだりに知られたくない（原告）のプライバシーに属する情報である」とした。そのうえで、上記の平成 6 年判決を引用し、「プライバシーの侵害については、その事実を公表されない法的利益とこれを公表する理由とを比較衡量し、前者が後者に優越する場合に不法行為が成立する」とした。

　さらに、最高裁は、上記二つの最高裁判決を前提に、不法行為の成立を否定した判決を公にしている（最判令和 2・10・9 民集 74 巻 7 号 1807 頁）。事案は、家裁調査官であった Y が、銃刀法違反保護事件で家裁に送致されていた X（当時 17 歳）のアスペルガー症候群について症例報告に関する論文を公表し、さらに研究者向けの専門書籍として出版したところ、X がプライバシー権の侵害を理由に不法行為に基づく損害賠償請求をしたものである。最高裁は、「本件各公表が X のプライバシーを侵害したものとして不法行為法上違法となるか否かは、本件プライバシー情報の性質及び内容、本件各公表の当時における X の年齢や社会的地位、本件各公表の目的や意義、本件各公表において本件プライバシー情報を開示する必要性、本件各公表によって本件プライバシー情報が伝達される範囲と X が被る具体的被害の程度、本件各公表における表現媒体の性質など、本件プライバシー情報に係る事実を公表されない法的利益とこれを公表する理由に関する諸事情を比較衡量し、本件プライバシー情報に係る事実を公表されない法的利益がこれを公表する理由に優越するか否かによって判断すべき」であるとした。そして、「X の非行事実の態様、母親の生育歴、小学校における評価、家庭裁判所への係属歴及び本件保護事件の調査における知能検査の状況に関する」プライバシー情報の「秘匿性は極めて高い」としつつも、「本件各公表の目的は重要な公益を図ること」にあり、「本件プライバシー情報に係る事実を記載することは本件論文にとって必要なものであった」とした。また、「Y は、本件論文の執筆に当たり、対象少年である X のプライバシーに対する配慮もしていた」とし、結局は、「本件プライバシー情報に係る事実を公表されない法的利益がこれを公表する理由に優越するとまではいい難い」として、X の請求を棄却した（一部破棄自判）。

　この判決は、「学術・研究目的による表現行為」を優先させたものであるが、「本件保護事件が軽微な事案であり、臨床精神医学等の専門誌である本件掲載誌及び本件書籍の読者層が限られていること」に鑑み（コメント・判時 2495 号

32頁）、プライバシー侵害の違法性が否定されたと解される。

　以上のように、最高裁は、プライバシーの侵害については、事実を「公表されない法的利益」と「公表する理由」との比較衡量によって、その違法性を判断している。もっとも、最高裁平成15年9月12日判決（民集57巻8号973頁—早稲田大学江沢民講演会事件）は、このような比較衡量の手法を用いていない。その事案は、大学が主催した中国主席の講演会の参加者名簿を参加者の同意なく警視庁に提出したものであり、最高裁は、学籍番号・氏名・住所・電話番号のような「個人情報についても、本人が、自己が欲しない他者にはみだりにこれを開示されたくないと考えることは自然なことであり、そのことへの期待は保護されるべきものであるから、本件個人情報は、プライバシーに係る情報として法的保護の対象となる」とした。そして、参加者に「無断で本件個人情報を警察に開示した同大学の行為は、（参加者）が任意に提供したプライバシーに係る情報の適切な管理についての合理的な期待を裏切るものであり、（参加者）のプライバシーを侵害するものとして不法行為を構成する」と結論した。この事件では、表現の自由との調整が問題とならず、この点が比較衡量の手法を用いなかった要因であると考えられる（前田〔陽〕・平成15年度重判解説90頁）。

　(iii)　効果　　金銭賠償のほか、差止めも認められる（前掲最判平成14・9・24）。謝罪広告については、732条の類推適用を認めるべきであるとの見解（澤井・112頁）も存在する。しかし、プライバシーの侵害は、名誉毀損におけると異なり、社会的評価の低下を要件としない。それゆえ、謝罪広告は、否定に解されよう。

　(iv)　インターネットによる侵害　　近年は、掲示板への書込みなど、インターネットによる名誉毀損やプライバシーの侵害が問題となっている。この問題は、加害者（情報発信者）が匿名のため、その特定が困難であるのみならず、誰でも容易に情報を発信でき、しかも一瞬のうちに全世界に配信され、その受信者がコピーして、さらに発信しうる、という特質を有している。そこで、金銭賠償のほか、差止め（削除請求権）が重要となる。

　まず、被害者が加害者に対して損害賠償請求をするためには、匿名の加害者を特定しなければならない。そこで、被害者は、プロバイダに対して、侵害情

報の発信者の情報を開示するよう求めることができる。その根拠となるのが、2001 年のプロバイダ責任制限法（特定電気通信役務提供者の損害賠償責任の制限及び発信者情報の開示に関する法律）であり、同法によれば、開示請求は、次の二つの要件を満たす場合にのみ行うことができる（5 条 1 項）。すなわち、①「侵害情報の流通によって当該開示の請求をする者の権利が侵害されたことが明らかであるとき」（1 号—侵害の明白性）であり、かつ、②「当該発信者情報が当該開示の請求をする者の損害賠償請求権の行使のために必要である場合その他発信者情報の開示を受けるべき正当な理由があるとき」（2 号—正当理由）である。そして、この二つの要件が満たされれば、被害者は、プロバイダに対し、発信者その他侵害情報の送信に係る者の氏名または名称、その住所、発信者の電子メールアドレス、侵害情報に係る IP アドレス、および、侵害情報が送信された年月日・時刻の開示を請求することができる（総務省令第 57 号）。

　しかし、情報通信技術の発展に伴い、インターネット上での侵害情報の流通が深刻化し、2001 年のプロバイダ責任制限法では、円滑な被害者の救済が難しくなっていた。そこで、2021 年 4 月に同法が改正され、同改正法は、2022 年 10 月 1 日に施行された。この改正法では、SNS などのログイン型サービス等において、投稿時の通信記録が保存されない場合には、発信者を特定するためのログイン時の情報の開示請求が認められた（5 条）。また、改正前は、発信者を特定するために、SNS 事業者等からの開示と通信事業者等からの開示の二回の裁判手続を経なければならなかったのに対し、改正法では、発信者情報の開示を一つの手続で行うことを可能とする、「発信者情報開示命令事件に関する裁判手続」（8 条以下）という新たな裁判手続（非訟手続）が創設された。これにより、事件の迅速な処理が可能となり、被害者の円滑な救済が図られることが期待される。

　また、差止め（削除請求）は、名誉毀損またはプライバシーの侵害を理由に、その要件に従って認められよう。

　(v)　忘れられる権利　　IT 社会において、プライバシー権を復権させるものとして注目されるのが、欧州司法裁判所 2014 年 5 月 13 日判決が認めた「忘れられる権利」（droit à l'oubli, right to be forgotten）である。その事案は、スペインのデータ保護機関（AEPD）が X の申立てにより、Y（Google Spain et Google Inc.) に対して X に関するデータの削除を認めたため、Y が同決定を不服としてスペインの国内裁判所に提訴し、同裁判所が現行の EU データ保護指令の解釈について欧州司法裁判所に先決判断を求めたものである。欧州司法裁判所の判決では、「忘れられる権利」（データの消去権）は、データが、①不正確であるか、②不適切であるか、③アップデートに必要な期間を超えて維持されているか、または④その目的に照らして不要となった場合に、検索エンジン運営者の経済的利益や公衆の利益に優先して認められるとした。ただし、当該個人が公人であるなど、公衆の知る権利が優先する場合には、それが否定されるとする。

　なお、2016 年 4 月 14 日に欧州議会で可決された、一般データ保護規則 (GDPR＝General Data Protection Requlation) の第 17 条が、「消去権（忘れられる権利）」を規定する。その第 1 項によれば、忘れられる権利が行使されるのは、①収集ないし処理されたデータの利用目的が不要となった場合、②データ主体がデータ処理についての同意を撤回し、もしくは同意されたデータ保有期間が経過し、またはデータ処理についていかなる法的根拠もない場合、③データ主体が個人データの処理に異議を申し立てた場合、および、④個人データが不法に扱われた場合等である。

　この忘れられる権利の有無が争われたのが、最高裁平成 29 年 1 月 31 日決定（民集 71 巻 1 号 63 頁）である。その事案は、X が、グーグル検索に住所と氏名を入力して検索すると、3 年余り前の児童買春による逮捕歴が表示されるため、人格権（更生を妨げられない権利）の侵害を理由として、上記検索結果の削除請求権を有すると主張し、仮処分を申し立てたものである。第一審（さいたま地決平成 27・6・25 判時 2282 号 83 頁）は、「一度は逮捕歴を報道され社会に知られてしまった犯罪者といえども、人格権として私生活を尊重されるべき権利を有し、更生を妨げられない利益を有するのであるから、犯罪の性質等にもよるが、ある程度の期間が経過した後は過去の犯罪を社会から『忘れられる権利』を有するというべきである」として、X の仮処分の申立てを認めた。しかし、原審（東京高決平成 28・7・12 判タ 1429 号 112 頁）は、「人格権の一内容としての名誉権ないしプライバシー権に基づく差止請求の存否とは別に、『忘れられる権利』」を「独立して判断する必要はない」とし、「被保全権利及び保全の必

要性の疎明」がないとして、原決定を取り消した。

　最高裁は、次のように判示して、Xの抗告を棄却した。まず、プライバシーが法的保護の対象となるとした上で、検索事業者の「プログラムは検索結果の提供に関する検索事業者の方針に沿った結果を得ることができるように作成されたものであるから、検索結果の提供は検索事業者自身による表現行為という側面を有する」とする。また、「検索事業者による検索結果の提供は、公衆が、インターネット上に情報を発信したり、インターネット上の膨大な量の情報の中から必要なものを入手したりすることを支援するものであり、現代社会においてインターネット上の情報流通の基盤として大きな役割を果たしている」。そこで、「検索事業者が、ある者に関する条件による検索の求めに応じ、その者のプライバシーに属する事実を含む記事等が掲載されたウェブサイトのURL等情報を検索結果の一部として提供する行為が違法となるか否か」は、「当該事実を公表されない法的利益と当該URL等情報を検索結果として提供する理由に関する諸事情を比較衡量して判断すべきもので、その結果、当該事実を公表されない法的利益が優越することが明らかな場合には、検索事業者に対し、当該URL等情報を検索結果から削除することを求めることができる」とした。そして、本件事案については、「児童買春が児童に対する性的搾取及び性的虐待と位置付けられており、社会的に強い非難の対象とされ、罰則をもって禁止されていることに照らし、今なお公共の利害に関する事項である」こと、および、「本件事実が伝達される範囲はある程度限られたものである」ことから、「本件事実を公表されない法的利益が優越することが明らかであるとはいえない」とした。

　この決定は、「忘れられる権利」には触れず、プライバシーの保護を問題とする。そして、「事実を公表されない法的利益」と「当該URL等情報を検索結果として提供する理由に関する諸事情」とを「比較衡量」して、その削除の可否を決するものであり、従来の判断枠組みを踏襲したものである。ただし、検索事業者による検索結果の提供のIT社会における重要性に鑑み、検索結果の削除が認められるのは、事実を公表されない法的利益が優越することが「明らかな場合」（明らか要件）に限られるとした。しかし、最高裁は、次の判決において、「各種SNS上の投稿の削除について、検索事業者が提供する検索結果

の削除と異なり、一律に明らか要件を必要とするものではないこと」を明らか
にした（コメント・判時 2561・2562 合併号 65 頁）。

　　　最判令和 4・6・24 民集 76 巻 5 号 1170 頁（ツイート記事の削除請求）
　Ｘは、平成 24 年 4 月、旅館の女性用浴場の脱衣所に侵入したとの被疑事実
で逮捕され、同年 5 月、建造物侵入罪により罰金刑に処せられ、同月、その罰
金を納付した。Ｘが上記被疑事実で逮捕された事実（以下「本件事実」とい
う。）は、逮捕当日に報道され、その記事が複数の報道機関のウェブサイトに
掲載された。同日、ツイッター上の氏名不詳者らのアカウントにおいて、各ツ
イートがされた。各ツイートは、いずれも上記の報道記事の一部を転載して本
件事実を摘示するものであり、そのうちの一つを除き、その転載された報道記
事のウェブページへのリンクが設定されたものであった。なお、報道機関のウ
ェブサイトにおいて、本件各ツイートに転載された報道記事はいずれも既に削
除されている。Ｘは、逮捕の時点では会社員であったが、現在は、その父が
営む事業の手伝いをするなどして生活している。また、Ｘは、上記逮捕の数
年後に婚姻したが、配偶者に対して本件事実を伝えていない。ところで、ツイ
ッターは、世界中で極めて多数の人々が利用しており、膨大な数のツイートが
投稿されている。そして、ツイッターには、利用者の入力した条件に合致する
ツイートを検索する機能が備えられており、利用者がＸの氏名を条件として
ツイートを検索すると、検索結果として本件各ツイートが表示される。そこで、
Ｘは、Ｙ（ツイッター社）に対して、人格権ないし人格的利益に基づき、本件
各ツイートの削除を請求した。第一審は、Ｘの請求を認容したが、原審（東京
高判令和 2・6・29）は、最高裁平成 29 年決定に依拠し、次のように判示して、
Ｘの請求を棄却した。すなわち、「罰金の納付から 5 年が経過して刑の消滅の
効果（刑法 34 条の 2）が発生し、その後更に 3 年近くが経過したこと及びＸ
が本件各投稿記事が一般の閲覧に供されることにより各種の社会的な不利益を
受ける可能性が消滅したわけではないことを考慮しても、被疑事実の内容や本
件各投稿記事が公共の利害に係り公益目的で投稿されたこと、既にグーグルな
どの一般的な検索サイトでは本件逮捕の事実が検索結果として表示されること
はなく、具体的な不利益を受ける可能性が低下していることなどに鑑みれば、
本件において、本件各投稿記事を一般の閲覧に供する諸事情よりも本件逮捕の

事実を公表されない法的利益が優越することが明らかであるとはいえない」。
Xが上告受理申立て。

　最高裁は、次のように判示して、Xの請求を認容した（破棄自判）。すなわ
ち、「⑴　個人のプライバシーに属する事実をみだりに公表されない利益は、
法的保護の対象となるというべきであり、このような人格的価値を侵害された
者は、人格権に基づき、加害者に対し、現に行われている侵害行為を排除し、
又は将来生ずべき侵害を予防するため、侵害行為の差止めを求めることができ
るものと解される。そして、ツイッターが、その利用者に対し、情報発信の場
やツイートの中から必要な情報を入手する手段を提供するなどしていることを
踏まえると、Xが、本件各ツイートによりXのプライバシーが侵害されたと
して、ツイッターを運営して本件各ツイートを一般の閲覧に供し続けるYに
対し、人格権に基づき、本件各ツイートの削除を求めることができるか否かは、
本件事実の性質及び内容、本件各ツイートによって本件事実が伝達される範囲
とXが被る具体的被害の程度、Xの社会的地位や影響力、本件各ツイートの
目的や意義、本件各ツイートがされた時の社会的状況とその後の変化など、X
の本件事実を公表されない法的利益と本件各ツイートを一般の閲覧に供し続け
る理由に関する諸事情を比較衡量して判断すべきもので、その結果、Xの本
件事実を公表されない法的利益が本件各ツイートを一般の閲覧に供し続ける理
由に優越する場合には、本件各ツイートの削除を求めることができるものと解
するのが相当である。原審は、XがYに対して本件各ツイートの削除を求め
ることができるのは、Xの本件事実を公表されない法的利益が優越すること
が明らかな場合に限られるとするが、被上告人がツイッターの利用者に提供し
ているサービスの内容やツイッターの利用の実態等を考慮しても、そのように
解することはできない。

　⑵　①本件事実は、他人にみだりに知られたくないXのプライバシーに属
する事実である。他方で、②本件事実は、不特定多数の者が利用する場所にお
いて行われた軽微とはいえない犯罪事実に関するものとして、本件各ツイート
がされた時点においては、公共の利害に関する事実であったといえる。しかし、
③Xの逮捕から原審の口頭弁論終結時まで約8年が経過し、Xが受けた刑の
言渡しはその効力を失っており（刑法34条の2第1項後段）、本件各ツイート
に転載された報道記事も既に削除されていることなどからすれば、本件事実の
公共の利害との関わりの程度は小さくなってきている。また、④本件各ツイー

トは、Xの逮捕当日にされたものであり、140文字という字数制限の下で、上記報道記事の一部を転載して本件事実を摘示したものであって、ツイッターの利用者に対して本件事実を速報することを目的としてされたものとうかがわれ、長期間にわたって閲覧され続けることを想定してされたものであるとは認め難い。さらに、⑤膨大な数に上るツイートの中で本件各ツイートが特に注目を集めているといった事情はうかがわれないものの、Xの氏名を条件としてツイートを検索すると検索結果として本件各ツイートが表示されるのであるから、本件事実を知らないXと面識のある者に本件事実が伝達される可能性が小さいとはいえない。加えて、⑥Xは、その父が営む事業の手伝いをするなどして生活している者であり、公的立場にある者ではない。

　以上の諸事情に照らすと、Xの本件事実を公表されない法的利益が本件各ツイートを一般の閲覧に供し続ける理由に優越するものと認めるのが相当である。したがって、Xは、Yに対し、本件各ツイートの削除を求めることができる」（ナンバリングは筆者）。

　ツイッターに付加されている検索機能は、グーグルのような検索事業者が提供する検索機能とは「その役割や性質が相当に異なるもの」であること（前掲コメント）から、本判決は、明らか要件を不要としたと解される。

　㈡　氏名・肖像
　（i）　氏名　　氏名権とは、氏名を他人の冒用されない権利であり、人格権の一つとして尊重される。問題となるのは、「氏名を正確に呼称される利益」が「法律上保護される利益」に当たるかであり、最高裁はこれを肯定した。すなわち、在日韓国人が、NHKのニュース番組において、氏名を日本語の音読みで呼称されたことが人格権の侵害に当たるとして、NHKに対し謝罪広告等を求めた事案につき、「人は、他人からその氏名を正確に呼称されることについて、不法行為法上の保護を受けうる人格的な利益を有する」とした。しかし、最高裁は、「氏名を正確に呼称される利益は、氏名を他人に冒用されない権利・利益と異なり、その性質上不法行為法上の利益として必ずしも十分に強固なものとはいえないから、他人に不正確な呼称をされたからといって、直ちに

不法行為が成立するというべきではない」とし、「当該個人の明示的な意思に反してことさらに不正確な呼称をしたか、又は害意をもって不正確な呼称をしたなどの特段の事情がない限り、違法性のない行為として容認される」とした（最判昭和63・2・16民集42巻2号27頁）。

　(ii)　肖像　　肖像権とは、人が自己の肖像をみだりに撮影もしくは使用されない権利である。この権利は、最高裁大法廷昭和44年12月24日判決（刑集23巻12号1625頁―京都府学連デモ事件）で明らかにされた。すなわち、同判決は、「個人の私生活上の自由の一つとして、何人も、その承諾なしに、みだりにその容ぼう・姿態（以下「容ぼう等」という。）を撮影されない自由を有する」とし、「これを肖像権と称するかどうかは別として、少なくとも、警察官が、正当な理由もないのに、個人の容ぼう等を撮影することは、憲法13条の趣旨に反し、許されない」とした。ただし、①「現に犯罪が行なわれもしくは行なわれたのち間がないと認められる場合であって、②証拠保全の必要性および緊急性があり、かつ、③その撮影が一般的に許容される限度をこえない相当な方法をもって行なわれるとき」は、警察官による個人の容ぼう等の撮影が許容されるとした。

　この判決は、刑事に関するものであり、民事については、最高裁平成17年11月10日判決（民集59巻9号2428頁―和歌山毒物混入事件報道事件）がこれを肯定した。すなわち、最高裁は、昭和44年判決を引用しつつ、「人は、みだりに自己の容ぼう等を撮影されないということについて法律上保護されるべき人格的利益を有する」とした。ただし、「人の容ぼう等の撮影が正当な取材行為等として許されるべき場合」もあり、その違法性は、「被撮影者の社会的地位、撮影された被撮影者の活動内容、撮影の場所、撮影の目的、撮影の態様、撮影の必要性等を総合考慮して、被撮影者の上記人格的利益の侵害が社会生活上受忍の限度を超えるものといえるかどうかを判断して決すべきである」とした。

　(iii)　パブリシティ権　　一般人の氏名・肖像とは異なり、著名人の氏名・芸名・肖像等を商品に付した場合には、その商品の販売促進に有益な効果（顧客吸引力）がある。そこで、著名人は、その肖像等が有する顧客吸引力を経済的な利益ないし価値として把握し、これを独占的に享受することができる法律上の地位を有する。この法律上の地位を、パブリシティ権という（東京高判平成

18・4・26 判時 1954 号 47 頁参照）。換言すれば、パブリシティ権とは、自己の商業的価値のある情報をコントロールする権利である。

　パブリシティ権が下級審裁判例において問題となったのは、いわゆる「おニャン子クラブ事件」である。すなわち、東京高裁は、芸能人の氏名・肖像が無断でカレンダーに使用されて販売されたため、その差止めと廃棄および損害賠償請求がなされた事案につき、芸能人は、人格的利益とは別の、「顧客吸引力のもつ経済的な利益ないし価値を排他的に支配する財産的権利を有する」とした。そして、この財産的権利に基づき侵害行為の差止めと廃棄が認められ、かつ、侵害された経済的利益の賠償を請求することができるとした（東京高判平成 3・9・26 判時 1400 号 3 頁）。また、前掲の東京高裁平成 18 年判決も、雑誌が芸能人の通学中の姿や実家の所在地の写真等を無断で掲載した事案につき、プライバシー権の侵害とともに、パブリシティ権の侵害を認めている。

　これに対して、最高裁は、競走馬の所有者が、その競走馬の名称を無断でゲームソフトに使用し販売した第三者に対し、パブリシティ権に基づく差止めと損害賠償を請求した事案につき、第三者が、「競走馬の名称等が有する顧客吸引力などの競走馬の無体物としての面における経済的価値を利用したとしても、その利用行為は、競走馬の所有権を侵害するものではない」との理由で、これを否定した（最判平成 16・2・13 民集 58 巻 2 号 311 頁）。しかし、最高裁平成 24 年 2 月 2 日判決（民集 66 巻 2 号 89 頁―ピンク・レディー事件）は、次のように判示して、パブリシティ権を肯定した（事案の解決としては、損害賠償請求を棄却）。すなわち、「肖像等は、商品の販売等を促進する顧客吸引力を有する場合があり、このような顧客吸引力を排他的に利用する権利（以下「パブリシティ権」という。）は、肖像等それ自体の商業的価値に基づくものであるから、人格権に由来する権利の一内容を構成するものということができる。他方、肖像等に顧客吸引力を有する者は、社会の耳目を集めるなどして、その肖像等を時事報道、論説、創作物等に使用されることもあるのであって、その使用を正当な表現行為等として受忍すべき場合もあるというべきである。そうすると、肖像等を無断で使用する行為は、①肖像等それ自体を独立して鑑賞の対象となる商品等として使用し、②商品等の差別化を図る目的で肖像等を商品等に付し、③肖像等を商品等の広告として使用するなど、専ら肖像等の有する顧客吸引力の

利用を目的とするといえる場合に、パブリシティ権を侵害するものとして、不法行為法上違法となると解するのが相当である」。この判決によれば、パブリシティ権は「人格権に由来する権利」であるから、その侵害に対しては、損害賠償請求のみならず、差止請求も認められよう。

【参考文献】　五十嵐清『人格権法概説』（有斐閣、2003 年）。

(4)　財産的利益

(ア)　絶対権

(i)　所有権　　絶対権の典型である所有権は、権利性が明確であるから、その侵害は、相関関係説的な衡量をしなくても、原則として違法なものとなる。所有権は、「自由にその所有物の使用、収益及び処分をする権利」（206 条）であるから、その侵害は、目的物の滅失・損傷や不法占拠によって利用できなくする場合のほか、他人の物を処分して第三者を保護する規定（94 条 2 項など）により、原所有者の所有権を喪失させた場合などである。なお、不動産や指名債権の二重譲渡で、第一の譲渡を知りながら取引をした第二譲受人に対して、第一譲受人が不法行為に基づく損害賠償を請求できるかという問題は、債権侵害の一場合として議論されている。

(ii)　占有権　　占有者は、その占有が妨害または侵奪された場合には、占有の訴え（197 条以下）を提起することができる。この占有の訴えに伴う損害賠償請求権（198・199・200 条 1 項）は、故意・過失を要件とする不法行為に基づくものである（大判昭和 9・10・19 民集 13 巻 1940 頁）。ただし、占有の訴えの提起期間は制限され（201 条）、この点が不法行為法（724 条）に対する特則となる。これに対して、多数説は、果実を取得する権利を有する善意の占有者（189 条 1 項）を除き、本権のない占有者には損害がないため、占有権それ自体の侵害による損害賠償請求権を認めるべきではないとする（加藤〔一〕110 頁、幾代＝徳本 66 頁）。

(iii)　抵当権

(a)　目的物の利用　　抵当権は、目的不動産の占有を抵当権者に移転しないで、抵当権者に優先弁済を受けさせる権利である（369 条 1 項）。それゆえ、

抵当不動産の所有者が行う抵当不動産の利用は、原則として、抵当権の侵害とはならない（大判昭和9・6・15民集13巻1164頁）。しかし、第三者が抵当不動産を不法占有することにより、競売手続の進行が害され適正な価額よりも売却価額が下落するおそれがあるなど、抵当権者の優先弁済請求権の行使が困難となるような場合には、抵当権の侵害となり（最大判平成11・11・24民集53巻8号1899頁）、不法行為が成立する。

　（β）　第三者による目的物の滅失・損傷　　第三者が抵当権の目的物を滅失・損傷した場合において、抵当権者が被担保債権の弁済を受けられなくなったときは、抵当権者は、不法行為に基づく損害賠償請求権を行使することができる（大判昭和7・5・27民集11巻1289頁）。これに対して、多数説は、目的物の所有者が第三者に対して有する損害賠償請求権につき、抵当権者が物上代位することができる（372・304条）ため、抵当権者の第三者に対する損害賠償請求を否定する。しかし、物上代位は、第三者が債務者に損害賠償を支払う前に、抵当権者がその損害賠償請求権を差し押さえなければならない（304条1項ただし書）ため、不法行為責任の追及よりも煩雑である（平井・債権各論Ⅱ44頁）。抵当権者の第三者に対する、不法行為に基づく損害賠償権を認めるべきであろう。

　（γ）　所有者による目的物の滅失・損傷　　債務者が抵当不動産を滅失・損傷した場合には、被担保債権の期限の利益が喪失し（137条2号）、抵当権者はその支払を請求することができる。また、抵当権者は、増担保請求をすることもできる。これに対して、債務者ではない抵当不動産の所有者（物上保証人・第三取得者）がその不動産を滅失・損傷した場合には、抵当権者はその者に対して、不法行為に基づく損害賠償を請求することができる。その場合に問題となるのは、①抵当不動産の価値が減少しても、その残存価額が被担保債権の弁済を受けるにたりるときは、抵当権者に損害はないのではないか、また、②抵当権者の損害の有無は抵当権を実行しないと確定しないので、抵当権を実行するまで損害賠償を請求できないのではないか、という二点である。

　判例は、①侵害行為によって抵当不動産の価値が減少しても、その残存価額によって被担保債権の満足を得ることができれば抵当権者に損害はないから、損害賠償請求は認められないとする（大判昭和3・8・1民集7巻671頁）。そし

て、損害がある場合にも、②抵当権者は、弁済期の到来前には損害賠償を請求することはできないが、弁済期の到来後は、抵当権の実行前でも損害賠償請求権を行使することができるとした（前掲大判昭和7・5・27）。これに対して、学説では、債権が担保されなくなった限度で損害が現実に発生しており、抵当権者は弁済期の到来前でも損害賠償を請求できるとする見解（加藤〔一〕150頁）も有力である。

　(iv)　知的財産権　　著作権と工業所有権（特許権・実用新案権・意匠権・商標権）に大別される。これらの知的財産権は、無形の財産権（無体財産権）ではあるが、排他的支配権を与えられているため、物権と類似した性質を有する。それゆえ、知的財産権が侵害された場合にも、物権におけると同じく、不法行為が成立する。なお、知的財産権については、一定の行為を侵害とみなす規定が設けられている（著作113条、特許101条、新案28条、意匠38条、商標37条）とともに、損害額の推定等の規定も設けられている（著作114条、特許102条、新案29条、意匠39条、商標38条）。また、実用新案権以外の工業所有権については、過失の推定の規定がある（特許103条、意匠40条、商標39条）。

　(ｲ)　その他の財産的利益
　(ⅰ)　債権　　第三者による債権の侵害については、債権総論を参照。
　(ⅱ)　営業利益　　営業によって財産的利益を得る期待や営業活動そのものが侵害された場合にも、不法行為に基づく損害賠償請求権が発生する。もっとも、その多くは、競業関係にある者の競争行為によって生じるため、営業の自由や自由競争との調整が必要となる。それゆえ、判例は、脅迫による営業妨害（大判大正3・4・23民録20輯336頁）や、独占的な地位の濫用によるボイコット（大判昭和15・8・30民集19巻1521頁）など、侵害行為の悪性が強い場合に不法行為の成立を認めている。

　(ⅲ)　不当訴訟　　不当な訴えの提起は、相手方に弁護士費用などの費用の負担を強いるとともに、応訴の精神的負担を余儀なくさせる。しかし、訴えの提起は、裁判を受ける権利（憲法32条）に基づく正当な行為である。そこで、最高裁は、訴えの提起が違法となるのは、提訴者が自らの権利主張が事実的・法律的根拠を欠くことを知りながら、または通常人であれば容易にそのことを知りえたのにあえて訴えを提起した場合（悪意・重過失）など、「訴えの提起が裁

判制度の趣旨目的に照らして著しく相当性を欠くと認められるときに限られる」
とした（最判昭和 63・1・26 民集 42 巻 1 号 1 頁、最判平成 11・4・22 判時 1681 号
102 頁）。なお、最高裁は、弁護士会に対する懲戒請求も、「制度の趣旨目的に
照らし相当性を欠くと認められるとき」には不法行為になるとする（最判平成
19・4・24 民集 61 巻 3 号 1102 頁）。この場合には、「著しく相当性を欠く」との
要件が緩和されている。その理由は、訴えの提起が憲法上保障された権利であ
るため、それが不法行為となるのは、「著しく相当性を欠く」場合に限られる
ことによる（前田〔陽〕56 頁）。

　(iv)　不当執行　　確定判決に基づく強制執行であっても、訴訟当事者が、相
手方の権利を害する意図のもとに、作為または不作為によって相手方が訴訟手
続に関与することを妨げ、または虚偽の事実を主張して裁判所を欺罔するなど
の不正な行為を行い、本来ありえない内容の確定判決を取得してこれを執行し
た場合には、不法行為が成立する（最判昭和 44・7・8 民集 23 巻 8 号 1407 頁）。

　また、仮処分命令が、その被保全権利が存在しないために当初から不当であ
るとして取り消された場合において、仮処分申請人に故意・過失のあったとき
は、同申請人は、被申請人がその執行によって受けた損害を賠償すべき義務を
負う。そして、仮処分命令が異議ないし上訴手続によって取り消され、または
本案訴訟において原告敗訴の判決が確定した場合には、特段の事情のない限り、
申請人の過失が推定される（最判昭和 43・12・24 民集 22 巻 13 号 3428 頁）。

(5)　侵害行為の態様

　侵害行為は、㋐刑罰法規違反、㋑取締法規（行政法規）違反、㋒公序良俗違
反、および、㋓権利濫用の四つに分けて論じられるのが一般的である（判例と
しては、前掲最判平成 18・3・30 参照—145 頁）。

　㋐　刑罰法規違反　　詐欺（刑 246 条）や横領（刑 252 条）など、刑罰法規に
反して他人に損害を与えれば、被侵害利益の種類や程度を問題とすることなく、
違法性が認められる。

　㋑　取締法規違反　　取締法規は、行政上の目的から一定の行為を禁止する
ものであり、これに違反すると、当該法規が保護しようとしている利益が侵害
されることになる。ただし、取締法規に違反しても、直ちに違法性が認められ

るとは限らず、その違反が違法性を判断するための要素の一つとして考慮されるにすぎないこともある。例えば、建築基準法は、隣地の日照や平穏をある程度は保護する。しかし、同法に違反して工場を操業し、騒音や粉じんを出したとしても、その「ことのみをもって、第三者との関係において、その権利ないし利益を違法に侵害していると断定することはでき」ず、「被害が一般社会生活上受忍すべき程度を超えるものかどうか」を判断する際の「事情の一つとして考慮される」ことになる（最判平成 6・3・24 判時 1501 号 96 頁）。

　(ウ)　公序良俗違反　　上記の二つと異なり、明文の規定に反するものではないが、社会的に見て許容されない行為が公序良俗（90 条）に反し、違法とされることがある。例えば、訴訟の提起が公序良俗に反する場合には、訴権の濫用として不法行為が認められる。具体的には、親権に服する者の財産を奪う目的で、その親権者に対して親権喪失の訴えを提起した行為が、実質的には公序良俗に反し、「権利ノ濫用」であるとされた（大判昭和 16・9・30 民集 20 巻 1261 頁）。

　(エ)　権利濫用　　権利の行使は、正当な範囲内であれば違法性がない。しかし、権利の行使が、被害者の受忍すべき限度を超えた場合には、権利の濫用として、違法性が認められる。そして、権利の濫用か否かの判断は、結局は、社会的妥当性を有するか否かの判断になると解される（加藤〔一〕134 頁、四宮・不法行為 346 頁）。

第 5 節　損害の発生

1　損害の意義——二つの考え方

　不法行為は、被害者に生じた損害の塡補を目的とする制度であるため、損害の発生がその成立要件となる。もっとも、損害をどのように定義するかについては、大きく二つの考え方がある。一つは、損害を、「法益について被った不利益」と解する立場（於保・債権総論 135 頁）で、差額説と呼ばれ、判例・通説を形成している。これに対して、もう一つの考え方は、損害とその金銭的評価

を区別し、被った「不利益だとして主張された事実」ないし「不利益を構成する事実」が損害であるとする（損害事実説—平井・債権各論Ⅱ 75-76頁）。

　例えば、交通事故によって傷害を負った者が、その後遺症により労働能力を喪失・減退したとしても、従前と同じように会社に勤務し、収入が減じなかった場合には、差額説によれば、「損害が発生しなかった」こととなり、損害賠償の請求は否定される（最判昭和42・11・10民集21巻9号2352頁）。しかし、損害事実説によれば、後遺症またはそれによる労働能力の喪失・減退という事実が損害であり、その損害を金銭的にどのように評価するか（損害額の算定）は別の問題となる。

　では、このような損害事実説は、なぜ主張されたのか。以下では、その前提として、通説である差額説とその問題点を検討する。

2　差額説の帰結と問題点

(1)　損害の分類

　差額説は、損害を不利益として定義し、これをさらに敷衍して、次のように定式化する。すなわち、損害とは、「加害行為の作用を受けた結果として現に存在する利益状態と、当該加害行為がなかったと仮定したならば存在したであろう利益状態との差である」（幾代＝徳本276頁）。そして、差額説は、被害者の不利益（利益状態の差）が財産に生じた場合を財産的損害とし、財産以外に生じた場合を非財産的損害（精神的損害）とする。すなわち、財産的損害とは、被害者について生じた財産的・経済的な不利益であり、非財産的損害は、被害者の「人間としての精神の安定状態が破壊されたこと」（幾代＝徳本277頁）をいう。この非財産的損害に対する賠償が慰謝料であり、その実定法上の根拠は、710条に求められる。

　財産的損害は、さらに積極的損害と消極的損害とに区別される。すなわち、積極的損害とは、既存の財産的利益が減少したことによる損害であり、消極的損害とは、将来における財産的利益の増加が得られなかったことによる損害である。例えば、物の滅失・損傷や治療費などは積極的損害であり、物の滅失によって転売できずに儲けそこなった利益や、傷害によって就労できずに得られ

```
          ┌          ┌ 積極的損害（既存の利益の減少）
          │ 財産的損害 ┤
          │          │ 消極的損害（逸失利益または
損害 ┤          └          得べかりし利益）
          │
          └ 非財産的損害（精神的損害）→慰謝料
```

なかった給料などが消極的損害である。

　以上の損害の種類は、多くの教科書に書かれているものではあるが、差額説を前提とするものであり、損害事実説からは、「これらの分類の法技術的意味は明確でなく」、解釈上意味がないとされる（平井・債権各論Ⅱ 77 頁）。差額説に対する批判も、まさにこの点に存する。

(2)　差額説に対する批判

　二つある。一つは、財産的損害と精神的損害との区別に対する批判である。すなわち、両者の区別は、原則として財産的損害についてのみ賠償を認める法制（ドイツ・英米）の下では重要な意味を有し、財産的損害の定義としては差額説が妥当する。しかし、精神的損害の賠償も認める日本民法では、これを財産的損害と区別する意味がなく、しかも、精神的損害を利益状態の差として捉えることには無理がある（吉村 96 頁）。もっとも、日本民法においても、両者の区別は、賠償額の算定方法の違いという点では意味を有する。すなわち、金銭に見積もることができる損害（財産的損害）とそうでない損害（精神的損害）とに分けることは可能である。しかし、そのような理解は、差額説の定義とは異なるものである（平井・債権各論Ⅱ 78 頁）。

　もう一つは、財産的損害が金銭に見積もることができるとしても、人の生命・身体に対する損害を金銭に換算し、それを被害者について生じた財産上の不利益と捉えることは適切ではない、との批判である。そして学説では、個人の尊重（憲 13 条）や法の下の平等（憲 14 条）を背景に、生命・身体の侵害を損害として捉え、一定額の損害賠償を認めるべきであるとする見解（死傷損害説―西原道雄「生命侵害・傷害における損害賠償額」私法 27 号 113 頁〔1965 年〕）や、財産的損害のうちの消極的損害（逸失利益）についてのみ、労働能力の喪

失を損害と捉える見解（労働能力喪失説—楠本安雄『人身損害賠償論』〔日本評論社、1984年〕81頁）などが登場した。

(3)　損害事実説の展開

以上の差額説に対する批判を背景に、人身損害に限らず、損害一般について「不利益を構成する事実」が損害であるとしたのが、損害事実説である。その論拠は、「損害を金銭で表わす作業」（損害の金銭的評価）には、「裁判所の行う裁量的・創造的・評価的要素が介入せざるをえない」ことにある（平井・債権各論Ⅱ76頁）。すなわち、実務では、死亡や身体の障害という事実（＝損害）を前提に、これを金銭に評価して賠償を請求する。このことは、人身損害の場合には顕著であるが、物的損害の場合などでも同様であるとする。

3　判例の理解

(1)　生命・身体の侵害

最高裁は、前述のように、差額説に立脚する。ただし、同じく交通事故による後遺症の事案において、労働能力の喪失自体を損害と認める可能性を示唆している。

　最判昭和56・12・24民集35巻9号1350頁（損害と労働能力の喪失）

　旧通産省の研究所に技官として勤務するXは、昭和47年3月11日、交差点を横断していたときにYの運転する自動車と接触し、右手と右臀部に加療5日間を要する挫傷を受け、昭和50年1月10日までの約2年10か月にわたる通院治療の結果、身体障害等級14級に該当する腰部挫傷後遺症を残して症状が固定した。Xは、事故の後、後遺症のため従前の仕事がやりづらくなり業務を変更したが、給与面においては不利益を受けなかった。しかし、Xは、Yに対し、後遺症によって5%の労働能力が喪失したとして、その逸失利益を請求した。第一審は、Xの慰謝料を認めつつ、「(Xに) 収入減が生ずることは認め難い」との理由で、その逸失利益の請求を否定した。しかし、原審は、「事故による生命・身体の侵害（本件に則していえば、労働能力の喪失）その

ものを損害と観念」し、Xに「労働能力の全部又は一部を喪失した事実が認められる以上、たとえそのことによって収入に格別の減少がみられないとしても」、逸失利益の賠償が認められるとした。Y上告。

最高裁は、次のように判示して、原判決を破棄差戻しとした。すなわち、「かりに交通事故の被害者が事故に起因する後遺症のために身体的機能の一部を喪失したこと自体を損害と観念することができるとしても、その後遺症の程度が比較的軽微であって、しかも被害者が従事する職業の性質からみて現在又は将来における収入の減少も認められないという場合においては、特段の事情のない限り、労働能力の一部喪失を理由とする財産上の損害を認める余地はない」。

この判決は、差額説に基づき、後遺症が軽微であり、かつ、収入の減少も認められない場合には、「財産上の損害を認める余地はない」とする。ただし、「事故に起因する後遺症のために身体的機能の一部を喪失したこと自体を損害と観念すること」を否定するものではなく、特段の事情があれば、「労働能力の一部喪失を理由とする財産上の損害」を認めることができるとした。その意味では、最高裁は、差額説を厳格に貫くものではなく、労働能力喪失説ないし損害事実説をも考慮している。なお、最高裁は、「特段の事情」として、「事故の前後を通じて収入に変更がないことが本人において労働能力低下による収入の減少を回復すべく特別の努力をしているなど事故以外の要因に基づくものであって、かかる要因がなければ収入の減少を来たしているものと認められる場合とか、労働能力喪失の程度が軽微であっても、本人が現に従事し又は将来従事すべき職業の性質に照らし、特に昇給、昇任、転職等に際して不利益な取扱を受けるおそれがあるものと認められる場合」を例示している。

(2) 財産権の侵害

判例は、生命・身体に対する侵害以外の場合にも、差額説を採用している。すなわち、抵当権の目的である山林の所有者がその山林の立木を伐採し、「抵当物ノ価格ヲ減損」した場合には、抵当権の侵害となるが、抵当権は「目的物ヲ競売シ其ノ売得金ヲ以テ債権ノ弁済ニ充ツルヲ得ル権利」であるから、その

残存価値によって抵当権者が「完全ニ債権ノ満足ヲ得タル以上、何等ノ損害」もないとした（大判昭和3・8・1民集7巻671頁─170頁参照）。

　また、有価証券報告書等に虚偽の記載がされている上場株式を、取引所市場において取得した投資者の損害額の算定に関して、最高裁は次のように判示した。すなわち、当該虚偽記載がなければこれを取得することはなかったとみるべき場合において、当該株式を取引所市場で処分したときは、「その取得価額と処分価額との差額を基礎とし、経済情勢、市場動向、当該会社の業績等当該虚偽記載に起因しない市場価額の下落分を上記差額から控除して、これを算定すべき」である（最判平成23・9・13民集65巻6号2511頁─西武鉄道事件）。この判決からも、最高裁は、差額説を基本としていることが明らかである。

第6節　行為と損害との間の因果関係

1　二つの因果関係

　加害行為を行った者が被害者の損害を塡補すべきであるから、不法行為責任が生じるためには、加害行為と損害との間に因果関係が存在することが必要である。そして、709条の文言上は、二つの因果関係が要求される。すなわち、①故意または過失に「よって」他人の権利または法律上保護される利益を侵害したことと、②その侵害に「よって」生じた損害であることの二つである。この二つの因果関係について、かつての通説は、①が不法行為の成立要件としての因果関係であり、②が損害賠償の範囲に関する因果関係であるとして、これを区別していた（加藤〔一〕152頁）。しかし、実際には両者は関連するとともに、①は容易に認められ、あまり問題とはならない。そこで、現在の多数説は、②を中心に、行為と損害との間の因果関係を問題とする。

2　相当因果関係説とその問題点

(1)　相当因果関係説

通説は、債務不履行に関して、416条が相当因果関係を規定したものであると解していた。しかし、不法行為については、同条に相当する規定がないため、②の因果関係が「相当因果関係」であるか否かについては、見解が分かれていた。

判例も、当初は、不法行為については416条を適用すべきでなく、行為と損害との間に因果関係がある場合には、広く賠償義務を認めていた（大判大正6・6・4民録23輯1026頁）。しかし、大審院は、損害賠償の範囲に関する事案において、判例を変更し、不法行為にも416条の適用があるとした。すなわち、大審院は、「民法第416条ノ規定ハ、共同生活ノ関係ニ於テ人ノ行為ト其ノ結果トノ間ニ存スル相当因果関係ノ範囲ヲ明ニシタルモノニ過ギズシテ、独リ債務不履行ノ場合ニノミ限定セラルベキモノニ非ザルヲ以テ、不法行為ニ基ク損害賠償ノ範囲ヲ定ムルニ付テモ、同条ノ規定ヲ類推シテ其ノ因果律ヲ定ムベキ」であると判示した（大連判大正15・5・22民集5巻386頁―富貴丸事件判決）。

通説も、判例を支持し、行為と損害との間に「相当因果関係」がなければならないとした。そして、相当因果関係があるとされるのは、「その行為がなければその損害が生じなかったであろう」と認められる場合のうち、「そのような行為があれば通常はそのような損害が生じるであろうと認められる場合」であるとする（加藤〔一〕154頁。なお、我妻・事務管理・不当利得・不法行為154-155頁）。その後、最高裁も、相当因果関係説を踏襲し、不法行為の成立要件に関する事案において、「相当因果関係」の有無を問題としている（最判昭和48・12・20民集27巻11号1611頁、最判昭和54・3・30民集33巻2号303頁―146頁参照）。また、損害賠償の範囲に関しても、416条の類推適用が認められるとした（最判昭和48・6・7民集27巻6号681頁、最判昭和49・4・25民集28巻3号447頁）。

(2) 因果関係概念の再構成

以上の判例・通説に対して、根本的な批判を加えたのが、平井宜雄であった。すなわち、平井は、「相当因果関係」が完全賠償主義を採るドイツに固有の概念であるとし、制限賠償主義（416条）を採る日本民法とは相容れないとする（平井・債権各論Ⅱ81頁）。そして、従来の相当因果関係の概念には、①事実的因果関係、②保護範囲、③損害の金銭的評価という三つの問題が混在していたとする。

まず、①事実的因果関係とは、行為と損害との間に存在する「あれなければこれなし」（conditio sine qua non）という関係である。不法行為の成立要件として、行為と損害との間に要求される因果関係とは、この事実的因果関係である（平井・債権各論Ⅱ82頁）。

しかし、加害行為との間に事実的因果関係が認められるすべての損害について加害者に賠償責任を負わせると、その範囲は無限に拡がるおそれがある。そこで、事実的因果関係のある損害のうち、どこまでを賠償すべきかを決定する規範的判断を示すのが、②保護範囲（scope of protection）という概念である（平井・債権各論Ⅱ110頁）。そして、ある損害が保護範囲に含まれるべきであるとの規範的判断が下されれば、金銭賠償の原則によって、③損害の金銭的評価が行われる。

したがって、平井によれば、①は事実認定の問題であり、②は法律の解釈とその適用の問題であるのに対して、③は裁判官による裁量的判断の問題であるとされる（平井・債権各論Ⅱ110頁）。

このような平井の見解は、とりわけ、①事実的因果関係と②保護範囲の区別の点において、以後の学説に大きな影響を与え、現在の多数説を形成しているといえよう（幾代＝徳本116頁、森島・講義282頁など）。そこで以下では、不法行為の成立要件としての事実的因果関係を検討する。

3 事実的因果関係の意義

(1) 原因の競合

事実的因果関係の存否は、前述のように、「あれなければこれなし」という

条件関係の有無（"but for" test）によって判定される。しかし、この判定は、以下のように原因が競合する場合には問題を生じる。

(a)　例えば、Ａ工場とＢ工場とがそれぞれ致死量の有毒物質を含む廃液を川に排出し、それによってＣを死亡させた場合には、事実的因果関係は認められるか。この場合に「あれなければこれなし」のテストを適用すると、Ａの行為がなくてもＢの行為によってＣが死亡し、また、Ｂの行為がなくてもＡの行為によってＣが死亡するため、両者ともにＣの死亡との間の事実的因果関係を有しないことになる。しかし、その結論が不当であることには異論がない。そこで、ＡＢともに事実的因果関係が肯定される。その理由としては、ＡとＢが「それぞれ単独で責任を負うべき場合に、たまたま競合したからといって責任を負わないと解するのは均衡を失する」（平井・債権各論Ⅱ 84 頁）ことや、競合する原因をあらかじめ取り除けば、ＡとＢのいずれもが「結果に対して必要かつ十分の条件となっていること」（四宮・不法行為 420 頁）などが挙げられる。

(b)　Ａ工場とＢ工場の廃液の有毒物質は、いずれも致死量には達しないが、両者が合わさって致死量に達し、それによってＣが死亡した場合には、「あれなければこれなし」のテストによって、ＡＢの行為とＣの死亡との間の事実的因果関係が肯定される。問題となるのは、ＡとＢが損害の全部を賠償しなければならないかであるが、この問題は、事実的因果関係とは別個の問題である。

(2)　仮定的原因

Ａが致死量の毒物をＣに飲ませた後に、Ｃが死亡する前に、ＢがＣを銃で射殺した場合には、「あれなければこれなし」のテストを適用すると、(a)と同様に、ＡとＢのいずれの行為も、Ｃの死亡との間の事実的因果関係が否定される。しかし、この場合には、(a)と異なり、Ａの行為（仮定的原因）がＢの行為に先行している。それゆえ、ＣがＢの行為によって死亡したことは明らかであり、Ｂの行為とＣの死亡との間の事実的因果関係は肯定される。

問題となるのは、Ａの行為である。多数説は、Ｂの行為によって、Ａの行為とＣの死亡との間には因果関係の「中断」ないし「断絶」があり、ＡにはＣの死亡についての責任は生じないとする（加藤〔一〕157 頁、幾代＝徳本 123 頁、

四宮・不法行為 425 頁など)。しかし、(a)との均衡からは、「あれなければこれ
なし」のテストの例外として、Ａの行為とＣの死亡との間の事実的因果関係
を肯定すべきであろう（平井・債権各論Ⅱ 85 頁)。

　このような仮定的原因は、実際の裁判例においても問題となる。例えば、Ａ
の運転する自動車に轢かれて頭蓋骨陥没等の瀕死の重傷を負ったＣが、その
約 4 秒後に後続するＢの運転する自動車に轢かれて死亡した事案において、
東京地裁は、ＡとＢの行為とＣの死亡との間の事実的因果関係を肯定した。
ただし、Ａは、「Ｃの死亡による損害全部について賠償責任を負うべきである」
が、Ｂの自動車によるＣの轢過と因果関係があるのは、Ａの自動車に「衝突
されたことにより瀕死の重傷を負った亡Ｃの状態をさらに悪化させ、死亡さ
せたことに基づく損害」に限られるとし、Ｃは、Ａの自動車に「轢過されたこ
とによって、瀕死の状態となり、労働能力を完全に喪失したものというべきで
あるから、Ｂは、亡Ｃの損害（逸失利益）について賠償責任を負うもの」では
ないとした（東京地判平成元・11・21 判時 1332 号 96 頁)。この裁判例のように、
ＡとＢの行為とＣの損害との間の事実的因果関係が肯定されるとしても、Ｂ
の損害賠償の範囲をどのように解すべきかは別に問題となる。

4　事実的因果関係の立証

(1)　立証の困難
　事実的因果関係の存在は、損害賠償を請求する者（原告＝被害者）がその立
証責任を負う。しかし、公害事件や医療過誤事件においては、被害者が科学的
知識と資力を欠くために、加害者の行為と損害との間の事実的因果関係を科学
的に解明することは難しい。しかも、現時点における科学的知見や医療水準で
は、被害者の損害の原因を科学的に解明することが不可能である、という場合
も存在する。それゆえ、被害者に厳格な事実的因果関係の立証を要求すると、
その救済を閉ざすことになる。そこで、被害者の立証の負担を軽減すべきであ
るとの見解が展開された。

(2)　蓋然性説とその批判

蓋然性説は、当初は、鉱害事件に関して提唱された。すなわち、鉱害事件においては、地下の鉱物を採取するという鉱業の特殊性から、被害者が因果関係を証明することは著しく困難である。そこで、被害者に要求される因果関係の証明の程度は「かなりの程度の蓋然性」でよく、それにより、実質上の証明責任を被害者から加害者に転嫁することを主張した（徳本鎮『企業の不法行為責任の研究』〔一粒社、1974年〕50頁〔初出、1961年〕）。そして、蓋然性説は、同じく因果関係の立証が困難である公害事件にも応用される。ただし、この見解では、因果関係の証明の程度を引き下げる根拠が必ずしも明らかではない。そこで、学説の中には、50％を超える蓋然性があれば因果関係を認めてよいとする見解（証拠の優越説）や、被害者が因果関係につき、「かなりの程度の蓋然性」を証明したときは、因果関係の存在が事実上推定され、加害者がこの推定を覆す反証をしない限り、因果関係が存在するものとして扱われるとの見解（事実上の推定説）も存在した。

この蓋然性説に対しては、「かなりの程度の蓋然性」が不明確であることに加え、公害事件に限って証明度を引き下げることの正当性に疑問が呈された。しかし、蓋然性説は、「因果関係の証明において、科学的に厳密な証明は必要ないことを明らかにした」ものであり、その「意義は大きい」（吉村106頁）。

(3)　間接反証説

aという事実が存在すればAという事実が存在するのが一般的であるという経験則がある場合には、a（間接事実）を立証すれば、A（主要事実）が推認される。それゆえ、原告（被害者）が事実的因果関係の存在（主要事実）を推認させるような事実（間接事実）を立証すれば、事実的因果関係の存在が推認される。この場合に、被告（加害者）は、①その間接事実（事実a）を真偽不明とする立証活動を行うか、または、②主要事実の不存在を推認させる別の間接事実（事実b）を立証しなければ、主要事実の推認を覆すことができない。そして、この場合における②が間接反証であり、その間接事実（事実b）の立証責任は被告が負うこととなるため、原告の立証の負担が軽減される。

この見解は、新潟水俣病事件判決（新潟地判昭和46・9・29下民集22巻9＝10

号別冊1頁）を契機に主張された。すなわち、同判決は、因果関係の立証には、ⓐ被害疾患の特性とその原因（病因）物質、ⓑ原因物質が被害者に到達する経路（汚染経路）、ⓒ加害企業における原因物質の排出（生成・排出に至るまでのメカニズム）を明らかにすることが必要であるとする。そして、ⓐとⓑについては、「状況証拠の積み重ねにより、関係諸科学との関連においても矛盾なく説明ができれば、法的因果関係の面ではその証明があったものと解すべき」であり、その結果、「汚染源の追求がいわば企業の門前にまで到達した場合」には、ⓒについては、「企業側において、自己の工場が汚染源になり得ない所以を証明しない限り、その存在を事実上推認され、その結果すべての法的因果関係が立証されたものと解すべきである」とした。この判決は、原告（被害者）がⓐとⓑの事実を立証すれば因果関係の存在が推認され、被告がⓒの事実がないことを立証しない限り、その存在を覆すことができないとするものである。

(4) 疫学的因果関係論

イタイイタイ病事件判決（富山地判昭和46・6・30判時635号17頁、名古屋高金沢支判昭和47・8・9判時674号25頁）や四日市公害事件判決（津地四日市支判昭和47・7・24判時672号30頁）などの公害訴訟およびスモン訴訟においては、因果関係の立証について疫学的手法が採用された。すなわち、疫学では、ある因子と疾病との間の因果関係が認められるためには、次の四つの条件が必要とされる。①その因子は発病の一定期間前に作用するものであること、②その因子の作用する程度が著しいほど、その疾病の罹患率が高まること、③その因子の分布消長から、流行の特性が矛盾なく説明されること（その因子がとり去られた場合その疾病の罹患率は低下すること、その因子をもたない集団では、その疾病の罹患率がきわめて低いことなど）、および、④その因子が原因として作用する機序（メカニズム）が生物学的に矛盾なく説明されることである（四日市公害事件判決)。

このような疫学的手法は、集団的な現象とある特定の原因との因果関係の探究に有用である。というのも、集団的な現象が特異なもの（特異性疾患）であれば、自らがその集団の一員であることを明らかにすることによって、個別の因果関係を立証することができるからである。反面、当該疾病が他の地域にお

いても別の原因によって罹患しうるもの（非特異性疾患）である場合には、個別の損害と特定の原因との間の因果関係を推認しにくいという問題がある。そこで、このような場合には、原告（被害者）が間接事実を立証し、因果関係の存在が推認できるときは、被告（加害者）の側で、被害者の被害が他の原因によるものであることを立証しなければならないと解すべきであろう。

(5)　確率的心証（割合的認定）

因果関係についての裁判官の心証の程度に応じて、割合的に賠償額を決めるという手法である。交通事故訴訟における下級審裁判例によって生み出された手法であり、例えば、損害額が 1000 万円であった場合において、裁判官が当該交通事故と損害との間の因果関係について 70% の心証を得たときは、700万円の賠償を認めるものである（東京地判昭和 45・6・29 判時 615 号 38 頁）。事実的因果関係の有無は、本来は、オール・オア・ナッシングであるが、交通事故訴訟のような非訟事件的訴訟では、確率的心証は有用であろう（淡路剛久「判批」判時 627 号 128 頁）。なお、原因が競合して一つの損害が発生した場合には、その寄与度に応じた割合的な賠償が認められることがある。しかしこの場合には、因果関係の存在は明確であるため、確率的心証によるものではない。

(6)　判例の見解

事実的因果関係の立証の困難を補う以上の議論を背景に、最高裁がその立証のあり方を明らかにしたのが、次の判決である。

最判昭和 50・10・24 民集 29 巻 9 号 1417 頁（東大ルンバール・ショック事件）

昭和 30 年 9 月 6 日、X（当時 3 歳）は、化膿性髄膜炎のため、Y の経営する東京大学医学部付属病院小児科へ入院し、重篤状態を脱して軽快しつつあった。しかし、同月 17 日午後零時 30 分から 1 時頃までの間に医師によりルンバールの施術を受けた X は、その 15 分ないし 20 分後突然に嘔吐、けいれんの発作等を起し、退院後にも運動障害や知能障害等の後遺症が残った。ところで、一般にルンバールは、その施術後患者が嘔吐することがあるので、食事の前後

を避けて行うのが通例である。にもかかわらず、本件ルンバールは、担当医師の都合でXの昼食後20分以内の時刻に実施された。しかも、その施術は、嫌がって泣き叫ぶXに看護婦が馬乗りとなりXの身体を固定したうえでなされ、1度で穿刺に成功せず、何度もやりなおし、終了まで約30分間を要した。そのため、もともと脆弱な血管の持主で入院当初より出血性傾向が認められたXは、本件ルンバールの実施により脳出血を惹起した可能性があった。Xが、Yに対して、不法行為（使用者責任）に基づく損害賠償を請求した。第一審は、「ルンバールにより本件発作および脳出血が生じたものと推定するのが妥当である」とし、因果関係を肯定したが、医師の過失を否定した（請求棄却）。そして、原審は、Xの発作と病変の原因が、「ルンバールの施行にあることを断定しがたい」として、Xの控訴を棄却した。X上告。

　最高裁は、因果関係の立証について、次のような一般論を判示した。すなわち、「訴訟上の因果関係の立証は、一点の疑義も許されない自然科学的証明ではなく、経験則に照らして全証拠を総合検討し、特定の事実が特定の結果発生を招来した関係を是認しうる高度の蓋然性を証明することであり、その判定は、通常人が疑を差し挟まない程度に真実性の確信を持ちうるものであることを必要とし、かつ、それで足りるものである」。そして、結論としては、「Xの本件発作及びその後の病変と本件ルンバールとの間に因果関係を肯定するのが相当である」とした（破棄差戻し）。

　この判決は、事実的因果関係の立証について、単なる蓋然性ではなく、「高度の蓋然性」を要求し、しかも、「通常人が疑を差し挟まない程度に真実性の確信を持ちうるものであることを必要」とするため、その立証は「容易なことではない」（澤井198頁）とも解される。しかし、事実的因果関係の立証が、「一点の疑義も許されない自然科学的証明ではなく、経験則に照らして」高度の蓋然性で足りることと、その判定の基準が「通常人」であることを明らかにした意義は大きい。というのも、「決して蓋然性説のいうような証明度の緩和を意味するものではない」けれども、「具体的な数個の間接事実を前提として経験則により事実上の推定をはたらかせ、因果関係を肯定」する（牧山市治・最判解説76頁）ことにより、結果的には、事実的因果関係の柔軟な認定を可能とするものだからである。

　なお、最高裁は、一方では、本判決を踏襲し、事実的因果関係の立証を緩和している（最判平成9・2・25民集51巻2号502頁—医師による薬剤の投与とその副作用による患者の死亡との間の因果関係を肯定、最判平成18・6・16民集60巻5号1997頁—集団予防接種における注射器の連続使用により、「B型肝炎ウイルスに感染した蓋然性が高い」として、経験則上、因果関係を肯定）。また、他方では、医師の過失と患者の死亡との間の因果関係の高度の蓋然性を証明することが難しい場合には、「その死亡の時点においてなお生存していた相当程度の可能性の存在」の証明によって、損害賠償責任を認めている（前掲最判平成12・9・22—139頁参照）。したがって、この点においても、事実的因果関係の立証が実質的には緩和されていると解される。

【参考文献】　平井宜雄『損害賠償法の理論』（東京大学出版会、1971年）

第7節　不法行為の成立を阻却する事由

　一般的不法行為（709条）の四つの要件を満たした場合においても、被告（加害者）側が一定の事由を立証したときは、不法行為が成立しないことがある。そのような事由（不法行為の成立を阻却する事由）としては、加害者に責任能力がないことと、一定の違法性阻却事由とがある。

1　責任無能力

(1)　意義

　民法は、未成年者が「自己の行為の責任を弁識するに足りる知能」を備えていなかったとき（712条）、および、成年者・未成年者を問わずに、「精神上の障害により自己の行為の責任を弁識する能力を欠く状態にある間」の行為（713条本文）については、賠償責任を負わないとする。その趣旨は、一定の判断能力を有しない者には非難可能性がなく、責任を負わせることが酷である、ということにある。そして、その判断能力を責任弁識能力ないし責任能力とい

う。より具体的には、「道徳上不正ノ行為タルコトヲ弁識スル知能」ではなく、「加害行為ノ法律上ノ責任ヲ弁識スルニ足ルベキ知能」を意味する（大判大正6・4・30民録23輯715頁─「光清撃つぞ」事件）。

このように、責任能力は、行為者に対する非難可能性を基礎とするものであるから、無過失責任を負う者には適用されない。すなわち、土地の工作物等の所有者（717条1項ただし書）については、責任能力は不要である（通説）。また、運行供用者の責任（自賠3条）、使用者責任（715条）および監督義務者の責任（714条）のような中間的責任についても、責任能力制度の適用がないとの見解が有力である。

(2)　責任能力のない未成年者

責任能力は、加害行為の時に有していたか否かが問題となるものであるから、同じ年齢の未成年者であっても、責任能力の有無については個人差がある。また、加害行為の種類によっても異なることになる。判例によれば、責任能力が認められる年齢は11歳から14歳前後であり、平均すれば12歳であるとされる（幾代＝徳本51頁）。例えば、大審院大正6年判決（前掲）は、12歳2か月に満たない少年が遊戯中に空気銃で友人の左目を撃ち、これを失明させた行為について、責任能力を否定し、監督者責任（714条）を肯定した。しかし、11歳11か月の少年が使用者のために商品を配達する途中で自転車によって他人の負傷させた行為については、責任能力が認められ、使用者責任（715条）が肯定されている（大判大正4・5・12民録21輯692頁）。

責任無能力者が責任を負わない場合には、その監督義務者が損害賠償責任を負うことになる（714条）。そうだとすれば、資力のない未成年者が責任を負うよりも、監督義務者が責任を負う方が被害者の救済を図ることができるため、責任能力の年齢をあまり低く設定しない方がよいと解される。もっとも、最高裁は、15歳11か月の少年が友人を殺害して現金を強奪した行為について、その責任能力を認めつつ、「未成年者が責任能力を有する場合であっても監督義務者の義務違反と当該未成年者の不法行為によって生じた結果との間に相当因果関係を認めうるときは、監督義務者につき民法709条に基づく不法行為が成立する」とした（最判昭和49・3・22民集28巻2号347頁）。

(3)　精神上の障害により責任能力を欠く者

「精神上の障害」は、病気のほか、麻痺や泥酔などの状態によるなど、その原因を問わない。ただし、行為者が故意または過失によって一時的に責任無能力状態を招いたときは、賠償責任を負う（713条ただし書）。刑法学における「原因において自由な行為」に相当する。

2　違法性阻却事由

民法に規定のある正当防衛・緊急避難のほか、自力救済、正当業務行為、被害者の承諾がある。

(1)　正当防衛

「他人の不法行為」に対し、自己または第三者の権利または法律上保護される利益を防衛するため、「やむを得ず」加害行為をした者は、損害賠償責任を負わない（720条1項本文）。例えば、自宅に押し入った強盗から自分や家族を守るため、その強盗を殺傷したり、隣家に逃げ込む際に隣人の物（垣根や窓など）を損傷した場合がこれに当たる。

まず、「他人の不法行為」は、故意・過失や責任能力を必要とせず、客観的に違法であれば足りる。

また、「やむを得ず」加害行為をしたというためには、①他に適切な方法がなく、かつ、②加害行為によって侵害される利益と守るべき利益との間に社会観念上の合理的な均衡が保たれていなければならない。②の要件を欠くときは過剰防衛となり、不法行為責任を免れないが、過失相殺（722条2項）の適用は認められよう。

防衛行為は、加害者に対してなされるのが通常であるが、第三者に損害を与えることもある。この場合には、その第三者は、はじめの不法行為をした者に対して損害賠償を請求することができる（720条1項ただし書）。なお、刑法における正当防衛（刑36条1項）は、「急迫不正の侵害」をした者に対して防衛行為をする場合に限られ、第三者に損害を与えた場合には、緊急避難（刑37条1項）の問題となる。

(2)　緊急避難

「他人の物」から生じた急迫の危難を避けるため、「その物を損傷」した場合には、正当防衛の規定が準用される（720条2項）。正当防衛との違いは、第一に、危難の原因が人ではなく「物」である点に存する。例えば、他人の犬に襲われた場合には、緊急避難の問題となる。また第二に、危難の原因となった「その物」を損傷した場合にのみ、緊急避難が成立する。それゆえ、他人の犬に襲われた場合には、その犬を殺傷しても責任を負わないが、その犬を避けるために第三者の家に逃げ込み、その垣根を壊したときは、責任を免れることができない。ただし、刑法における緊急避難（刑37条）では、第三者の利益を侵害した場合にも免責される。

(3)　自力救済

近代法においては自力救済が禁じられ、権利の実現は、裁判所その他の国家機関によってなされなければならない。ただし、例外的に、「法律に定める手続によったのでは、権利に対する違法な侵害に対抗して現状を維持することが不可能又は著しく困難であると認められる緊急やむを得ない特別の事情が存する場合においてのみ、その必要の限度を超えない範囲内で」、自力救済が認められる（最判昭和40・12・7民集19巻9号2101頁―傍論）。

(4)　正当業務行為

刑法では、「法令又は正当な業務による行為」は、処罰されない（刑35条）。民法には、これに相当する明文の規定はないが、正当業務行為は違法性がないから、不法行為責任も免れると解されている。例えば、正当な手続による逮捕（刑訴199条・213条）や死刑の執行（刑訴475条以下）のほか、ルールに従ったスポーツ（ボクシングなど）や医療行為も正当業務行為として違法性が阻却される。ただし、スポーツや医療行為の場合には、相手方（競技参加者・患者）の承諾も必要である。

(5)　被害者の承諾

被害者の承諾があれば、原則として、違法性が阻却される。なぜなら、私的

自治の原則の下では、自己の権利や利益を処分することも自由だからである。ただし、次の二点に留意すべきである。

　第一に、承諾は、事前に、被害者の自由意思に基づいてなされたものであることを要する。事後の承諾は、損害賠償請求権の放棄であり、また、被害者が損害の意義を理解するだけの判断力をもって承諾することが必要だからである。

　第二に、被害者の承諾が社会観念上認められないような場合には、違法性は阻却されない。例えば、財産権については、広く承諾が認められるが、生命・身体に対する侵害については、被害者の承諾は認められない。刑法においても、自殺に関与しまたは承諾を得て人を殺した者（刑 202 条）や、承諾を得て堕胎させた者（刑 213 条・214 条）も処罰される。

第 8 節　不法行為の効果

1　損害賠償の方法

(1)　金銭賠償の原則

　(ア)　原状回復との関係　　民法は、不法行為の効果として損害賠償請求権が発生する旨を規定し（709 条）、その損害賠償の方法としては、債務不履行責任に関する 417 条を準用して、金銭賠償を原則とした（722 条 1 項）。すなわち、損害を金銭で評価して、その金額を被害者に給付するものである。このほかにも、損害賠償の方法としては、すでに発生した損害を除去し、損害の存在しなかった状態に復元する原状回復がある。しかし、民法の起草者は、債務不履行による損害賠償について、原状回復が複雑かつ不便であり、金銭が損害を測るのに最も便利であるとの理由によって、金銭賠償の原則を採用した。そして、不法行為についても、「金銭ヲ以テ其額ヲ定メシムルノ便宜」は、債務不履行の場合と「敢テ異ナル所」はないとした（民法修正案理由書）。この金銭賠償の原則の例外には、次の二つがある。

　一つは、当事者間に特約（「別段の意思表示」）がある場合（417 条）である。

もっとも、不法行為においては、あらかじめ当事者が損害賠償の方法を定める
ことはまれであり、その多くは、不法行為の後に賠償方法を定めることになる
（大判昭和7・5・3新報292号12頁）。

　もう一つは、原状回復が法律の規定によって認められる場合である。具体的
には、名誉毀損の場合（723条—156頁）のほか、不正競争防止法14条が、「故
意又は過失により不正競争を行って他人の営業上の信用を害した者に対しては、
裁判所は、その営業上の信用を害された者の請求により、損害の賠償に代え、
又は損害の賠償とともに、その者の営業上の信用を回復するのに必要な措置を
命ずることができる」とする（知的所有権についても、同様の規定が存在する）。
また、鉱業法は、鉱害による「損害の賠償は、金銭をもってする」のを原則と
しつつ、「賠償金額に比して著しく多額の費用を要しないで原状の回復をする
ことができるときは、被害者は、原状の回復を請求することができる」とする
（鉱業111条2項ただし書）。

　問題となるのは、これらのほかに、解釈によって原状回復が認められるか否
かである。学説の中には、「必要に応じて原状回復を認めていくべき」との見
解（加藤〔一〕215頁）も存在する。しかし、判例（大判大正10・2・17民録27輯
321頁）および多数説は、これを否定に解している。その理由は、417条が金
銭賠償の原則を定めている以上、原状回復は否定されるということにある（大
判大正10・2・17民録27輯321頁、平井106頁）。もっとも、被害状態が将来に
わたって継続する場合など、原状回復が必要な事例においては、差止請求権に
よって対処することが可能であり、原状回復を認める実益はない（四宮・不法
行為475頁）。

　なお、原状回復と差止請求とを一括して「特定的救済」と呼ぶ見解も存在す
る（幾代＝徳本287頁）。しかし、原状回復が過去の損害に関する賠償である
のに対し、差止請求は、将来における損害の発生の危険に関するものであるため、
損害賠償ではない（四宮・不法行為468頁、平井・債権各論II105頁）。それゆえ、
両者を区別するのが通説である。

　(イ)　賠償金の支払方法　　裁判所は、加害者に金銭によって損害賠償を支払
わせる場合において、次の二つの方式を採ることができる。一つは、逸失利益
や介護費用などの、将来にわたって継続的に発生する損害をもすべて一時に賠

償させる一時金方式であり、もう一つは、将来の損害については、それが発生する各時期の経過ごとに賠償させる定期金方式である。このうち、定期金方式には、賠償額が現実の損害に近くなることや被害者の生活保障に資するというメリットがある。反面、支払が長期に及ぶため、被害者にとってはその請求や取立てが煩雑であるうえに、加害者との関係が継続するというデメリットがある。また、加害者（賠償義務者）の資力の確保にも不安が残る。そこで、現在の実務は、一時金方式を原則とし、「損害賠償請求権者が訴訟上一時金による賠償の支払を求める旨の申立をしている場合に、定期金による支払を命ずる判決をすることはできない」としている（最判昭和 62・2・6 判時 1232 号 100 頁）。ただし、定期金方式を否定するものではなく、大審院は、電車の事故による遺児が「成年ニ達スルマデヲ限度トシテ、同期間内ニ受クベキ扶養料ニ相当スル損害ノ賠償ヲ命ジタ」原判決を「相当」であるとした（大判大正 5・9・16 民録 22 輯 1796 頁）が、裁判例としては少数に止まっていた。

　ところで、平成 8 年の民事訴訟法改正は、定期金賠償に関して次の規定を新設した。すなわち、「口頭弁論終結前に生じた損害につき定期金による賠償を命じた確定判決について、口頭弁論終結後に、後遺障害の程度、賃金水準その他の損害額の算定の基礎となった事情に著しい変更が生じた場合には、その判決の変更を求める訴えを提起することができる」（民訴 117 条 1 項本文）。そこで、定期金賠償を命じる裁判例も増加した。しかし、後遺障害による逸失利益については、定期金賠償を認める必要がないとの見解が存在した。というのも、「例えば、将来の介護費用のように、介護費用の額に大幅な変動の可能性があり、その認定が困難であるとか、余命の認定が困難である等の事情」が存する場合には、「当事者の衡平を図るため、定期金賠償方式による支払を命じる合理性及び必要性が認められる」のに対し、後遺障害による逸失利益は、将来継続的に発生すべき損害ではなく、「定期金賠償方式によるべき合理性及び必要性があるものとは認められない」からである（東京地判平成 18・3・2 判時 1960 号 53 頁）。もっとも、かつては、判決が定期金賠償を命じたとしても、被害者の就労可能期間の終期より前に被害者が死亡した場合には、その被害者の死亡時を賠償の終期とする見解（切断説）が支配的であり、後遺障害による逸失利益を定期金賠償の対象とすることにも合理性が存在した。しかし、最高裁は、

被害者が死亡した場合にも、特段の事情がない限り、「死亡の事実は就労可能
期間の認定上考慮すべきものではない」（最判平成8・4・25民集50巻5号1221
頁、最判平成8・5・31民集50巻6号1323頁—後掲206—207頁）とし、被害者の
死亡によっても定期金の支払が打ち切りとはならず、就労可能期間の終期が支
払の終期となること（継続説）を明らかにした。それゆえ、後遺障害による逸
失利益は、被害者の死亡により支払が打ち切られるべき定期金賠償の対象とは
ならない、との見解が有力であった。

　このような状況において、最高裁は、後遺障害による逸失利益の定期金賠償
を認める（判旨(1)）とともに、被害者の死亡が定期金賠償の終期とならない
こと（判旨(2)）を明らかにした。

　　**最判令和2・7・9民集74巻4号1204頁（後遺障害による逸失利益の定期
　金賠償）**

　交通事故によって脳挫傷等の障害を負い、高次脳機能障害の後遺症が残り、
労働能力を全部喪失した幼児（事故当時4歳）の両親Xが、加害者および保険
会社（Yら）に対して、定期金賠償の支払を求めた事案。具体的には、本件後
遺障害による逸失利益として、その就労可能期間の始期である18歳になる月
の翌月からその終期である67歳になる月までの間に取得すべき収入額を、そ
の間の各月に、定期金により支払うことを求めたものである。第一審・原審は、
Xの請求を認容した。Yらが上告受理申立てをした。その主張は、後遺障害
による逸失利益が不法行為時に一定の内容のものとして発生しており、また、
定期金による賠償は、賠償をすべき期間が被害者の死亡により終了する性質の
債権についてのみ認められるべきであるから、同逸失利益が定期金による賠償
の対象とはならない、というものであった。

　最高裁は、以下のように判示して、Yらの上告を棄却した。

　(1)「被害者が事故によって身体傷害を受け、その後に後遺障害が残った場
合において、労働能力の全部又は一部の喪失により将来において取得すべき利
益を喪失したという損害についても、不法行為の時に発生したものとして、そ
の額を算定した上、一時金による賠償を命ずることができる。しかし、上記損
害は、不法行為の時から相当な時間が経過した後に逐次現実化する性質のもの
であり、その額の算定は、不確実、不確定な要素に関する蓋然性に基づく将来

予測や擬制の下に行わざるを得ないものであるから、将来、その算定の基礎となった後遺障害の程度、賃金水準その他の事情に著しい変更が生じ、算定した損害の額と現実化した損害の額との間に大きなかい離が生ずることもあり得る。民法は、不法行為に基づく損害賠償の方法につき、一時金による賠償によらなければならないものとは規定しておらず（722条1項、417条参照）、他方で、民訴法117条は、定期金による賠償を命じた確定判決の変更を求める訴えを提起することができる旨を規定している。同条の趣旨は、口頭弁論終結前に生じているがその具体化が将来の時間的経過に依存している関係にあるような性質の損害については、実態に即した賠償を実現するために定期金による賠償が認められる場合があることを前提として、そのような賠償を命じた確定判決の基礎となった事情について、口頭弁論終結後に著しい変更が生じた場合には、事後的に上記かい離を是正し、現実化した損害の額に対応した損害賠償額とすることが公平に適うということにあると解される」。そして、「不法行為に基づく損害賠償制度は、被害者に生じた現実の損害を金銭的に評価し、加害者にこれを賠償させることにより、被害者が被った不利益を補填して、不法行為がなかったときの状態に回復させることを目的とするものであり、また、損害の公平な分担を図ることをその理念とするところである。このような目的及び理念に照らすと、交通事故に起因する後遺障害による逸失利益という損害につき、将来において取得すべき利益の喪失が現実化する都度これに対応する時期にその利益に対応する定期金の支払をさせるとともに、上記かい離が生ずる場合には民訴法117条によりその是正を図ることができるようにすることが相当と認められる場合があるというべきである」。以上によれば、「交通事故の被害者が事故に起因する後遺障害による逸失利益について定期金による賠償を求めている場合において、上記目的及び理念に照らして相当と認められるときは、同逸失利益は、定期金による賠償の対象となるものと解される」。

　(2) また、最高裁は、「交通事故の被害者が事故に起因する後遺障害による逸失利益について一時金による賠償を求める場合における同逸失利益の額の算定に当たっては、その後に被害者が死亡したとしても、交通事故の時点で、その死亡の原因となる具体的事由が存在し、近い将来における死亡が客観的に予測されていたなどの特段の事情がない限り、同死亡の事実は就労可能期間の算定上考慮すべきものではない」との前掲最判平成8・4・25および最判平成8・5・31を引用し、次のように判示した。すなわち、「上記後遺障害による逸

失利益の賠償について定期金という方法による場合も、それは、交通事故の時点で発生した1個の損害賠償請求権に基づき、一時金による賠償と同一の損害を対象とするものである。そして、上記特段の事情がないのに、交通事故の被害者が事故後に死亡したことにより、賠償義務を負担する者がその義務の全部又は一部を免れ、他方被害者ないしその遺族が事故により生じた損害の塡補を受けることができなくなることは、一時金による賠償と定期金による賠償のいずれの方法によるかにかかわらず、衡平の理念に反するというべきである。したがって、上記後遺障害による逸失利益につき定期金による賠償を命ずる場合においても、その後就労可能期間の終期より前に被害者が死亡したからといって、上記特段の事情がない限り、就労可能期間の終期が被害者の死亡時となるものではないと解すべきである」。そうすると、「上記後遺障害による逸失利益につき定期金による賠償を命ずるに当たっては、交通事故の時点で、被害者が死亡する原因となる具体的事由が存在し、近い将来における死亡が客観的に予測されていたなどの特段の事情がない限り、就労可能期間の終期より前の被害者の死亡時を定期金による賠償の終期とすることを要しないと解するのが相当である」。

　この判決は、被害者が「後遺障害による逸失利益について定期金による賠償を求めている」ことを前提に、不法行為に基づく損害賠償制度の「目的及び理念に照らして相当と認められるとき」との要件の下に、後遺障害による逸失利益が定期金賠償の対象となることを認めたものである。そして、定期金賠償の終期については、被害者の死亡時でなく、「継続説を採ることを明らかにした」（コメント・判時2471号51頁）ものである。

(2) 原状回復・差止め
　(ア) 原状回復　名誉が毀損された場合には、原状回復が認められる（723条）。また、信用の毀損に対しては、された場合には、不正競争防止法（14条）や特許法（106条）、著作権法（115条）などが原状回復を規定する。しかし、社会的評価の低下を要件としないプライバシーの侵害については、原状回復は認められない。
　(イ) 差止め　公害や生活妨害のように、加害行為が継続することによって人

の健康等に被害が生じる場合には、その損害を填補するだけでなく、加害行為そのものを止めさせ、現在と将来における損害の発生を防止することが必要である。そこで、民法に明文の規定はないが、今日では差止請求が認められている。その法的構成としては、伝統的には、物権的請求権が援用されてきた。しかし、物権的請求権では、所有権などの物権を有しない者は、差止請求権による保護を受けることができないという限界がある。そこで、現在では、人格権に基づく差止請求権が異論なく認められている。すなわち、最高裁は、名誉・プライバシーの侵害に対して人格権に基づく差止請求権を肯定し、学説はこれを「個別的人格権」の侵害による差止請求権であると解している。そして、公害や生活妨害についても、「人間を総体として保護すべき一般的人格権」に基づく差止請求権を認めるべきであるとする（澤井122頁）。

　差止請求権の法的構成としては、以上のように、物権的請求権および人格権に基づく権利であるとする見解（権利説）のほか、不法行為の効果としてこれを認める見解（不法行為説）が存在する。しかし、差止請求が709条の効果であるとすることに対しては、①金銭賠償の原則によって原状回復が排除されていることから、差止請求を認めることは適切でないとの批判や、②加害者の故意・過失を要件とすると、重大な侵害が生じていても、その差止めが認められない場合があって妥当でないとの批判がある。そこで、学説には、差止請求の要件としては、故意・過失を要さず、違法性があれば足りるとする見解や、受忍限度を超える侵害があれば足りるとする見解などが存在する。

　いずれにしても、公害や生活妨害によって人格権が侵害された場合には、故意・過失は差止請求の要件とはならないが、直ちに差止請求が認められるわけではない。すなわち、被侵害利益の種類や程度と侵害行為の態様とを比較衡量して、受忍限度を超えることが必要である（違法性）。しかし、差止めについては、特に加害者の事業活動に対する影響が大きいため、その違法性判断においては、加害者の事業活動の社会的有用性ないし公共性を考慮し、損害賠償請求における違法性よりも、より高度の違法性がある場合にのみ差止請求が認められると解されている（違法性段階説）。この点については、次の最高裁判決が重要である。

最判平成 7・7・7 民集 49 巻 7 号 1870、2599 頁（国道 43 号線事件）

　大阪市と神戸市を結ぶ国道 43 号とその敷地上に設けられた自動車専用道路（以下、「本件道路」という）の供用に伴い、自動車から発せられる騒音、排気ガス等によって健康上の被害を受けたとする周辺住民（本件道路から 50 m 以内に居住）の X らが、本件道路を設置し管理する国（Y）に対して、一定値を超えた騒音と二酸化窒素を X らの居住敷地内に侵入させることの差止めと損害賠償を求めて訴えを提起した。第一審は、差止請求に関しては、「複数の措置（作為）についての請求を包含し、その作為の内容が特定されているとは到底いえない」として却下した（損害賠償の一部を認容）。これに対して原審は、第一審と同じく損害賠償の一部を認容したが、差止請求については次のように判示して、その請求を棄却した。すなわち、X らの被害は、「生活妨害に止まるものであるといわざるを得ない。これに対し、本件道路は、その公共性が非常に大きく、しかもこれに代替しうる道路がないこと等を考慮すると、差止請求の関係では、X らの被害は、未だ社会生活上受忍すべき限度を超えているとはいえない」。X らと Y の双方が上告。

　最高裁は、損害賠償請求については、X らが「本件道路の存在によってある程度の利益を受けている」としても、その利益とこれによって被る被害との間に、「後者の増大に必然的に前者の増大が伴うというような彼此相補の関係」がないため、「本件道路の公共性ないし公益上の必要性のゆえに、X らが受けた被害が社会生活上受忍すべき範囲内のものであるということはでき」ないとした（Y の上告棄却）。しかし、差止請求の可否については、原審の判断を「正当として是認すること」ができるとした。すなわち、「道路等の施設の周辺住民からその供用の差止めが求められた場合に差止請求を認容すべき違法性があるかどうかを判断するにつき考慮すべき要素は、周辺住民から損害の賠償が求められた場合に賠償請求を認容すべき違法性があるかどうかを判断するにつき考慮すべき要素とほぼ共通するのであるが、施設の供用の差止めと金銭による賠償という請求内容の相違に対応して、違法性の判断において各要素の重要性をどの程度のものとして考慮するかにはおのずから相違があるから、右両場合の違法性の有無の判断に差異が生じることがあっても不合理とはいえない」（X らの上告棄却）。

この判決が違法性段階説を採用したものであるかについては、見解が分かれ
ている。すなわち、これを肯定する多数説に対して、損害賠償請求と差止請求
の「各違法性判断は同一次元に属する問題ではないから、程度の高低を比較す
ることは」適切ではなく、本判決も違法性段階説を採用したわけではないとの
理解も存在する（田中豊・最判解説 738 頁）。しかし、いずれにしても最高裁は、
損害賠償請求と差止請求における違法性判断の要素として「公共性」を挙げつ
つ、その「重要性」の程度については、差止請求においてより重く考慮してい
ることは確かである。

ところで、本判決の第一審は、X らの求める差止めの方法が多様であって、
その内容が特定されていないとの理由で、差止請求が不適法であるとした。し
かし、最高裁は、「抽象的不作為命令を求める訴えも、請求の特定に欠けるも
のということはできない」とし、このような抽象的な差止請求も適法としてい
る（最判平成 5・2・25 判時 1456 号 53 頁―横田基地訴訟）。差止めのための具体
的な方法は、被害者である原告が特定するのではなく、加害者である被告の選
択に委ねるのが適切であるから、この結論は妥当であると解される。

なお、名誉・プライバシーの侵害に基づく差止請求権の要件については、す
でに述べたとおりである（157 頁以下）。

2　損害賠償の範囲

(1)　問題の所在

416 条は、債務不履行に対する損害賠償の範囲を定めている。しかし、不法
行為に対する損害賠償の範囲に関しては、同条に相当する規定がない。そこで、
不法行為の成立要件としての「因果関係」の項で触れたように、判例・通説は、
416 条が「相当因果関係」を定めた規定であると解し、不法行為に関してもそ
の類推適用を認めていた。これに対して、平井宜雄が、従来の相当因果関係の
概念には、①事実的因果関係、②保護範囲、③損害の金銭的評価という三つの
問題が混在していたことを指摘した。この問題提起を承けて、今日の多数説は
①と②を区別する。この区別に従えば、不法行為に基づく損害賠償請求権が生
じるためには、加害行為と損害との間に①事実的因果関係が存在することが必

要となるが、加害行為と事実的因果関係のあるすべての損害が賠償の対象となるわけではない。事実的因果関係のある損害のうち、②どの範囲のものが賠償の対象となるか（保護範囲）が問題となり、より具体的には、その範囲の決定基準が問題となる。

(2) 判例の見解——相当因果関係説

上記②の問題につき、判例は、416条が相当因果関係を定めたものであると解し、不法行為による損害賠償の範囲に関しても同条の類推適用を認めている。そのリーディング・ケースとなったのは、富貴丸事件判決（大判大正15・5・22—179頁）であり、通説もこれを支持した。すなわち、416条1項は、相当因果関係の原則を定めたものであり、不法行為においては、「当該の不法行為の行はれる場合に通常生ずるであらうと想像せられる範囲の損害のみを賠償」させるものである（我妻・事務管理・不当利得・不法行為201頁）。そして2項は、相当因果関係を判断するときに基礎とすべき特別の事情の範囲を示す規定であり、「加害者が知り又は知ることを得べかりし事情を加へる」べきであるとする。なぜなら、人は、一定の事実があれば通常生ずると考えられる結果を予想して行動するものであり、その一定の事実には、「我々の知り又は知り得べき事情」を含めるべきだからである（我妻・事務管理・不当利得・不法行為202頁）。

このような416条の類推適用による相当因果関係説は、最高裁によっても維持されている（最判昭和32・1・31民集11巻1号170頁、最判昭和39・6・23民集18巻5号842頁など）。そして最高裁は、交通事故によって重傷を負った母の看護のために、ウィーンに留学する途上でモスクワから帰国し、その後ウィーンに再度赴いた娘の往復旅費（最判昭和49・4・25民集28巻3号447頁）や、違法な不動産の仮差押えに対し、債務者が「仮差押解放金を供託してその執行の取消しを求めるため、金融機関から資金を借入れ、あるいは自己の資金をもってこれに充てることを余儀なくされた」場合における、「借入金に対する通常予測し得る範囲内の利息及び債務者の右自己資金に対する法定利率の割合に相当する金員」（最判平成8・5・28民集50巻6号1301頁）などが、「通常生ずべき損害」（416条1項）に当たるとした。これに対して、債権者による違法な仮差押命令の申立てによって債務者（日用品雑貨の販売会社）の信用が毀損され、

第三債務者（大手百貨店）との間で新たな取引が行われなくなったとして、債務者が債権者に対して逸失利益の賠償を求めた事案については、相当因果関係が否定されている。すなわち、最高裁は、本件債務者と「本件第三債務者との間で商品の売買取引を継続的に行う旨の合意があったとはうかがわれ」ず、「本件第三債務者が本件債務者との間で新たな取引を行うか否かは、本件第三債務者の自由な意思に委ねられていたというべき」であるから、「本件仮差押申立てと本件逸失利益の損害との間に相当因果関係があるということはできない」と判示した（最判平成31・3・7裁判集民事261号87頁）。

　また、「特別の事情によって生じた損害」（同2項）については、次の判決がある。

　最判昭和48・6・7民集27巻6号681頁（特別事情による損害）
　Xは、その所有する建物を担保に銀行から資金を借り入れ、関西で成功を収めていたカステラの製造販売の東京進出を計画していたところ、その異父兄Yが本件建物について不当に処分禁止の仮処分を執行した。そのため、Xは、銀行から融資を受けることができず、東京への進出計画が遅延したことを理由に、Yに対して損害賠償を請求した。第一審・原審ともに、Xの主張する損害が特別事情による損害であり、Yの予見可能性を認めるに足りる証拠がないとして、Xの請求を棄却した。X上告。
　最高裁は、次のように判示して、Xの上告を棄却した。すなわち、「不法行為による損害賠償についても、民法416条が類推適用され、特別の事情によって生じた損害については、加害者において、右事情を予見しまたは予見することを得べかりしときにかぎり、これを賠償する責を負うものと解すべきであることは、判例の趣旨とするところ」であり、「いまただちにこれを変更する要をみない」。そして、本件におけるXの主張する損害は、「すべて、Yの本件仮処分の執行によって通常生ずべき損害にあたらず、特別の事情によって生じたものと解すべき」であり、Yが「本件仮処分の申請およびその執行の当時、右事情の存在を予見しまたは予見することを得べかりし状況にあったものとは認められないとした原審の認定判断」は、「正当として肯認することができる」。

　この判決に付された大隅健一郎裁判官の反対意見は、416条を不法行為に類

推適用すべきでないとした。その理由は、契約当事者間における債務不履行の
場合と異なり、「全く無関係な者の間で突発する不法行為にあっては、故意に
よる場合はとにかく、過失による場合には、予見可能性ということはほとんど
問題となりえない」ことにある。そして、同裁判官は、公平の観念に照らして
加害者に賠償させるのが相当と認められる損害については、予見可能性の有無
を問わずに、すべて賠償責任を認めるべきであるとした。

　また、平井は、現実の判例においては、416条が損害賠償の範囲を決定する
基準として機能していないと批判する。そして、そもそも「相当因果関係」が
完全賠償主義を採るドイツに固有の概念であって、制限賠償主義を採用する
416条の解釈としては適切でないとする。

(3)　学説の展開

　以上の判例・通説に対する批判を踏まえて、損害賠償の範囲の決定基準をど
う解すべきかについて、学説は多岐に分かれている。

　例えば、(a)義務射程説（平井）は、過失による不法行為の損害賠償の範囲は、
「過失の存否を判断する基準である行為義務（損害回避義務とその前提をなす予
見可能性に裏付けられた予見義務）の及ぶ範囲」によって定められるとする（平
井・債権各論II 123頁）。また、故意によってなされた不法行為は、「社会的有
用性を認めることができないから」、行為と事実的因果関係に立つ損害は、「原
則としてすべて賠償されるべきである」とする（平井・債権各論II 125頁）。そ
して、この見解からは、上記の最高裁昭和48年判決は、「不当執行という故意
の不法行為」の事案であるから、Yの予見可能性の有無にかかわらず、「事実
的因果関係に立つすべての損害が賠償されるべきである」とした（平井・債権
各論II 128頁）。しかし、この見解に対しては、過失（損害回避義務違反）の判
断が同時に賠償範囲の判断となり、「過失判断と別個に保護範囲を論ずる意味」
がなくなるとの批判がある。

　(b)危険性関連説（石田穣『損害賠償法の再構成』〔東京大学出版会、1977年〕48
頁以下、四宮・不法行為431頁以下など）は、まず、709条の二つの因果関係
（①成立要件としての因果関係と②損害賠償の範囲に関する因果関係）を区別する
（173頁参照）。そして、第一次損害（交通事故による負傷）と後続損害（入院先

の病院で別の病気に罹患）とを区別し、第一次損害は、①に関するものであって、加害者の故意・過失の有無（石田）や保護目的の範囲内か否か（四宮）によって決定される。これに対して、後続損害は、成立した不法行為責任の及ぶ範囲の問題であり、②に関する。そして、損害賠償の範囲に入るか否かは、第一次損害と後続損害との間に危険性関連があるか否かによって判断されるとする。この見解に対しては、第一次損害と後続損害の区別が明確でないことに加えて、「危険性関連」という基準も明確ではない、との批判がなされている。そこで、(c)損害賠償の範囲は「政策的判断にかかる問題」であり、「『公平』の観念から結論が導き出され」るものであって、抽象的な決定基準から結論を導くことはできないとの見解も存在する（森島・講義324頁）。

　以上のように、損害賠償の範囲の決定基準についての学説は帰一しない。しかし、不法行為においては予見可能性を要件とすべきでなく、416条の類推適用は否定されよう。そして、損害賠償の対象となるのは、結局は、相当な範囲の損害であるとしかいえない。その意味では、異常な出来事を排除しつつ、法の保護目的と、日常危険か特別危険かによって相当性を判断する見解（澤井208頁）が参考になろう。

3　損害の金銭的評価

(1)　人身損害の算定

　(ア)　二つの算定方法　　人の生命・身体が侵害された場合には、その賠償額の算定方法として、次の二つのものがある。一つは、裁判実務の採用する差額説（174頁以下参照）に基づき、損害を積極的損害と消極的損害（逸失利益）、および、精神的損害（慰謝料）の三つに分け、各損害項目ごとに損害額を算定してこれを合計する方法である（個別算定方式ないし個別損害積上げ方式という）。この方法は、交通事故訴訟において形成され、その他の人身損害にも採用されたものである。もう一つは、損害を個別の損害項目に分けずに、人身損害に対する賠償額を一括して算定する方法である（一括算定方式ないし包括算定方式という）。この方法は、公害や薬害事件などで、多数の被害者が集団訴訟を提起する場合に採用された。

（イ）　個別算定方式

（i）　積極的損害　　死亡の場合には、葬儀費用のほか、墓碑建設費・仏壇購入費も認められる（最判昭和 44・2・28 民集 23 巻 2 号 525 頁）。また、傷害の場合には、治療費、入院費、付添看護費用などのほか、後遺症があるときは、そのために要する費用（介護費用も含む）の賠償が認められる。

（ii）　逸失利益①──死亡の場合　　逸失利益の算定は、被害者の死亡当時における年収に就労可能年数（最高 67 歳まで）を乗じた額から、生活費と中間利息とが控除される。

> 逸失利益＝死亡当時の年収 × 就労可能年数−生活費
> 　　　　−中間利息

　このうち、中間利息とは、将来の収入を一時金として取得することによって生じる運用利益である。その計算方法には、単利計算による方法（ホフマン方式）と複利計算による方法（ライプニッツ方式）があり、最高裁は、その選択を下級審裁判所の選択に委ねている（最判昭和 37・12・14 民集 16 巻 12 号 2368 頁、最判昭和 53・10・20 民集 32 巻 7 号 1500 頁）。ただし、その控除割合については、民事法定利率（5%─旧 404 条）が用いられていた。これに対しては、近年における低金利を反映して、実質金利によるべきであるとの下級審裁判例も存在したが、最高裁は、「法的安定及び統一的処理が必要とされる」ことを理由に、「控除すべき中間利息の割合は、民事法定利率によらなければならない」とした（最判平成 17・6・14 民集 59 巻 5 号 983 頁）。

　ところで、民法は、法定利率について変動制を採用する（404 条）とともに、「中間利息の控除」についての規定を設けた（417 条の 2）。すなわち、逸失利益のような「将来において取得すべき利益についての損害賠償の額を定める場合において、その利益を取得すべき時までの利息相当額を控除するときは、その損害賠償の請求権が生じた時点における法定利率により、これをする」（1 項）とする。これは、変動法定利率を前提に、損害賠償請求権の発生時を基準時とすることを明示するものである。また、将来の介護費用のような「将来において負担すべき費用についての損害賠償の額を定める場合において、その費用を負担すべき時までの利息相当額を控除するとき」も、同様である（2 項）。

そして、この規律は、不法行為による損害賠償についても準用される（722 条 1 項）。

　また、年金を受給していた者が死亡した場合に、その年金が逸失利益となるかは、当該年金の性格による。すなわち、恩給法に基づく普通恩給と国民年金法に基づく国民年金（老齢年金）は、受給権者に対して「損失補償ないし生活保障を与えることを目的とするものであるとともに、その者の収入に生計を依存している家族に対する関係においても、同一の機能を営むものと認められるから」、逸失利益として請求することができる（最判平成 5・9・21 判時 1476 号 120 頁）。地方公務員等共済組合法に基づく退職年金（最大判平成 5・3・24 民集 47 巻 4 号 3039 頁）、国民年金法に基づく障害基礎年金と厚生年金法に基づく障害厚生年金も同様である（最判平成 11・10・22 民集 53 巻 7 号 1211 頁）。これに対して、これらの障害年金の子と妻の加給分は、①受給権者自身が保険料を拠出せず、「保険料とのけん連関係」のない「社会保障的性格の強い給付である」ことに加えて、②法律上、「子の婚姻、養子縁組、配偶者の離婚など、本人の意思により決定し得る事由により加算の終了することが予定」され、「その存続が確実なもの」ではないから、逸失利益性が認められない（前掲最判平成 11・10・22）。また、厚生年金法に基づく遺族厚生年金（最判平成 12・11・14 民集 54 巻 9 号 2683 頁）および軍人恩給としての扶助料（最判平成 12・11・14 判時 1732 号 83 頁）は、①と②の理由のほかに、③「専ら受給権者自身の生計の維持を目的とした給付という性格を有するもの」であるから、逸失利益とは認められない。

　以上に対して、死亡当時無職であった者、とりわけ、年少者と専業主婦の逸失利益の算定は困難である。しかし、最高裁は、年少者であっても「経験則とその良識を十分に活用して、できうるかぎり蓋然性のある額を算出するよう努め」なければならいとし、その逸失利益の賠償を肯定した（最判昭和 39・6・24 民集 18 巻 5 号 874 頁）。また、最高裁は、専業主婦についても、「その従事する家事労働によって現実に金銭収入を得ることはないが、家事労働に属する多くの労働は、労働社会において金銭的に評価されうるものであり、これを他人に依頼すれば当然相当の対価を支払わなければならないのであるから、妻は、自ら家事労働に従事することにより、財産上の利益を挙げている」として、「平

均的労働不能年令に達するまで、女子雇傭労働者の平均的賃金に相当する財産
上の収益を挙げるものと推定するのが適当である」とした。そして、7 歳の女
児の逸失利益を肯定した（最判昭和 49・7・19 民集 28 巻 5 号 872 頁）。しかし、
「女子雇傭労働者の平均的賃金」を基準とすると、現実の社会における男女の
賃金格差が逸失利益に反映することとなる。そこで、東京高裁平成 13 年 8 月
20 日判決（判時 1757 号 38 頁）は、11 歳の女子が死亡した事案につき、その逸
失利益の算定に際して、「男女を併せた全労働者の平均賃金を用いるのが合理
的」であるとした。そして、その上告審（最決平成 14・7・9 交民集 35 巻 4 号
917 頁）は、加害者側の上告受理申立てを不受理と決定した。反面、同様の事
案において、「女子労働者の全年齢平均年収」を基礎に逸失利益を算定した東
京高裁平成 13 年 10 月 16 日判決（判時 1772 号 57 頁）に対する被害者側からの
上告受理申立ても、最高裁は、同日付の決定において不受理とした（最決平成
14・7・9 交民集 35 巻 4 号 921 頁）。その意味では、最高裁は判例の統一を図ら
なかったが、近時は、地方裁判所のレベルで、男女を合わせた全労働者の平均
賃金を基礎とするよう統一が図られている（前田〔陽〕93 頁）。

　(iii)　逸失利益②――傷害の場合　　逸失利益としては、治療のために休業し
た期間のものと、後遺症によるものとがある。まず、後遺症によって労働能力
が低下したが、収入が減少しなかった場合における逸失利益については、すで
に述べた（176 頁参照）。また、不法行為（例えば交通事故）によって後遺症が
発生したが、被害者が事実審の口頭弁論終結前に別の原因（海中での心臓麻痺）
により死亡した場合には、後遺症による逸失利益の算定に当たって死亡時以降
の就労可能期間も算入すべきか否かが問題となる。最高裁は、このような場合
には、「交通事故の時点で、その死亡の原因となる具体的事由が存在し、近い
将来における死亡が客観的に予測されていたなどの特段の事情がない限り、右
死亡の事実は就労可能期間の認定上考慮すべきものではない」とした。なぜな
ら、①「労働能力の一部喪失による損害は、交通事故の時に一定の内容のもの
として発生しているのであるから、交通事故の後に生じた事由によってその内
容に消長を来すものではなく」、また、②「交通事故の被害者が事故後にたま
たま別の原因で死亡したことにより、賠償義務を負担する者がその義務の全部
又は一部を免れ、他方被害者ないしその遺族が事故により生じた損害のてん補

を受けることができなくなるというのでは、衡平の理念に反することになる」からである（最判平成8・4・25民集50巻5号1221頁—194頁参照）。

　なお、最高裁平成8年5月31日判決（民集50巻6号1323頁—194頁参照）は、交通事故によって後遺症を生じた者が、別の交通事故〔第三者による不法行為〕によって死亡した場合も同様であるとした。ただし、この場合には、「第三者の負担すべき賠償額は最初の交通事故に基づく後遺障害により低下した被害者の労働能力を前提として算定」することとなる。しかし、最高裁は、交通事故の後遺症によって要介護状態となった被害者が、別の原因（病気）によって死亡した場合には、逸失利益の賠償とは異なり、介護費用の賠償を求めることはできないとした。なぜなら、介護費用の賠償は、被害者が現実に支出すべき費用を補てんするものであり、「被害者が死亡すれば、その時点以降の介護は不要」となるからである（最判平成11・12・20民集53巻9号2038頁）。

　(iv)　慰謝料　　慰謝料は、被害者に生じた精神的損害を塡補するものである。しかし、その算定には明確な基準はなく、最終的には、社会通念や裁判官の良識に委ねられる。すなわち、慰謝料は、当事者双方の社会的地位、職業、資産、加害の動機、加害行為の態様など、諸般の事情を考慮して、公平の観念に従って決せられる。それゆえ、判例も、慰謝料については、「損害額ヲ証明セザルモ裁判所ハ諸般ノ事情ヲ斟酌シテ之ヲ定ムベキ」であるとし（大判明治34・12・20刑録7輯11巻105頁）、裁判所は、その数額の認定の根拠を示さなくてもよいとする（大判明治43・4・5民録16輯273頁）。また、最高裁も、「同一事故により生じた同一の身体傷害を理由とする財産上の損害と精神上の損害とは、原因事実および被侵害利益を共通にするものであるから、その賠償の請求権は一個であり、その両者の賠償を訴訟上あわせて請求する場合にも、訴訟物は一個である」とする。そして、財産的損害が原告の請求額を超えていたとしても、慰謝料をも含む総額において原告の請求額を超えていなければ、原告の「申し立てない事項について判決をしたものでは」ないとした（最判昭和48・4・5民集27巻3号419頁）。そうだとすれば、慰謝料は、硬直になりがちな財産的損害の賠償額の算定に「具体的妥当性をもたせる」調整機能ないし補完機能を有するものである（加藤〔一〕229頁）。なお、慰謝料は、交通事故訴訟の増加を契機として、定型的に算定されている。

　㈡　一括算定方式　　以上の個別算定方式は、実務が採用したものではあるが、これに対しては、次のような批判がなされた。すなわち、①逸失利益の算定は、その所得に応じて賠償額が異なり、人間の平等や個人の尊厳に反する。また、②個々の損害項目を立証することは、被害者にとって困難であり、その迅速な救済を図ることができない。さらに、③公害訴訟のような集団訴訟においては、多数の原告がその収入に応じて賠償額を受けると格差が生じ、原告の団結を維持することが難しいという政策的な問題もある。そこで、新潟水俣病事件においては、原告が、財産的損害と精神的損害とを一括し、死者および患者の症状のランク（A〜C）に応じた一律の賠償額（1000万円〜500万円）を請求した。これに対して、新潟地裁は、原告の請求が「慰藉料に限られ」、逸失利益については、「現在および将来もこれを請求する意思」がないとした。そして、このような場合には、「患者の年令、稼働可能年数、収入および生活状況等」も慰謝料の算定に当たって「参酌すべき」であると判示した（新潟地判昭和46・9・29判時642号96頁）。つまり、この判決は、財産的損害と精神的損害とを区別しつつ、原告が慰謝料しか請求する意思のないときは、その慰謝料の算定において逸失利益をも斟酌できるとしたものである（森島・講義340頁）。

　　この後、熊本水俣病事件では、被害者の被った損害が、「社会的・経済的・精神的損害の全て包括する総体」であるとの包括請求の主張がなされ（熊本地判昭和48・3・20判時696号15頁）、多くの公害・薬害訴訟において採り入れられた（福岡地判昭和53・11・14判時910号33頁—福岡スモン訴訟、広島地判昭和54・2・22判時920号19頁—広島スモン訴訟）。そして、西淀川大気汚染第一次訴訟では、原告が、「社会的、経済的、精神的被害の全てを包括したもの（総体としての被害）を損害」とし、被害者を類型化して、5000万円から2000万円までの一律請求をした。これに対して、大阪地裁は、慰謝料と財産的損害とを「包括し、これを包括慰謝料として」請求することは、「法律上許される」とした。しかし、一律請求については、「何ら違法なものではない」けれども、裁判所は、これに「拘束されるものではないから、各人ごとの個別的事情を考慮して損害額を算定する」こととした。

　　ところで、精神的損害を「客観的・数量的に把握することは困難な性質のものであるから」、慰謝料の算定は、裁判官の広い裁量に委ねられる。しかし、

財産的損害をも含めた包括慰謝料の算定については、「その裁量にはおのずから限界があり、その裁量権の行使は社会通念により相当として容認され得る範囲にとどまることを要する」とされた（最判平成6・2・22民集48巻2号441頁─長崎じん肺訴訟）。

(2)　物的損害の算定

(ｱ)　物の滅失・損傷　　物が滅失し、または損傷であっても修理不能である場合には、その物の交換価格が賠償額となる。例えば、中古車が重大な損傷を受けた場合には、同種かつ同程度の走行距離の「自動車を中古車市場において取得しうるに要する価額」である（最判昭和49・4・15民集28巻3号385頁）。また、成育中の樹木が不法に伐採された場合には、適正伐採期における価格が賠償額となる（最判昭和39・6・23民集18巻5号842頁）。

　ところで、物の交換価格を賠償すべき場合には、いつの時点における価格（市場価格）を基準として算定すべきかという問題がある。この問題につき、大審院は、416条の類推適用を認めて、次のように判示した。まず、①基準時は、原則として不法行為の時であり、「滅失毀損ノ当時ニ於ケル交換価格」によって賠償額が定められる。ただし、後に価格が騰貴した場合において、その騰貴した価格をもって損害賠償を請求するためには、②被害者が、転売その他の方法によって、騰貴した「価額ニ相当スル利益ヲ確実ニ取得」できたとの「特別ノ事情」があり、かつ、その事情を「不法行為当時予見シ、又ハ予見シ得ベカリシ」ときに限られる。そして、③特別の事情とその予見可能性は、被害者が主張立証しなければならないとした（大連判大正15・5・22民集5巻386頁─富貴丸事件）。しかし、損害賠償の範囲とその金銭的評価の問題とを区別すると、後者（損害の金銭的評価）について416条を類推適用するのは適切ではない。

　損害の金銭的評価の原則は、被害者をできる限り不法行為が行われる前の状態に戻すように評価することにある。そうだとすれば、予見可能性を要件とするのではなく、被害者が騰貴した価格による利益を取得しえた蓋然性の有無によって賠償額を決すべきであると解される（野澤・債権総論81頁参照）。

　物が損傷を受けたが、修理可能である場合には、原則としてその修理費が賠

償額となる。ただし、修理費が高額で、損傷後の時価と損傷前の時価との差額を上回る場合には、その時価の差額が賠償される。また、修理期間中休業した場合には、その休業による損害の賠償が認められることもある（最判昭和33・7・17民集12巻12号1751頁）。

　なお、損害額の立証が極めて困難であるときも、裁判所は、「相当な損害額」を認定することができる（民訴248条）。この規定は、慰謝料等について認められてきた裁判官の裁量を、物的損害を含むその他の損害に一般的に認めたものであり、平成8年の民事訴訟法の改正によって設けられた。最高裁は、特許庁の担当職員の過失による特許権の侵害（最判平成18・1・24判時1926号65頁）や、不法な採石行為による採石権の侵害（最判平成20・6・10判時2042号5頁）の事案において、その損害額の立証が極めて困難であったとしても、同条の適用により、相当な損害額が認定されなければならないとした。

　(イ)　物の不法占有　　土地や建物が不法に占拠された場合には、賃料相当額が賠償額となる。賃借人が賃貸借終了後に明渡しをしない場合も同様である（大連判大正7・5・18民録24輯976頁）。

(3)　弁護士費用

　訴訟費用は、敗訴した当事者が負担しなければならない（民訴61条）。しかし、弁護士費用は、訴訟費用に含まれない。そのため、被害者が、不法行為に基づく損害賠償請求訴訟を提起するに際して弁護士に委任した場合には、その弁護士費用を損害として賠償請求できるかが問題となる。この問題につき、最高裁は、「一般人が単独にて十分な訴訟活動を展開することはほとんど不可能に近い」ことを理由に、「事案の難易、請求額、認容された額その他諸般の事情を斟酌して相当と認められる額の範囲内」の弁護士費用が賠償の対象となるとした（最判昭和44・2・27民集23巻2号441頁）。

4　損害賠償額の調整

(1)　損益相殺

　(ア)　意義　　損益相殺とは、不法行為の被害者が同一の不法行為によって利

益を受けた場合に、その利益を控除して損害額を算定することをいう。民法に
規定はないが、被害者を原状に復させる反面、不法行為によって利得させては
ならないとの、公平の理念によって認められる。しかし、被害者が不法行為に
よって得たものをすべて控除することは妥当でない。そこで、損益相殺の対象
となるか否かの基準が問題となる。この問題につき、最高裁は、「被害者が不
法行為によって損害を被ると同時に、同一の原因によって利益を受ける場合に
は、損害と利益との間に同質性がある限り」、その利益の額を損害額から控除
すべきであるとし（最大判平成5・3・24民集47巻4号3039頁）、「同一の原因」
による「同質性」のある利益という基準を採用している。具体的には、以下の
ものが問題となる。

　(イ)　生活費・養育費　　被害者が死亡した場合には、支出を免れる被害者の
生活費は控除される。では、不法行為によって幼児が死亡した場合において、
その損害賠償請求権（逸失利益）を相続した父母が支出を免れた養育費はどう
か。最高裁は、賠償請求権が被害者（幼児）について生じたものであり、養育
費は父母が免れたものであるから、賠償請求権者に生じた利得ではないとの理
由で、その控除を否定した（最判昭和39・6・24民集18巻5号874頁）。また、
この場合には端的に、「損失と利得との同質性」がないとする（最判昭和53・
10・20民集32巻7号1500頁）。

　(ウ)　保険金　　火災保険金のような損害保険は、「既に払い込んだ保険料の
対価たる性質」を有するため、損益相殺の対象とはならない。ただし、損害保
険は、損害の塡補を本来の目的とするものであるから、保険金を支払った保険
者（保険会社）は、請求権代位の制度により、その支払った保険金の限度にお
いて被保険者が第三者に対して有する損害賠償請求権を取得する（保険25条1
項）。その結果、被保険者は、保険者から支払を受けた保険金の限度で第三者
に対する損害賠償請求権を失う（最判昭和50・1・31民集29巻1号68頁）から、
損益相殺がなされたのと同じ結果となる。これに対して、生命保険金も、保険
料の対価としての性質を有するから、損益相殺の対象とはならない（最判昭和
39・9・25民集18巻7号1528頁）。ただし、生命保険は、損害の塡補を目的と
するものではないから、損害保険におけると異なり、請求権の代位が認められ
ない。そこで、最高裁は、搭乗者傷害保険の死亡保険金に関して、「被保険者

が被った損害をてん補する性質を有するものではない」とした。すなわち、同
保険金は、「搭乗者又はその相続人に定額の保険金を給付することによって、
これらの者を保護」するものであるから、損益相殺として控除すべきでないと
する（最判平成7・1・30民集49巻1号211頁）。

　(エ)　遺族年金　　最高裁は、地方公務員等共済組合法に基づく退職年金を受
給していた者が自動車事故によって死亡した結果、その配偶者が、同年金の逸
失利益の損害賠償請求権を相続するとともに、同法に基づく遺族年金の受給権
を取得した場合において、次のように判示した。まず、一般論としては、「被
害者又はその相続人が取得した債権につき、損益相殺的な調整を図ることが許
されるのは、当該債権が現実に履行された場合又はこれと同視し得る程度にそ
の存続及び履行が確実であるということができる場合に限られる」とする。な
ぜなら、債権は、「程度の差こそあれ、履行の不確実性を伴うことが避けられ」
ないからである。しかし、退職年金と遺族年金とは同質性を有し、遺族年金に
ついては、「その履行の不確実性を問題とすべき余地がない」ものの、未だ支
給の確定していない遺族年金は、「その存続が確実であるということはできな
い」。そこで、「支給を受けることが確定した遺族年金の額の限度で、その者が
加害者に対して賠償を求め得る損害額からこれを控除すべきものであるが、い
まだ支給を受けることが確定していない遺族年金の額についてまで損害額から
控除することを要しない」とした（前掲最大判平成5・3・24）。この判決によれ
ば、遺族年金については、すでに支給された分と支給を受けることが確定した
分は控除されるが、いまだ支給を受けることが確定していない分は、損益相殺
の対象とはならない。

　ところで、遺族年金について控除計算を行うとしても、「支払時における損
害金の元本及び遅延損害金の全部を消滅させるに足りないとき」は、どの費目
との間で調整すべきかが問題となる。この問題につき、最高裁は、当初、法定
充当に関する旧491条1項（現489条1項）に従って、「遅延損害金の支払債務
にまず充当されるべき」であるとした（最判平成16・12・20判時1886号46頁）。
しかし、その後、最高裁は、被害者が不法行為によって負傷した場合において、
労災保険法に基づく各種保険給付や公的年金制度に基づく各種年金給付を受け
たときは、これらの社会保険給付は、「それぞれの制度の趣旨目的に従い、特

定の損害について必要額をてん補するために支給されるものであるから、同給付については、てん補の対象となる特定の損害と同性質であり、かつ、相互補完性を有する損害の元本との間で、損益相殺的な調整を行うべき」であって、遅延損害金との間で調整を行うことは「相当でない」とした（最判平成22・9・13民集64巻6号1626頁）。そして、最高裁は、平成27年3月4日の大法廷判決（民集69巻2号178頁）によって平成16年判決を変更し、平成22年判決の立場を維持することを明らかにした。すなわち、「労災保険法に基づく保険給付は、その制度の趣旨目的に従い、特定の損害について必要額を塡補するために支給されるものであり、遺族補償年金は、労働者の死亡による遺族の被扶養利益の喪失を塡補することを目的とするものであって（労災保険法1条、16条の2から16条の4まで）、その塡補の対象とする損害は、被害者の死亡による逸失利益等の消極損害と同性質であり、かつ、相互補完性があるものと解される。他方、損害の元本に対する遅延損害金に係る債権は、飽くまでも債務者の履行遅滞を理由とする損害賠償債権であるから、遅延損害金を債務者に支払わせることとしている目的は、遺族補償年金の目的とは明らかに異なるものであって、遺族補償年金による塡補の対象となる損害が、遅延損害金と同性質であるということも、相互補完性があるということもできない」。したがって、「被害者が不法行為によって死亡した場合において、その損害賠償請求権を取得した相続人が遺族補償年金の支給を受け、又は支給を受けることが確定したときは、損害賠償額を算定するに当たり、上記の遺族補償年金につき、その塡補の対象となる被扶養利益の喪失による損害と同性質であり、かつ、相互補完性を有する逸失利益等の消極損害の元本との間で、損益相殺的な調整を行うべきものと解するのが相当である」。そして、結論としては、「被害者が不法行為によって死亡した場合において、その損害賠償請求権を取得した相続人が遺族補償年金の支給を受け、又は支給を受けることが確定したときは、制度の予定するところと異なってその支給が著しく遅滞するなどの特段の事情のない限り、その塡補の対象となる損害は不法行為の時に塡補されたものと法的に評価して損益相殺的な調整をすることが公平の見地からみて相当である」とした。

　(オ)　その他　　所得税法は、人身損害または突発的な事故により資産に加えられた損害についての損害賠償金を非課税所得としている（所得9条1項16

号）。そこで、非課税とされた分を利益として損益相殺すべきかが問題とされ、最高裁は、「損害額の算定にあたり租税額を控除すべき」でないとした（最判昭和45・7・24民集24巻7号1177頁）。そのほか、香典等は、「損害を補填すべき性質を有するものではないから、これを賠償額から控除すべき」ではない（最判昭和43・10・3判時540号38頁）。

(2) 過失相殺

(ア) 意義　過失相殺とは、被害者に過失があったときに、裁判所がこれを考慮して、損害賠償の額を定めることができる（722条2項）とする制度である。その趣旨は、被害者に「過失」があった場合には、その部分を被害者に負担させるのが公平（損害の公正な配分）の理念に合致することにある。

過失相殺は、加害者の責任が中間的責任や無過失責任であっても適用される（最判昭和41・6・21民集20巻5号1078頁─旧44条の事案）。過失相殺は、賠償額を減額するにすぎないからである。ただし、故意の不法行為には適用すべきでないとの見解（平井・債権各論II150頁）が存在する。

(イ) 要件　①被害者に、②過失があったことが要件となる。まず、②の「過失」とは、不法行為の成立要件としての「過失」（709条）と異なり、被害者が責任能力（712条）を有しなくても、事理弁識能力を有すれば足りる。なぜなら、過失相殺は、「公平の見地から損害発生についての被害者の不注意をいかにしんしゃくするかの問題に過ぎない」からである（最大判昭和39・6・24民集18巻5号854頁─8歳の子供が交通事故によって死亡した事案）。その後の下級審裁判例では、5から6歳に達すれば事理弁識能力があるとされる。また、過失相殺は、被害者の過失が不法行為の成立について存在する場合のほか、損害の拡大について存在する場合にも適用されると解されている（四宮・不法行為616頁）。

①の「被害者」の過失には、被害者本人のみならず、広く被害者側の過失が含まれる。まず、被害者が幼児である場合において、その監督義務者の過失が問題となった。具体的には、保育園の保母の過失によって引率していた4歳の園児が交通事故で死亡した事案につき、最高裁は、保母の過失が被害者側の過失に含まれないとした。すなわち、「被害者側の過失とは、例えば被害者に対

する監督者である父母ないしはその被用者である家事使用人などのように、被害者と身分上ないしは生活関係上一体をなすとみられるような関係にある者の過失」であり、「両親より幼児の監護を委託された者の被用者のような被害者と一体をなすとみられない者の過失はこれに含まれない」。なぜなら、722条2項が「発生した損害を加害者と被害者との間において公平に分担させるという公平の理念に基づくものである以上、被害者と一体をなすとみられない者の過失を斟酌することは、第三者の過失によって生じた損害を被害者の負担に帰せしめ、加害者の負担を免ずることとなり、却って公平の理念に反する」からである（最判昭和42・6・27民集21巻6号1507頁）。

　この判決は、公平の理念を根拠として「被害者側の過失」を斟酌した。そして、最高裁は、夫が妻を同乗させて運転する自動車と第三者が運転する自動車とが双方の過失によって衝突したため、傷害を被った妻がその第三者に対して損害賠償を請求した事案につき、「被害者側の過失には、被害者本人と身分上、生活関係上、一体をなすとみられるような関係にある者の過失」も含まれ、「夫婦の婚姻関係が既に破綻にひんしているなど特段の事情のない限り、夫の過失を被害者側の過失として斟酌することができる」とした。その理由としては、「公平の理念」を挙げるとともに、「加害者が、いったん被害者である妻に対して全損害を賠償した後、夫にその過失に応じた負担部分を求償するという求償関係をも一挙に解決し、紛争を一回で処理することができるという合理性もある」とする（最判昭和51・3・25民集30巻2号160頁）。この後、最高裁は、無償同乗の事案において、被害者と「身分上、生活関係上一体をなす関係」として、内縁の夫の過失を認めた（最判平成19・4・24判時1970号54頁）。しかし職場の同僚（最判昭和56・2・17判時996号65頁）や、事故の約3年前から恋愛関係にあったが、婚姻も同居もしていない者はこれに当たらないとした（最判平成9・9・9判時1618号63頁）。ただし、最高裁は、暴走行為を繰り返していたAの運転する自動二輪車とパトカーとが衝突し、自動二輪車に同乗していたBが死亡した事故につき、AとBとの間に身分上、生活関係上の一体性はないとした原判決を破棄して、Aの運転行為が「共同暴走行為の一環を成すもの」であるから、「Aの過失もBの過失として考慮することができる」と判示した（最判平成20・7・4判時2018号16頁）。

　以上のほか、判例は、被害者の被用者の過失も斟酌する（大判大正9・6・15民録26輯884頁など）。また、被害者が死亡し、その相続人が損害賠償請求権を行使する場合にも、死亡した被害者の過失が考慮されうる。

　(ウ)　効果　　以上の要件が充たされれば、裁判所は、これを考慮するか否かおよび減額すべき範囲を、その自由裁量によって決めることができる（最判昭和34・11・26民集13巻12号1562頁など）。ただし、裁量権の範囲には合理的な限界があり、それを逸脱すると違法となる（最判平成2・3・6判時1354号96頁）。また、過失相殺は、「職権をもってこれをしんしゃくすること」ができ、「賠償義務者から過失相殺の主張のあることを要しない」（最判昭和41・6・21民集20巻5号1078頁）。

　(エ)　類推適用——素因の斟酌

　(i)　意義　　被害者の素因とは、被害者が不法行為の前から有していた心身の状態で、不法行為と競合して当該被害を発生させ、または損害の拡大に寄与する原因となったものである。この素因には、心因的要因と体質的素因とがあり、体質的素因は、疾患と、そうではない身体的特徴とに区別される。問題となるのは、このような素因を考慮するとした場合に、その法的根拠をどこに求めるかである。

　この問題について、下級審裁判例は、因果関係のレベルでそれを割合的に認めるもの（割合的因果関係説）と、過失相殺の類推適用によって賠償額の減額を認めるものとに分かれていた。このうち、割合的因果関係説に対しては、（事実的）因果関係は「あるかないか」の問題であり、割合的認定は適切ではないとの批判がある。これに対して、過失相殺の類推適用は、損害の公平な分担という損害賠償の理念に基づくものであり、「理論的に正当である」と評価される（長沢幸男・平成8年度最判解説824頁、平井・債権各論II 159頁）。最高裁が採用したのも、過失相殺の類推適用であった。

　(ii)　心因的要因　　最高裁は、交通事故によって鞭打ち症になった被害者が、その特異な性格等の「心理的な要因によって外傷性神経症を引き起こし、更に長期の療養生活によりその症状が固定化した」という事案につき、次のように判示して、損害額を4割の限度に減額した原審の判断を正当とした。すなわち、「身体に対する加害行為と発生した損害との間に相当因果関係がある場合にお

いて、その損害がその加害行為のみによって通常発生する程度、範囲を超えるものであって、かつ、その損害の拡大について被害者の心因的要因が寄与しているときは、損害を公平に分担させるという損害賠償法の理念に照らし、裁判所は、損害賠償の額を定めるに当たり、民法722条2項の過失相殺の規定を類推適用」することができる（最判昭和63・4・21民集42巻4号243頁）。

しかし、最高裁は、労働者が過労によって自殺した事案においては、うつ病の罹患に被害者の心因的要因があることを理由に3割の減額を認めた原判決を破棄し、被害者の「性格及びこれに基づく業務遂行の態様等を、心因的要因としてしんしゃくすることはできない」とした。その理由は、当該労働者の性格等が業務の過重負担に起因して損害の発生または拡大に寄与したとしても、そのことは「使用者として予想すべき」であり、また、使用者は、労働者の配置先や業務内容を定めるのに際して、「各労働者の性格をも考慮することができる」という点にある（最判平成12・3・24民集54巻3号1155頁）。この判決の結論は、相互に無関係な交通事故における当事者とは異なり、雇用関係を前提に、労働者の性格や能力を把握しうる使用者に対する賠償請求であることによって基礎づけられよう。

(iii)　体質的素因——疾患　　交通事故の1月前における一酸化炭素中毒と当該事故による頭部打撲傷とが併存競合することによって精神に障害が生じ、事故の約3年後に呼吸麻痺を直接の原因として死亡した被害者について、最高裁は、次のように判示した。すなわち、「被害者に対する加害行為と被害者のり患していた疾患とがともに原因となって損害が発生した場合において、当該疾患の態様、程度などに照らし、加害者に損害の全部を賠償させるのが公平を失するときは、裁判所は、損害賠償の額を定めるに当たり、民法722条2項の過失相殺の規定を類推適用して、被害者の当該疾患をしんしゃくすることができる」（最判平成4・6・25民集46巻4号400頁）。この判決は、被害者の心因的要因を賠償額の減額事由とした昭和63年判決に続き、その疾患を斟酌できるとしたものである。

(iv)　体質的素因——身体的特徴　　しかし、最高裁は、身体的特徴を斟酌することはできないとした。

　　最判平成8・10・29民集50巻9号2474頁（素因による減額と身体的特
徴）

　　Y₁の運転するY₂所有の自動車が、Y₁の前方不注視により、Xの運転する
自動車に追突した。Xは、平均的体格に比して首が長く多少の頸椎の不安定
症があるという身体的特徴を有し、この身体的特徴に本件事故による損傷が加
わって、左胸郭出口症候群の疾患やバレリュー症候群を生じた。XのY₁・Y₂
に対する損害賠償請求訴訟において争点となったのは、賠償額の算定に際して
Xの身体的特徴を斟酌すべきか否かであり、第一審・第二審ともにこれを斟
酌して4割の減額を認めた。X上告。

　　最高裁は、722条2項の類推適用によって被害者の疾患を斟酌することがで
きるとした平成4年判決を引用した後、次のように判示した。「しかしながら、
被害者が平均的な体格ないし通常の体質と異なる身体的特徴を有していたとし
ても、それが疾患に当たらない場合には、特段の事情の存しない限り、被害者
の右身体的特徴を損害賠償の額を定めるに当たり斟酌することはできない」。
なぜなら、「人の体格ないし体質は、すべての人が均一同質なものということ
はできないものであり、極端な肥満など通常人の平均値から著しくかけ離れた
身体的特徴を有する者が、転倒などにより重大な傷害を被りかねないことから
日常生活において通常人に比べてより慎重な行動をとることが求められるよう
な場合は格別、その程度に至らない身体的特徴は、個々人の個体差の範囲とし
て当然にその存在が予定されているものというべきだからである」（破棄差戻
し）。

　　この判決は、疾患に当たらない被害者の身体的特徴については、①「通常人
の平均値から著しくかけ離れ」、日常生活において通常人に比べてより慎重な
行動をとることが求められるような」ものと、②「個々人の個体差の範囲とし
て当然にその存在が予定されているもの」とを区別し、①の「特段の事情」の
ない限り、斟酌すべきでないとした。

　　ところで、素因による減額を認めるべきかについては、(a)原則として減額を
肯定する見解と、(b)原則は否定する見解とが対立する。(a)の見解は、加害者が
被害者の素因を引き受ける必要はないことをその出発点とし、素因による減額
が認められない場合を例外とする。この見解によれば、本判決は、②の個体差

の範囲内の身体的特徴を斟酌しない、という点を明らかにしたものとなる。これに対して、(b)の見解は、加害者が具体的な被害者の状態をそのまま引き受けるべきであるとし、心因的要因または被害者が適切な対応をしなかった場合などに、例外的に減額が認められるとする。この見解によれば、本判決は、人の体質がすべての人に「均一同質なもの」ではないことを出発点とし、賠償額の算定において斟酌されるのが例外的な場合であることを明らかにしたものと解する（窪田充見・民法百選 II 197 頁）。素因は、被害者側に内在するリスクではあるが、不法行為がなかったならば顕在化しなかった（前田〔陽〕110 頁）ことを考えると、原則として減額を否定する(b)の立場が妥当であろう。

5　損害賠償請求権の主体

(1)　自然人・法人・胎児

　不法行為に基づく損害賠償請求権の主体は、その不法行為によって損害を被った被害者である。自然人はもちろん、法人や権利能力なき社団も損害賠償請求権の主体となる（151-152 頁参照）。

　出生前の胎児は、権利能力を有しない（3 条 1 項）が、損害賠償請求権については、すでに生まれたものとみなされる（721 条）。それゆえ、胎児は、自らが侵害を受けた場合において損害賠償請求権を有するのみならず、その父が不法行為によって死亡したときも、固有の損害賠償請求権（711 条）を取得する。また、胎児は、相続についてもすでに生まれたものとみなされる（886 条 1 項）ため、死亡した父の有した損害賠償請求権を相続によって取得する。もっとも、これらの場合における法律構成については、争いがある。すなわち、(a)権利能力のない胎児に損害賠償請求権は帰属しないが、胎児が出生した時に遡及的に権利能力を取得するという見解（人格遡及説ないし法定停止条件説）と、(b)胎児は、損害賠償請求権や相続に関してはすでに権利能力を有していて、死産の場合にさかのぼってそれを失うという見解（制限人格説ないし法定解除条件説）とが対立する。判例は、(a)の見解によって、出生する前に母によってなされた損害賠償に関する和解の効力を否定した（大判昭和 7・10・6 民集 11 巻 2023 頁—阪神電鉄事件）。しかし、死産よりも生きて産まれてくる確率が高いこと、およ

び、胎児である間にも代理人による権利の保全を認める方が胎児の保護に厚い
ことを理由に、(b)を支持する見解も有力である。

(2) 生命侵害の場合の請求権者

(ｱ) 財産的損害　　財産的損害のうちの、入院費や葬儀費用などの積極的損
害については、それを現実に支出した者の損害となるため、その者が請求権者
となる。これに対して、被害者の逸失利益（消極的損害）は、被害者自身が死
亡しているため、これを誰が請求しうるかが問題となる。この問題について、
通説は、逸失利益の損害賠償請求権が被害者本人に一度は帰属し、それが相続
人に相続されるとする（相続説）。この見解は、逸失利益の損害賠償請求権が
生命侵害を受けた被害者に帰属することの説明として、即死の場合でも受傷と
死亡との間に時間の間隔が存在すること（時間的間隔説）、生命侵害も身体に対
する傷害の極限であること（極限概念説）、被相続人と相続人とが法律上同一の
人格として継続すること（人格承継説）などが挙げられる。この相続説は、損
害賠償請求権者の範囲が明確であるという長所を有する。しかし、論理的には、
死亡そのものに対する損害賠償請求権の相続を説明できないという難点がある。
また、子が死亡した場合にはその逸失利益を親が相続することとなるが、仮に
子が不法行為によって死亡しなければ親は子よりも早く死亡するにもかかわら
ず、親の死後における子の逸失利益を親が取得するという不合理な結果となる
（逆相続の不合理）。さらに、被害者の死亡によって不利益を受ける者が相続人
でない場合（例えば内縁配偶者など）には、逸失利益の賠償が認められない反
面、被害者とは実質的には関係のない相続人がその賠償金を取得する（笑う相
続人）という不都合も生じる。

　そこで、このような相続説の不都合を回避するために主張されたのが、固有
被害説（相続否定説）である。この見解は、逸失利益の損害賠償請求権の相続
を否定し、遺族が固有の損害を受けたことを理由に、その損害賠償請求権を認
めるものである。ここにいう固有の損害とは扶養利益の侵害であり、この見解
は、相続人の利益を保護する相続説と異なり、被害者によって生活上の利益を
受けていた者の保護を重視するものである。しかし、固有被害説に対しては、
請求権者の範囲が不明確であり、また、賠償の対象が被害者の将来における全

収入のうちの扶養利益のみであるため、賠償額が低額になる、との問題点が指摘されている。

　判例は、大審院以来一貫して相続説をとる。すなわち、大審院大正 15 年 2 月 16 日判決（民集 5 巻 150 頁）は、被害者が鉄道事故によって即死した事案につき、逸失利益の損害賠償請求権の相続を肯定した。その理由は、「傷害ノ瞬時ニ」被害者に賠償請求権が発生し、その相続人がこれを承継することにある（時間的間隔説）。なお、判例は、相続説に立ちつつ、相続人ではない内縁の配偶者については、「将来の扶養利益の喪失を損害として」、その賠償を請求することを認めている。この場合において、被害者の相続人が逸失利益の損害賠償を求めているときは、その逸失利益から内縁の配偶者の扶養利益が控除される。なぜなら、「死亡被害者の内縁の配偶者の扶養に要する費用は（逸失）利益から支出されるもの」だからである（最判平成 5・4・6 民集 47 巻 6 号 4505 頁）。このほか、未認知の子や親代わりの親族、相続を放棄した配偶者や子（最判平成 12・9・7 判時 1728 号 29 頁）も、扶養利益の喪失による損害賠償を請求することができよう。

　(イ)　精神的損害

　(i)　近親者　　711 条は、被害者が死亡した場合に、その「父母、配偶者及び子」に対して、固有の慰謝料請求権を認めている。その立法趣旨は、慰謝料請求権が死亡した被害者本人には生じない（相続しない）ことと、近親者には権利侵害がなく、709 条の適用がないことから、これらの者に例外的に固有の慰謝料請求権を認める、というものであった。しかし、現在の多数説は、慰謝料請求権が 709 条と 710 条の一般原則によって近親者にも認められるが、711 条は、「父母、配偶者及び子」に関しては、加害者の故意・過失や具体的な精神的損害の発生を立証しなくても、慰謝料請求しうることを明らかにした規定であると解している（加藤〔一〕241 頁、幾代＝徳本 258 頁など）。709 条の権利侵害の要件が緩和され、「法律上保護される利益」が広く認められる今日においては、711 条を制限的に解するのではなく、近親者に関して 709 条の立証責任を軽減した規定であるとする多数説が適切であろう。

　判例も、当初は、711 条を制限的に解し、内縁の夫が死亡した場合には、内縁の妻および認知を受けていない子は、同条に基づく慰謝料を請求することが

できないとした（大判昭和 7・10・6 民集 11 巻 2023 頁—阪神電鉄事件）。しかし、最高裁は、711 条を「限定的に解すべきものでなく、文言上同条に該当しない者であっても、被害者との間に同条所定の者と実質的に同視しうべき身分関係が存し、被害者の死亡により甚大な精神的苦痛を受けた者は、同条の類推適用により、加害者に対し直接に固有の慰藉料を請求しうる」とした。そして、被害者の夫の妹であるが、身体の障害のため、長年にわたり被害者と同居し、その庇護のもとに生活を維持して、将来もその継続を期待していた者の固有の慰謝料請求を認めた（最判昭和 49・12・17 民集 28 巻 10 号 2040 頁）。そうだとすれば、711 条に所定の者でなくても、被害者との間に「特別に親密な身分関係が存在する」者については、同条の類推適用が認められ、その精神的損害を立証しなくても、慰謝料請求が認められると解される（四宮・不法行為 508 頁）。より具体的には、内縁の妻のほか、未認知の子であっても、「被害者と親子関係の社会的実態」を有していれば、711 条の類推適用が認められよう（四宮・不法行為 510 頁。反対、加藤〔一〕242 頁）。

　このように解すると、711 条の「父母、配偶者及び子」は、その身分関係の存在を立証すれば慰謝料請求権が推定され、被告（加害者）がその実態のないことを立証しなければならない。そして、同条所定の者に準じる者は、被害者との特別に親密な身分関係が存在することを立証すれば、慰謝料請求権が認められる。

　(ii)　被害者　被害者本人の慰謝料請求権については、(a)当然に相続されるとする見解（当然相続説）のほか、それが一身専属権（896 条ただし書）であることから、(b)被害者が請求の意思表示をすることによって財産権となり、相続されるとする見解（請求相続説）や、(c)相続を否定し、711 条によって遺族固有の請求権のみが認められるとする見解（固有被害説）がある。

　大審院時代の判例は、(d)請求相続説に依拠していた。すなわち、「慰藉ハ被害者其人ノ心神ヲ慰ムル為メノモノ」であるから、慰謝料を請求するか否かは「被害者其人ノ決定スベキ問題」であり、その請求権は相続しないのが原則であるが、被害者が「加害者ニ対シ慰藉金請求ノ意思ヲ表示シタル以上ハ」財産権となり、相続人に承継されるとする。そして、その意思表示は、慰謝料請求の意思を表明（表白）すればよく、相手方に到達する必要はないとした（大判

大正8・6・5民録25輯962頁）。そのため、被害者が慰謝料請求の意思表示をしたか否かが重要となり、判例は、被害者が「残念残念」と叫びながら死亡した場合（大判昭和2・5・30新聞2702号5頁）や、「向フガ悪イ向フガ悪イ」と言った場合（大判昭和12・8・6判決全集4輯15号10頁）にも、慰謝料請求の意思表示を認めた。しかし、「助ケテ呉レ」と叫ぶことは、救助を求めるものであり、慰謝料請求の意思表示には当たらないとした（東京控判昭和8・5・26新聞3568号5頁）。これに対して、学説は、判例を批判し、被害者自身が慰謝料請求権を放棄したと解される特別の事情のない限り、原則として相続されると主張した（我妻・事務管理・不当利得・不法行為213頁）。そこで最高裁は、学説の批判を受け容れ、従来の判例を変更した。

　　最大判昭和42・11・1民集21巻9号2249頁（慰謝料請求権の相続性）
　　Xの兄A（71歳）は、昭和36年8月16日、国道を自転車で走行中、運送業を営むY会社の貨物自動車に衝突されて重傷を負い、同月28日に死亡した。Aは慰謝料請求の意思表示をしなかったが、Xは、Yに対し、慰謝料請求権の相続を理由にその支払を求めて訴えを提起した。第一審・原審ともに大審院の判例を踏襲して、Xの請求を棄却した。X上告。
　　最高裁は、次のように判示して、原判決を破棄差戻しとした。「ある者が他人の故意過失によって財産以外の損害を被った場合には、その者は、財産上の損害を被った場合と同様、損害の発生と同時にその賠償を請求する権利すなわち慰藉料請求権を取得し、右請求権を放棄したものと解しうる特別の事情がないかぎり、これを行使することができ、その損害の賠償を請求する意思を表明するなど格別の行為をすることを必要とするものではない。そして、当該被害者が死亡したときは、その相続人は当然に慰藉料請求権を相続するものと解するのが相当である。けだし、損害賠償請求権発生の時点について、民法は、その損害が財産上のものであるか、財産以外のものであるかによって、別異の取扱いをしていないし、慰藉料請求権が発生する場合における被害法益は当該被害者の一身に専属するものであるけれども、これを侵害したことによって生ずる慰藉料請求権そのものは、財産上の損害賠償請求権と同様、単純な金銭債権であり、相続の対象となりえないものと解すべき法的根拠はなく、民法711条によれば、生命を害された被害者と一定の身分関係にある者は、被害者の取得

する慰藉料請求権とは別に、固有の慰藉料請求権を取得しうるが、この両者の請求権は被害法益を異にし、併存しうるものであり、かつ、被害者の相続人は、必ずしも、同条の規定により慰藉料請求権を取得しうるものとは限らないのであるから、同条があるからといって、慰藉料請求権が相続の対象となりえないものと解すべきではないからである」。

　この判決は、我妻説に従い、被害者が「（慰謝料）請求権を放棄したものと解しうる特別の事情がないかぎり」、その請求の意思を表明したか否かにかかわらず、相続人がこれを「当然に」相続するとした。その理由としては、①財産的損害賠償請求権の相続が認められることを前提に、慰謝料請求権も同様に解しうることと、②慰謝料請求権の相続を認めても、711条の近親者に固有の慰謝料請求権とは「被害法益を異にし」、両請求権が「併存しうる」ことを挙げている。

　これに対して、学説では、固有被害説が多数であり、財産的損害の賠償請求権については相続を肯定しつつ、慰謝料請求権の相続を否定する見解も存在する。その論拠は、慰謝料請求権の一身専属性に加えて、その相続を否定して、近親者に固有の慰謝料請求権を認めた711条の趣旨（前述）が損なわれることにある。しかし、被害者が不法行為によって重傷を負った後に死亡した場合には、その慰謝料請求権が相続されることとの均衡からは、その当然相続を認める判例法理が適切であると解される。

(3)　傷害の場合の請求権者

　(ア)　**財産的損害**　負傷した被害者の近親者がその治療費を支出しまたは付添看護をした場合には、その治療費相当額・付添料相当額（積極的損害）について、判例は、被害者本人（大判昭和18・4・9民集22巻255頁、最判昭和46・6・29民集25巻4号650頁）、または、現実に支出した近親者（大判昭和12・2・12民集16巻46頁）からの請求をともに認めている。その実質的な理由としては、被害者と近親者が経済的に一体であり、どちらが請求しても差異がないことが挙げられる。これに対して、近親者が付添看護したことによる逸失利益の賠償請求（休業損害）については判例がない。考え方としては、後述の間接被

害者と同様に解することができる。

　(イ)　精神的損害　　被害者が負傷した場合に、その近親者の慰謝料請求が認められるか。711条は、「他人の生命を侵害した」場合にのみ近親者の慰謝料請求を認めているため、その反対解釈からは、被害者が負傷した場合には、近親者の慰謝料請求権が否定される。実質的にも、被害者本人に慰謝料が認められれば、それによって通常は近親者も慰謝されるため、近親者に固有の慰謝料請求権を認める必要がないとも解される。

　しかし、最高裁は、10歳の女児が交通事故によって顔面に傷害を受け、その容貌に著しい瘢痕を遺したため、母親が慰謝料を請求した事案につき、当該母親が「子の死亡したときにも比肩しうべき精神上の苦痛を受けたと認められ」、711条の場合に類し、「709条、710条に基いて、自己の権利として慰藉料を請求しうる」とした（最判昭和33・8・5民集12巻12号1901頁。なお、最判昭和39・1・24民集18巻1号121頁、同昭和42・1・31民集21巻1号61頁、同昭和42・6・13民集21巻6号1447頁も同旨）。すなわち、判例は、原則としては近親者の慰謝料請求権を否定しつつ、「被害者が生命を害された場合にも比肩すべき、または右場合に比して著しく劣らない程度の精神上の苦痛を受けたときにかぎり」（前掲最判昭和42・6・13）、709条と710条に依拠して、近親者の慰謝料請求を認めるものである。

　なお、被害者が負傷し、近親者が長期の看護や介護を余儀なくされて自らが病気になった場合のように、近親者に固有の被害が生じたときは、近親者は709条・710条に基づいて慰謝料を請求しうる（通説）。

(4)　間接被害者──企業損害

　不法行為によって従業員が死傷し、就労できなかったために営業上の利益が減少するなど、企業が固有の損害を被った場合に、当該企業は加害者に対して損害賠償を請求できるか。このような企業損害については、一般的には加害者も予見することが可能である。しかし、その損害を加害者に負担させると、賠償額が巨額になるおそれがあり、損害の公平な分担という不法行為法の理念に反するものとなる。反面、企業は、従業員の傷病に備えて人員を配置し、あるいは後任を養成するなどの対応策を講じ、そのリスクを分散することができる。

それゆえ、企業損害の賠償は、原則としては否定に解される。判例も同様であり、例えば、最高裁昭和54年12月13日判決（交民集12巻6号1463頁）は、医薬品の配置販売（いわゆる富山の薬売り）を営むXの従業員AがYの不法行為（交通事故）によって稼働できなくなったため、XがYに対して企業損害の賠償を求めた事案につき、これを否定した原審の次のような判断を「正当」であるとした。すなわち、「事業の経営者は、通常、事業に従事する者が不時の災害を受けても営業に支障を生じないようあらかじめ担当者の配置換、あるいは後任者の養成など種々対応策を講じておくべき」であり、「その従業員が余人をもって代え難い者であればある程その者の事故に伴ない停滞し、あるいは困難となる危険が大きい」が、その危険の除去は「経営者の責任であるというべきである」。

　しかし、例外的に企業損害の賠償が認められるのは、次の三つの場合である。第一は、企業に損害を与える目的で、故意にその従業員に対して加害行為をした場合である。第二は、従業員の大半が不法行為によって死傷し、企業が休業を余儀なくされた場合である。例えば、下級審裁判例ではあるが、15名の株式会社のうちの代表取締役を含む10名が国道の管理の瑕疵に基因する落石事故によって死傷したため、会社が6か月間その営業を停止した場合に、企業損害の賠償を認めたものがある（大津地判昭和54・10・1判時943号28頁—ただし、控訴審〔大阪高判昭和56・2・18判タ446号136頁〕は否定した）。第三は、被害者と企業とが実質的には一体と見られる場合であり、次の判決が先例となる。

最判昭和43・11・15民集22巻12号2614頁（個人会社の企業損害）
　Yがスクーターを運転中にX₁に衝突し、この事故によってX₁には左目の視野狭窄が残った。X₁は、X₂有限会社の代表取締役であり、薬剤師をしていたが、X₂は、X₁が個人で薬局を営んでいたのを税制上不利であることから有限会社として設立したものであった。それゆえ、社員はX₁と妻の両名のみで、妻は名目上の社員にとどまり、X₂は、実質上はX₁個人の営業であった。X₁は、本件事故によって薬剤師としての営業能力が低下したとして、Yに対し、治療費と慰謝料を請求するとともに、X₂を原告として、その収益の減少分（逸失利益）を求めて訴えを提起した。第一審は治療費と慰謝料のみを認めた

が、原審は、X₂の逸失利益も認容した。Y上告。

　最高裁は、「X₂は法人とは名ばかりの、俗にいう個人会社であり、その実権は従前同様X₁個人に集中して、同人にはX₂の機関としての代替性がなく、経済的に同人とX₂とは一体をなす関係にある」とした。そして、「原審が、YのX₁に対する加害行為と同人の受傷によるX₂の利益の逸失との間に相当因果関係の存することを認め、形式上間接の被害者たるX₂の本訴請求を認容しうべきものとした判断は、正当である」と判示した（上告棄却）。

　この判決は、①個人会社であり、②X₁にはX₂の機関としての代替性がなく（非代替性）、③経済的に両者が一体をなす関係にあること（経済的一体性）を要件として、企業損害の賠償を認めたものである。しかし、このような個人会社の賠償請求は、「実質的には直接の被害者の請求そのものと考えるべき」であり、企業の逸失利益も、その従業員の逸失利益（企業から受ける報酬）と同視することができる（平井・債権各論Ⅱ186頁）。そうだとすれば、本判決は、本来の企業損害の賠償を認めたものではない（前田〔陽〕122頁）といえよう。

6　損害賠償者の代位

　不法行為の場合には、債務不履行におけると異なり、損害賠償による代位の規定（422条）が存在しない。しかし、通説は、不法行為についても、公平の観点からその類推適用を肯定する。それゆえ、例えば、加害者が被害者の物に重大な損傷を与えた場合において、被害者が損害賠償の全額の支払を受けたときは、その物の権利は、当然に賠償者に移転する。

　なお、労働基準法79条は、労働者が業務上死亡した場合には、使用者が遺族補償を行わなければならないとする。この場合において、補償の原因となった事故が第三者の不法行為によるときは、使用者が第三者に対し、422条の類推適用によって求償することが認められる（最判昭和36・1・24民集15巻1号35頁）。

7 損害賠償請求権の性質

(1) 譲渡性・相続性

　財産的損害の賠償請求権は、一般の金銭債権と同じく、譲渡も相続も可能で
あり、また、被害者の債権者がこれを差し押さえたり、代位行使（423条）す
ることもできる。これに対して、生命侵害による慰謝料請求権は、前述のよう
に、判例によれば当然に相続される（帰属上の一身専属権ではない）が、本来は
被害者本人のみが行使しうるもの（行使上の一身専属権）であるとして、その
譲渡や差押えが否定される。ただし、名誉毀損を理由とする慰謝料請求権につ
いて、判例は、「加害者が被害者に対し一定額の慰藉料を支払うことを内容と
する合意又はかかる支払を命ずる債務名義が成立したなど、具体的な金額の慰
藉料請求権が当事者間において客観的に確定したとき」は、「行使上の一身専
属性を認めるべき理由が」なく、被害者の債権者が「これを差し押えることが
できるし、また、債権者代位の目的とすることができる」とした（最判昭和
58・10・6民集37巻8号1041頁）。

(2) 履行遅滞・相殺の禁止

　(ア) 履行遅滞　　不法行為に基づく損害賠償債務は、いつから遅滞となるか。
判例は、当初は、履行の請求を受けた時から遅滞となる（412条3項）とし、
この時から遅延利息が生じるとした（大判明治41・3・18民録14輯275頁）。し
かし後に、不法行為の時から当然に遅滞に陥るとし（大判明治43・10・20民録
16輯719頁）、最高裁もこれを維持している（最判昭和37・9・4民集16巻9号
1834頁）。ただし、物が滅失した場合において、不法行為時でなくその後の騰
貴した価格によって賠償すべきときは、その騰貴時から遅延利息が付される
（大判大正10・4・4民録27輯616頁）。なぜなら、この場合には、騰貴の時まで
その物が存続したと仮定して賠償額を計算するのであり、それ以前の遅延利息
を考慮すべきでないからである。

　ところで、第三者の不法行為による被害者に対し、保険者が損害について給
付を行ったときは、保険者は、被害者の加害者に対する損害賠償請求権を代位

取得することになる。この場合において、保険者が代位取得した不法行為に基づく損害賠償請求権に係る債務の遅延損害金の起算日が問題となる。すなわち、(a) 不法行為時なのか、(b) 保険者が給付を行った日の翌日なのか、(c) 保険者が加害者に対して支払請求をした日の翌日なのかが明らかではない。

　この問題について、最高裁令和元年 9 月 6 日（民集 73 巻 4 号 419 頁）は、(b)「給付が行われた日の翌日」であるとした。その事案は、交通事故によって傷害を負った被害者（当時 74 歳）に対して後期高齢者医療給付をした X（後期高齢者医療広域連合）が、被害者の加害者 Y に対する不法行為に基づく損害賠償請求権を高齢者の医療の確保に関する法律 58 条 1 項により代位取得したとして、損害賠償金と交通事故の日からの遅延損害金の支払を求めたものである。最高裁は、①「不法行為に基づく損害賠償債務は、損害の発生と同時に、何らの催告を要することなく、遅滞に陥る」との最高裁昭和 37 年判決（前掲）を前提に、②「保険者はその給付の価額の限度において被保険者が第三者に対して有する損害賠償請求権を代位取得し、右損害賠償請求権は、その給付がされた都度、当然に保険者に移転する」との最高裁平成 10 年 9 月 10 日判決（裁判集民事 189 号 819 頁—国民健康保険法に基づく療養給付の事案）を本件に当てはめ、かつ、③この場合において、保険者は、「損害金元本の支払請求権を代位取得するものであって、損害金元本に対する遅延損害金の支払請求権を代位取得するものではない」との最高裁平成 24 年 2 月 20 日判決（民集 66 巻 2 号 742 頁—自動車保険の事案）をも引用して、次のように判示した。「後期高齢者医療給付を行った X は、その給付事由が第三者の不法行為によって生じた場合、当該第三者に対し、当該後期高齢者医療給付により代位取得した当該不法行為に基づく損害賠償請求権に係る債務について、当該後期高齢者医療給付が行われた日の翌日からの遅延損害金の支払を求めることができる」。

　この判決は、従来の判例（①〜③）に基づき、(b) の立場を採用した。すなわち、保険者は、給付を行った都度、被害者の加害者に対する損害賠償請求権の元本を代位取得し、その後に発生する遅延損害金の支払請求権を取得するが、代位取得以前に発生した遅延損害金の支払請求権を取得しないことを明らかにしたものであり（光岡弘志・最判解説 249 頁）、他の保険給付に関する代位にも波及すると解される。

　(イ)　相殺の禁止　　旧法下では債務が不法行為によって生じたときは、その債務者（加害者）は、相殺をもって債権者（被害者）に対抗することができない（旧509条）とされていた。その趣旨は、加害者が、現実かつ速やかに被害者に対して損害賠償を支払うべきこと（「薬代は現金で」）と、不法行為の誘発（腹いせ）の防止にある。この趣旨からは、反対に、不法行為に基づく損害賠償債権を有する者が、それを自働債権として相殺することは許される（最判昭和42・11・30民集21巻9号2477頁）。

　民法（509条）は、上記の趣旨に照らして、その相殺禁止の範囲を限定した。すなわち、「悪意による不法行為に基づく損害賠償の債務」（1号）、または、1号に掲げるものを除き、「人の生命又は身体の侵害による損害賠償の債務」（2号）の債務者が、「相殺をもって債権者に対抗することができない」とした。

8　消滅時効

(1)　短期消滅時効（724条1号）

　(ア)　趣旨　　不法行為による損害賠償請求権は、被害者またはその法定代理人が、損害および加害者を知った時から3年間行使しないときは、時効によって消滅する。これは、一般の債権の消滅時効と期間および起算点（166条1項）の点で異なる、不法行為法における特則である。この短期消滅時効の趣旨としては、①偶発的に生じる不法行為においては、3年の経過によって証拠の収集や保全が困難になること、②時間の経過とともに被害者の感情も平静に戻ること、および、③賠償義務者（加害者）も、不法行為が許されるなど、もはや損害賠償を請求されないとの信頼や期待を抱くことなどが挙げられる。しかし、724条1号の短期消滅時効は、一方で、加害者がいつまでも損害賠償請求を受けるという不安定な状態から、早期にこれを解放するという加害者の利益を図るとともに、他方で、時効の起算点を被害者が「損害及び加害者を知った時」とし、被害者が権利行使の機会のない間に損害賠償請求権を失うことのないよう被害者の利益をも図っている（森島・講義429頁、四宮・不法行為646頁）。そうだとすれば、724条1号は、加害者と被害者の双方の利益を調整した規定であり、これをいずれか一方に着目して理解することはできない。最高裁も、

「民法 724 条が短期消滅時効を設けた趣旨は、不法行為に基づく法律関係が、通常、未知の当事者間に、予期しない偶然の事故に基づいて発生するものであるため、加害者は、損害賠償の請求を受けるかどうか、いかなる範囲まで賠償義務を負うか等が不明である結果、極めて不安定な立場におかれるので、被害者において損害及び加害者を知りながら相当の期間内に権利行使に出ないときには、損害賠償請求権が時効にかかるものとして加害者を保護することにある」とした（最判昭和 49・12・17 民集 28 巻 10 号 2059 頁）。換言すれば、同条の趣旨は、加害者の保護にあるが、それはあくまで、被害者が損害の発生と加害者を現実に認識しながら 3 年間も放置した場合であり、「それ以上に加害者を保護しようという趣旨ではない」（最判平成 14・1・29 民集 56 巻 1 号 218 頁）と解される。

　なお、民法は、生命・身体という法益の重要性を考慮して、「生命又は身体を害する不法行為による損害賠償請求権の消滅時効」については、「3 年間」とあるのを「5 年間」に延長し（724 条の 2）、また、一般の債権の消滅時効についても、「権利を行使することができる時から 10 年間」（166 条 1 項 2 号）とあるのを、「20 年間」とした（167 条）。

　(イ)　起算点

　(i)　加害者を知った時　　判例は、①「加害者に対する賠償請求が事実上可能な状況のもとに、その可能な程度にこれを知った時を意味」し、②「被害者が不法行為の当時加害者の住所氏名を的確に知らず、しかも当時の状況においてこれに対する賠償請求権を行使することが事実上不可能な場合においては、その状況が止み、被害者が加害者の住所氏名を確認した」時であるとした（最判昭和 48・11・16 民集 27 巻 10 号 1374 頁）。ただし、その事案は、戦時中の昭和 17 年にスパイ容疑で逮捕され、加害者（警部補）から拷問を受けた被害者が、加害者の姓しか知らず、戦後の昭和 26 年に名を知り、昭和 36 年に東京の住所を知ったため、昭和 37 年に損害賠償請求訴訟を提起した、という特殊なものであった。それゆえ、通常は、②は不要であり、社会通念上、調査すれば容易に加害者の住所氏名を知ることができた時が「加害者を知った時」に当たると解される（最判解説 565 頁）。

　では、直接の加害者とは別に賠償義務者が存在する場合はどうか。例えば、

被害者が直接の加害者である被用者を知っているが、使用者責任を負うべき使用者を知らない場合である。判例は、「この場合、加害者を知るとは、被害者らにおいて、使用者ならびに使用者と不法行為者との間に使用関係がある事実に加えて、一般人が当該不法行為が使用者の事業の執行につきなされたものであると判断するに足りる事実をも認識することをいう」とした（最判昭和44・11・27民集23巻11号2265頁）。

　(ii) 損害を知った時　　通説は、損害が現実に発生したことを認識した時であって、その損害の程度や数額を正確かつ具体的に知ることまでは必要でないとする（幾代＝徳本348頁）。判例も同様である。なぜなら、「損害の発生や加害者を現実に認識していれば、消滅時効の進行を認めても、被害者の権利を不当に侵害することにはならない」からである。これに対して、「被害者が損害の発生を容易に認識し得ることを理由に消滅時効の進行を認めることにすると、被害者は、自己に対する不法行為が存在する可能性のあることを知った時点において、自己の権利を消滅させないために、損害の発生の有無を調査せざるを得なくなる」。しかし、「不法行為によって損害を被った者に対し、このような負担を課することは不当」であるとする（前掲最判平成14・1・29）。

　また、判例は、同一の交通事故により同一の被害者に生じた身体障害と車両損傷の損害賠償請求権の短期消滅時効の起算点は、別個に進行するとした。なぜなら、身体障害と車両損傷とは、「被侵害利益を異にするものであり」、別個の請求権であって、その起算点は、「請求権ごとに格別に判断されるべきもの」だからである（最判令和3・11・2民集75巻9号3643頁）。

　問題となるのは、土地の不法占拠のように、不法行為が継続的になされる場合である。判例は、当初、「被害者ガ最初ニ損害及ビ加害者ヲ知リタル時ヨリ、其損害全部ノ賠償請求権」について消滅時効が進行するとした（大判大正9・6・29民録26輯1035頁）。しかし、このように解すると、加害者と損害の発生を知った時から3年を経過すれば、不法行為が現に継続しているにもかかわらず賠償請求ができなくなるという不都合を生じる。そこで、大審院連合部は、判例を変更し、損害が継続する限り、日々新たな損害が発生し、それを知った時からそれぞれ別個に消滅時効が進行するとした（大連判昭和15・12・14民集19巻2325頁）。通説も、このような逐次進行説を支持している。

　ところで、大審院時代の判例は、主に土地の不法占拠に関するものであったが、継続的な不法行為であっても、水俣病のような累積性・進行性の人身損害の時効については、別の考慮が必要である。そこで、多数説は、損害が累積的に進行する不法行為については、その不法行為が終了した時から時効が進行すると解している。

　では、不法行為は単発的なものであるが、その損害が継続する場合はどうか。具体的には、交通事故による後遺症に対する損害賠償請求権の時効の進行が問題となる。判例は、受傷時から相当期間経過後に後遺症が現れた場合において、受傷時にはその発生を予見することができなかったときは、「後日その治療を受けるようになるまで」、時効は進行しないとする（最判昭和 42・7・18 民集 21巻 6 号 1559 頁）。これに対して、受傷時に後遺症が現れていた場合には、「症状固定の診断を受けた時」から時効が進行するとした（最判平成 16・12・24 判時1887 号 52 頁）。

(2)　長期の消滅時効（724 条 2 号）

　(ア)　法的性質　　不法行為による損害賠償請求権は、「不法行為の時」から20 年を経過したときに消滅する（724 条 2 号）。この期間制限の性質について、起草者は、前段と「同様」に消滅時効であるとした。しかし、旧法下における多数説は、除斥期間と解していた。両者の違いは、一般に、消滅時効が完成猶予や更新（147 条以下）を認め、かつ当事者の援用を要する（145 条）のに対して、除斥期間にはこのような完成猶予・更新がなく、当事者の援用も不要であると解されている。そして最高裁も、この理を認めた。

　　最判平成元・12・21 民集 43 巻 12 号 2209 頁（不発弾による損害と除斥
　　期間）
　　　X は、昭和 24 年 2 月 14 日、鹿児島県の山中において、Y（国）の巡査の指
　　示に従い、燻焼し続けている不発弾にスコップで砂をかぶせる作業をしていた
　　ところ、同不発弾が爆発して重傷を負った。X は、Y からわずかな見舞金と
　　給付金を受けたが、警察署が事実に反した被害調査書を作成したためその責任
　　の所在が不明となり、市役所や県庁に対して被害の救済を訴えても、所管部局

すら判明しなかった。Xは、Yに対し、本件事故の発生から28年10か月を経過した昭和52年12月17日、損害賠償（国賠1条）を求めて訴えを提起した。これに対してYは、724条の消滅時効ないし除斥期間を抗弁として主張し、Xは、その主張が時効援用権の濫用であると再抗弁した。第一審はXの請求を棄却したが、原審は、724条後段（旧法）の20年が消滅時効であるとしつつ、Yがその援用をすることは、「信義則に反し、権利の濫用として許されない」とした（請求認容）。Y上告。

　最高裁は、次のように判示した（破棄自判）。「民法724条後段（旧法）の規定は、不法行為によって発生した損害賠償請求権の除斥期間を定めたもの」である。なぜなら、「（同条）前段（旧法）の3年の時効は損害及び加害者の認識という被害者側の主観的な事情によってその完成が左右されるが、同条後段（旧法）の20年の期間は被害者側の認識のいかんを問わず一定の時の経過によって法律関係を確定させるため請求権の存続期間を画一的に定めたものと解するのが相当」だからである。本件では、Xの請求権は、Yの主張がなくても「20年の除斥期間が経過した時点で法律上当然に消滅」するから、Xによる「信義則違反又は権利濫用の主張は、主張自体失当」であるとした。

　この判決は、旧724条後段の20年が除斥期間であるとし、当事者の援用が不要であるため、援用が信義則違反や権利濫用となることもないとした。しかしその事案は、YがXの権利行使を困難にしたものであり、このような場合にも信義則や権利濫用を認めないのは妥当でない（澤井277頁）。そこで最高裁も、次の判決において、極めて限定的ではあるが、例外を認めた。

　　最判平成10・6・12民集52巻4号1087頁（予防接種と除斥期間の経過）
　　X（当時生後5か月）は、昭和27年10月20日、痘そうの集団接種を受け、その後遺症によって重度の心身障害者となった。しかし、Xは、心神喪失の常況にありながら法定代理人を有さず、Y（国）に対して損害賠償請求訴訟を提起したのは、予防接種から22年を経過した昭和49年12月5日であった。原審は、被害者側の事情を「特に顧慮することなく、請求権の存続期間を画一的に定めるという除斥期間」の趣旨に従い、Xの請求を棄却した。X上告。

　最高裁は、まず、前掲最判平成元・12・21を引用し、724条後段（旧法）が「除斥期間を定めたもの」であり、除斥期間の主張が「信義則違反又は権利濫用であるという主張」は認められないとし、次のように判示した。すなわち、同規定を「字義どおりに解すれば、不法行為の被害者が不法行為の時から20年を経過する前6箇月内において心神喪失の常況にあるのに後見人を有しない場合には、右20年が経過する前に右不法行為による損害賠償請求権を行使することができないまま、右請求権が消滅することとなる。しかし、これによれば、その心身喪失の常況が当該不法行為に起因する場合であっても、被害者は、およそ権利行使が不可能であるのに、単に20年が経過したということのみをもって一切の権利行使が許されないこととなる反面、心身喪失の原因を与えた加害者は、20年の経過によって損害賠償義務を免れる結果となり、著しく正義・公平の理念に反するものといわざるを得ない。そうすると、少なくとも右のような場合にあっては、当該被害者を保護する必要があることは、時効の場合（158条）と同様であり、その限度で民法724条後段（旧法）の効果を制限することは条理にもかなうというべきである」。したがって、このような「特段の事情があるときは、民法158条の法意に照らし、同法724条後段（旧法）の効果は生じない」（一部破棄差戻し）。

　この判決は、除斥期間の主張に対しては、信義則違反または権利濫用を主張することができないとしつつ、時効の停止（完成猶予）に関する「旧158条の法意に照らし」、除斥期間の効果が生じないとした。そして最高裁は、この法理を、旧160条に関しても及ぼしている。すなわち、殺人事件の加害者が被害者を自宅の床下に隠匿し、その26年後に自首して死体が発見された事案につき、最高裁は、「相続人が被相続人の死亡の事実を知らない場合は、民法915条1項所定のいわゆる熟慮期間が経過しないから、相続人は確定しない」として、次のように判示した。すなわち、「被害者を殺害した加害者が、被害者の相続人において被害者の死亡の事実を知り得ない状況を殊更に作出し、そのために相続人はその事実を知ることができず、相続人が確定しないまま除斥期間が経過した場合にも、相続人は一切の権利行使をすることが許されず、相続人が確定しないことの原因を作った加害者は損害賠償義務を免れるということは、著しく正義・公平の理念に反する。このような場合に相続人を保護する必要が

あることは、時効の場合（160条）と同様であり、その限度で民法724条後段（旧法）の効果を制限することは、条理にもかなう」。それゆえ、このような「特段の事情があるときは、民法160条の法意に照らし、同法724条後段（旧法）の効果は生じない」とした（最判平成21・4・28判時2046号70頁）。

　上記の判例に対しては、20年の期間制限の性質を、除斥期間ではなく消滅時効と解すべきであるとの見解（吉村204頁）も有力であった。そして、民法は、20年の期間制限も、消滅時効に統一した（724条）。

　(ｲ)　起算点　　724条2号の期間の起算点は、「不法行為の時」である。しかし、その具体的な意味については、(a)加害行為時とする見解と、(b)不法行為の成立要件を充たした時（＝損害発生時）とする見解とが対立する。多数説は、鉱毒事件のように、加害行為と損害の発生との間に時間的な隔たりがある場合を考慮して、(b)の見解に従う。

　判例も、(b)損害発生時説に立つ。すなわち、「加害行為が行われた時に損害が発生する不法行為の場合には、加害行為の時がその起算点となる」が、「身体に蓄積した場合に人の健康を害することとなる物質による損害や、一定の潜伏期間が経過した後に症状が現れる損害のように、当該不法行為により発生する損害の性質上、加害行為が終了してから相当の期間が経過した後に損害が発生する場合には、当該損害の全部又は一部が発生した時が除斥期間の起算点となる」とした。なぜなら、「損害の発生を待たずに除斥期間の進行を認めることは、被害者にとって著しく酷であるし、また、加害者としても、自己の行為により生じ得る損害の性質からみて、相当の期間が経過した後に被害者が現れて、損害賠償の請求を受けることを予期すべき」だからである（最判平成16・4・27民集58巻4号1032頁、同平成16・10・15民集58巻7号1802頁）。

　上記の理解によれば、乳幼児期に受けた集団予防接種等によりB型肝炎ウイルス（HBV）に感染してB型肝炎を発症したことによる損害賠償請求権については、その損害の性質上、加害行為が終了してから相当期間が経過した後に損害が発生するものと認められるから、長期の消滅時効（724条2号）の起算点は、加害行為である集団予防接種等の時ではなく、B型肝炎の発症（損害の発生）の時ということになる（最判平成18・6・16民集60巻5号1997頁参照）。問題となるのは、B型肝炎ウイルスに感染し、成人後に①HBe抗原陽性慢性

肝炎を発症し、抗ウイルス治療によって鎮静化したものの、その後に②HBe
抗原陰性慢性肝炎を発症した場合における損害賠償請求権の消滅時効の起算点
である。この問題について、最高裁は、「非活動性キャリアとなった後に発症
する HBe 抗原陰性慢性肝炎は、慢性 B 型肝炎の病態の中でもより進行した特
異なものというべきであり、どのような場合に HBe 抗原陰性慢性肝炎を発症
するのかは、現在の医学ではまだ解明されておらず、HBe 抗原陽性慢性肝炎
の発症の時点で、後に HBe 抗原陰性慢性肝炎を発症することによる損害の賠
償を求めることも不可能である」とし、このような「慢性 B 型肝炎の特質に
鑑みる」と、HBe 抗原陽性慢性肝炎を発症したことによる損害については、
①HBe 抗原陽性慢性肝炎の発症の時ではなく、②HBe 抗原陰性慢性肝炎の発
症の時が民法 724 条後段（債権法改正前民法）所定の除斥期間の起算点となる
とした。

9　損害賠償請求権と示談

　不法行為においては、被害者と加害者との間で「示談」がなされることが多
い。示談は、当事者が「互いに譲歩」した場合には和解（695 条）と認められ
るが、一方のみがその主張を放棄することもありうる。
　問題となるのは、被害者に示談の時には予想できなかった後遺症が発生した
場合に、その損害賠償請求が認められるか否かである。判例は、「示談によっ
て被害者が放棄した損害賠償請求権は、示談当時予想していた損害についての
もののみと解すべきであって、その当時予想できなかった不測の再手術や後遺
症がその後発生した場合その損害についてまで、賠償請求権を放棄した趣旨と
解するのは、当事者の合理的意思に合致するものとはいえない」とした（最判
昭和 43・3・15 民集 22 巻 3 号 587 頁）。

第 9 節　特殊の不法行為一般

　民法典は、714 条以下に、一般的不法行為（709 条）の成立要件とは異なる、

特殊の成立要件を有する不法行為の類型を規定している。これらを「特殊の不法行為」といい、大きく次の二つに分類することができる。

第一は、過失責任の原則の修正を伴う類型であり、特殊の不法行為のほとんどの規定がこれに属する。この類型は、さらに次の二つに分けることができる。

(a)　他人の行為による損害についての責任　　自らが直接に不法行為をするのではなく、行為者と特別な関係にあるため、賠償責任を負う場合である。具体的には、責任無能力者の監督義務者等の責任（714条）と使用者等の責任（715条）があり、いずれも、過失の立証責任を転換した中間責任である。なお、注文者の責任（716条）は、請負人が注文者から独立して業務を行うため、715条の適用がないことを注意的に規定したにすぎない。

(b)　物による損害についての責任　　土地の工作物の瑕疵や動物が他人に損害を加えた場合には、その物の管理者が賠償責任を負う（717条・718条）。このうち、土地の工作物の所有者は無過失責任を負うが、その占有者と動物の占有者については、過失の立証責任が転換された中間的責任が規定されている（717条1項ただし書、718条1項ただし書）。

第二は、多数の者が共同して不法行為を行った場合の規定（719条）である。この規定については、かつては、共同行為者に連帯責任を認め、被害者の救済を厚くする点に特色があると解されていた（加藤〔一〕205頁など）。しかし、現在の多数説は、不法行為（709条）の成立要件としての因果関係の立証を軽減するものであると解している。

以上のほかに、709条を修正する多くの特別法が存在する。例えば、自動車損害賠償保障法、失火責任法（「失火ノ責任ニ関スル法律」）、製造物責任法などであり、これらも特殊の不法行為に含まれよう。

第 10 節　責任無能力者の監督者の責任

1　意義・沿革

　責任能力を有しない未成年者や精神上の障害によって責任能力を欠く者は、自己の行為の結果を認識できないため、賠償責任を負わない（712 条、713 条）。しかし、この場合に被害者が救済されないのは酷であるため、民法は、責任無能力者を「監督する法定の義務を負う者」（監督義務者―714 条 1 項本文）および監督義務者に代わってこれを「監督する者」（代理監督者―同 2 項）に賠償責任を負わせる。この責任は、監督義務者がその義務を怠ったことを根拠とする（同 1 項ただし書参照）ため、過失責任の原則に基づく。ただし、①その過失は、責任無能力者による特定の加害行為の防止を怠ったことよりも、むしろ、その者の監督を怠ったという一般的な義務の違反であること、および、②監督義務者が責任を免れるためには「義務を怠らなかった」ことを立証しなければならず（714 条 1 項ただし書前段）、過失の立証責任が転換されている（中間的責任）ことから、監督者には、一般的不法行為（709 条）よりも重い責任が課されている。

　このような監督者の責任は、沿革的には、家長がその家族の行為に責任を負う、というゲルマン法にさかのぼる。そしてドイツ民法が、近代法の個人主義に基づく自己責任の原則によってこれを修正し、監督義務者は監督義務をつくさない限り責任を負うとした（ド民 832 条）。この 714 条の沿革に従い、多数説は、同条の根拠を家族の特殊性に求めている。すなわち、未成年者については、その保護者である親権者が生活の全般にわたって監督すべきであり、子の不法行為も、原則として親の監督が不十分であったことに起因すると考えられる。そこで、714 条は、過失の立証責任を転換し、監督者の側が監督義務を怠らなかったことを立証すべきであるとした（ただし、四宮・不法行為 670 頁は、中間的責任の根拠を危険責任に求める）。

2 主体（賠償義務者）

714条の責任を負う者は、法定の監督義務者（同1項本文）と代理監督者（同2項）である。

(1) 法定の監督義務者

未成年者については、親権者（820条）、親権代行者（833条、867条）、後見人（857条）、児童福祉施設の長（児福47条）などである。また、精神障害を有する者については、かつては、成年後見人（858条）、精神障害者の「保護者」（精神保健福祉旧20条）がこれに該当するとされていた。しかし、精神障害者については、精神保健福祉法（精神保健及び精神障害者福祉に関する法律）の平成11年改正によって、保護者の精神障害者に対する自傷他害防止監督義務が廃止され、保護者制度そのものも平成25年改正によって廃止された。その理由としては、「主に家族がなる保護者には、精神障害者に治療を受けさせる義務等が課されているが、家族の高齢化に伴い、負担が大きくなっている」（厚生労働省「平成25年改正の概要」）ことが挙げられる。また、成年後見人についても、平成11年改正前の民法が後見人の禁治産者に対する療養看護義務を定めていた（旧858条1項）のに対し、平成11年の民法改正により、成年後見人は、成年被後見人の「心身の状態及び生活の状況に配慮しなければならない」という身上配慮義務に改められた（858条）。この身上配慮義務は、要するに、成年後見人が成年被後見人の「日常的な見守りをしっかり行うべきである」（田山輝明『成年後見読本』〔三省堂、第2版、2016年〕56頁）ことを定めるものであって、その行動を監督する義務とは異なるものである。そこで、成年後見人に「親権者と同じような広汎で高度な義務を課するのは責任過重」である（前田〔陽〕・第2版143頁など）との指摘もなされていた。

このような状況において、精神障害者（認知症の高齢者）と同居する高齢の妻が法定の監督義務者に当たるか否かが争われたのが、次の判例である。

最判平成 28・3・1 民集 70 巻 3 号 681 頁（JR 東海事件）

認知症に罹患した A（91 歳）が、平成 19 年 12 月 7 日、旅客鉄道事業を営む X 会社の駅構内の線路に立ち入り、X の運行する列車に衝突して死亡した。そこで、X が、A の妻 Y₁（85 歳）と A の長男 Y₂ に対し、列車に遅れが生じたことによる損害を被ったと主張して、民法 709 条または 714 条に基づき、損害賠償（719 万円余）を求めて訴えを提起した。争点となったのは、Y₁ および Y₂ が、714 条所定の法定の監督義務者またはこれに準ずべき者に当たるか否かである。第一審（名古屋地判平成 25・8・9 判時 2202 号 68 頁）は、家族会議を主催し、A の介護について「最終的に方針を決断し決定した」Y₂ が、「社会通念上、民法 714 条 1 項の法定監督義務者や同条 2 項の代理監督者と同視し得る」「事実上の監督者であった」として、その責任を肯定した。これに対して、控訴審（名古屋高判平成 26・4・24 判時 2223 号 25 頁）は、Y₁ が、本件事故当時の精神保健福祉法 20 条 1 項にいう「保護者」であることに加え、民法 752 条に定める配偶者の協力扶助義務を負うため、法定の監督義務者に該当するとした（一部認容・一部棄却）。X が上告受理申立て。

最高裁は、次のように判示して、X の請求を棄却した（一部破棄自判）。

（i）まず、Y₁ については、平成 11 年の精神保健福祉法改正と民法改正を指摘し、改正後の民法 858 条の身上配慮義務は、「成年後見人の権限等に照らすと、成年後見人が契約等の法律行為を行う際に成年被後見人の身上について配慮すべきことを求めるものであって、成年後見人に対し事実行為として成年被後見人の現実の介護を行うことや成年被後見人の行動を監督することを求めるものと解することはできない」。それゆえ、「平成 19 年当時において、保護者や成年後見人であることだけでは直ちに法定の監督義務者に該当するということはできない」とした。また、民法 752 条の夫婦協力扶助義務は、「夫婦間において相互に相手方に対して負う義務であって、第三者との関係で夫婦の一方に何らかの作為義務を課するものではなく」、扶助の義務も、「これを相手方の生活を自分自身の生活として保障する義務であると解したとしても、そのことから直ちに第三者との関係で相手方を監督する義務を基礎付けることはできない」。したがって、Y₁ は、「精神障害者と同居する配偶者であるからといって、その者が民法 714 条 1 項にいう『責任無能力者を監督する法定の義務を負う者』に当たるとすることはできない」とした。そして、Y₂ についても、これを法定の監督義務者とする「法令上の根拠はない」とした。

　(ii)「もっとも、法定の監督義務者に該当しない者であっても、責任無能力者との身分関係や日常生活における接触状況に照らし、第三者に対する加害行為の防止に向けてその者が当該責任無能力者の監督を現に行いその態様が単なる事実上の監督を超えているなどその監督義務を引き受けたとみるべき特段の事情が認められる場合には、衡平の見地から法定の監督義務を負う者と同視してその者に対し民法714条に基づく損害賠償責任を問うことができるとするのが相当であり、このような者については、法定の監督義務者に準ずべき者として、同条1項が類推適用されると解すべきである」。そして、「ある者が、精神障害者に関し、このような法定の監督義務者に準ずべき者に当たるか否かは、①その者自身の生活状況や心身の状況などとともに、②精神障害者との親族関係の有無・濃淡、③同居の有無その他の日常的な接触の程度、④精神障害者の財産管理への関与の状況などその者と精神障害者との関わりの実情、⑤精神障害者の心身の状況や日常生活における問題行動の有無・内容、⑥これらに対応して行われている監護や介護の実態など諸般の事情を総合考慮して、その者が精神障害者を現に監督しているかあるいは監督することが可能かつ容易であるなど衡平の見地からその者に対し精神障害者の行為に係る責任を問うのが相当といえる客観的状況が認められるか否かという観点から判断すべきである」。

　これを本件についてみると、「本件事故当時85歳で左右下肢に麻ひ拘縮があり要介護1の認定を受けて」いた Y_1 は、「Aの第三者に対する加害行為を防止するためにAを監督することが現実的に可能な状況にあったということはできず、その監督義務を引き受けていたとみるべき特段の事情があったとはいえない」。また、Y_2 も、「本件事故まで20年以上もAと同居しておらず、本件事故直前の時期においても1箇月に3回程度週末にA宅を訪ねていたにすぎない」ため、前記「特段の事情があったとはいえない」。したがって、Y_1 も Y_2 も、Aの「法定の監督義務者に準ずべき者に当たるということはできない」。

　本件事案において、Y_1 および Y_2 の責任を否定した判決の結論は妥当である。ただし、その理論構成には、なお問題が残されている。すなわち、判旨(i)に関しては、これを前提とすると、精神障害者については法定の監督義務者が存在しなくなる、との指摘がなされている（窪田充見「判批」ジュリスト1491号65頁、米村滋人「判批」法学教室429号54頁）。そうだとすれば、被害者を救

済するためには、(a)法定の監督義務者に準じる者（準監督義務者）ないし事実上の監督者を探して、その免責（714 条 1 項ただし書）の可否を検討するか（本判決に付された岡部喜代子裁判官および大谷剛彦裁判官の意見参照）、または、(b)法定の監督義務者ないし準監督義務者を探して「714 条の問題とするのではなく、民法 709 条の過失の有無によって解決すべき」（吉村・210 頁）こととなろう。そして、本判決は、法定の監督義務者に該当しない者であっても、判旨(ii)に摘示された①から⑥の事情を含む「諸般の事情を総合考慮」して、準監督義務者を定めつつ、「714 条 1 項ただし書の適用の可能性を排除していない」（山地修「判批」ジュリスト 1495 号 104 頁）ことからすれば、(a)の見解に近い。しかし、本判決によって提示された準監督義務者の要件が適切であるか、また、準監督義務者を認めて 714 条の適用を維持することが妥当であるかについては、後述のように、なお議論がある。

(2)　代理監督者

　法定の監督義務者との契約、法律の規定または事務管理によって、責任無能力者の監督を託され、または引き受けた者をいう。問題となるのは、学校や病院などの施設や事業体が監督を引き受けた場合において、責任を負うのは、当該施設・事業体と現実に監督をする教員・職員のどちらなのか、という点である。学説には、(a)監督義務の存否が問われるのは個人であるから、現実に監督をする教員や職員が 714 条 2 項の責任を負い、その使用者である施設や事業体には使用者責任（715 条）が課されるとする見解がある（加藤〔一〕161 頁、平井・債権各論 II 220 頁）。これに対しては、(b)個人に過大な責任を負わせるのは妥当でないとの理由から、施設・事業体を代理監督者とすべきであるとする見解（幾代＝徳本 192 頁、四宮・不法行為 679 頁）も有力である。しかし、下級審裁判例は、(a)の見解に従い、個人が代理監督者としての責任を負うと解している（福岡高判昭和 56・9・29 判時 1043 号 71 頁など）。この見解(a)に従えば、代理監督者は、保育所の保母、幼稚園や小学校の教員、病院の医師や児童福祉施設の職員などである。

(3) 事実上の監督者

　契約も法律の規定も事務管理もなく、事実上、責任無能力者を監督している者に714条の責任が認められるか。学説は、未成年者と同居し事実上監護している者（例えば、母の内縁の夫）にはその責任を肯定するが、成人した精神障害者の近親者については、この者も「一種の被害者である」と考え、その責任を肯定するのは慎重にすべきであるとする（四宮・不法行為679頁）。判例にも、精神障害者（当時37歳）が他人を傷害した事案において、老齢で身体障害のある父親と日雇をしている母親につき、監督の実質がなく、保護義務者になることを「避けて選任を免れたもの」でもないときは、「714条の法定の監督義務者又はこれに準ずべき者として同条所定の責任を問うことはできない」としたものがある（最判昭和58・2・24判時1076号58頁）。

　このような状況において、前掲の最高裁平成28年3月1日判決は、「法定の監督義務者に該当しない者」であっても、「その監督義務を引き受けたとみるべき特段の事情が認められる場合」には、「法定の監督義務者に準ずべき者」（準監督義務者）として、714条1項が「類推適用」されるとした。この準監督義務者は、「事実上の監督者」とほぼ同じ概念である。ただし、監督義務の引受けは、単なる事実状態ではなく、「その者が当該責任無能力者の監督を現に行いその態様が単なる事実上の監督を超えている」場合に認められるため、規範的に判断される（山地・前掲104頁）とともに、「事実上の監督者」よりは限定されている（米村・前掲55頁）。しかし、いずれにしても、その範囲は、714条の沿革からは、精神障害者の近親者に限られるべきである。

　ところで、同判決の提示する準監督義務者の判断基準を前提とすれば、「より介護に積極的であった者が監督義務者に準ずべき者として損害賠償責任のリスクにさらされる」ことになる（窪田・前掲66頁。同旨、米村・法律時報88巻5号2頁）。しかし、準監督義務者の概念を否定して、714条によらずに709条の過失を問題としても、その判断に際しては同様の問題が生じよう。むしろ、最高裁判決のように、714条を類推適用した方が、①準監督義務者の判断に加え、仮にそれに該当するとしても、②準監督義務者の側が免責事由（「その義務を怠らなかった」こと―714条1項前段）を主張立証することができ、妥当な解決を導くことが可能となる。とりわけ、②免責事由は、精神障害者と準監督義務者

との関係であって、準監督義務者の側が主張立証するのに適した事項であろう。

3　要件

⑴　714 条の要件

　責任無能力者の監督者の責任を追及するためには、被害者側は、①加害者が責任無能力者であること、②責任無能力者が損害を与えたこと（責任能力を除く 709 条の要件）、および、③相手方が行為の当時、法定の監督義務者または代理監督者であったことを主張立証しなければならない。これに対して、監督者側は、④監督「義務を怠らなかった」こと、または⑤監督「義務を怠らなくても損害が」生じたであろうことを主張立証すれば、免責されることとなる。①②③が請求原因事実であり、④または⑤が抗弁となる。

⑵　加害者が責任無能力者であること

　714 条 1 項本文によれば、監督者の責任は、「責任無能力者がその責任を負わない場合」に認められる補充的なものである。それゆえ、次の二つの不都合が生じることとなった。一つは、責任能力のある未成年者が不法行為を行った場合には、被害者は、たとえ監督義務違反があったとしても監督者に対して賠償請求することができず、未成年者から賠償を得るほかない。しかし、未成年者は、通常は資力を有しないため、被害者が救済されない結果となる。もう一つは、訴訟法上の問題点ではあるが、被害者は、加害者と監督者のどちらかを被告として選択しなければならない。そして、被害者が監督者に賠償請求した場合において、加害者の責任無能力を立証できないときは、あらためて加害者に対して訴えを提起しなければならない。もっとも、被害者が、主位的には監督者に賠償を請求し、それが認められない場合には予備的に加害者に賠償請求をする、という共同訴訟（訴えの主観的予備的併合）が認められれば問題はない。しかし、判例は、予備的請求の被告とされた者の不利益を考慮して、これを否定する（最判昭和 43・3・8 民集 22 巻 3 号 551 頁）。それゆえ、被害者が被告の選択による不利益を負わざるをえない。

　これらの不都合を避けるために、判例も、未成年者の場合には、11 歳から

14歳程度という比較的高い年齢まで責任能力がないとしてきた（176頁）。しかし、このような手法には限界があるため、学説は、監督者の監督義務違反（過失）と損害の発生との間に因果関係があれば、被害者は、加害者の責任無能力を立証しなくても、監督者に対し、709条の不法行為責任を追及することができると主張した（松坂佐一「責任無能力者を監督する者の責任」我妻還暦㊤165頁）。この見解によれば、加害者に責任能力が存した場合に、監督者は、責任を免れる（714条の反対解釈）のではなく、709条によって責任を負い、714条の反対解釈としては、立証責任の転換が認められないことになる（加藤〔一〕162頁）。判例も、この理を承認した。

> **最判昭和49・3・22民集28巻2号347頁（未成年者の監督義務者の責任）**
>
> 　当時中学三年生（15歳）であったY₁は、小遣銭欲しさに、中学一年生のAを殺害し、Aが集金した新聞代金13900円を強奪した。Aの母Xは、Y₁に対し不法行為者として、Y₁の父母Y₂・Y₃に対しては、親権者としての監督義務を怠った共同不法行為者として損害賠償を請求した。第一審・原審ともにY₁の責任能力を認めつつ、その両親の責任も肯定した。特に原審は、①Y₁が「未だ義務教育の課程を終了していない中学生であり、親権者であるY₂、Y₃のもとで養育監護を受けていたものであるから、Y₂らのY₁に対する影響力は責任無能力者の場合と殆んど変らない程強いものがある」こと、②Y₁の非行について「適切な措置をとらないで全くこれを放任し」たこと、および、③Y₁の「さほど無理ともいえない物質的欲望をかなえ」ず、また「家庭的情愛の欠如」の結果、「Y₁をして本件犯行に走らせたもの」と解されることを理由に、Y₁らの責任を肯定した。Y₁らが上告。
>
> 　最高裁は、「未成年者が責任能力を有する場合であっても監督義務者の義務違反と当該未成年者の不法行為によって生じた結果との間に相当因果関係を認めうるときは、監督義務者につき民法709条に基づく不法行為が成立するものと解するのが相当であって、民法714条の規定が右解釈の妨げとなるものではない」と判示した（上告棄却）。

　この判決は、責任能力のある未成年者の監督義務者の責任を709条によって

肯定する。それゆえ、監督義務違反の立証責任は転換されず（714条の適用は
ない）、また、監督義務者の義務違反と結果との間の「相当因果関係」が要件
となる。この判決に対しては、①「監督義務者の義務違反」が709条の過失と
は異なり、結果回避義務の違反ではなく、親権者の子に対する監護義務の違反
であること、および、②監督義務の違反と結果との間の「相当因果関係」も、
709条の加害行為と損害との因果関係とは異なることから、709条と714条と
が「合体した特殊な規範」を適用したものである、との理解も存在した（四
宮・不法行為672頁、平井・債権各論Ⅱ216頁）。しかし、その後の最高裁は、こ
のような理解を否定し、責任能力を有する未成年者の親権者の責任が、自らの
監督義務違反に基づく709条の責任であることを認めている。すなわち、「間
もなく成人に達する年齢にあり、既に幾つかの職歴を有し、（親権者）の下を
離れて生活した」未成年者A（当時19歳）が強盗傷害事件を起こし、Aの親
権者Yらが被害者Xから監督義務違反に基づく損害賠償を請求された事案に
おいて、最高裁は、「Yらが親権者としてAらに対して及ぼし得る影響力は限
定的なもの」であったとし、「Yらに本件事件に結びつく監督義務違反があっ
たとはいえず」、Yらに「709条に基づく損害賠償責任を認めることはできな
い」とした（最判平成18・2・24判時1927号63頁）。

(3)　責任無能力者による損害

　714条1項本文は、「責任無能力者が第三者に」損害を「加えた」ことを要
件とし、責任無能力者の加害行為と損害との間の事実的因果関係を要求する。
しかし、それにとどまらず、責任無能力者の行為が、責任能力を除くすべての
不法行為の要件（709条）を備えていなければならない。それゆえ、判例も、
児童（小学2年生）が「鬼ごっこ」によって加えた傷害行為が「違法性を欠く」
ことを理由に、児童の監督義務者の責任を否定した（最判昭和37・2・27民集
16巻2号407頁）。

(4)　監督者の免責要件

　「監督義務者がその義務を怠らなかった」ことを主張立証したときは、その
責任を負わない（714条1項ただし書前段）。問題となるのは、失火責任法との

関係である。というのも、同法は、失火者に「重大ナル過失」がある場合に限って不法行為責任が認められるとするが、責任無能力者による失火については、重過失を観念することが難しいからである。考え方は三つある。すなわち、(a)監督義務者の義務違反に失火責任法をはめこみ、その重大な監督義務違反（重過失）がある場合にのみ責任を負うとする見解（福岡地判昭和 46・7・9 判時 659 号 81 頁）と、(b)責任無能力者の行為態様について、過失に相当するものの有無とその軽重を論じることは可能であり、責任無能力者の行為態様を客観的に見て、「重過失に相当するもの」があれば、監督者に不法行為責任が成立するとする見解（東京高判平成 3・9・11—後掲最判平成 7・1・24 の原審）がある。このほか、(c)延焼による不測の損害を賠償させるのは酷であるとの失火責任法の立法趣旨に基づき、責任無能力者の行為から直接生じた火災については 714 条をそのまま適用し、延焼部分については監督について重過失ある場合にのみ責任を負わせるとの見解（四宮・不法行為 674 頁、福岡地小倉支判昭和 47・1・31 判時 683 号 117 頁）がある。しかし、(c)の見解に対しては、「失火により直接生じた被害については無能力者につねに重過失があったと見るのと同じになってしまい、責任能力者の失火の場合と比べて賠償義務者に酷な結果となる」（前掲東京高判平成 3・9・11）との批判がある。

　これらのうち、最高裁が採用したのは(a)の見解である。すなわち、最高裁は、714 条 1 項の趣旨が、「責任を弁識する能力のない未成年者の行為については過失に相当するものの有無を考慮することができず、そのため不法行為の責任を負う者がなければ被害者の救済に欠けるところから、その監督義務者に損害の賠償を義務づけるとともに、監督義務者に過失がなかったときはその責任を免れさせること」にあるとする。そして、これと失火責任法の趣旨とを「併せ考えれば、責任を弁識する能力のない未成年者の行為により火災が発生した場合においては、民法 714 条 1 項に基づき、未成年者の監督義務者が右火災による損害を賠償すべき義務を負うが、右監督義務者に未成年者の監督について重大な過失がなかったときは、これを免れるものと解するのが相当」であり、「未成年者の行為の態様のごときは、これを監督義務者の責任の有無の判断に際して斟酌することは格別として、これについて未成年者自身に重大な過失に相当するものがあるかどうかを考慮するのは相当でない」とした（最判平成

7・1・24 民集 49 巻 1 号 25 頁）。これに対して、最高裁は、715 条（使用者責任）に関しては失火者の重過失を問題とする。すなわち、「『失火ノ責任ニ関スル法律』は、失火者その者の責任条件を規定したものであって、失火者を使用していた使用者の帰責条件を規定したものではないから、失火者に重大な過失があり、これを使用する者に選任監督について不注意があれば、使用者は民法 715 条により賠償責任を負うものと解すべき」であり、被用者の「選任監督について重大な過失ある場合にのみ使用者は責任を負うものと解すべきではない」とする（最判昭和 42・6・30 民集 21 巻 6 号 1526 頁。大判大正 2・2・5 民録 19 輯 57 頁）。そこで、715 条との均衡、および、709 条の「過失」が一般人を基準とした抽象的過失（108 頁）であり、責任無能力者の行為にも重過失に相当するものを観念しうることを理由に、(b)の見解も有力である（前田〔陽〕181 頁）。しかし、現実には、判断能力の著しく劣る幼児や児童について、その年齢や知能程度から通常とるべき行為態様を基準に「重過失に相当するもの」を認めることは困難であり、結局は、監督義務者の監督のあり方を問題とせざるをえないと解される。そうだとすれば、(a)の見解（判例）が妥当であろう。

　ところで、監督者には、①親権者や後見人のように、責任無能力者の全生活関係に広範に及ぶ重い監督義務を負う者と、②学校の教員のように、特定の生活関係についてのみ監督義務を負う者とがある（我妻・事務管理・不当利得・不法行為 159 頁、加藤〔一〕164 頁）。このうち、①については、広範な監督義務を怠らなかったことを立証しなければならないから、監督義務者がその責任を免れることは事実上困難である。ただし、次の判決は、最高裁が初めて親権者の免責を認めたものとして注目される。

> **最高裁平成 27・4・9 判決**（民集 69 巻 3 号 455 頁—親権者の免責が認められた事例）
> 　A（11 歳）が、通学していた小学校の校庭に設置されていたサッカーゴールに向けて、放課後、友人らとともにフリーキックの練習をしていたところ、A の蹴ったボールがゴールの後方 10 ｍの場所にある門扉（高さ 1.3 ｍ）を超えて、側溝に架けられていた橋の上を転がり、道路上に出た。折から自動二輪車を運転して本件道路を進行してきた B（85 歳）は、そのボールを避けようとして

転倒し、左脛骨等を骨折して、入院中に誤嚥性肺炎により死亡した。そこで、Bの相続人であるXらは、Aの親権者であるYらに対して、714条1項に基づく損害賠償請求権を承継したとの理由で訴えを提起した。なお、Aには責任能力がなく、また、Yらは、親権者として、危険な行為に及ばないよう日頃からAに通常のしつけを施していた。第一審・原審は、Yらの監督者責任を肯定した。Yらが上告受理申立て。

　最高裁は、次のように判示して、Yらの責任を否定した（破棄自判）。すなわち、「責任能力のない未成年者の親権者は、その直接的な監視下にない子の行動について、人身に危険が及ばないよう注意して行動するよう日頃から指導監督する義務があると解されるが、本件ゴールに向けたフリーキックの練習は、上記各事実に照らすと、通常は人身に危険が及ぶような行為であるとはいえない。また、親権者の直接的な監視下にない子の行動についての日頃の指導監督は、ある程度一般的なものとならざるを得ないから、通常は人身に危険が及ぶものとはみられない行為によってたまたま人身に損害を生じさせた場合は、当該行為について具体的に予見可能であるなど特別の事情が認められない限り、子に対する監督義務を尽くしていなかったとすべきではない」。そして、「Aの父母であるYらは、危険な行為に及ばないよう日頃からAに通常のしつけをしていたというのであり、Aの本件における行為について具体的に予見可能であったなどの特別の事情があったこともうかがわれない」。そうだとすれば、「Yらは、民法714条1項の監督義務者としての義務を怠らなかったというべきである」。

　これに対して、②では、具体的な行為に対する監督義務が問題となり、その違反がないとして免責されることがある。この①と②は、排斥し合うものではなく、例えば学校における不法行為では、親の①の義務違反と教員の②の義務違反とがともに認められる場合もありうる。

　このほか、監督義務者は、「その義務を怠らなくても損害が生ずべきであった」ことを立証しても免責される（714条1項ただし書後段）。しかし、715条1項ただし書と同じく、その免責が認められるのはまれであろう。

4　効果

　以上の要件を充たすと、法定の監督義務者または代理監督者は、責任無能力
者が第三者に加えた損害について賠償義務を負う。ただし、両者の責任は、排
斥し合うものではなく、ともに成立することもある。その場合には、両責任の
関係は連帯債務となる。

第11節　使用者責任

1　意義・性質

(1)　意義・根拠
　715条1項本文によれば、「ある事業のために他人を使用する者」（使用者）
または「使用者に代わって事業を監督する者」（代理監督者—2項）は、被用者
がその事業の執行について第三者に加えた損害を賠償する責任を負わなければ
ならない。その理由について、起草者は、使用者が被用者の不法行為について
責任を負うのではなく、使用者が被用者の「選任ヲ誤リ又ハ監督ヲ怠リタル」
ために責任を負うものであると解し（梅・民法要義三895頁）、使用者自身の過
失に基づく自己責任であるとした。この見解は、使用者が被用者の選任および
その事業の監督について相当の注意をしたとき、または相当の注意をしても損
害が生ずべきであったときは免責されること（同1項ただし書）によって基礎
づけられる。しかし、通説は、使用者の責任が過失責任主義に基づく一般的不
法行為（709条）と、次の二点において異なるとする。一つは、使用者の過失
が被用者の選任監督についてであって、個別の加害行為に対するものではなく、
もう一つは、その立証責任が使用者に存する点である。すなわち、使用者責任
は、一般的不法行為よりも加重された中間責任である（我妻・事務管理・不当
利得・不法行為163頁）。そして通説は、中間責任の根拠を報償責任に求め、被

用者を支配関係に収め、その労働力を利用することによって自己の活動領域を
拡大する使用者は、利益を収める可能性を増大するのであるから、その拡大さ
れた活動領域から生じる損害については責任を負うべきである（「利益のあると
ころに損失も帰する」）とする（我妻・前掲162頁）。また近年は、報償責任に加
えて、被用者によって活動領域を拡大する使用者は、社会に対する危険も増大
させるため、その危険を支配する者として賠償責任を負わなければならないと
する危険責任を指摘する見解も多い。このような報償責任ないし危険責任は、
使用者責任が、使用者自身の過失に基づく自己責任ではなく、被用者の不法行
為について使用者が代わりに責任を負う「代位責任」である、という理解とな
じむ。そして、実質的にも、被用者よりも資力のある使用者が賠償責任を負う
方が被害者の救済を図ることができ、使用者も、保険に加入することでその損
害を分散できることから、使用者に責任を負わせることが妥当である。

　なお、最高裁は、かねてより、使用者責任の根拠を、報償責任と危険責任の
両者に求めていた。すなわち、最高裁昭和32年4月30日判決（民集11巻4号
646頁）は、使用者責任の根拠が、「他人を使用して企業の利益を受け、もしく
は危険を包蔵する企業を営んで利益を受ける企業者に、公平上、企業それ自体
を理由として他人の行為につき報償責任もしくは危険責任を負わしめる」こと
にあるとした（後掲最判昭和63・7・1民集42巻6号451頁も同旨―270頁参照）。
そして、後述する最高裁令和2年2月28日判決（民集74巻2号106頁）も、
「民法715条1項が規定する使用者責任は、使用者が被用者の活動によって利
益を上げる関係にあることや、自己の事業範囲を拡張して第三者に損害を生じ
させる危険を増大させていることに着目し、損害の公平な分担という見地から、
その事業の執行について被用者が第三者に加えた損害を使用者に負担させるこ
ととしたものである」と判示した。もっとも、昭和32年判決昭和63年判決で
は、使用者責任が「他人の行為」についての代位責任であることが強調され、
「被害者や他の共同不法行為者との関係において」使用者が責任を負うことの
理由付けとして、報償責任と危険責任が挙げられていた。これに対して、令和
2年判決は、使用者責任の趣旨（報償責任・危険責任）から、使用者が被害者と
の関係で損害賠償義務を負うのみならず、「被用者との関係においても、損害
の全部又は一部について負担すべき場合がある」旨を明らかにし、「報償責任

ないし危険責任の考え方が使用者・被用者の内部関係にまで及ぶ」とした点に
「特徴がある」（舟橋伸行・最判解説 45-46 頁）。その意味では、報償責任と危険
責任は、単に使用者の代位責任を基礎づけるに止まらず、被用者との関係にお
いて、使用者自らの責任を基礎づける法理でもあるといえよう。

(2) 事実上の無過失責任

　上記の報償責任や危険責任は、中間的責任ではなく、無過失責任の根拠とな
るものである（97 頁）。実は通説は、中間的責任である 715 条の根拠として、
意識的に報償責任と危険責任を挙げ、その事実上の無過失責任を企図したと解
される（森島・講義 23 頁）。すなわち、多数の被用者を使用する企業の責任を
規律するものとしては、免責事由（715 条 1 項ただし書）を認める民法の規定は、
「甚しく不充分である」。なぜなら、企業は、被用者の一人ひとりについてその
選任上の注意をし、かつ、その職務行為を監督することは「不可能」だからで
ある。そこで、「解釈論としては」、被用者の選任監督に「過誤なし」という使
用者の立証を容易に認めるべきではないとした（我妻・事務管理・不当利得・不
法行為 161-164 頁）。そして判例も、この通説に従い、使用者の免責を容易に認
めず、715 条は事実上の無過失責任となっている。また、被用者の不法行為責
任を代位した使用者は、被用者に対して求償することができる（715 条 3 項）。
しかし、報償責任からは、被用者の行為によって利益を得ている企業がその損
失を被用者に負担させることは妥当でない。そこで、使用者の被用者に対する
求償権は、「損害の公平な分担という見地から信義則上相当と認められる程度」
に制限されている（最判昭和 51・7・8 民集 30 巻 7 号 689 頁）。

　もっとも、715 条は、企業にのみ適用されるのではなく、その使用関係は、
家庭内のものや一時的なものも含まれ、報償責任が妥当しない場合もある。そ
こで、715 条の適用に際しては、個別の使用関係に即してその要件を検討すべ
きであり、被用者の故意・過失が要件となることも、事実上の無過失責任の
「歯止め」（吉村 219 頁）となる。

2　主体（賠償義務者）

(1)　使用者・代理監督者

　使用者責任の主体は、使用者と代理監督者（715条2項）である。それゆえ、「使用者責任」の語には、使用者の責任と代理監督者の責任の両者が含まれる。

　代理監督者は、「客観的に観察して、実際上現実に使用者に代って事業を監督する地位にある者」であり（最判昭和35・4・14民集14巻5号863頁）、具体的には、工場長、支店長、現場監督などがこれに当たる。ただし、使用者である法人の代表取締役であっても、「一般的業務執行権限を有する」だけでは、ただちに代理監督者であるとは認められず、その者が「現実に被用者の選任、監督を担当」していなければ、代理監督者の責任を問うことはできない（最判昭和42・5・30民集21巻4号961頁─営業所の営業を具体的に監督していなかったタクシー会社の代表取締役の責任を否定）。

　ところで、代理監督者は、使用者との関係では被用者の一人にすぎず、報償責任が妥当しないため、この者に使用者と同様の重い責任を負わせるのは酷である。そこで、学説は、代理監督者の責任を危険責任として位置づけるとともに、715条1項ただし書前段の免責を使用者の責任よりも広く認めるべきであるとする（四宮・不法行為707頁）。そして、最高裁も、チーム医療の総責任者の説明義務について、「主治医の説明が不十分なものであったとしても、当該主治医が上記説明をするのに十分な知識、経験を有し、チーム医療の総責任者が必要に応じて当該主治医を指導、監督していた場合には、同総責任者は説明義務違反の不法行為責任を負わない」とした（最判平成20・4・24民集62巻5号1178頁）。この場合には、説明を行った主治医に対する関係では、病院は使用者となるとともに、その主治医が属するチームの総責任者は代理監督者の立場に立つ。それゆえ、総責任者が「必要に応じて当該主治医を指導、監督していた」ことを立証した場合には、その免責が認められうるものとなる。

(2)　被用者

　後述のように、使用者責任が認められるためには、被用者が不法行為（709

条）の要件を満たす必要がある。それゆえ、使用者が 715 条の責任を負う場合には、被用者も 709 条の責任を負い、両責任は不真正連帯の関係となる（大判昭和 12・6・30 民集 16 巻 1285 頁、最判昭和 45・4・21 判時 595 号 54 頁、同昭和 46・9・30 判時 646 号 47 頁。なお、現行民法では連帯債務）。これに対しては、報償責任の観点から、企業がその責任を被用者に負担させるべきではないとの批判がある。そこで学説には、被用者自身の不法行為があるか、被用者の行為を企業の行為と区別できる場合には、被用者の被害者に対する責任が認められるが、企業自体も 709 条の責任を負うようなときは、被用者の責任を否定すべきである、との見解が存在する（四宮・不法行為 708 頁、吉村 237 頁）。また、被用者から使用者への求償（逆求償）を認める見解もあり、最高裁もこれを肯定した（後述）。

3　要件

　使用者責任の要件は、①「ある事業のために他人を使用する」こと（使用関係の存在）、②被用者の加害行為が「その事業の執行について」行われたこと（事業執行性）、および、③被用者が第三者に損害を加えたこと（被用者の不法行為）である。これに対して、使用者が、④被用者の選任監督について相当の注意をしたこと、または、相当の注意をしても損害が生ずべきであったこと（因果関係の不存在）を立証したときは免責される。ただし、前述のように、使用者の免責は事実上認められない。

(1)　使用関係の存在
(ア)「事業」　使用関係の前提となる使用者の「事業」は、きわめて広く解され、仕事と同義である。すなわち、建物の取壊しのような事実的なものや訴訟行為のような法律的なものも含まれ、また、継続的であるか否か、営利的であるか否かを問わない。例えば、判例は、兄が弟に自動車を運転させ、「一時的にせよ」弟を指揮監督して、「その自動車により自己を自宅に送り届けさせるという仕事に従事」させた場合にも、715 条 1 項の適用があるとする（最判昭和 56・11・27 民集 35 巻 8 号 1271 頁—家庭的な仕事）。また、暴力団の抗争中

に組員が警察官を対立する組の組員と誤認して射殺した事件において、最高裁は、暴力団の組長の使用者責任を認めるに際して、組員の行う「組の威力を利用しての資金獲得活動」も組長の「事業」であるとした（最判平成16・11・12民集58巻8号2078頁）。

　(イ)　使用関係　　使用関係も広く解され、雇用ないし労働契約などの契約関係がなくても、また、継続的であると一時的であるとを問わず、一方（使用者）から他方（被用者）への実質的な指揮監督の関係があれば足りる。それゆえ、使用者の事業に従事していても、その指揮監督の下で行動するのではなく、自主性・独立性が認められて行動する者は、被用者にはあたらない。例えば、委任における受任者（弁護士など）や請負における請負人などである。716条本文は、「注文者は、請負人がその仕事について第三者に加えた損害を賠償する責任を負わない」とし、この旨を注意的に規定する。ただし、委任や請負であっても、委任者・注文者と受任者・請負人との間に、実質的な指揮監督関係があれば、使用関係が認められる。とりわけ、下請負では、下請人が請負人（元請）の指揮監督に従って仕事をすることが多く、請負人の使用者責任が認められる（大判昭和9・5・22民集13巻784頁）。なお、716条ただし書は、「注文又は指図についてその注文者に過失があったときは」、注文者が責任を負うとする。その趣旨に関して、かつての判例（前掲大判昭和9・5・22）は、715条におけると同じく、注文者が請負人の行為について責任を負い、ただ、注文者が使用者として注意を怠ったことの立証責任は被害者が負うとした。これに対して、通説は、注文者の注文または指図に過失があったときは、注文者が709条による責任を免れず（我妻・事務管理・不当利得・不法行為166頁）、716条ただし書もこのことを「注意的に規定したにすぎない」とする（加藤〔一〕171頁）。そして最高裁も、通説に従い、注文者の注文または指図についての過失を709条の過失と同じく、注文者の結果回避義務違反として捉えている（最判昭和43・12・24民集22巻13号3413頁、同昭和54・2・20判時926号56頁）。

　(ウ)　名義貸与　　例えば、自動車運送営業のように、免許を必要とする事業の免許を受けた者が他人に名義を貸与した場合において、借用者が交通事故を起こしたときに、名義貸与者は使用者責任を負うか。判例は、名義貸与者と借用者との間に指揮監督関係がないとしても、「民法715条の法理に従い」名義

貸与者の賠償責任を肯定した（最判昭和 41・6・10 民集 20 巻 5 号 1029 頁）。この事案では、「名義貸与自体が違法」であり、名義貸与者は、「事故の発生を未然に防止するよう指揮監督すべき責務を負う」から、事実上の指揮監督関係の有無にかかわらず使用者責任を負う（同判決の原審）と解される。

(2)　「事業の執行について」（事業執行性）

(ア)　意義　使用者は、使用関係があるのみで、被用者が第三者に加えた損害の賠償責任を負うものではない。その責任の根拠となる報償責任ないし危険責任の観点からすれば、被用者が使用者の活動領域を拡大するうえで加えた損害を賠償するにとどまる。それゆえ、715 条 1 項本文の「事業の執行について」（平成 16 年改正前―「事業ノ執行ニ付キ」）は、使用者責任を限定するための重要な要件である。にもかかわらず、その意味は明確ではない。この文言は、旧民法の「使用者ノ職務ヲ行フ為メ又ハ之ヲ行フニ際シテ」（財産編 373 条）を修正したものであり、起草者は、使用者の利益を図る「職務を行うため」より広く、「行うに際して」よりは狭いとした（法典調査会議事速記録 41 巻 21 丁）。しかし、具体的な基準としてはなお不明確であり、その解釈は判例と学説に委ねられた。

(イ)　外形標準説　判例は、当初、「事業ノ執行ニ付キ」を厳格に解し、使用者の事業自体および「之ト一体ヲ為シ不可分ノ関係アル」場合にのみ、使用者責任が認められるとした（一体不可分―大判大正 5・7・29 刑録 22 輯 1240 頁）。これに対して、学説は、この文言を広く解し、行為の外形を標準にして判断すべきであるとした（外形標準説）。すなわち、715 条の根拠である報償責任の観点からは、被用者の使用によって使用者の活動領域が拡大したと客観的に認められる範囲における被用者の行為は、その事業の執行についてなされたものと解すべきであるとした（我妻・事務管理・不当利得・不法行為 168 頁。なお、鳩山・日本債権法各論㊦917 頁参照）。

(ウ)　取引的不法行為　大審院も、上記の見解を受けて、その判例を変更した。すなわち、会社の株券発行事務を担当する庶務課長が自己の保管する株券用紙や印鑑を利用して株券を偽造し、その被害者が会社の使用者責任を追及した事案において、大審院連合部は、「事業ノ執行ニ付キ」を「広義ニ解釈」すべきであるとし、従来の判例に従って一体不可分説を採用した原判決を破棄差

戻しとした（大連判大正 15・10・13 民集 5 巻 785 頁）。この判決は、外形標準説を明示してはいない。しかし、被用者の行為が「外形上使用者ノ事業執行」と異ならないのに使用者責任を否定した従来の判例を改め、事業の範囲内か否かを行為の外形によって決すべきことを明らかにした「重要な判決」（加藤〔一〕181 頁）であった。この後も大審院は、取引行為を介した不法行為（取引的不法行為）の事案において、「事業ノ執行ニ付キ」を広く解し、最高裁もそれを踏襲した。すなわち、会社の経理課長が印を盗用して会社名義の手形を偽造行使した事案につき、最高裁は、「本件手形の振出行為が、外形上、会社の事業の範囲に属する」とした（最判昭和 32・7・16 民集 11 巻 7 号 1254 頁）。また、同様の事案において、「民法 715 条にいわゆる『事業ノ執行ニ付キ』とは、被用者の職務執行行為そのものには属しないが、その行為の外形から観察して、あたかも被用者の職務の範囲内の行為に属するものとみられる場合をも包含するものと解すべき」であるとした（最判昭和 40・11・30 民集 19 巻 8 号 2049 頁）。ただし、このような取引的不法行為の事案では、被害者が被用者の行為が職務の範囲外であることを知っていたか（悪意）、または知らなかったことにつき重大な過失があった場合にまで使用者責任の成立を認める必要はない。そこで最高裁は、「被用者のなした取引行為が、その行為の外形からみて、使用者の事業の範囲内に属するものと認められる場合においても、その行為が被用者の職務権限内において適法に行なわれたものでなく、かつ、その行為の相手方が右の事情を知りながら、または、少なくとも重大な過失により右の事情を知らないで、当該取引をしたと認められるときは、その行為にもとづく損害は民法 715 条にいわゆる『被用者ガ其事業ノ執行ニ付キ第三者ニ加ヘタル損害』とはいえ」ないとした（最判昭和 42・11・2 民集 21 巻 9 号 2278 頁）。したがって、取引的不法行為の事案では、事業執行性が被用者の行為の外形によって判断されるとともに、被害者の外形への信頼（善意・無重過失）が、過失相殺（722 条 2 項）の考慮要素でなく、715 条の成立要件となる。ただし、被害者の悪意または重過失は、使用者の側が立証しなければならない（四宮・不法行為 699 頁）。

　なお、被用者が職務権限を越え、または職務権限を濫用した場合には、使用者責任のほかに代理法理（表見代理〔110 条〕・代理権の濫用〔107 条〕）が問題となる。両者の違いは、要件の点では、715 条が使用関係の存在と被害者の善

意・無重過失が要求されるのに対し、代理では、基本代理権（110 条）や代理権（権限濫用）のほか、相手方の正当事由（110 条）ないし善意・無過失（107条）が要件となる。それゆえ、被害者に軽過失がある場合には、使用者責任は成立する（過失相殺の問題となる）が、表見代理や代理権の濫用は認められない。また、効果の点では、715 条が損害賠償であるのに対し、代理法理では契約が有効となり、その履行が認められる。被害者は、要件を満たす限り、いずれを選択してもよいと解される。

　　(エ)　事実的不法行為(i)――交通事故　　判例は、上記の外形標準説を、交通事故のように取引行為を介さない不法行為（事実的不法行為）にも適用した。すなわち、大審院は、運転技術を修得中の助手が会社のトラックを運転して起こした事故について、「被用者ノ行為ガ当該事業ノ一範囲ニ属スル以上、使用者ノ指揮命令ニ違背スルトコロアルモ、其ノ行為ヨリ生ジタル損害」も事業の執行について生じたものであるとした（大判昭和 7・9・12 民集 11 巻 1765 頁）。そして、最高裁も、旧通産省の自動車の運転手による、辞表を提出した後の大臣秘書官の私用のための運転中の事故について、その運転が「秘書官の私用をみたすためになされたものであっても、なお、通商産業省の運転手の職務行為の範囲に属」し、事業の執行にあたるとした（最判昭和 30・12・22 民集 9 巻 14号 2047 頁）。また、被用者が会社の自動車を私的に利用して追突事故を起こした事案に関し、「事業ノ執行ニ付キ」とは、「広く被用者の行為の外形を捉えて客観的に観察したとき、使用者の事業の態様、規模等からしてそれが被用者の職務行為の範囲内に属するものと認められる場合で足りる」として、会社の使用者責任を肯定した（最判昭和 39・2・4 民集 18 巻 2 号 252 頁）。しかし、最高裁は、外形標準説を採りつつも、出張に自動車の利用を禁じた規定があるにもかかわらず、被用者が自家用車を利用して出張し事故を起こした事案につき、使用者責任を否定した。すなわち、使用者が「出張につき自家用車の利用を許容していたことを認めるべき事情のない本件においては」、被用者による「自家用車」の運転は、「行為の外形から客観的にみても、（使用者の）業務の執行にあたるということはできず」、使用者責任は成立しないとした（最判昭和 52・9・22 民集 31 巻 5 号 767 頁）。この判決は、使用者による指揮監督が難しい自家用車による事故であることを重視した、と解されている（内田・Ⅱ 493 頁）。

　以上の判例に対して、学説は、外形標準説が、外形への信頼が存在する取引的不法行為には妥当するけれども、事実的不法行為には妥当しないと批判した。そして、学説は、(a)取引的不法行為と事実的不法行為とを区別して二元的な基準を用いる見解と、(b)両類型に共通する一元的な基準による見解とに分かれた。例えば、(b)の見解に属する加藤一郎は、自動車事故においては、運転が事業の執行であって、被用者が私用で運転したとしても、「客観的に見てそれが使用者の支配領域内のことがらであると認められる場合には、使用者に責任を負わせるべきである」とする。そしてこの判断は、「取引行為と同様に行為の外形による」が、「取引行為では、行為の外形に対する相手方の信頼が考慮」されるのに対して、「事実行為の場合には、その考慮が除外され、もっぱら客観的に使用者の支配領域内のことがらか否かで決すべき」であるとする（加藤〔一〕182頁—支配領域説）。このほか、一元説には、加害行為と被用者の職務の関連性と加害行為への近接性を基準とする見解（平井・債権各論Ⅱ235頁）や、それらも含めて「種々の要因を総合して評価」すべきであるとする見解（幾代＝徳本207頁）などがある。また、(a)では、取引行為は外形標準説に従いつつ、事実行為は支配領域説によるとする見解がある（森島・講義43頁）。

　(ヰ)　事実的不法行為(ⅱ)——被用者による暴行　　被用者が事業の執行中に暴行をした場合には、最高裁は、「事業の執行行為を契機とし、これと密接な関連を有すると認められる」か否かを基準とする（最判昭和44・11・18民集23巻11号2079頁）。その事案は、土木建築業者の配管工（被用者）が、工事現場において他の作業員に「鋸を貸してくれ」と声を掛けところ、同作業員が鋸を被用者の方に向けて投げたため、同作業員に暴行を加えたものであった（肯定例）。また、寿司屋の出前のため自動車を運転していたところ、第三者とけんかとなり、その者に暴行を加えた事案においても、使用者責任が認められた（最判昭和46・6・22民集25巻4号566頁）。しかし、前日の職務中の口論が翌日の職場で蒸し返されたことによる暴行について、最高裁は、暴行直前の口論の内容が会社の職務とかかわりなく、また、前日の口論が一旦終了し、口論と暴行との間に時間的・場所的な隔たりがあることから、「暴行は会社の事業の執行と密接な関連を有するものと認めることはでき」ないとした（最判昭和58・3・31判時1088号72頁）。

　(カ)　若干の検討　　以上の判例から、有力な見解（内田・Ⅱ 495 頁）は、その判断基準を次のように整理する。すなわち、①取引的不法行為については外形標準説を採り、②自動車のような危険物から生じる事実的不法行為（危険物型）では、加害行為が客観的に使用者の支配領域内の危険に由来するか否かで判断する。また、③暴行のように被用者の主体的行為による事実的不法行為では、事業の執行行為との密接な関連性の有無が基準となる。しかし、判例は必ずしも明確ではなく、①についても、最高裁昭和 40 年 11 月 30 日判決（前掲）は、「使用者の事業の施設、機構および事業運営の実情と被用者の当該行為の内容、手段等とを相関的に斟酌し、当該行為が、(い)被用者の分掌する職務と相当の関連性を有し、かつ、(ろ)被用者が使用者の名で権限外にこれを行うことが客観的に容易である状態に置かれている」場合には、「外形上の職務行為に該当する」とした。このうち、(ろ)は、通常は、「被用者の行為がその職務の範囲内に属するものとの外観をもたらす」ものであり、外形標準説に依拠する。しかし、(い)の職務との関連性は、これにより、「被用者の権限外の行為に対し使用者の支配が及びうる」ことが理由として挙げられている。そうだとすれば、判例の実質的な基準は、被用者の行為に対し使用者の支配が及びうるか否かであり、具体的には、加害行為と被用者の職務との関連性をはじめ、種々の要因（取引行為では、相手方の善意・無重過失も要件となる）によって判断されよう。このように、使用者の支配領域を実質的な判断基準とすることは、715 条の根拠である報償責任ないし危険責任の観点からも妥当である。ただし、その判断に際して、被用者による加害行為とその本来の職務の関係という内部的な実態を重視することは、被害者救済の観点からは妥当でなく、被用者の行為を客観的に評価すべきである（吉村 231 頁）。

(3)　被用者の不法行為

　使用者責任が成立するためには、判例（大判大正 5・7・29 刑録 22 輯 1240 頁）・通説は、被用者の加害行為が一般的不法行為（709 条）の要件を備えることが必要であるとする。この要件は、715 条の文理からは明らかではない。しかし、被用者の故意・過失を不要とすると、使用者の責任を不当に重くする（我妻・事務管理・不当利得・不法行為 173 頁）。また、被用者への求償権が認め

られる（715条3項）ことからも、この要件が前提とされよう（加藤〔一〕167頁）。さらに、使用者責任は代位責任であり、被用者の不法行為について使用者が代わって責任を負うものであるとの理解からは、論理的にも、被用者の加害行為が不法行為の要件を満たしていることが前提となる。

　この判例・通説に対しては、とりわけ企業の使用者責任が問題となる場合には、被害者が加害者である被用者を特定し、その過失を立証することはきわめて困難であるとの批判がある（森島・講義25頁）。そこで、被用者の過失は不要であるとの見解も存在する。しかし、上記のように、使用者責任が代位責任であるとすれば、被用者の過失を前提とせざるをえない。ただし、判例は、国家賠償の事案ではあるが、「国又は公共団体の公務員による一連の職務上の行為の過程において他人に被害を生ぜしめた場合において、それが具体的にどの公務員のどのような違法行為によるものであるかを特定することができなくても」、一定の要件の下に、国または公共団体が「加害行為不特定の故をもって」損害賠償責任を免れることができない旨を認めている（最判昭和57・4・1民集36巻4号519頁）。この論理を使用者責任にも応用すれば、被害者が加害行為を行った被用者を特定しなくても、使用者の責任を肯定することができよう。

　また、判例（大判大正4・5・12民録21輯692頁）・通説は、被用者の責任能力も必要であるとする。そして現実には、被用者に責任能力がないことはほとんどありえないが、仮に責任無能力であったとしても、使用者は責任無能力者の監督義務者としての責任（714条）を負い（加藤〔一〕167頁）、または、責任無能力者を使用したことにつき、使用者の709条による責任が認められるとする（幾代＝徳本200頁）。

　なお、被用者が失火によって第三者に損害を与えた場合には、被用者に故意または重過失があったとき（「失火ノ責任ニ関スル法律」）にのみ使用者責任が成立し、使用者の被用者に対する選任監督に重過失があることは必要ではない。なぜなら、失火責任法は、「失火者その者の責任条件を規定したものであって、失火者を使用していた使用者の帰責条件を規定したものではないから」である（前掲最判昭和42・6・30〔249頁〕）。

(4)　免責事由の不存在

　以上の要件を満たした場合にも、715 条 1 項ただし書によれば、使用者は、①「被用者の選任及びその事業の監督について相当の注意をした」こと、または、②「相当の注意をしても損害が生ずべきであった」ことを立証したときは、その責任を免れることができる。しかし、①については、前述のように、判例は使用者の主張を認めず、使用者責任は事実上の無過失責任となっている。これに対して、②は、使用者の選任監督上の過失と損害の発生との間に事実的因果関係がない場合であって、「当然のことを注意的に規定したにすぎない」(加藤〔一〕184 頁)。ただし、判例は、損害の発生を避けえなかったことが「明確ナル場合」でなければならないとし (大判大正 4・4・29 民録 21 輯 606 頁)、その立証を容易に認めない。したがって、使用者責任の免責が認められることはほとんどなく、その結論は、報償責任および危険責任によって正当化されよう。

4　効果

(1)　使用者と被用者の責任

　715 条 1 項の要件が充たされると、使用者 (または代理監督者) は、損害賠償責任を負う。この場合には、被用者の不法行為責任 (709 条) も認められ、旧法下では、両責任の関係は、不真正連帯の関係になると解されていた (254 頁参照)。なぜなら、使用者と被用者の間には、連帯債務におけるような主観的共同関係が存在しないからである。また、不真正連帯債務と構成して連帯債務の絶対的効力事由 (旧 434～旧 439 条) の適用を回避することにより、被害者の保護を図ることができた。例えば、被用者に対する損害賠償請求権が消滅時効にかかっても、使用者の損害賠償債務には影響しない (旧 439 条参照)。なぜなら、そうでないと、「法律ガ特ニ使用者ニ対スル賠償請求権ヲ認メタ」趣旨が没却されるからである (大判昭和 12・6・30 民集 16 巻 1285 頁)。また、被害者が被用者と和解してその損害賠償債務を免除した場合にも、免除の効力は当然には使用者の債務には及ばない (旧 437 条参照)。ただし、被害者が、被用者との和解によって「全面的に紛争の解決を図」り、使用者の債務をも免除する意思を有していた場合には、免除の効力が及ぶこともある (最判平成 10・9・10

民集 52 巻 6 号 1494 頁)。

　これに対して、民法は、連帯債務の絶対的効力事由を限定し（438 条以下）、かつ、求償の規律（442 条以下）も不真正連帯債務に適用されるとするため、両者の区別をなくし、不真正連帯債務概念を無用のものとしている。それゆえ、使用者と被用者の責任も連帯債務関係となり、連帯債務の規定が適用（ないし類推適用）されよう。

(2)　使用者と被用者の内部関係——求償

　(ア)　使用者の求償権　　使用者または代理監督者が被害者に対して損害賠償を支払った場合には、「被用者に対する求償権の行使を妨げない」（715 条 3 項）。この規定の性質については、使用者の求償権を根拠づけるものであるとの見解（権利根拠規定説）も存在する。しかし、一般には、注意規定にすぎないと解されている（注意規定説）。もっとも、注意規定説においても、求償権の根拠については見解が分かれ、(a)使用者と被用者の内部関係、すなわち、契約関係がある場合にはその債務不履行により、契約関係がない場合には不法行為によって求償権が生ずるとする見解と、(b)使用者責任が代位責任であることから、使用者は被用者に対して当然に求償権を有するとする見解（通説）とが対立する。このうち、(a)の見解は、被用者に対する全額の求償を認めるのか否かが明確ではない。これに対して、(b)の見解は、使用者が被用者の責任を代わりに負うことを前提とするため、使用者の被用者に対する全額の求償を認めることとなる。しかし、使用者責任は、使用者が被用者の活動によって多大の利益を収め（報償責任）、また社会の危険を増大させている（危険責任）ことによる無過失責任であるとの認識が広まり、被用者に賠償の全額を負担させるのは妥当でなく、使用者の求償を制限すべきであるとの見解が有力となった。このような状況で公にされたのが、次の最高裁判決である。

　　最判昭和 51・7・8 民集 30 巻 7 号 689 頁（使用者の求償権の制限）
　　　X は、石炭・石油・プロパンガス等の輸送および販売を業とする資本金 800 万円、従業員約 50 名の株式会社であり、経費節減のため、その所有する車両について対物賠償責任保険と車両保険に加入していなかった。X の従業員で

あるY_1は、Xのタンクローリーを運転中に過失によって先行車に追突し、①先行車に約8万円の損害を生じさせるとともに、②Xに対しても車の破損による修理費と逸失利益の計約33万円の損害を生じさせた。そこでXは、先行車の所有者に対して①を支払い、これをY_1とその身元保証人Y_2・Y_3に求償する（715条3項）とともに、②についてもY_1らに対し、不法行為（709条）に基づく損害賠償を請求した。原審は、Xの請求をその請求額の四分の一である「合計金10万2762円を限度とし」て認め、「これを超過する部分は、いずれも信義則に反し、権利の濫用として許されない」とした。X上告。

最高裁は、次のように判示した。すなわち、「使用者が、その事業の執行につきなされた被用者の加害行為により、直接損害を被り又は使用者としての損害賠償責任を負担したことに基づき損害を被った場合には、使用者は、その事業の性格、規模、施設の状況、被用者の業務の内容、労働条件、勤務態度、加害行為の態様、加害行為の予防若しくは損失の分散についての使用者の配慮の程度その他諸般の事情に照らし、損害の公平な分担という見地から信義則上相当と認められる限度において、被用者に対し右損害の賠償又は求償の請求をすることができる」（上告棄却）。

この判決は、使用者の被用者に対する求償権と損害賠償請求権を「信義則上相当と認められる限度」に制限するものであり、その結論は妥当である。しかし、求償権の根拠については何ら触れず、また、求償権を制限する基準も必ずしも明確ではない。ただし、本件では、Xが経費節減のため任意保険に加入せず、その「しわ寄せを求償に求めたという『損失の分散』措置の懈怠」が、求償権の制限の「核心部分」である、との指摘がなされている（澤井312頁）。

(イ)　被用者からの逆求償　　使用者の求償権の制限が認められると、被用者が被害者に対して全額の賠償をした場合には、使用者に対して求償（逆求償）できるか否かが問題となる。というのも、被害者が被用者のみを被告として損害賠償訴訟を提起した場合には被用者は全額を支払わなければならず、逆求償を認めないと、使用者が全額を支払った場合との不均衡を生じるからである。

この問題について、学説は二つに分かれていた。一つは、被用者の使用者に対する求償（逆求償）を認める見解であり、もう一つは、被害者の被用者に対する責任を制限する見解である。このうち、前者の逆求償は、使用者責任を代

位責任として構成し、使用者の求償が信義則によって制限されるとする立場とは相容れず、容易に認めることはできないとされていた。そこで、使用者に資力があり、その取立てが困難でないにもかかわらず、被害者が被用者のみに損害賠償を請求するときは、権利濫用とすべきであるとの主張がある。また、使用者と被用者の行為が共同不法行為を構成する場合には、その負担部分の相互求償として逆求償を導くことが提唱されていた（澤井 314 頁）。しかし、これらの場合は別として、一般的に被用者の逆求償を根拠づけることは困難であり、実際にも、逆求償が認められると、企業内の平和を乱すという弊害もある（四宮・不法行為 712 頁）ため、逆求償を否定する見解も有力であった。これに対して、最高裁は、次の判決において、逆求償を認めることを明らかにした。

> ### 最判令和2・2・28 民集 74 巻 2 号 106 頁（被用者の使用者に対する逆求償）
>
> 　Y は、全国に多数の営業所を有する貨物運送事業者であるが、その事業に使用する車両全てについて自動車保険契約等を締結していなかった。Y の被用者である X は、トラック運転手として荷物の運送業務に従事していたところ、平成 22 年 7 月 26 日、交差点で A の運転する自転車に接触し、A が転倒して、同日、死亡した。A の相続人は、長男 B と次男 C であり、Y は、C から損害賠償請求訴訟を提起され、訴訟上の和解が成立し、1300 万円の損害賠償を支払った。また、X は、B から損害賠償訴訟を提起され、その確定判決に従って、1500 万円余りの損害賠償を支払った。そこで、X が Y に対し、求償権に基づき求償し（本訴請求）、Y も X に対し、求償権を有するとして求償をした（反訴請求）。第一審（大阪地判平成 29・9・29）は、「使用者責任を負う使用者には、被用者との関係において、報償責任及び危険責任の原理から、実質的な使用者の負担部分の存在を認めることができる」と判示して、X の Y に対する逆求償を認め、Y の反訴請求を棄却した。これに対して、原審（大阪高判平成 30・4・27）は、次のように判示して、X の本訴請求を棄却した。すなわち、「民法 715 条 1 項は、被害者保護のための規定であって、本来、不法行為者である被用者が被害者に対して全額損害賠償債務を負うべきところ、被害者が資力の乏しいこともある被用者から損害賠償金を回収できない危険に備えて、報償責任や危険責任を根拠にして、使用者にその危険回避の負担を負わ

せたものであって、本来の損害賠償義務を負うのは、被用者であることが前提
とされている。使用者には、本来の損害賠償義務者である被用者に対する求償
権を有するものの、信義則上、使用者から被用者に対する権利の行使が制限さ
れることがあると解される。そうすると、民法 715 条 3 項の求償権が制限され
る場合と同じ理由をもって、逆求償という権利が発生する根拠とまですること
は困難である。結果が公平に見えることがあるだけでは、理由とはならない」。
X が上告受理申立てをした。

　最高裁は、次のように判示して原判決を破棄し、事件を原審に差し戻した。
すなわち、「民法 715 条項が規定する使用者責任は、使用者が被用者の活動に
よって利益を上げる関係にあることや、自己の事業範囲を拡張して第三者に損
害を生じさせる危険を増大させていることに着目し、損害の公平な分担という
見地から、その事業の執行について被用者が第三者に加えた損害を使用者に負
担させることとしたものである（前掲最判昭和 32・4・30 および最判昭和 63・
7・1 参照）。このような使用者責任の趣旨からすれば、使用者は、その事業の
執行により損害を被った第三者に対する関係において損害賠償義務を負うのみ
ならず、被用者との関係においても、損害の全部又は一部について負担すべき
場合があると解すべきである」。また、「使用者が第三者に対して使用者責任に
基づく損害賠償義務を履行した場合には、使用者は、その事業の性格、規模、
施設の状況、被用者の業務の内容、労働条件、勤務態度、加害行為の態様、加
害行為の予防又は損失の分散についての使用者の配慮の程度その他諸般の事情
に照らし、損害の公平な分担という見地から信義則上相当と認められる限度に
おいて、被用者に対して求償することができると解すべきところ（前掲最判昭
和 51・7・8)、上記の場合と被用者が第三者の被った損害を賠償した場合とで、
使用者の損害の負担について異なる結果となることは相当でない」。以上によ
れば、「被用者が使用者の事業の執行について第三者に損害を加え、その損害
を賠償した場合には、被用者は、上記諸般の事情に照らし、損害の公平な分担
という見地から相当と認められる額について、使用者に対して求償することが
できるものと解すべきである」。

　本判決は、被用者 (X) の使用者 (Y) に対する逆求償を肯定した。その理
由は、①使用者責任の趣旨（報償責任・危険責任）、および、②使用者から被用

者に対する求償が認められることとの整合性である。

　まず、①使用者責任の趣旨である報償責任・危険責任については、前述のように、それが「使用者・被用者の内部関係にまで」及び、各自の負担部分が認められた。というのも、「危険を伴う事業により使用者が利益を得る一方、その危険が現実化して生じた損害を全て被用者に負担させる」のは公平でなく、かつ、「事故を予防するための業務体制の整備や設備投資」、事故に備えた保険の加入による損失の分散を被用者が行うことは困難であり、使用者のみが行うことができるからである（舟橋・最判解説46頁）。

　また、②使用者の被用者に対する求償権が「信義則上相当と認められる限度において」認められる（昭和51年判決参照）とすれば、使用者が損害賠償義務を履行した場合には、「被用者に求償できずに使用者自ら最終的に負担する部分がある」ことになる。これに対して、逆求償を否定すると、被用者が損害賠償義務を履行した場合には、「使用者が損害を負担することはなく、被用者のみが損害全部を負担する結果」となる。そうだとすれば、使用者と被用者のいずれが損害賠償義務を履行するかは、被害者がいずれに対して損害賠償を求めたか、という事情によって決することとなり、「合理性があるといえない」。そこで、最高裁は、これら2つの場合で「最終的な使用者と被用者の損害負担の結果が異なることは相当ではない」から、逆求償を肯定するとともに、その額についても、昭和51年判決と「同様の基準で決定すべき」としたものと解される（舟橋・最判解説47-48頁）。

　(ウ)　複数の企業の被用者が共同不法行為をした場合の求償　　例えば、AとBが双方の過失によって一つの事故（自動車の衝突など）を起こし、被害者に損害を生じさせた場合にも、共同不法行為が成立し（大判大正2・6・28民録19輯560頁）、AとBの責任は不真正連帯債務となる（最判昭和57・3・4判時1042号87頁）。そして、不真正連帯債務については、かつては債務者間に主観的共同関係がないため、求償関係は生じないと解されていた。しかし、現在では、Aが被害者に全額を賠償した場合には、Bに求償することが認められ、その負担部分は「過失の割合」ないし「責任割合」に従って決せられる（最判昭和41・11・18民集20巻9号1886頁）。なお、民法は、連帯債務と不真正連帯債務の区別を否定し、不真正連帯債務の求償についても、連帯債務の規律（442

条）が適用（ないし類推適用）されるとする。

　以上の判例を前提に、被用者が共同不法行為をした場合における求償関係については、以下の三つの事例が問題となる。

　（i）　A（タクシー運転手）とBの双方の過失によって各自の運転する自動車が衝突し、Aの乗客が傷害を受けた。そこで、Aの使用者であるC（タクシー会社）が乗客の被った全損害を賠償し、Bに対して求償権を行使した。

　最高裁は、「C会社とB及びAらは、被害者に対して、各自、被害者が蒙った全損害を賠償する義務を負うものというべきであり、また、右債務の弁済をしたC会社は、Bに対し、BとAとの過失の割合にしたがって定められるべきBの負担部分について求償権を行使することができる」と判示した（前掲最判昭和41・11・18）。

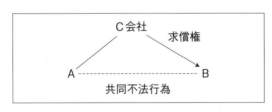

　この判決では、最高裁が理由を付さず、その理論構成は明確でなかった。しかし、次の判決(ii)により、最高裁は、使用者Cと被用者Aとが「一体をなすもの」とみて、Aが全額の賠償をした場合にAがBに対してその負担部分を求償することができるのと同様に、CがAに代わって全額の賠償をした場合には、CがBに対してBの負担部分について求償することができると解することを明らかにした。

　（ii）　A（タクシー運転手）とBの双方の過失（過失割合はA：B＝8：2）によって各自の運転する自動車が交差点で衝突し、他の自動車に物的損害（約30万円）を与えた。この損害について被害者に全額の賠償をしたBは、Aの使用者であるCタクシー会社に求償した。

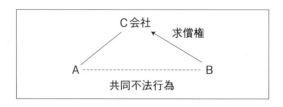

　最高裁は、Bがその「過失割合に従って定められるべき」自己の負担部分である約6万円（2割）を超えて被害者に損害を賠償したときは、Aの負担部分である約24万円（8割）について、「Aの使用者であるCに対し求償することができる」とした。なぜなら、「使用者の損害賠償責任を定める民法715条1項の規定は、主として、使用者が被用者の活動によって利益をあげる関係にあることに着目し、利益の存するところに損失をも帰せしめるとの見地から、被用者が使用者の事業活動を行うにつき他人に損害を加えた場合には、使用者も被用者と同じ内容の責任を負うべきものとしたものであって、このような規定の趣旨に照らせば、被用者が使用者の事業の執行につき第三者との共同の不法行為により他人に損害を加えた場合には、使用者と被用者とは一体をなすものとみて、右第三者との関係においても、使用者は被用者と同じ内容の責任を負うべきものと解すべきであるからである」（最判昭和63・7・1民集42巻6号451頁）。

　この判決は、使用者Cと被用者Aの一体性を強調することにより、被用者の無資力のリスクを他の共同不法行為者Bではなく、使用者に負わせたものであって（浦川道太郎・民法百選II〔第6版〕175頁）、その結論は妥当である。

　なお、昭和63年判決では、Bが求償権を行使することができるのは、自己の負担部分を超えて被害者に損害を賠償したときに限られることを前提としていた。しかし、債権法改正によって連帯債務の規律が改められ、連帯債務者の一人が弁済をした場合には、その連帯債務者は、「自己の負担部分を超えるかどうかにかかわらず」、他の連帯債務者に対し、各自の負担部分に応じた額の求償権を有することとなった（442条1項）。これは、一部求償を認める方が債務者の負担を公平にし、また、自己の負担部分を超えなくても求償を認めることで連帯債務の弁済が促進され、債権者にとっても不都合が生じないからである（部会資料80—3・9頁）。したがって、この限りでは、昭和63年判決は変更

されたこととなる。

　(iii)　では、ＡとＢの共同不法行為によって生じた損害の全額を被害者に支払ったＣ会社（Ａの使用者）は、Ｂの使用者であるＤ会社に対して求償権を行使することができるか（使用者間の求償）。この点が問題となったのが、最高裁平成3年10月25日判決（民集45巻7号1173頁）である。その事案は、クレーンの作業中にＡとＢの双方の過失によって第三者が負傷し、Ｃ会社がその損害を全額賠償してＤ会社に対し求償権を行使したものである（なお、Ｄ会社は、ＢだけでなくＡを指揮監督し、Ａの使用者でもあった）。

　第一審および原審は、損害賠償義務者間の「求償問題を一挙に解決するため」、ＡＢＣＤの各負担部分を個別に定め、ＣのＤに対する請求をＤの負担部分の限度で認めた。しかし、最高裁は、この場合にも使用者と被用者の一体性を強調し、各使用者の責任の割合は、それぞれの被用者の過失割合に従って定められるとした。すなわち、「複数の加害者の共同不法行為につき、各加害者を指揮監督する使用者がそれぞれ損害賠償責任を負う場合においては、一方の加害者の使用者と他方の加害者の使用者との間の責任の内部的な分担の公平を図るため、求償が認められるべきであるが、その求償の前提となる各使用者の責任の割合は、それぞれが指揮監督する各加害者の過失割合に従って定めるべきものであって、一方の加害者の使用者は、当該加害者の過失割合に従って定められる自己の負担部分を超えて損害を賠償したときは、その超える部分につき、他方の加害者の使用者に対し、当該加害者の過失割合に従って定められる負担部分の限度で、右の全額を求償することができる」。なぜなら、「使用者は、その指揮監督する被用者と一体をなすものとして、被用者と同じ内容の責任を負うべき」であり、「この理は、右の使用者相互間の求償についても妥当するからである」。

　また、本件では、Aは、Cの被用者であるだけでなく、Dの被用者でもある。そこで、Bの加害行為に対するDの負担部分はAとBの過失割合に従って定められるが、Aの加害行為に対するCとDの負担部分をどのように決すべきかが問題となった。この問題につき、最高裁は、「一方の加害者を指揮監督する複数の使用者がそれぞれ損害賠償責任を負う場合においても、各使用者間の責任の内部的な分担の公平を図るため、求償が認められるべきであるが、その求償の前提となる各使用者の責任の割合は、被用者である加害者の加害行為の態様及びこれと各使用者の事業の執行との関連性の程度、加害者に対する各使用者の指揮監督の強弱などを考慮して定めるべき」であるとした。したがって、具体的には、「まず、AとBとの過失割合に従って両者の負担部分を定め、Bの使用者としてのDの負担部分を確定し、次いで、Aの加害行為の態様及びこれとD及びCの各事業の執行との関連性の程度、Aに対するD及びCの指揮監督の強弱」などを考慮して、Aの負担部分につき、その使用者としてのD及びCの負担部分を確定する必要があるとした（破棄差戻し）。

第12節　土地の工作物責任

1　意義・沿革

　例えば、コンクリートの塀が倒壊して通行人が負傷した場合のように、「土地の工作物」から生じた損害について、民法は特別の規定を有する。すなわち、「土地の工作物の設置又は保存に瑕疵があることによって他人に損害を生じたときは、その工作物の占有者は、被害者に対してその損害を賠償する責任を負う。ただし、占有者が損害の発生を防止するのに必要な注意をしたときは、所有者がその損害を賠償しなければならない」（717条1項）。この責任を土地工作物責任ないし工作物責任といい、「竹木の栽植又は支持に瑕疵がある場合」にも準用される（同2項）。ただし、717条2項が裁判例で問題となることはあまりない。

　上記のように、土地工作物責任を負うのは、工作物の占有者と所有者である。このうち、占有者は、第一次的な責任を負うが、「損害の発生を防止するのに必要な注意をしたとき」は免責される。その意味では、占有者の責任は、過失の立証責任が転換された中間的責任である。これに対して、第二次的な責任を負う所有者については免責が認められず、無過失責任を負うこととなる。このように、工作物の占有者と所有者の責任が加重されるのは、危険責任の考え方に基づく。すなわち、危険性の高い物を管理し所有する者は、危険の防止に十分な注意を払うべきであり、危険が現実化して損害が生じた場合には、その賠償責任を負わなければならない。その背景には、危険物の管理者と所有者に重い責任を課すことによって注意を喚起し、危険を防止するという政策的な配慮もある（加藤〔一〕193 頁）といえよう。

　もっとも、民法の起草者は、工作物の設置・保存の瑕疵が過失に基づくものであり、現に所有ないし占有する者は、自らに過失がなくても公益上の必要から、他人の過失についても責任を負わなければならないと解していた（過失責任の原則の拡張）。しかし、大正期には、危険責任の考え方がもたらされ、土地工作物責任も危険責任に基づく中間的責任ないし無過失責任と解されるようになった。

　なお、国家賠償法 2 条 1 項は、「道路、河川その他の公の営造物の設置又は管理に瑕疵があったために他人に損害を生じたときは、国又は公共団体は、これを賠償する責に任ずる」と定める。その内容は、民法 717 条 1 項とほぼ同一であり、土地の工作物が国または地方公共団体の設置し管理するものであれば国家賠償法が適用され、私人のものであれば民法が適用されるにすぎない。ただし、国家賠償法は、次の三点において民法の責任を強化している（295 頁）。すなわち、①「土地の工作物」であることを要件としないため、航空機や車両なども「公の営造物」となる。また、②「国又は公共団体」が占有者であっても免責事由(717 条 1 項ただし書)はない。さらに、③「公の営造物の設置若しくは管理の費用を負担する者」もその損害を賠償する責任を負う（国賠 3 条 1 項）。

2　主体（賠償義務者）

(1)　占有者・所有者の責任

　土地工作物責任は、第一次的には「占有者」が負う（717条1項本文）。占有者は、損害の発生の防止に直接の関係を有するからである。しかし、占有者が「損害の発生を防止するのに必要な注意をした」ことを立証してその責任を免れたときは、「所有者」が責任を負う（同条1項ただし書）。所有者に免責が認められないのは、占有者が危険物の一時的な支配者であるのに対して、所有者はその「全面的ないし終局的な利益帰属者であること」、および、通常は所有者の方が占有者よりも資力を有していることに基づく（四宮・不法行為730頁）。

　このように、717条1項の文言上は、被害者がまず占有者を訴え、その責任が認められないときに所有者を訴えることになる。しかし、被害者は、所有者のみ訴えることも可能である。もっとも、その場合には、他に占有者がいることが所有者（被告）の抗弁となり、占有者が必要な注意をしたことが被害者側（原告）の再抗弁となる。いずれにしても、所有者は、占有者が免責の立証に成功した場合にのみ責任を負い、占有者が責任を負うが無資力であるときは責任を負わない。その意味では、717条は、被害者救済の観点からは不十分な規定である。

(2)　占有者

　占有者とは、工作物を事実上支配する者をいい、占有者であるか否かは、物権法上の占有理論（180条以下）によって決せられる。したがって、例えば、店舗の管理を任されていた被用者のような占有機関（占有補助者）は、709条の責任を負うことはともかく、717条の「占有者」ではない。しかし、占有者には、直接占有者のみならず、所有者ではない間接占有者（181条）も含まれる（最判昭和31・12・18民集10巻12号1559頁）。例えば、転借人が直接占有をしている場合における転貸人などである。そして、この場合には、直接占有者が第一次的責任を負い、直接占有者が免責されたときに間接占有者が第二次的責任を負うと解されている（反対、平井・債権各論II 67頁）。

(3)　所有者

占有者が免責される場合、または占有者と所有者とが同一人である場合には、所有者が賠償責任を負う。この責任は無過失責任であり、瑕疵のある工作物を瑕疵のないものと信じて過失なくこれを買い受けた者も、責任を免れることはできない（大判昭和3・6・7民集7巻443頁）。

では、所有者が工作物を第三者に譲渡したが、その移転登記手続をしないうちに損害が生じた場合はどうか。この場合には、登記がなくても譲受人が所有者として責任を負うことには異論がない。問題となるのは、譲渡人（登記名義人）が責任を負うかである。学説は、(a)不法行為法においては登記でなく実体的な権利関係が基準になるとの理由で、譲受人のみが責任を負うとする見解（加藤〔一〕200頁）と、(b)責任追及の相手方を明確化するという被害者の利益を考慮して、被害者は、譲渡人と譲受人のいずれに対しても所有者としての責任を追及しうるとの見解（幾代＝徳本171頁）に分かれる。実体的な権利関係を基準とすると、被害者が責任追及の相手方を確定するうえで不利益を被る場合があり、(b)の見解が支持されよう（吉村251頁ほか。なお、物権的請求権の相手方に関する最判平成6・2・8民集48巻2号373頁参照）。

3　要件

①土地の工作物であること、②その設置または保存に瑕疵があること、③瑕疵と損害との間に因果関係のほか、④損害の発生が要件となる。

(1)　土地の工作物

土地の工作物とは、「土地ニ接着シテ人工的作業ヲ為シタルニ依リテ成立セル物」をいう（大判昭和3・6・7民集7巻443頁―崖のコンクリート擁壁の一部が崩壊して家屋を損壊した事案）。この定義では、①土地への接着性と②人工的な作業を加えた物であることが要件となる。

①土地への接着性が認められるものとしては、建物、建物に付属するエスカレーターやエレベーター、塀、電柱・電線、プール、学校の遊動円木・鉄棒などがある。これに対して、大審院は、織布工場の2階に設置されたシャフトに

巻き込まれて職工が死亡した事案につき、土地の工作物は土地に直接に接着することを要し、工場内に据え付けられた機械は含まれないとした（大判大正元・12・6民録18輯1022頁）。しかし、土地に直接に接着しているか否かは、工作物の本質とは関係ない。そこで学説は、工場内の機械も実質的には建物と一体をなし、全体として土地の工作物になると主張した（加藤〔一〕195頁ほか）。その後の下級審裁判例は、工場内の機械も土地の工作物であるとしている（奈良地葛城支判昭和43・3・29判時539号58頁—工場内の旋盤、東京高判昭和47・11・29判時692号44頁—製麺機、東京高判平成3・11・26判時1408号82頁—パン焼機など）。

　また、最高裁は、土地への接着性の要件を緩和している。すなわち、炭坑の坑口に設置された捲上機のワイヤーロープ（最判昭和37・4・26民集16巻4号975頁）や、ガス消費設備に接続された「比較的容易に着脱することができる」高圧ゴムホース（最判平成2・11・6判時1407号67頁）も、土地の工作物に当たるとした。しかし、小学校の運動用肋木に立てかけられたはしご（大判大正7・10・21民録24輯2000頁）、空き地のゴミ箱の上に置かれた流し台（東京地判昭和46・11・29判時665号66頁）、デパートの屋上に置かれたアルミ製のデッキチェア（東京地判昭和47・12・11判時704号70頁）などは、土地の工作物ではないとされている。

　②土地に接着していても、人工的な作業の加えられていない物は、「工作物」ではない。例えば、天然に存在した池沼（東京高判昭和50・6・23判時794号67頁）などである。これに対して、スキー場のゲレンデ（長野地判昭和45・3・24判時607号62頁）やゴルフコース（横浜地判平成4・8・21判タ797号234頁）は、自然の地勢を利用しつつ人工的な作業が加わっているため、土地の工作物に当たるとされる。

(2)　設置・保存の瑕疵

（ア）　瑕疵の意義　　「工作物の設置又は保存に瑕疵があること」が要件となる。この瑕疵の意義については、見解が分かれる。

　(a)　通説は、瑕疵を、その物が通常備えるべき（特に安全性についての）性状や設備を欠いていることであるとする（客観説—加藤〔一〕196頁、幾代＝徳本

168 頁、四宮・不法行為 733 頁ほか)。すなわち、瑕疵は、工作物の客観的性状から判断されるべきであり、占有者や所有者の故意・過失によることを要しない。なぜなら、土地工作物責任は、少なくとも所有者については無過失責任だからである。それゆえ、設置・保存の瑕疵も、その「行為」を問題とすることなく、当初から瑕疵があるか (設置の瑕疵)、後に瑕疵が生じたか (保存の瑕疵) の違いとなる。ただし、両者を区別する実益はない。このような物の客観的な性状の瑕疵としては、高圧の送電線のゴム被膜の破損 (最判昭和 37・11・8 民集 16 巻 11 号 2216 頁) などが挙げられる。

　(b)　判例は、物の客観的な性状だけでなく、その物の機能に着目して、瑕疵の有無を判断している。すなわち、列車の踏切における警報機や遮断機などの保安設備は、踏切とは別個の工作物である。しかし、最高裁は、「踏切道は、本来列車運行の確保と道路交通の安全とを調整するために存するものであるから、必要な保安のための施設が設けられてはじめて踏切道の機能を果たすことができる」とし、踏切道の軌道施設を「保安設備と併せ一体としてこれを考察すべき」であるとした。そして、瑕疵の有無は、「当該踏切道における見通しの良否、交通量、列車回数等の具体的状況を基礎」に、「保安設備を欠くことにより、その踏切道における列車運行の確保と道路交通の安全との調整が全うされず、列車と横断しようとする人車との接触による事故を生ずる危険が少くない状況にあるとすれば、踏切道における軌道施設として本来具えるべき設備を欠き、踏切道としての機能が果されていない」ため、「設置上の瑕疵がある」と判示した (最判昭和 46・4・23 民集 25 巻 3 号 351 頁)。そこで、瑕疵には、物理的な性状だけでなく、このような機能的な欠陥も含まれると解されている (吉村 244 頁)。

　なお、瑕疵の判断の基準時について、判例は、当該工作物が「通常有すべき安全性を欠くと評価されるようになった」時点であるとし、その時点を確定しないまま、後の法改正をも考慮した原判決の判断を破棄した (最判平成 25・7・12 判時 2200 号 63 頁—アスベスト曝露による被害の事案)。

　(c)　学説では、瑕疵を注意義務違反として捉える見解 (義務違反説) もある (澤井 327 頁)。この見解は、工作物に物理的な欠陥がなくても、結果の回避が可能であるのに占有者や所有者が適切な措置をとらなかったことが瑕疵である

とする。その結果、崖崩れのような自然現象による危険も、回避措置をとらなかったことが瑕疵となり、717条の適用範囲が拡がることとなる。その背景には、営造物責任（国賠2条）について、義務違反説が有力に主張されていることが挙げられる。この義務違反説に対しては、717条が無過失責任であることに反するほか、回避可能性を要件とすることにより、その責任が制限されるとの批判がある。また、河川や道路などの公の営造物では、その危険性が自然力などの外在的原因に由来するため、管理行為の不適切さが問題となり、義務違反説が妥当する。しかし、717条の工作物は、危険性がすでにその物に内在するため、設置・保存行為の不適切さを問題とするのは妥当でない（四宮734頁）との批判がある。

　瑕疵の意義については、無過失責任である717条の解釈としては客観説が適切である。ただし、瑕疵の存否の判断に際しては、工作物の「構造、用法、場所的環境及び利用状況等諸般の事情を総合考慮して具体的個別的に判断」しなければならず（最判昭和53・7・4民集32巻5号809頁―国賠2条1項の解釈）、また、安全性についての性状・設備は、その有する機能の面から捉えなければならない（四宮・不法行為737頁）。その意味では、保安設備を欠く軌道施設は、「本来具えるべき設備を欠」くものであると解される。

　なお、工作物は、「通常備えるべき」性状・設備を有していれば足り、異常な行動や自然力による危険に対処しうるものである必要はない。

　(イ)　立証責任　　瑕疵の立証責任は、原告（被害者）側にある。ただし、瑕疵の存在は、事故の発生から事実上推定されうる（多数説）。

　(ウ)　失火責任法との関係　　工作物の瑕疵によって火災が生じた場合には、717条と失火責任法のどちらを適用すべきかが問題となる。判例は、717条に失火責任法を当てはめ、工作物の設置・保存の瑕疵が占有者または所有者の重過失に基づくことを要件とする（大判昭和7・4・11民集11巻609頁など）。これに対して、学説は、工作物から直接に生じた火災については717条を適用し、延焼部分についてのみ失火責任法を適用するとの見解（加藤〔一〕198頁）や、717条の危険責任には失火責任法の適用が排除されるとする見解（我妻・事務管理・不当利得・不法行為184頁）がある。危険を有する工作物を占有ないし所有する者は、その危険によって生じた火災についても責任を負うべきであり、

失火責任法の適用はないと解すべきであろう。

③　瑕疵と損害の間の因果関係

　台風や地震などの自然力との競合によって損害が発生した場合が問題となる。まず、工作物は通常備えるべき性状・設備を有していなければならないから、通常想定される自然力によって損害が生じた場合には、瑕疵と損害との因果関係が認められる。しかし、異常な自然力が作用し、瑕疵がなくても同じ損害が生じたであろう場合には、因果関係を欠くため、土地工作物責任は成立しない（幾代＝徳本 168 頁）。ただし、瑕疵と異常な自然力とが競合して損害が生じた場合には、瑕疵と損害との因果関係は認められる。この場合において、仮にいずれか一方だけでも同じ損害が生じたであろうときも、同じ損害を生じさせうる瑕疵が認められる以上は、自然力による免責を認めるべきではない。これに対して、異常な自然力が競合しなければ損害がより軽微だったであろう場合には、寄与度による責任の軽減を認める見解が多い。責任の軽減を認めると、その部分が被害者の負担となり妥当でないとの批判（吉村 247-248 頁）もあるが、瑕疵と損害との間の因果関係を認めたうえで、原因が競合した場合に寄与度による減責を認めることは、公平の観点からは妥当な解決であろう。

4　効果

　占有者または所有者が賠償責任を負う。ただし、損害の原因について他にその責任を負うべき者（原因者）が存在するときは、占有者または所有者は、その者に対して求償権を行使することができる（717 条 3 項）。例えば、工作物の瑕疵が、設計者や請負人、前所有者などの過失によって生じた場合がこれに当たる。もっとも、求償が認められるためには、これらの原因者が被害者に対して直接に不法行為責任（709 条）を負うべき地位にあることが必要である。したがって、被害者は、占有者または所有者に 717 条の責任を追及するだけでなく、原因者に対しても 709 条の責任を問うことができ、この場合の両責任は連帯債務の関係となる。

第13節 動物の占有者の責任

1 意義

　動物の占有者（または「占有者に代わって動物を管理する者」―718条2項）は、その動物が他人に加えた損害を賠償する責任を負う（718条1項本文）。ただし、動物の種類および性質に従い、相当の注意をもってその管理をしたときは免責される（同ただし書）ため、この責任は中間的責任である。その根拠は危険責任であるが、今日の社会では動物から生じる危険はきわめて小さく、この規定の有する意義は大きくない。

2 主体（賠償義務者）

　占有者または管理者（改正前は「保管者」）が責任を負う。所有者は、718条の責任は負わない。なぜなら、同条は、損害を防止するために最も近い者に責任を負わせる趣旨だからである。ただし、所有者も、過失があれば、709条の責任を負う。

　占有者には、間接占有者も含まれる。すなわち、最高裁は、運送人に動物の運送を委託した場合に、運送人を「保管者」（管理者）とし、運送委託者を「占有者」として、占有者が相当の注意をもって保管者を選任・監督したことを立証すれば、占有者としての責任を負わないとした（最判昭和40・9・24民集19巻6号1668頁）。この間接占有者の責任は、動物に対する直接の管理責任ではなく、管理者（直接占有者）を介しての責任である。それゆえ、占有者の免責事由としては、718条ではなく、715条1項ただし書に類似した事由が挙げられている。

3　要件

718 条の要件は、①動物が他人に損害を加えたことと、②免責事由のないことである。①については、動物の種類を問わない。家畜のみならず、野生の動物でも人の支配下にあれば本条が適用される。ただし、細菌・ウイルスは、709 条の問題であり、「動物」ではない（反対、吉村 247 頁など）。

損害は、動物の独立の動作によって生じたものでなければならない（我妻189 頁）。動物に咬まれただけでなく、犬の鳴き声による騒音（横浜地判昭和61・2・18 判時 1195 号 118 頁）や、犬が吠えたので驚いて転んで負傷した場合（横浜地判平成 13・1・23 判時 1739 号 83 頁）にも適用される。

②の「相当の注意」とは、「通常払うべき程度の注意義務を意味し、異常な事態に対処しうべき程度の注意義務まで課したもの」ではない（最判昭和 37・2・1 民集 16 巻 2 号 143 頁）。

4　効果

占有者または管理者が賠償責任を負う。他に原因者が存在すれば、717 条 3項のような規定はないが、占有者または管理者は、その原因者に対して求償権を行使することができる。

第 14 節　共同不法行為

1　意義

⑴　719 条の立法趣旨
719 条 1 項前段は、数人が共同の不法行為によって他人に損害を加えた場合には、各自が連帯して損害賠償責任を負う旨を規定する。これを狭義の共同不

法行為という。その趣旨について、起草者は、数人が共謀して他人の家屋を壊した場合のように、数人が共同して一つの不法行為をしたときは、各加害者の行為が損害の原因であるため、被害者は各加害者に対して損害の全部を賠償請求することができるが、被害者の利益のために、法律が特に加害者間に連帯責任を認めたものであるとした（梅・民法要義三 907 頁）。また、同条 1 項後段は、共同行為者のうちいずれの者がその損害を加えたかを知ることができないときも、共同行為者が連帯責任を負うとする。例えば、数人が同時に他人の家屋に向かって石を投げたところ、そのうちの一つが家屋に命中して損害を生じた場合において、誰がその石を投げたかわからないとき（択一的競合）には、誰に対して損害賠償請求をすべきか困る被害者を保護するため、行為者の全員に連帯責任を負わせたものである（梅・前掲 907-908 頁）。この場合を、加害者不明の共同不法行為という。さらに、同条 2 項は、行為者を教唆（他人に不法行為をする意思を決定させる行為）した者と幇助（他人の不法行為を容易にする行為）した者も共同行為者とみなされ、連帯責任を負うとした。なぜなら、教唆者と幇助者は不法行為を行った者ではないが、その行為は共同行為者の行為と「相連繋シテ密着」しているため、連帯責任を負わせるのが妥当だからである（梅・前掲 908 頁）。

　上記のように、719 条は、㋐狭義の共同不法行為、㋑加害者不明の共同不法行為、および、㋒教唆・幇助の三つの類型を規定する。そして㋐につき、従来の通説は、①各行為者の行為が独立に不法行為（709 条）の要件を充たし、かつ、②客観的に関連共同していることを要求した（我妻・事務管理・不当利得・不法行為 193 頁以下）。しかし今日では、多発する公害事件や交通事故において、かりに（事実的）因果関係が存在するとしても、被害者が現実にそれを立証するのが困難であるとの認識を背景に、②の関連共同性の要件が認められれば因果関係の立証は不要である、との見解が多数である。

　このような多数説を前提とすれば、㋒の教唆・幇助も、直接に不法行為を行うものではないが、②関連共同性は認められるため、㋐の狭義の共同不法行為が認められる。そうだとすれば、719 条 1 項前段と 2 項との区別には、あまり意味がないと解される（平井・債権各論Ⅱ 194 頁）。また、㋑についても、多数説は、後述のように、その立法趣旨とは異なる解釈を付している。したがって、

719条に規定された三つの類型は厳格なものではなく、同条の解釈においては1項前段をどのように理解するかが重要となる。そこで以下では、まず、狭義の共同不法行為（719条1項前段）を検討する。

(2)　通説による719条1項前段の理解

　上記の719条1項前段の立法趣旨に従い、従来の通説はその要件として、①各行為者の行為がそれぞれ独立して不法行為（709条）の要件を備えていることと、②行為者の間に関連共同性が認められることの二つを要求していた。このうち、①は、各行為者に故意・過失と責任能力があり、他人の権利が侵害され（違法性）、かつ、各行為と損害との間に因果関係が存在することである（我妻・事務管理・不当利得・不法行為193-195頁、加藤〔一〕207頁）。また、②については、行為者に共謀または他人と共同して行為をしていること（共同行為）の認識は必要でなく、その行為が客観的に関連共同していればよいと解されている。その理由は、沿革的に、719条の前身である旧民法財産編378条に規定されていた「共謀」の要件を削除したことのほか、実質的にも、被害者の救済を厚くするという同条の立法趣旨から、不法行為者の主観的共同関係の有無を問わないことにある（加藤〔一〕208頁）。判例も同様であり、大審院は、共同不法行為を構成するためには、「客観的ニ共同ノ不法行為」によって損害が生じればよく、「共謀其他主観的共同ノ原因」によって損害が生じたことを要しないとした（大判大正2・4・26民録19輯281頁ほか）。ただし、共謀がある場合には、関連共同性の要件が当然に満たされ、共謀した者が現実に加害行為をしなくても、すなわち加害行為と損害との間に因果関係がなくても、その者は損害賠償義務を負わなければならない（大判昭和9・10・15民集13巻1874頁）。この判決は、「共謀という非難されるべき意思の関与が存在する」（平井・債権各論Ⅱ193頁）ことによって正当化されよう。

　戦後の最高裁も、以上の判例・通説を前提に、719条の要件として、①と②を要求する。すなわち、最高裁は、「共同行為者各自の行為が客観的に関連し共同して違法に損害を加えた場合において、各自の行為がそれぞれ独立に不法行為の要件を備えるときは、各自が右違法な加害行為と相当因果関係にある損害についてその賠償の責に任ずべき」であるとした（最判昭和43・4・23民集

22巻4号964頁—山王川事件判決)。

　ところで、従来の通説は、①各行為者の行為が独立して不法行為となることを認めつつ、その行為が②の客観的関連共同性を有することから、各行為者は、その行為の結果を分離せずに、全損害に対して連帯責任を負うことに719条の特色を求める（我妻・事務管理・不当利得・不法行為191頁）。すなわち、同条は、民法における分割債務の原則（427条）を排除して、「共同行為者に連帯の責任を課し、被害者の救済を厚くしている点に特色がある」（加藤〔一〕205頁）こととなる。もっとも、旧法の定める連帯債務（旧432条以下）は、連帯債務者の相互間に緊密な人的関係（主観的共同関係）があることを前提とし、「求償関係の煩雑を回避」するために、連帯債務者の一人に生じた事由が他の連帯債務者にも影響を及ぼすこと（絶対的効力事由—旧434-旧439条）を広範囲に認めていた。しかし、共同不法行為においては、行為者間に密接な主観的共同関係があるとは限らず、また、絶対的効力事由を認めると被害者に不利となることも多いため、共同行為者は連帯債務でなく、旧432条以下の適用がない不真正連帯債務を負うとした。すなわち、719条1項前段の「連帯して」とは、単に各行為者が結果の全部についての賠償義務を負うという意味であって、理論的には不真正連帯債務を負うことであるとする（我妻・事務管理・不当利得・不法行為192頁、加藤〔一〕205-206頁）。

(3)　学説・裁判例の展開

　上記の判例・通説に対して、昭和40年代以降、学説は次のような問題点を指摘した。すなわち、判例・通説は、①共同不法行為の各行為者が独立に不法行為の要件（709条）を満たさなければならないとし、加害行為と損害との間の因果関係を要件として、被害者にその立証を要求する。しかし、そうだとすれば、各行為者は、709条によって当然不法行為責任を負うことになり、②行為の関連共同性という要件を付加する719条は、「成立要件としては無意味・無用のもの」となる。また、実質的にも、公害事件や交通事故訴訟などでは、被害者が各行為者の行為と損害との間の因果関係を立証することが困難である（淡路・公害賠償の理論118頁）。そこで、学説は、次の下級審裁判例（四日市公害訴訟）を契機に、関連共同性の要件に積極的な意味を与え、その代わりに各

行為と損害との間の因果関係の要件を不要ないし緩和する解釈論を展開した。

津地四日市支判昭和 47・7・24 判時 672 号 30 頁（四日市公害訴訟）

　四日市第一コンビナートを構成する、石油精製・火力発電・石油化学等を経営する六つの会社（Y₁〜Y₆）の工場のばい煙に含まれるいおう酸化物等により、コンビナートに隣接する磯津地区の住民 X らが閉そく性肺疾患（ぜんそく）に罹患した。そこで、X らが六社に対して、その共同不法行為に基づく損害賠償を請求した。争点となったのは、ら六社の行為と X らの損害との間の因果関係である。とりわけ、Y₁ ら六社の中にははばい煙が微量であってそれだけでは損害との間に因果関係がないことを主張する者があり、そのような免責の抗弁が認められるかが問題となった。

　判決は、まず、一般論としては判例・通説を前提とした。すなわち、「共同不法行為が成立するには、各人の行為がそれぞれ不法行為の要件をそなえていることおよび行為者の間に関連共同性があることが必要である」とし、「719条 1 項前段の狭義の共同不法行為の場合には、各人の行為と結果発生との間に因果関係のあることが必要である」とする。しかし、この「因果関係については、各人の行為がそれだけでは結果を発生させない場合においても、他の行為と合して結果を発生させ、かつ、当該行為がなかったならば、結果が発生しなかったであろうと認められればたり、当該行為のみで結果が発生しうることを要しないと解すべきである」とした。なぜなら、「当該行為のみで結果発生の可能性があることを要するとし、しかも、共同不法行為債務を不真正連帯債務であるとするときは、709 条のほかに 719 条をもうけた意味が失われるからである」。そして、「共同不法行為の被害者において、加害者間に関連共同性のあることおよび、共同行為によって結果が発生したことを立証すれば、加害者各人の行為と結果発生との間の因果関係が法律上推定され、加害者において各人の行為と結果の発生との間に因果関係が存在しないことを立証しない限り責を免れない」とした。

　さらに判決は、「関連共同性」を「弱い関連共同性」と「強い関連共同性」とに区別し、弱い関連共同性について次のように判示した。すなわち、「共同不法行為における各行為者の行為の間の関連共同性については、客観的関連共同性をもってたり」、その「客観的関連共同の内容は、結果の発生に対して社

会通念上全体として一個の行為と認められる程度の一体性があることが必要であり、かつ、これをもってたりる」。そして本件では、「磯津地区に近接してY₁ら六社の工場が順次隣接し合って」集団的に立地し、しかも、「時をだいたい同じくして操業を開始し、操業を継続しているのであるから、右の客観的関連共同性を有すると認めるのが相当である」とした。

これに対して、上記のような「関連共同性をこえ、より緊密な一体性が認められるときは、たとえ、当該工場のばい煙が少量で、それ自体としては結果の発生との間に因果関係が存在しないと認められるような場合においても、結果に対して責任を免れないことがある」とした。そして、Y₁ら六社のうち三社の間には「特に、緊密な結合関係がみられる」とした。というのも、その三社は、「一貫した生産技術体系の各部門を分担」し、相互に製品・原料が送られ、その受渡しの多くがパイプによってなされているからである。そこで判決は、これら「三社間には強い関連共同性が認められ」、さらに「設立の経緯ならびに資本的な関連」からすれば、「自社ばい煙の排出が少量で、それのみでは結果の発生との間に因果関係が認められない場合にも、他社のばい煙の排出との関係で、結果に対する責任を免れない」とした。

この判決を要約すると、以下の四点にまとめられる。

（i）719条1項前段の解釈として、一方では、「各人の行為と結果発生との間に因果関係」（個別的因果関係）が必要である。しかし他方では、被害者が「加害者間に関連共同性のあること」と「共同行為によって結果が発生したこと」を立証すれば、個別的因果関係の立証は不要である。

（ii）「関連共同性」の要件は、「客観的関連共同性」でよく、これには「強い関連共同性」と「弱い関連共同性」とがある。

（iii）「弱い関連共同性」とは、「結果の発生に対して社会通念上全体として一個の行為と認められる程度の一体性があること」を意味し、被害者がこの「弱い関連共同性」の存在と共同行為によって結果が発生したことを立証すれば、「加害者各人の行為と結果発生との間の因果関係が法律上推定」される。これに対して、加害者は、自らの「行為と結果の発生との間に因果関係が存在しないことを立証」すれば、賠償責任を免れることができる。

（iv）これに対して、「強い関連共同性」とは、加害者間に「緊密な結合関係

がみられる」場合であり、より具体的には、機能的・技術的・経済的に「緊密な一体性が認められる」ことをいう。そして、被害者が「強い関連共同性」の存在と共同行為によって結果が発生したことを立証すれば、各行為者の行為と損害との間の因果関係の存在がみなされ（擬制）、加害者は「結果に対する責任を免れない」こととなる。

　そして、本件では、いおう酸化物の排出量が多く、結果の発生に対する寄与度の大きな会社には弱い関連共同性が認められ、加害者は、その寄与度の大きさから、現実には因果関係の推定を覆すことはできない。これに対して、寄与度の小さい会社には強い関連共同性が認められ、因果関係の存在がみなされるため、結局、すべての会社の共同不法行為が認められることとなる。

　この判決は、「因果関係」の要件に代えて「関連共同性」を要求するとともに、その観点から因果関係の存在をみなす「強い関連共同性」と、その存在が推定される「弱い関連共同性」とを区別するものであり、多くの学説の支持を得た。ただし、判決がこの二つの関連共同性をともに719条1項前段の問題として「二重に構成」することに対しては、「前段を『関連共同性』による『因果関係』の『みなし規定』と考え、後段を『推定』規定と考える方が」適切であるとされた（淡路・公害賠償の理論143頁）。そこで、最近の大気汚染公害訴訟判決においては、719条1項前段は「共同行為者各人が全損害についての賠償責任を負い、かつ、個別事由による減・免責を許さないもの」であって、その要件としては「強い関連共同性」が要求されるのに対し、同後段は、「共同行為を通じて各人の加害行為と損害の発生との因果関係を推定した規定」であり、「共同行為者各人は、全損害についての賠償責任を負うが、減・免責の主張・立証が許され」、その要件としての関連共同性は、「弱い関連共同性で足りる」とする（大阪地判平成3・3・29判時1383号22頁—西淀川公害第1次判決。このほか、横浜地川崎支判平成6・1・25判時1481号19頁—川崎公害第1次判決、岡山地判平成6・3・23判時1494号3頁—倉敷公害判決、横浜地川崎支判平成10・8・5判時1658号3頁—川崎公害第2次-第4次判決、神戸地判平成12・1・31判時1726号20頁—尼崎公害判決、名古屋地判平成12・11・27判時1746号3頁—名古屋南部公害判決も同様である）。

　なお、大阪地裁平成7年7月5日判決（判時1538号17頁—西淀川公害第2次

―第4次判決）は、719条1項前段に「強い関連共同関係」と「弱い関連共同関係」を位置づけ、「弱い関連共同関係」については、「各人の寄与の程度を合理的に合割することができる限り、責任の分割を認める」とともに、同後段においても、共同行為者が「自己の行為が結果を惹起していないことを立証すれば、責任を免除するのが相当であるし、結果に関わっている場合でも寄与の程度を証明し、責任の分割が合理的に可能であれば、減責を認めるのが相当である」とした。しかし、この判決では、719条1項前段の「弱い関連共同関係」がある場合と同後段との関係が必ずしも明確ではない。

(4) 若干の検討

　従来の通説は、719条1項前段の要件として、①各行為者が独立に709条の要件を満たしていることと、②行為の客観的関連共同性を要求していた。しかし、①を要件とすると、少なくとも成立要件の点では719条が無意味となる。そこで、現在の多数説は、因果関係についての被害者の立証の困難を考慮し、被害者は、①のうちの因果関係（個別的因果関係）に代えて、②の関連共同性と、共同行為によって結果が発生したことを立証すればよいとする。もっとも、判例・通説も、行為者間に共謀がある場合には、関連共同性の要件が満たされ、共謀した者が現実に加害行為をしなくても損害賠償義務を負わなければならないとし、主観的共同関係が認められるときは、因果関係の立証を不要としていた。そこで、学説には、主観的共同がある場合にのみ関連共同性が認められるとする見解（主観的共同説）も存在する。これに対しては、大気汚染訴訟におけるコンビナートの形成には意思が認められないから、主観的共同説では対処できないとの批判も考えられる。しかし、主観的共同説も、その主観的要件を「共謀」ではなく、「（各自が）他人の行為を利用し、他方、自己の行為が他人に利用されるのを認容する意思をもつこと」とすることによって、企業間の主観的な関連共同性を認めるものである（前田達明『不法行為帰責論』〔創文社、1978年〕292頁）。

　ところで、現在の多数説および下級審裁判例は、主観的共同説では719条1項前段の適用範囲が狭くなるため、主観的関連共同性が認められない場合においても、強い客観的関連共同性が認められるときは、719条1項前段の適用を

認め、因果関係の存在がみなされることにより、加害者による減免責の主張を
否定し、反面、弱い関連共同性が認められるときは、同後段により因果関係の
存在が推定され、加害者には減免責の主張が許されるとする（主観客観併用説
―淡路・公害賠償の理論 126 頁以下）。

> 719 条 1 項前段——強い関連共同性——因果
> 関係がみなされる——減免責が認められない。
>
> 719 条 1 項後段——弱い関連共同性——因果
> 関係の推定——減免責が認められる。

　このような主観客観併用説は、共同不法行為を類型化し、各類型に応じた要
件・効果を提示する。もっとも、その見解にはヴァリエーションがあり（学説
については、四宮・不法行為 777 頁以下参照）、それに応じてさまざまな類型が提
示されている。以下では、現在の多数説であり下級審裁判例でもある主観客観
併用説を前提に、719 条に即した類型を検討する。

2　要件——関連共同性（共同行為）

(1)　要件

　719 条の共同不法行為の要件は、従来の通説によれば、①各行為者が 709 条
の要件（故意・過失、責任能力、権利侵害〔違法性〕、行為と損害の間の因果関係）
を満たしていることと、②行為の関連共同性である〔図—A〕。しかし、現在
の多数説は、①のうちの各行為者の「行為と損害の間の因果関係」（個別的因
果関係）と②行為の関連共同性という要件を、各行為者の行為の関連共同性
（共同行為）という要件と共同行為と損害の間の因果関係という要件に置き換
えるべきであるとし、その結果、行為の関連共同性（共同行為）という要件が、
各行為者の行為と損害との間の個別的因果関係の立証を不要にすると解する
〔図—B〕。

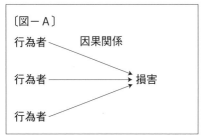

　ところで、719条1項前段の共同不法行為の効果は、各行為者が自己の行為と因果関係にある損害を超えた全損害について賠償責任を負うことであり、各行為者が自己の行為と損害の間の因果関係がないことや結果発生への寄与度が小さいことを立証しても、免責や減責は認められない。それゆえ、行為の関連共同性も、強い（主観的・客観的）関連共同性がある場合に限られる。これに対して、1項後段は、加害者が不明である場合の規定であり、共同行為者の側で自らが加害者でないこと（因果関係がないこと）を立証した場合には、その適用がない。そうだとすれば、同後段は、加害者が不明である場合に因果関係を推定することに意味がある。そこで、弱い関連共同性が認められ、その共同行為によって損害が発生したことは明らかであるが、各行為者の寄与度が不明な場合にも、1項後段を類推適用することが認められる。そして、この場合には、共同行為者の側で、自己の行為と損害の間に因果関係がないことを立証したときは免責され、また、寄与度が小さいことを立証したときは、損害賠償の範囲も寄与度に応じて減責されることになる。

　なお、相互に独立した不法行為が競合した場合（競合的不法行為）は、719条の共同不法行為とは区別して論ずべきである。

(2)　関連共同性（共同行為）の諸類型

(ア)　強い関連共同性が認められる場合（719条1項前段）

(i)　**主観的関連共同性**　数人の不法行為者の間に「共謀」がある場合には、強い（主観的）関連共同性が認められる。例えば、水争いのために闘争行為を協議して決議した者は、「加害ノ現場」にいなくても、損害との間の因果関係が認められる（前掲大判昭和9・10・15）。また、共同の行為によって損害が発生することないしその危険性を認識しながら、あえてその行為を行った場合（共同行為の認識）にも、強い関連共同性が認められる。例えば、ヨットスクールの経営者とコーチらが被害者に対し訓練と生活の管理をし、その指導方針として体罰が容認されていた場合において、被害者が暴行と過激な訓練によって死亡したときは、経営者とコーチに共同不法行為責任が認められる（大阪地判昭和58・9・29判時1093号28頁―戸塚ヨットスクール事件）。

　さらに、719条2項が規定する教唆・幇助についても、強い主観的関連共同性が認められ、1項前段の共同不法行為が成立する。なぜなら、教唆は加害行為に意思的に関与するものであり、また幇助は、共同行為の認識を常に伴うものだからである（平井・債権各論II 194頁）。したがって、719条2項は、1項前段の注意規定にすぎない。

(ii)　**強い客観的関連共同性**　上記のような「強い主観的関連共同性」がなくても、客観的にみて、(a)損害発生の原因行為に強い一体性がある場合、または、(b)損害発生の結果に対して強い寄与がある場合には、強い（客観的）関連共同性が認められる。

(a)　原因行為に強い一体性がある場合としては、前述した四日市公害訴訟が挙げられよう。すなわち、コンビナートを構成する六社のうち三社については、機能的・技術的・経済的に緊密な結合関係ないし一体性が認められ、強い関連共同性が肯定される。

(b)　損害発生の結果に対して強い寄与がある場合とは、例えば、ABCの三社が有害物質を排出していた場合において、BとCの排出物のみでは損害が全く発生しないか、または損害の全部が発生することはなく、Aの排出物が質的ないし量的に合することによってはじめて全部の損害が発生するときは、Aの排出物だけでは損害が発生しないとしても、AとBCとの間には強い関連

共同性が認められる（淡路・公害賠償の理論 131 頁）。

　(イ)　加害者不明の場合（719 条 1 項後段の適用）

　(i)　択一的競合関係　　数人が同時に他人の家屋に向かって石を投げ、その
うちの一つが命中した例（前述）が典型である。このように、複数の行為者の
うちのいずれかの行為によって損害が発生したことは明らかであるが、いずれ
の行為が原因であるかが不明の場合を、択一的競合という。この択一的競合の
場合には、加害者が不明であったとしても、後に損害の原因となった者を石の
指紋などから特定することは可能であり、共同行為者の側で自らの行為と損害
との間に因果関係がないことを立証したときは、その者に責任を負わせるべき
ではない。したがって、前述のように、1 項後段は、加害者が不明である場合
にその因果関係を推定する規定である（反対、我妻・事務管理・不当利得・不法
行為 196 頁）。

　(ii)　判例の見解　　この規定の適用が実際に問題となるのは、薬害訴訟にお
いて、複数の製薬会社が薬品を製造・販売したが、どの薬品によって損害が発
生したかを特定することができない場合が挙げられる。より具体的には、カル
テに記載のない筋肉注射による筋短縮症について、719 条 1 項後段による加害
者不明による因果関係の推定が認められた事例がある（福島地白河支判昭和
58・3・30 判時 1075 号 28 頁）。そして、最高裁も、建設アスベスト訴訟におい
て、719 条 1 項後段が因果関係の推定規定であることを明らかにした。この訴
訟は、建設作業に従事していた者（＝被災者）が、石綿（アスベスト）粉じんに
ばく露したことにより、石綿肺、肺がん、中皮腫等の疾患に罹患したとして、
国および建材メーカーらに対し、不法行為に基づく損害賠償を求めた事案であ
る。最高裁第一小法廷は、令和 3 年 5 月 17 日、四つの事件（神奈川 1 陣、東京
1 陣、京都 1 陣、大阪 1 陣）についての判決を言い渡し、その判断の統一を図っ
た。そのうちの神奈川訴訟第 1 陣判決において、最高裁（民集 75 巻 5 号 1359
頁）は、次のように判示した。すなわち、民法 719 条 1 項後段は、「複数の者
がいずれも被害者の損害をそれのみで惹起し得る行為を行い、そのうちのいず
れの者の行為によって損害が生じたのかが不明である場合に、被害者の保護を
図るため、公益的観点から、因果関係の立証責任を転換して、上記の行為を行
った者らが自らの行為と損害との間に因果関係が存在しないことを立証しない

限り、上記の者らに連帯して損害の全部について賠償責任を負わせる趣旨の規定であると解される」。

(iii)　特定性（十分性）　　719 条 1 項後段が適用されるためには、加害者でありうる者が特定でき、ほかに加害者となりうる者は存在しないことが要件となるか。この要件を「特定性」ないし「十分性」（「他原因者不存在」の要件ということもある）といい、719 条 1 項後段の「共同行為者」の解釈について問題となる。これを不要とする見解も存在するが、多数説は、被害者が「共同行為者」を特定し、その特定された者以外の者によって損害がもたらされたものではないことを証明しなければならないとする（幾代＝徳本・228-229 頁、四宮・不法行為 794 頁）。なぜなら、この要件を課さないと、真の加害者が被告とならず、それ以外の者のみを被告として全損害の賠償をさせることが生じ、著しく不公平な結果となるからである。前掲最高裁令和 3 年判決も、この多数説に従い、次のように判示した。すなわち、719 条 1 項後段は、「その文言からすると、被害者によって特定された複数の行為者の中に真に被害者に損害を加えた者が含まれている場合に適用されると解するのが自然である。仮に、上記の複数の行為者のほかに被害者の損害をそれのみで惹起し得る行為をした者が存在する場合にまで、同項後段を適用して上記の複数の行為者のみに損害賠償責任を負わせることとすれば、実際には被害者に損害を加えていない者らのみに損害賠償責任を負わせることとなりかねず、相当ではないというべきである」。したがって、「被害者によって特定された複数の行為者のほかに被害者の損害をそれのみで惹起し得る行為をした者が存在しないことは、民法 719 条 1 項後段の適用の要件であると解するのが相当である」。

(iv)　要件のまとめ　　719 条 1 項後段を適用するための要件をまとめると、以下のようになる。

①　因果関係を除く一般的不法行為（709 条）の要件　　因果関係は推定されるため、複数の行為者のそれぞれが、因果関係以外の不法行為の要件（故意・過失、違法性、損害の発生）を備えていることが必要である。

②　共同行為者　　かつての通説は、「共同行為者」とは、「直接の加害行為についてではなく、その前提となる集団行為について客観的共同関係がある場合」をいうと解していた（加藤〔一〕211 頁）。しかし、現在の多数説は、集団行

為の場合に限定すべきではなく、関連共同性をも不要とし、同一の損害惹起に関与する者であれば、全く偶然の関係にある者でも「共同行為者」に当たるとする（四宮・不法行為・794頁、大塚・295頁）。

③　適格性　各行為者の行為と発生した結果との間の因果関係は必要ない。しかし、各行為者の行為がそれぞれ単独で全体結果を惹起する危険性を有していたことは、被害者が立証しなければならない。なぜなら、各行為者の行為と結果との因果関係が推定されるためには、各行為者の行為それぞれが危険性を有していたことが必要だからである。これを、「適格性」の要件という。この適格性について、前掲最高裁令和3年判決も、後述のように、719条1項後段の類推適用に関して、被告とされた行為者の製造販売した石綿含有建材が、被災者の「稼働する建設現場に相当回数にわたり到達」したことを要求した。

④　特定性（十分性）　「被害者によって特定された複数の行為者のほかに被害者の損害をそれのみで惹起し得る行為をした者が存在しないこと」（前掲最判令和3年）は、被害者が立証しなければならない。

⑤　択一的競合関係にあること　共同行為者のうちのいずれかの行為によって損害を加えられたことは、被害者が立証しなければならない。しかし、被害者は、加害者が不明であることを立証する必要はなく、加害者の側が、自己の行為が発生した結果との間に因果関係のないことを立証することにより、719条1項後段の適用を免れることとなる（四宮・不法行為・795頁）

以上の要件が充たされたときは、719条1項後段が適用され、各行為者は、全ての損害賠償額について連帯債務を負う。ただし、因果関係は推定されるに止まるため、各行為者は、自らの行為と損害との間の因果関係がないことを立証すれば、免責される。

(ウ)　寄与度不明の場合（719条1項後段の類推適用）

(i)　判例による承認　前述した四日市公害訴訟では、行為者間に緊密な一体性が認められなくても、「結果の発生に対して社会通念上全体として一個の行為と認められる程度の一体性」があれば、弱い関連共同性が認められ、被害者は、各行為者の行為と損害の間の因果関係を立証しなくても、全損害の賠償を求めることができるとされた。より具体的には、行為の場所的・時間的な近接性が弱い関連共同性の基準となり、判決も、六社の工場が集団的に立地し、

かつ、時間的にもほぼ同時期に操業を開始し継続していることから「客観的関連共同性」を肯定した。ただし、この場合には、719条1項後段の類推適用によって因果関係が推定されるにとどまり、行為者が自己の行為と損害の間に因果関係がないことや寄与度を立証すれば、免責または減責されることとなる。

そして、最高裁も、前掲令和3年判決において、加害者が不明の択一的競合ではなく、「累積的に石綿粉じんをばく露し」、損害が発生したため、各行為者の寄与度が不明の場合について、719条1項後段の類推適用を認めた。すなわち、「複数の者がいずれも被害者の損害をそれのみで惹起し得る行為を行い、そのうちのいずれの者の行為によって損害が生じたのかが不明である場合には、被害者の保護を図るため公益的観点から規定された民法719条1項後段の適用により、因果関係の立証責任が転換され、上記の者らが連帯して損害賠償責任を負うこととなるところ」、複数の石綿含有建材メーカーが製造販売したボード三種（＝石綿含有スレートボード・フレキシブル板、石綿含有スレートボード・平板、および、石綿含有けい酸カルシウム板第1種）が、被災した「大工らが稼働する建設現場に相当回数にわたり到達して用いられているものの、本件被災大工らが本件ボード三種を直接取り扱ったことによる石綿粉じんのばく露量は、各自の石綿粉じんのばく露量全体の一部であり、また、被告（建材メーカー）らが個別に上記の本件被災大工らの中皮腫の発症にどの程度の影響を与えたのかは明らかでないなどの諸事情がある。そこで、本件においては、被害者保護の見地から、上記の同項後段が適用される場合との均衡を図って、同項後段の類推適用により、因果関係の立証責任が転換されると解するのが相当である。もっとも、本件においては、本件被災大工らが本件ボード三種を直接取り扱ったことによる石綿粉じんのばく露量は、各自の石綿粉じんのばく露量全体の一部にとどまるという事情があるから、被告（建材メーカー）らは、こうした事情等を考慮して定まるその行為の損害の発生に対する寄与度に応じた範囲で損害賠償責任を負うというべきである」。そして、最高裁は、被告である建材メーカーらが、「民法719条1項後段の類推適用により、中皮腫にり患した本件被災大工らの各損害の3分の1について、連帯して損害賠償責任を負うと解するのが相当である」とした。

　(ⅱ)　719条1項後段の類推適用の要件　　719条1項後段の類推適用につい

ては、その要件をどのように解すべきかが問題となる。

　まず、①因果関係を除く一般的不法行為（709条）の要件が必要とされることには、異論がない。問題となるのは、②「共同行為者」と解されるためには、四日市公害訴訟において摘示された、行為の場所的・時間的な近接性を基準とする「弱い関連共同性」が要求されるか否かである。この問題について、学説は多岐に分かれるが、次のように解されよう。すなわち、一方では、建設アスベスト訴訟におけるように、多数の建材メーカーが製造する石綿含有建材が市場を介して累積的に被害者に影響を及ぼす事案では、行為の場所的・時間的近接性を要件とすることは適切ではない。しかし他方では、複数の行為者間に連帯債務の効果を及ぼすためには、「共同行為者」としての行為の関連性が要求されると解される。そして、最高裁も、前掲令和3年判決においては、次の諸点を前提に、719条1項後段の類推適用を認めている。すなわち、(a)被告らを含む「多数の建材メーカーは、石綿含有建材を製造販売する際に、当該建材が石綿を含有しており、当該建材から生ずる粉じんを吸入すると石綿肺、肺がん、中皮腫等の重篤な石綿関連疾患を発症する危険があること等を当該建材に表示する義務を負っていたにもかかわらず、その義務を履行していなかった」こと、(b)「中皮腫にり患した本件被災大工らは、本件ボード三種を直接取り扱っており、本件ボード三種のうち被告（である建材メーカー）らが製造販売したものが、上記の本件被災大工らが稼働する建設現場に相当回数にわたり到達して用いられていた」こと、および、(c)「本件被災大工らは、建設現場において、複数の建材メーカーが製造販売した石綿含有建材を取り扱うことなどにより、累積的に石綿粉じんにばく露しているが、このことは、これらの建材メーカーにとって想定し得た事態」であることである。そして、同判決の担当調査官は、同判決を、「弱い関連共同性論に依拠しないで結果の発生に何らかの寄与があることに着目して」719条1項後段の類推適用を認める見解からも説明できるとしつつ、次のように述べている。すなわち、「本件三社には、石綿含有建材のメーカーとして本件ボード三種を製造販売し、製造販売した本件ボード三種が大工らの稼働する建設現場に到達したという共通性等があることからすれば、弱い関連共同性論のように行為の関連性に着目して類推適用を肯定する見解から本判決の結論を説明することもできる」とする（中野琢郎・ジュリスト1562

号 92 頁。なお、同・法曹時報 74 巻 4 号 905 頁参照）。もっとも、この判決は、事例判決に止まり、719 条 1 項後段の類推適用の要件を明確に提示するものではない。しかし、判決の摘示する(a)～(c)の事情は、被告とされた建材メーカーの「共同行為者」としての関連性を示唆するものであると解される。

　③各行為者の行為の危険性を示す適格性の要件は、719 条 1 項後段の類推適用においても必要である。最高裁令和 3 年判決も、前述のように、被告とされた行為者の製造販売した石綿含有建材が、被災者の「稼働する建設現場に相当回数にわたり到達」したことを要求し、到達の「相当程度の可能性」ではなく、到達の事実を被害者が立証しなければならないことを前提としたと解される（中野・前掲法曹時報 882 頁）。

　もっとも、特定の建材メーカーの製造販売した石綿含有建材が特定の被災者が従事する建設現場に「相当回数にわたり到達」していたことは、具体的どのように立証されるかが問題となる。この問題について、最高裁令和 3 年 5 月 17 日判決（民集 75 巻 6 号 2303 頁—東京訴訟第 1 陣）は、次のような被害者側の立証方法が「相応の合理性を有し、これにより特定の石綿含有建材について建材現場到達事実が立証されることはあり得る」とした。すなわち、国交省のデータベース掲載の石綿含有建材から、被災者の作業する建設現場に到達した可能性が低いものを除外し、被災者ごとに特定した石綿含有建材のうち、同種の建材の中での市場占有率（シェア）がおおむね 10％以上であるものは、そのシェアを用いた確率計算を考慮して、被災者の作業する建設現場に到達した蓋然性が高いものとする。そのうえで、被災者の具体的な記憶に基づいて、建設現場に到達した石綿含有建材を特定し、そこから販売量が少ない等の建材メーカーからの具体的な指摘によって除外すると、その余の建材は被災者らの作業する建設現場に到達したと解されるとの手法である。

　これに対して、④特定性（十分性）については、前掲最高裁令和 3 年判決（神奈川 1 陣）は、719 条 1 項後段の類推適用の要件としていない。同判決は、被告とされた建材メーカーらの寄与度が、損害の全体には及ばず、「被災大工らの各損害の 3 分の 1 について、連帯して損害賠償責任を負う」として、その寄与度の総計（集団的寄与度）を明らかにしている。そこで、被害者が集団的寄与度の証明をすれば、その集団的寄与度の範囲では、他の加害者の寄与が存

在しないことを証明していると考えられ、これをもって特定性の証明に置き換えることができる、との指摘がなされている（大塚・298—299頁）。

　最後に、719条1項後段の適用要件であった⑤択一的競合関係にあることは、⑤寄与度が不明であることに置き換えられる。すなわち、共同行為者の行為によって損害が発生した（共同行為と損害との間の因果関係は認められる）ものの、その寄与度が明らかではないことが、同後段類推適用の要件となる。

　（ⅲ）要件のまとめ　719条1項後段を類推適用するための要件をまとめると、以下のようになる。

　①　因果関係を除く一般的不法行為（709条）の要件

　②　共同行為者　行為の場所的・時間的な近接性を基準として、弱い関連共同性が認められればこの要件は充たされる。しかし、累積的に行為が競合する場合であっても、複数の行為者の行為に何らかの関連性（弱い関連共同性）が認められれば、この要件が充足されることがある。

　③　適格性　累積的に行為が競合する建設アスベスト訴訟では、被告とされた行為者の製造販売した石綿含有建材が、被災者の稼働する建設現場に相当回数にわたり到達した事実の立証が要求された。

　④　特定性（十分性）は不要であるが、被害者は、被告とされた複数の行為者の損害の発生に対する寄与度の総計（集団的寄与度）を立証する必要がある。

　⑤　寄与度が不明であること。

　以上の要件が充たされたときは、719条1項後段が類推適用され、各行為者は、全ての損害賠償額について連帯債務を負う。ただし、共同行為者の全てが特定されていない場合には、被告とされた行為者の寄与度の総計（集団的寄与度）の範囲の損害賠償額について連帯債務を負う。そして、719条1項後段の類推適用の場合にも、因果関係は推定されるに止まるため、各行為者は、自らの行為と損害との間の因果関係がないこと、または自らの寄与度を立証すれば、免責または減責が認められる。

【参考文献】
　淡路剛久「共同不法行為」石田＝西原＝高木還暦『損害賠償法の課題と展望（中）』（日本評論社、1990年）335頁以下、前田陽一「民法719条1項後段をめぐる共同不法行為論の新たな

展開—建設アスベスト訴訟を契機として」野村豊弘古稀『民法の未来』（商事法務、2014 年）
291 頁以下。

3　効果

(1)　損害賠償の範囲

　共同不法行為の要件が充たされる場合には、「各自が連帯してその損害を賠
償する責任を負う」（719 条 1 項前段）。その損害賠償の範囲について、判例・
通説は、各行為者の行為と相当因果関係（416 条）に立つ損害を賠償すべきで
あるとする。すなわち、判例は、「各自の行為がそれぞれ独立に不法行為の要
件を備える」ことを前提に、各自が「違法な加害行為と相当因果関係にある損
害についてその賠償の責に任ずべき」であるとする（最判昭和 43・4・23 民集
22 巻 4 号 964 頁—山王川事件判決）。そして、特別事情による損害についても、
「之ヲ予見シ又ハ予見シ得ベカリシ事情ニ在リタル共同不法行為者ノミ」が賠
償責任を負うとした（大判昭和 13・12・17 民集 17 巻 2465 頁）。

　しかし、行為と損害との間の個別的因果関係を必要とせず、各行為者の行為
の関連共同性（共同行為）と、この共同行為と損害の間の因果関係を 719 条の
要件とする現在の多数説（274-275 頁参照）に従えば、損害賠償の範囲も、関
連共同性の類型に応じて、以下のようになる。

　(ア)　強い関連共同性が認められる場合（719 条 1 項前段）　　各行為者の行為
の間に主観的または客観的に強い関連共同性が認められる場合には、その共同
行為と（事実的）因果関係にあるすべての損害が賠償の対象となる。この場合
には、各行為者が、自己の行為と損害との間に因果関係がないことや損害の発
生への寄与度が小さいことを立証しても、免責や減責は認められない（275 頁
参照）。

　(イ)　加害者不明の場合（719 条 1 項後段）　　被害者が、各行為者の行為につ
いて、①因果関係を除く一般的不法行為（709 条）の要件、②共同行為者のう
ちのいずれかの行為と損害との間の因果関係、③各行為者の行為が全ての損害
を惹起する危険性を有していたこと、および、④他に損害を惹起し得る行為を
した者が存在しないことを立証した場合には、各行為者の行為と損害との間の

因果関係が推定される。この場合において、行為者のうちのある者が自己の行
為と損害との間に因果関係がないことを立証したときは、免責が認められる
（因果関係不存在の抗弁）。また、自己の行為が損害の発生への寄与度が小さい
ことを立証したときも、減責が認められる（寄与度の抗弁）。しかし、各行為者
は、これらの立証に成功しなかった場合には、共同行為と因果関係にあるすべ
ての損害について賠償責任を負う。

　(ｳ)　寄与度不明の場合（719条1項後段の類推適用）　　各行為者の行為が場
所的・時間的に近接している場合には、弱い関連共同性が認められる。この場
合には、①因果関係を除く一般的不法行為（709条）の要件、②共同行為と損
害との間の因果関係が立証されれば、各行為者の行為と損害との間の因果関係
が推定され、各行為者は全ての損害を賠償する責任を負う。ただし、行為者が
因果関係不存在の抗弁や寄与度の抗弁の立証に成功したときは、その行為者に
ついては免責または減責が認められる。

　このほか、場所的・時間的に近接性のない、各行為者の行為が累積的に競合
する場合にも、複数の行為者の行為に何らかの関連性（弱い関連共同性）が認
められれば、同様に解される。

(2)　「連帯」責任と求償

　(ｱ)　連帯債務　　共同不法行為の各行為者は、「連帯して」損害賠償責任を
負う（719条1項）。この「連帯」の意義を、旧法下の判例・通説は、連帯債務
でなく不真正連帯債務であるとした。すなわち、最高裁は、「民法719条所定
の共同不法行為者が負担する損害賠償債務は、いわゆる不真正連帯債務であっ
て連帯債務ではない」と判示した（最判昭和57・3・4判時1042号87頁―旧434
条の適用を否定、同平成6・11・24判時1514号82頁―旧437条の適用を否定）。

　ところで、旧法下の通説によれば、不真正連帯債務が民法の連帯債務と異な
るのは、次の二つの点であった。一つは、不真正連帯債務では、弁済のような
債権を満足させる事由以外は、債務者の一人について生じた事由が他に影響を
及ぼさないこと（相対的効力）であり、もう一つは、債務者間の内部関係にお
いて求償関係を生じないことである。この二点は、不真正連帯債務においては、
債務者の間に共同目的による主観的な関連がないことに基づく（我妻・Ⅳ444

頁）。

　しかし、上記の二点について、判例は、必ずしも通説のようには解していなかった。

　(イ)　絶対的効力事由の適否　　まず、不真正連帯債務においても、債権者（被害者）の請求に対して、債務者（加害者）の一人が弁済その他債権を満足させる行為をしたときは、絶対的効力が認められる。しかし、それ以外の事由は、相対的効力を生じるにとどまる。すなわち、連帯債務に関する旧 434 条から旧 439 条は、不真正連帯債務には適用されない。例えば、判例は、被害者が共同不法行為者の一人の損害賠償義務を免除した場合には、旧 437 条が適用されず、他の債務者に当然に免除の効力が及ぶものではないとした（前掲最判平成 6・11・24）。ただし、最高裁も、免除の意思表示の解釈によっては、他の共同不法行為者にも免除の効力を及ぼすべき場合があることを認める。すなわち、被害者と共同不法行為者の一方との間で和解が成立し、被害者が残債務を免除した場合において、他方の「残債務をも免除する意思を有していると認められるとき」は、その者に対しても「残債務の免除の効力が及ぶ」とした（最判平成 10・9・10 民集 52 巻 6 号 1494 頁）。

　(ウ)　求償の可否　　前述のように、旧法下の通説は、不真正連帯債務における債務者間には、主観的な共同関係がないため求償関係が生じないと解していた。しかし債権法改正前は、不真正連帯債務者間においても、その内部関係に応じて負担部分を有する場合には求償が認められる、とする見解が一般的であった。最高裁も、このような学説に従い、損害賠償を支払った共同不法行為者の一人が他の共同不法行為者に対して求償することを認め、その場合の負担部分は、各加害者の「過失の割合にしたがって定められる」とした（前掲最判昭和 41・11・18。なお、前掲最判平成 10・9・10 は、「責任割合に従って定められる」とする。このほか、前掲最判昭和 63・7・1、前掲最判平成 3・10・25）。

　ただし、判例は、求償が認められるのは、債務者（加害者）の一人が「自己の負担部分を超えて被害者に損害を賠償したとき」に限られるとする。連帯債務におけると異なり、負担部分以下の弁済によって求償が認められないのは、共同不法行為による被害者をより保護すべきだからである。

　(エ)　民法（債権関係）の改正　　すでに触れたように、民法は、一方では、

連帯債務の絶対的効力事由を限定し、他方では、連帯債務の求償の規律を不真正連帯債務にも適用することによって、両者の区別をなくし、不真正連帯債務の概念を無用とした。

　まず、連帯債務の絶対的効力事由は、更改（438 条）・相殺（439 条 1 項）・混同（440 条）のみに限られ、その他の事由は相対的効力を有するにすぎない（441 条）。換言すれば、旧法において絶対的効力事由とされていた履行の請求（旧 434 条）・免除（旧 437 条）・時効の完成（旧 439 条）は、現行民法では相対的効力事由となる。

　また、債務者間の求償についても、不真正連帯債務概念が不要となるため、連帯債務者間の求償権の規定（442 条）が、共同不法行為者間にも適用（ないし類推適用）されることになる。もっとも、民法は、連帯債務者の一人が弁済等によって共同の免責を得たときは、その免責を得た額が「自己の負担部分を超えるかどうかにかかわらず」求償することができる旨を規定する（442 条 1 項）。それゆえ、このような一部求償を認めないとする、上記の判例法理との関係が問題となる。共同不法行為者間の求償権に関しては、被害者をより保護すべきであるとの理由で、442 条 1 項の類推適用を否定することも考えられる。しかし、「一部求償を認める方が各債務者の負担を公平にするし、自己の負担部分を超えなくても求償を認めることで連帯債務の弁済が促進され、債権者にとっても不都合は生じない」（部会資料 80—3・9 頁）との立法理由からすれば、共同不法行為者間においても、442 条 1 項の適用（類推適用）が認められると解される。

　そうだとしても、全体としては、共同不法行為者間における債務者間の関係についての民法の規律は、従来の判例の帰結と大きく異なるものではないといえよう。

(3)　過失相殺の方法

　(ア)　二つの考え方　　複数の加害者の過失が競合して損害が発生し、反面、被害者側にも過失がある場合には、どのように過失相殺をすべきかが問題となる。例えば、甲の過失と乙の過失が競合して丙に 4000 万円の損害を与えた場合（甲と乙の負担部分は平等）において、丙の過失が甲に対しては 3 割、乙に対

しては 1 割あるときは、過失相殺はどのように行われるか。考え方には、次の二つのものがある。

　(a)　**絶対的過失相殺**　複数の加害者の行為を一体的に捉え、共通の過失割合によって過失相殺を行うものである。その共通の過失割合の算出方法については見解が分かれるが、例えば、丙のより大きな過失を共通の過失割合とすれば、過失相殺の割合は 3 割となり、甲と乙は、丙に対して、2800 万円（4000万円×0.7）の損害賠償責任を連帯して負うこととなる。このほか、共通の過失割合の算出方法としては、丙の過失割合を平均する方法（3 割と 1 割の中間の 2割とする）や、加害者の過失割合を加算する方法（後掲最判平成 15・7・11 はこの方法による）がある。

　(b)　**相対的過失相殺**　各加害者と被害者の間の過失の割合に応じて、相対的に過失相殺をする見解である。この見解によれば、丙は、甲に対しては2800 万円（4000 万円×0.7）の損害賠償を請求することができ、また乙に対しては、3600 万円（4000 万円×0.9）の請求をすることができる。そして、甲と乙は、丙に対して、その重複する限度（2800 万円）で連帯債務を負うこととなる（一部連帯）。

　(イ)　**判例の検討(i)──相対的過失相殺**　最高裁は、まず、交通事故と医療事故が順次に競合した事案において、(b)相対的過失相殺の方法を採用した。

　　最判平成 13・3・13 民集 55 巻 2 号 328 頁（不法行為の順次競合と過失相殺）
　　A（当時 6 歳）は、昭和 63 年 9 月 12 日午後 3 時 30 分頃、自転車を運転し、一時停止を怠って交差点内に進入したところ、タクシー会社の従業員が運転する自動車と接触して転倒した（以下「本件交通事故」という）。A は、本件交通事故の後、直ちに救急車で Y の経営する病院に搬送され、Y の医師 B の診察を受けた。B は、A の意識が清明であり、A が事故態様についてもタクシーと軽く衝突したと説明したため、歩行中の軽微な事故であると考え、レントゲン写真でも頭がい骨骨折を発見しなかったことから、CT 検査や病院内での経過観察をする必要はないと判断した。そして、B は、A の負傷部分の消毒と抗生物質の投与をし、A とその母 X に対し、「何か変わったことがあれば来る

ように」などとの一般的指示をしたのみで帰宅させた。ところが、A は、午後 5 時 30 分頃に帰宅した直後におう吐し、眠気を訴えて午後 6 時 30 分頃に寝入り、翌 13 日午前 0 時 45 分に死亡した（以下「本件医療事故」という）。A の死因は、頭蓋骨骨折による硬膜動脈損傷を原因とする硬膜外血腫であり、早期に血腫の除去を行えば高い確率での救命可能性があったため、B には、A を病院内にとどめて経過観察をするか、少なくとも血腫に至る典型的な症状を具体的に説明し、慎重な経過観察をするよう指導すべき義務の違反があった。そこで、A の両親 X らは、Y に対して損害賠償を請求した。なお、本件では、X らの損害額が約 4000 万円であり、また、X らの Y に対する過失割合が 1 割、ら（X らの補助参加人）に対する過失割合が 3 割であったことが認定されている。第一審は、Y と Z らの X らに対する共同不法行為を認め、Y が損害全額についての賠償責任を負うとした。しかし、原審は、Y と Z らの共同不法行為を認めることもできるが、本件のように「個々の不法行為が当該事故の全体の一部を時間的前後関係において構成し、その行為類型が異なり、行為の本質や過失構造が異なり、かつ、共同不法行為を構成する一方又は双方の不法行為につき、被害者側に過失相殺すべき事由が存する場合には、各不法行為者は、各不法行為の損害発生に対する寄与度の分別を主張することができ、かつ、個別的に過失相殺の主張をすることができる」とした。そして、Y の寄与度を 5 割とし、その限度で Y の責任を認めた。X らが上告受理申立て。

　最高裁は、共同不法行為の成否については、次のように判示した。すなわち、①「本件交通事故と本件医療事故とのいずれもが、A の死亡という不可分の一個の結果を招来し、この結果について相当因果関係を有する関係にある」場合には、Z の行為と Y の行為は「民法 719 条所定の共同不法行為に当た」り、「各不法行為者は被害者の被った損害の全額について連帯して責任を負うべきものである」。そして、「本件のようにそれぞれ独立して成立する複数の不法行為が順次競合した共同不法行為においても別異に解する理由はないから、被害者との関係においては、各不法行為者の結果発生に対する寄与の割合をもって被害者の被った損害の額を案分し、各不法行為者において責任を負うべき損害額を限定することは許されないと解するのが相当である。けだし、共同不法行為によって被害者の被った損害は、各不法行為者の行為のいずれとの関係でも相当因果関係に立つものとして、各不法行為者はその全額を負担すべきものであり、各不法行為者が賠償すべき損害額を案分、限定することは連帯関係を免

除することとなり、共同不法行為者のいずれからも全額の損害賠償を受けられるとしている民法719条の明文に反し、これにより被害者保護を図る同条の趣旨を没却することとなり、損害の負担について公平の理念に反することとなるからである」。

　また、②過失相殺については、本件が、「本件交通事故と本件医療事故という加害者及び侵害行為を異にする二つの不法行為が順次競合した共同不法行為であり、各不法行為については加害者及び被害者の過失の内容も別異の性質を有するものである」ことを前提に、「各不法行為の加害者と被害者との間の過失の割合に応じてすべきものであり、他の不法行為者と被害者との間における過失の割合をしん酌して過失相殺をすることは許されない」とした。なぜなら、「過失相殺は不法行為により生じた損害について加害者と被害者との間においてそれぞれの過失の割合を基準にして相対的な負担の公平を図る制度」だからである（一部破棄自判、一部棄却）。

　この判決は、独立に競合する不法行為（競合的不法行為）を719条の共同不法行為に含めるか否かという問題（後述）に関する重要判例である（判旨①）とともに、共同不法行為における過失相殺について、相対的過失相殺の方法を採用した（判旨②）ものである。その結果、先の例の甲をZ、乙をY、丙をXと置き換えれば、「Yの負担すべき損害額は、Aの死亡によるXらの損害の全額」（約4000万円）について、「被害者側の過失を1割として過失相殺による減額をした」約3600万円である。そして、Zは約2800万円の賠償責任を負い、その限度でYとZが連帯債務を負うこととなる。

　本判決の採用した相対的過失相殺の方法は、二当事者の対立という民事訴訟の構造に合致する。しかし、「被害者が共同不法行為者のいずれからも全額の損害賠償を受けられるとすることによって被害者保護を図ろうとする民法719条の趣旨に反する」（後掲最判平成15・7・11）ものである。それゆえ、本判決は、あくまで、「加害者及び侵害行為を異にする二つの不法行為が順次競合した共同不法行為」に関するものであり、「共同不法行為の他の類型についてまで相対的過失相殺の方法によることを判示」したものではない（三村晶子・最判解説249頁）と解される。

(ウ)　判例の検討(ii)──絶対的過失相殺　最高裁は、次の判決において絶対的過失相殺の方法を採用し、上記判決（最判平成 13・3・13）の射程を明らかにした。

　　最判平成 15・7・11 民集 57 巻 7 号 815 頁（共同不法行為と絶対的過失相殺）
　事案は単純化すると、次のようであった。Y の被用者 A は、深夜、片側 1 車線の道路上に、自動車を路側帯から車線にはみ出るような状態で駐車させ、非常点滅表示灯等を点灯させなかった。X の被用者 B は、X の保有する貨物自動車を運転し、Y の車を避けるため、中央線からはみ出したところ、本件道路の最高速度（時速 40 km）を上回る時速 80 km 以上で進行してきた C の運転する乗用車と衝突した。本件交通事故における A：B：C の各過失割合は 1：4：1 であり、また、本件交通事故によって X は約 300 万円の損害を被り、C は約 600 万円の損害を被った。X の Y に対する損害賠償請求訴訟において争点となったのは、過失相殺の方法であった。原審は、相対的過失相殺の方法を採用した。
　最高裁は、次のように判示して、絶対的過失相殺の方法を採用した。すなわち、「複数の加害者の過失及び被害者の過失が競合する一つの交通事故において、その交通事故の原因となったすべての過失の割合（以下「絶対的過失割合」という。）を認定することができるときには、絶対的過失割合に基づく被害者の過失による過失相殺をした損害賠償額について、加害者らは連帯して共同不法行為に基づく賠償責任を負うものと解すべきである。これに反し、各加害者と被害者との関係ごとにその間の過失の割合に応じて相対的に過失相殺をすることは、被害者が共同不法行為者のいずれからも全額の損害賠償を受けられるとすることによって被害者保護を図ろうとする民法 719 条の趣旨に反することになる」（一部破棄自判、一部棄却）。

　この判決は、「共同不法行為の加害者の行為を一体的にとらえ、加害者の絶対的過失割合を加算したものと被害者の絶対的過失割合とを対比して過失相殺」したものである（中村也寸志・最判解説 407 頁）。具体的には、A（Y）：B（X）：C の過失割合が 1：4：1 であり、C の損害額が 600 万円であるとすれば、

Cの絶対的過失割合は 6 分の 1 であるため、A（Y）とB（X）がCの損害の 6 分の 5（500 万円）について連帯債務を負うこととなる（本件はXのYに対する求償請求に関する）。

このように、本判決は、絶対的過失相殺の方法を採用し、平成 13 年判決のような相対的過失相殺の方法が、「被害者が共同不法行為者のいずれからも全額の損害賠償を受けられるとすることによって被害者保護を図ろうとする民法 719 条の趣旨に反する」として、これを否定した。ただし、本件は、「一つの交通事故」に関するものであり、「その交通事故の原因となったすべての過失の割合（絶対的過失割合）を認定することができるとき」に、絶対的過失相殺の方法を採用したものである。それゆえ、絶対的過失割合を認定することができないときには、なお相対的過失相殺の方法が妥当しよう。そして、相対的過失相殺の方法が妥当する場合としては、「共同不法行為者の一部についてのみ過失相殺が認められる場合」のほか、平成 13 年判決の事案のように、「加害者及び侵害行為を異にする二つの不法行為が順次競合した」場合が挙げられる（中村・前掲 408 頁）。そうだとすれば、①複数の不法行為が一つの事故においてなされ、加害者と被害者の絶対的過失割合を認定できる場合（平成 15 年判決の事案）には、絶対的過失相殺の方法が採られるが、②「加害者及び侵害行為を異にする二つの不法行為が順次競合」し、「各不法行為については加害者及び被害者の過失の内容も別異の性質を有する」場合（平成 13 年判決の事案）には、相対的過失相殺の方法が採られることとなる。

以上の過失相殺の方法に関する議論は、複数の不法行為が共同不法行為となり、719 条が適用されることを前提としたものである。しかし、複数の独立した不法行為が同一の機会または順次に競合した場合にも、共同不法行為に関する 719 条を適用すべきかが問題となる。この問題については、近年は、競合的不法行為を共同不法行為と区別し、719 条の適用を否定する見解が有力である。

4　競合的不法行為

(1)　意義
競合的不法行為とは、賠償の対象となる同一の損害を生じさせた行為者が複

数人存在し、その各行為者の行った独立の不法行為（709条）が偶然に競合した場合における各不法行為をいう（平井・債権各論Ⅱ 206頁以下）。換言すれば、競合的不法行為は、無関係な複数人の「不法行為」が偶然に「同一の損害」を生じさせた場合であり、各行為者の行為が独立に「不法行為」（709条）の要件を充たし、関連共同性を要件としない点において、共同不法行為（719条）と異なる。しかし、損害賠償の対象が「同一の損害」であるため、複数の義務者（多数当事者）が連帯債務を負う点では、競合的不法行為も共同不法行為も同じである。ただし、競合的不法行為では、行為と損害の間の（事実的）因果関係が要件とされるため、加害者は、自己の行為と損害との間の因果関係の不存在や寄与度が小さいことを立証すれば、「一般原則によって免責または減責」が認められる。そしてこの点においても、競合的不法行為は、少なくとも強い関連共同性が存する場合には加害者の減免責を認めない共同不法行為と異なる。

　ところで、従来の判例・通説は、共同不法行為（719条）においても各行為者が独立に不法行為（709条）の要件を充たすことを要求するため、共同不法行為と複数の不法行為の偶然による競合（競合的不法行為）とを区別する実益が乏しかった。これに対して、現在の多数説は、共同不法行為においては、行為と損害との間の個別的因果関係を不要とし、これを関連共同性の要件に置き換える。それゆえ、共同不法行為と競合的不法行為とを明確に区別しようとする見解が多いと解される。

(2) 要件・効果と具体例

　競合的不法行為を認める見解は、その要件を、①各行為者が不法行為（709条）の要件を充たしていることと、②発生した損害が同一であることとする。そして、②の点から、効果としては、各行為者が損害について連帯債務を負う。ただし、行為者の一部が自己の行為と損害との間に因果関係がないこと、または自己の行為の損害発生への寄与度が小さいことを立証すれば、その者は免責または減責される。このような競合的不法行為の具体例としては、以下のものが挙げられる。

　（i）　薬害事件において、国が医薬品の製造販売を許可したとしても、「直接の加害行為者である製薬会社の製造販売行為に共同加功した」ものではないか

ら、「国と製薬会社とは、医薬品による被害につき、共同不法行為者の関係に
立つものではなく、ただ賠償責任の対象となる損害が、偶々同一であることか
ら、両者の損害賠償債務が不真正連帯の関係に立つ」にすぎないとした裁判例
がある（広島地判昭和 54・2・22 判時 920 号 19 頁―広島スモン訴訟第一審判決）。
この判決は、共同不法行為と競合的不法行為の区別を意識したもの（平井・債
権各論 II 207 頁）と評されている。

　(ii)　第一の交通事故によって重傷を受け、第二の交通事故によって死亡した
場合にも、裁判例は、両行為の客観的関連共同性を認め、719 条 1 項前段の共
同不法行為であるとしつつ、損害が可分であることを理由に、第二の事故の行
為者の減責を認めた（東京地判平成元・11・21 判時 1332 号 96 頁）。この事案も、
競合的不法行為であり、「事実的因果関係の及ぶ部分が明らかである」ため、
減責の主張が認められたとされる（平井・債権各論 II 209 頁）。

　(iii)　二台の自動車が衝突し、近くの通行人に傷害を負わせた場合にも、多数
説は共同不法行為の成立を認めてきた。しかし、二台の自動車の運転は「全く
別個独立のものであって、互いに利用しあう一体性」がないため、競合的不法
行為（独立不法行為競合型）として扱うべきである（内田・II 538 頁）。

　(iv)　交通事故と医療事故とが順次に競合した場合には、最高裁は、両事故が
「A の死亡という不可分の一個の結果を招来し、この結果について相当因果関
係を有する関係にある」ため、共同不法行為に当たるとした（前掲最判平成
13・3・13）。しかし、同判決の原審のように、両事故の「行為類型が異なり、
行為の本質や過失構造が異」なるため、これを競合的不法行為と解し、寄与度
による減責を認める見解もある。

(3)　共同不法行為の成否

　上記の有力説に対しては、自己の免責または賠償範囲の減縮のために他人の
違法行為を援用すべきでないとの理由から、競合的不法行為も共同不法行為と
して位置づける見解が存在する（澤井 360 頁）。この見解によれば、上記の例は
いずれも、行為者間に主観的共同はもちろん、「厳格な客観的関連共同性もな
い」が、「第一次的侵害から結果発生に至る」行為の「絡み合いを否定するこ
とは困難である」とする。そして、効果の点でも、共同不法行為と競合的不法

行為は「(不真正)連帯責任であり、事案の総合判断により、全額の(不真正)連帯であったり、部分的連帯であったりする」。また、共同不法行為においても減免責が可能な場合もあり、結局、競合的不法行為に「民法719条1項前段・後段から離れた体系的地位を与える必要はなく、同条項における一類型として位置づければ足りる」とする。

　上記の例のうち、(i)、(ii)および(iv)には、行為の場所的・時間的な近接性があり、社会通念上全体として一個の行為として認められる程度の一体性がある。それゆえ、弱い関連共同性を肯定することができ、719条1項後段の類推適用が認められる(三村・平成13年度最判解説241頁は、(iv)について、交通事故と医療事故とが「時間的に接着性があり、被害者からみても一体的な行為と捉え得るもので、客観的関連共同性という評価が可能」であるとする)。ただし、(iv)は、各事故と被害者の死亡との間の因果関係が認められ、両加害者が「結果全部に対し責任を負うことは当然と考えられる事案」(三村・前掲245頁)であり、寄与度による減責は否定される。また、(iii)や前掲最高裁平成15年判決の事案(一つの交通事故による損害)では、損害発生の結果に対して強い寄与がある場合に該当し、強い関連共同性が認められ、719条1項前段の適用が肯定されよう。

　いずれにしても、行為の異質性のみを理由に競合的不法行為を広く認めることは、「各不法行為者が賠償すべき損害額を案分、限定すること」となり、「共同不法行為者のいずれからも全額の損害賠償を受けられるとしている民法719条の」被害者保護の「趣旨を没却する」(前掲最判平成13・3・13)。そうだとすれば、関連共同性を広く認め、競合的不法行為も共同不法行為の一つの類型として、719条の解釈に位置づける見解(澤井)が適切であると考える。

第 15 節　特別法上の不法行為

1　特別法上の不法行為一般

(1)　本書の対象

　民法典上の特殊の不法行為のほかに、特別法においても民法 709 条の成立要件を修正する不法行為の類型が規定されている。この特別法上の不法行為は、いずれも過失責任の原則を修正するものであるが、その方向性には大別すると次の二つのものがある。

　一つは、過失責任の原則をさらに加重するものである。例えば、国家賠償法は、民法 715 条または 717 条と同様の責任（無過失責任）を定めている。また、自動車損害賠償保障法は、「自己のために自動車を運行の用に供する者」（運行供用者）に一定の免責事由の立証責任を課し、これを証明しない限り、賠償責任を負うものとする（中間的責任）。さらに、製造物責任法は、製造物の欠陥によって生じた損害について、製造者等の無過失責任を規定する。

　もう一つは、過失責任の原則を軽減するものである。これには、失火者に重過失がある場合に限ってその責任を認める「失火ノ責任ニ関スル法律」（失火責任法）がある。

　本書では、以上の特別法上の不法行為について、その内容を概観する。

(2)　その他の無過失責任

　以上のほかにも、公害による被害については、無過失責任を規定する特別法が存在する（96 頁参照）。例えば、鉱業法は、鉱物を掘採するための土地の掘さく、廃水の放流または鉱煙の排出等による損害について、鉱区の鉱業権者または租鉱権者に無過失責任を課している（109 条 1 項）。また、大気汚染防止法（25 条）、水質汚濁防止法（19 条）および船舶油濁損害賠償保障法（3 条・39 条の 2）も、加害者の無過失責任を規定する。さらに、原子力損害の賠償に関する法律は、「原子炉の運転等の際、当該原子炉の運転等により原子力損害を与

えたときは、当該原子炉の運転等に係る原子力事業者がその損害を賠償する責めに任ずる」(3条1項本文)とし、原子力事業者の無過失責任を規定する。ただし、「その損害が異常に巨大な天災地変又は社会的動乱によって生じたものであるときは、この限りでない」(同ただし書)とし、その免責事由を規定する。

公害以外の領域では、「私的独占の禁止及び公正取引の確保に関する法律」(独占禁止法)が、私的独占もしくは不当な取引制限をし、または不公正な取引方法を用いた事業者に無過失責任を課している(25条)。

2 国家賠償法

(1) 法律の制定

戦前の日本においては、公務員は天皇に対してのみ義務を負い、国民に対しては損害賠償義務を負わないとされていた(国家無答責の原則)。もっとも、国有鉄道の事故による損害のように、国・公共団体の行為であっても営利を伴う私経済的作用による損害については、民法上の不法行為責任が認められていた(大判明治31・5・27民録4輯5巻9頁、大判大正8・3・3民録25輯356頁—信玄公旗掛松事件)。また、行政上の行為であっても、「公法上ノ権力関係ニ属スルモノ」ではない、「純然タル私法上ノ」行為については、民法の適用が認められていた。例えば、大審院は、市立小学校の「遊動円棒」の瑕疵によって児童が死亡した事故に対して民法717条の適用を認めた原院の判断を「不法ニアラズ」とした(大判大正5・6・1民録22輯1088頁)。しかし、公権力を行使する公務員の違法行為については、公務員個人に対しても、またその使用者である国・公共団体に対しても、その責任を問うことはできなかった。例えば、大審院昭和8年4月28日判決(民集12巻1025頁)は、消防自動車の試運転によって人が轢き殺された事案において、同行為が「国家警察権ノ一作用」であるとして、消防署を設置する公共団体の賠償責任を否定した。

しかし、戦後の日本国憲法は、「何人も、公務員の不法行為により、損害を受けたときは、法律の定めるところにより、国又は公共団体に、その賠償を求めることができる」(17条)と規定し、これを受けて、昭和22年(1947年)に国家賠償法が制定された。

　国家賠償法は、公務員の不法行為に基づく国・公共団体の賠償責任の規定（国賠1条）と、公の営造物の設置または管理の瑕疵に基づく国・公共団体の賠償責任の規定（国賠2条）とを設ける。前者（国賠1条）は民法715条の特別規定であり、また後者（国賠2条）は民法717条に対応する。そして、国・公共団体の損害賠償責任には、国家賠償法の規定のほか、民法の規定が適用される（国賠4条）。

(2)　公務員の不法行為による賠償責任（国賠1条）

　(ア)　民法715条との異同　　国家賠償法1条1項は、①国または公共団体の公権力の行使に当たる公務員が、②その職務を行うについて、③故意または過失によって違法に他人に損害を加えたときは、「国又は公共団体が、これを賠償する責に任ずる」と規定する。その要件（①〜③）は、民法715条に類似する。そして、同規定は、不法行為をした公務員に代わって国または公共団体に賠償責任を負わせる（代位責任）ものであり、民法715条とその基礎を同じくする。ただし、国家賠償法1条と民法715条は、以下の点で異なる。

　第一に、国・公共団体の責任は無過失責任であり、その免責事由は存在しない。もっとも、使用者責任も、その運用上は無過失責任とされている（252-253頁）ため、この点における両者の差異は事実上解消されている。

　第二に、国家賠償法1条2項は、公務員に故意または重大な過失があったときにのみ、国・公共団体の公務員に対する求償権を認めるのに対し、民法715条3項は、被用者に軽過失がある場合にも使用者の求償権を認めている。ただし、民法715条3項の適用に際しては、使用者の求償権が制限されている（263-265頁）ことに注意を要する。

　第三に、判例上、不法行為をした公務員個人は、被害者に対して直接に責任を負うものではないとされる（最判昭和30・4・19民集9巻5号534頁）。それゆえ、公務員からの逆求償も問題とならない。もっとも、学説では、公務員個人も責任を負うとする見解が有力である。

　(イ)　要件　　国家賠償法1条1項が適用されるための要件は、次の三つである。

　(i)　国・公共団体の公権力の行使に当たる公務員の行為であること　　国家

賠償法1条と民法715条の適用を分ける基準となるのが、「公権力の行使」と「公務員」の概念である。

　まず、「公権力の行使」の意義について、現在の多数説は、国・公共団体の作用のうち、私経済的作用および営造物の設置・管理作用（国賠2条）を除いたすべてのものをいうとする。これに対して、学説には、権力的作用に限るとする見解（狭義説）や私経済的作用も含むとする見解（最広義説）も存在する。判例は、「公権力の行使」に「公立学校における教師の教育活動も含まれる」（最判昭和62・2・6判時1232号100頁）とし、その意義を広く解している。しかし、「レントゲン写真による検診及びその結果の報告は、医師が専らその専門的技術及び知識経験を用いて行う行為であって、医師の一般的診断行為と異なるところはないから、特段の事由のない限り、それ自体としては公権力の行使たる性質を有するものではない」（最判昭和57・4・1民集36巻4号519頁）とし、私経済的作用を除外している。それゆえ、結論としては、多数説に従っていると解される。

　また、「公務員」とは、国家公務員法等にいう公務員に限られず、国家賠償法の目的に照らして、「実質的に公権力の行使たる公務の執行にたずさわる者を広くいう」と解されている（名古屋高判昭和61・3・31判時1204号112頁）。例えば、強制執行を行った執行官の補助者として、執行行為である物の搬出行為に携わった運送会社の従業員も、「執行補助者としての行為に関する限り、（国家賠償法1条）にいう公務員」に当たる（前掲名古屋高判昭和61・3・31）。

　なお、「公務員による一連の職務上の行為の過程において他人に被害」が生じた場合には、その被害が「どの公務員のどのような違法行為によるものであるかを特定することができなくても」、①一連の行為のうちのいずれかに違法行為があったのでなければ被害が生ずることはなかったであろうと認められ、かつ、②その被害につき国・公共団体が法律上賠償の責任を負うべき関係が存在するときは、国・公共団体は、加害行為が不特定であることを理由に損害賠償責任を免れることができない（前掲最判昭和57・4・1）。

　(ⅱ)　公務員が「その職務を行うについて」加害行為をしたこと　　民法715条の「事業の執行について」と同様に、行為の外形を標準にして判断すべきである。判例も、警察官が職務執行を装って強盗殺人を行った事案において、国

家賠償法 1 条は、「公務員が主観的に権限行使の意思をもってする場合にかぎらず自己の利をはかる意図をもってする場合でも、客観的に職務執行の外形をそなえる行為をしてこれによって、他人に損害を加えた場合」に適用されるとした（最判昭和 31・11・30 民集 10 巻 11 号 1502 頁）。

　(iii)　公務員が故意または過失によって違法に他人に損害を加えたこと　　違法性を要件としたのは、民法 709 条の「権利」侵害を「違法性」と読み替える通説に従ったものである。その違法性の判断は、民法 709 条におけると同様に、公務員による侵害行為の態様と被侵害利益の程度との相関関係によって決せられる。ただし、例えば、刑事司法活動のように、公務員による公権力の行使は権利侵害を伴うことが多いため、その侵害行為の態様の判断に際しては、その権限を定めた法規を遵守しているか否かが重要な判断要素になると解されている（澤井 293 頁、吉村 281 頁など）。そして、最高裁も、国会議員の立法行為の違法性について、その「行動が個別の国民に対して負う職務上の法的義務に違背したかどうか」が問題となるとした（最判昭和 60・11・21 民集 39 巻 7 号 1512頁）。

　ところで、現代社会においては、医薬品や公害の規制など、国・公共団体の果たすべき役割が大きなものとなっているため、その公権力の不行使が国家賠償法 1 条 1 項で争われることが多い。この場合には、違法性の有無は、行政権がその裁量を逸脱していたか否かによって判断される。より具体的には、「国又は公共団体の公務員による規制権限の不行使は、その権限を定めた法令の趣旨、目的や、その権限の性質等に照らし、具体的事情の下において、その不行使が許容される限度を逸脱して著しく合理性を欠くと認められるときは、その不行使により被害を受けた者との関係において、国家賠償法 1 条 1 項の適用上違法となる」とされる（最判平成 16・4・27 民集 58 巻 4 号 1032 頁。なお、判旨は、最判平成元・11・24 民集 43 巻 10 号 1169 頁および最判平成 7・6・23 民集 49 巻 6 号1600 頁—クロロキン薬害訴訟を引用）。そして、かつては、公務員による権限の不行使の違法性が否定されることも多かった（前掲最判平成元・11・24 と前掲最判平成 7・6・23 は否定）ものの、筑豊じん肺訴訟（前掲最判平成 16・4・27）と水俣病関西訴訟（最判平成 16・10・15 民集 58 巻 7 号 1802 頁）はこれを肯定した。

　その後、最高裁は、大阪泉南アスベスト訴訟において、石綿製品の製造等を

行う工場または作業場の労働者が、石綿の粉じんにばく露したことにより石綿
肺等の石綿関連疾患にり患した事案につき、次のように判示した。すなわち、
昭和33年当時、①石綿肺に関する医学的知見が確立し、国も石綿の粉じんに
よる被害の深刻さを認識していたこと、②上記の工場等における石綿の粉じん
防止策として最も有効な局所排気装置の設置を義務付けるために必要な技術的
知見が存在していたこと、および、③従前からの行政指導によっても局所排気
装置の設置が進んでいなかったことなどの事情を総合すると、労働大臣が、昭
和33年5月26日以降、旧労基法に基づく省令制定権限を行使して、罰則をも
って石綿工場に局所排気装置を設置することを義務付けなかったことは、国家
賠償法1条1項の適用上違法である（最判平成26・10・9民集68巻8号799頁）。
さらに、最高裁は、建設アスベスト訴訟（神奈川1陣）においても、労働大臣
が建設現場における石綿関連疾患の発生防止のために労働安全衛生法に基づく
規制権限を行使しなかったことが、屋内の建設作業に従事して石綿粉じんにば
く露した労働者、および、安衛法上の労働者に該当しない者（一人親方）との
関係において、国家賠償法1条1項の適用上違法であるとした（最判令和3・
5・17民集75巻5号1359頁—前出292頁）。

　(ウ)　効果　　国または公共団体が賠償義務を負う。また、公務員を選任・監
督する者とその費用を負担する者とが異なる場合には、「費用を負担する者も
また、その損害を賠償する」責任を負う（国賠3条1項）。これに対して、前述
のように、判例によれば、公務員個人が被害者に対して直接に責任を負うこと
はない。

(3)　営造物責任（2条）

　(ア)　民法717条との異同　　国家賠償法2条1項は、①道路、河川その他の
「公の営造物」の、②「設置又は管理に瑕疵」があったために他人に損害を生
じた場合には、国または公共団体が賠償責任を負うとする。この規定は、民法
717条と同じく危険責任に基づく無過失責任を規定するもの（通説）であり、
国家賠償法の制定前は、民法717条が適用されていた（前掲大判大正5・6・1）。
ただし、国家賠償法2条は、民法717条の責任をより強化している（259頁参
照）。

(イ) 要件　国家賠償法2条1項が適用されるための要件は、次の二つである。

(i) 公の営造物　国・公共団体が直接に公の目的に供する有体物や物的設備をいう。民法717条の「土地の工作物」と異なり、土地への接着性と人工的な作業を加えた物であることのいずれをも要件としない。それゆえ、一方では、警察の公用車や拳銃などの動産も「公の営造物」である。また他方では、天然の河川や池沼などの自然公物もこれに含まれる。ただし、次に述べるように、自然公物の設置・管理の瑕疵の判断については、人工的な作業を加えた公物（人工公物）とは異なる基準が用いられている。

(ii) 設置・管理の瑕疵　判例によれば、「国家賠償法2条1項の営造物の設置または管理の瑕疵とは、営造物が通常有すべき安全性を欠いていることをいい、これに基づく国および公共団体の賠償責任については、その過失の存在を必要としない」とされる。それゆえ、例えば、公共団体は、国道の落石を防止する防護柵を設ける予算がないとしても、「道路の管理の瑕疵によって生じた損害に対する賠償責任を免れ」ることはできない（最判昭和45・8・20民集24巻9号1268頁）。

上記のような、物が「通常有すべき安全性を欠いていること」を瑕疵とする判例・通説（客観説）に対しては、管理行為の不適切さ（損害回避義務違反）を瑕疵と捉える義務違反説が有力に主張されている（263頁参照）。しかし、客観説も機能的な欠陥を含むと解されているため、両見解の実際上の差異は小さい。

ところで、判例は、上記のように、人工公物に関しては、損害回避のための予算がないことが免責事由とならないとする。しかし、河川などの自然公物の管理に関しては、その管理に一定の限界が存することを認める。すなわち、治水事業には「財政的、技術的及び社会的諸制約」が存在し、河川管理の瑕疵は、道路の管理と異なり、「同種・同規模の河川の管理の一般水準及び社会通念に照らして是認しうる安全性を備えていると認められるかどうかを基準として判断すべきである」とする。そして、とりわけ、「未改修河川又は改修の不十分な河川の安全性としては、諸制約のもとで一般に施行されてきた治水事業による河川の改修、整備の過程に対応するいわば過渡的な安全性をもって足りるものとせざるをえない」とした（最判昭和59・1・26民集38巻2号53頁―大東水

害訴訟)。

　なお、国家賠償法2条1項は無過失責任であるが、判例は、不可抗力による免責を認める。すなわち、交通事故の発生時に、公共団体(県)の「設置した工事標識板、バリケード及び赤色灯標柱が道路上に倒れたまま放置されていた」としても、「夜間、しかも事故発生の直前に先行した他車によって惹起されたもの」であり、「遅滞なくこれを原状に復し道路を安全良好な状態に保つことは不可能であった」場合には、当該公共団体の「道路管理に瑕疵がなかった」とする(最判昭和50・6・26民集29巻6号851頁)。

　(ウ) 効果　　国または公共団体が賠償責任を負う。被害者に対して損害賠償を支払った国・公共団体は、「他に損害の原因について責に任ずべき者があるときは」、その者に対して求償権を有する(国賠2条2項)。また、営造物の設置・管理者とその設置・管理の費用を負担する者とが異なる場合には、費用を負担する者も賠償責任を負わなければならない(国賠3条1項)。

3　自動車損害賠償保障法

(1)　意義
　自動車の事故について、かつては、運転者に709条が適用され、その使用者には715条が適用されていた。しかし、自動車の事故が多発し、その被害者を救済するため、昭和30年(1955年)に制定されたのが自動車損害賠償保障法(以下「自賠法」という)であった。

　自賠法の第一の特色は、加害者側の責任を強化し、無過失責任に近い責任を課したことにある。すなわち、自賠法3条は、「自己のために自動車を運行の用に供する者」(運行供用者)が「その運行によって他人の生命又は身体を害したとき」は、①「自己及び運転者が自動車の運行に関し注意を怠らなかったこと」、②「被害者又は運転者以外の第三者に故意又は過失があったこと、および、③「自動車に構造上の欠陥又は機能の障害がなかったこと」の三つを証明しない限り、賠償責任を負うとする。この規定は、709条の過失の立証責任を転換した中間的責任を定める。しかし、免責事由の立証は事実上困難であり、実質的には無過失責任となっている。

　なお、自賠法は、「他人の生命又は身体」に対する損害（人身損害）についての特別法であり、それ以外の損害（物的損害）については、709 条が適用される。これは、自賠法が特に深刻な被害を対象とするためである。

　自賠法の第二の特色は、運行供用者の責任を事実上の無過失責任としたことに伴い、強制責任保険制度を設けたことにある。すなわち、自賠法は、自動車損害賠償責任保険（または自動車損害賠償責任共済）の契約が締結されていない自動車を「運行の用に供してはならない」として、責任保険への加入を義務づけ（自賠 5 条）、加害者の賠償の資力を確保した。そして、被害者の保険会社に対する直接請求を認め（自賠 16 条）、被害者救済の実効性を高めるとともに、ひき逃げなど、「自動車の保有者が明らかでないため被害者が第 3 条の規定による損害賠償の請求をすることができないとき」は、政府の自動車損害賠償保障事業（自賠 71 条）によって、被害者の請求に基づき、「政令で定める金額の限度において」ではあるが、損害が塡補される（自賠 72 条）。

(2)　主体（賠償義務者）——運行供用者

　(ア)　意義　　自賠法では、運行供用者が賠償責任を負う。これに対して、「保有者」という概念がある。この保有者とは、「自動車の所有者その他自動車を使用する権利を有する者で、自己のために自動車を運行の用に供するもの」（自賠 2 条 3 項）であり、運行供用者の概念よりも狭い。すなわち、自動車を賃借した者は、保有者であり、かつ運行供用者であるが、他人の自動車を盗んで運転した者は、保有者ではないものの、運行供用者として責任を負うことになる。問題となるのは、保有者の承諾のない場合（無断運転）に、その保有者を運行供用者とすることができるか否かである。

　(イ)　判断基準　　運行供用者の判断基準として、かつての判例は、運行支配と運行利益の二つを必要としていた。すなわち、「自賠法 3 条にいう『自己のために自動車を運行の用に供する者』とは、自動車の使用についての支配権を有し、かつ、その使用により享受する利益が自己に帰属する者を意味する」とした（最判昭和 43・9・24 判時 539 号 40 頁。このほか、最判昭和 44・9・18 民集 23 巻 9 号 1699 頁など）。この二つの基準は、危険責任（運行支配）と報償責任（運行利益）に基づく。しかし、その後の判例では、危険責任を重視し、運行支配

の基準を中心に、これを事実上広く認めている。すなわち、自動車の所有者か
ら依頼されて自動車の所有者登録名義人となった者も、「自動車の運行を事実
上支配、管理することができ、社会通念上自動車の運行が社会に害悪をもたら
さないよう監視、監督すべき立場にある場合」には、運行供用者に当たるとさ
れた（最判昭和50・11・28民集29巻10号1818頁—同居する成年の子の所有する
自動車について、父が登録名義人となり、父の居宅の庭に保管していた事案）。そし
て、最高裁は、弟が兄からの名義貸与の依頼を承諾して自動車の名義上の所有
者兼使用者となり、兄がその承諾の下で所有していた自動車を運転して事故を
起こした場合において、兄は、当時、生活保護を受けており、自己の名義で自
動車を所有すると生活保護を受けることができなくなるおそれがあると考え、
本件自動車を購入する際に、弟に名義貸与を依頼したという事案につき、弟が、
上記自動車の運行について、自賠法3条にいう運行供用者に当たるとした。そ
の理由は、弟の兄に対する「名義貸与は、事実上困難であった兄による本件自
動車の所有及び使用を可能にし、自動車の運転に伴う危険の発生に寄与するも
の」であり、兄弟が「住居及び生計を別にしていたなどの事情があったとして
も、弟は、「兄による本件自動車の運行を事実上支配、管理することができ、
社会通念上その運行が社会に害悪をもたらさないよう監視、監督すべき立場に
あった」ということにある（最判平成30・12・17民集72巻6号1112頁）。

　この判決は、昭和50年判決と同様の説示をしている。しかし、その事案は、
名義貸与の当事者が「住居及び生計を別にしていた」点で、昭和50年判決の
事案よりも、「名義を貸与したことによる責任に焦点が当たる」ものであり、
名義の貸与が、「自動車の運転に伴う危険の発生に寄与する」との「危険責任
の観点から、運行支配が認められたと解されている（中野琢郎・最判解説386
頁）。

　(ウ)　認定方法　　現実の訴訟において、運行供用者はどのように認定される
か。換言すれば、原告（被害者）は、被告（加害者）が運行供用者であるとす
るために、どのような事実を主張立証しなければならないかが問題となる。こ
の問題については、次の二つの見解がある。

　(a)　具体説　　自賠法3条の「その運行」を「自己のための運行」であると
解し、当該事故の原因となった運行が自己のためのものであることを被害者が

主張立証しなければならないとする。もっとも、その立証は容易でないため、判例は、①自動車の所有者と加害者との間に密接な関係が存し、②日常の自動車の運転状況、および、③日常の自動車の管理状況から、「客観的外形的に」自動車の所有者のためにする運行と認められればよいとする（最判昭和39・2・11 民集 18 巻 2 号 315 頁）。これは、715 条の「事業の執行について」の外形標準説に基づく（257 頁以下参照）。

　(b)　抗弁説　　具体説によると、被害者は、自動車の所有者と運転者の関係や、日常の自動車の運転状況およびその管理状況など、加害者側の内部事情を立証しなければならず、妥当でない。そこで、自賠法 3 条の「その運行」を「その自動車の運行」と解し、被害者は、被告の当該自動車に対する一般的・抽象的な利用権限を主張立証すれば、被告の運行支配が推認される。これに対して、被告は、自動車の使用権限がなく、運行供用者ではなかったことを、抗弁として主張立証しなければならないとする。

　(エ)　具体例　　判例上、運行供用者が問題となる事案には、以下のようなものがある。

　(i)　自動車の貸与　　自動車を他人に一時的に貸与した場合には、貸主も運行供用者となる（最判昭和 46・1・26 民集 25 巻 1 号 102 頁）。レンタカーについては、かつては借主のみが運行供用者で、業者（貸主）は運行供用者に当たらないとされた。しかし、業者は、借主の免許証を確認し、一定の指示を与えるため、「自動車に対する運行支配および運行利益を有していた」として、運行供用者に当たるとされる（最判昭和 46・11・9 民集 25 巻 8 号 1160 頁）。

　(ii)　無断運転　　被用者が使用者の自動車を無断で運転した場合には、その自動車が使用者の所有に属する限り、使用者が運行供用者となる。また、家族ないし親族が無断運転した場合には、その監督者（通常は父）が運行供用者となる（最判昭和 49・7・16 民集 28 巻 5 号 732 頁、前掲最判昭和 50・11・28）。

　(iii)　泥棒運転　　自動車を窃取して運転した者（泥棒）は運行供用者となる。しかし、当該自動車の保有者は運行供用者責任を負わない。なぜなら、保有者は、「その運行を指示制御すべき立場になく、また、その運行利益も」帰属しないからである（最判昭和 48・12・20 民集 27 巻 11 号 1611 頁）。ただし、保有者の鍵の管理が不十分であった場合には、民法 709 条の責任を負うことはありう

る。

　(iv)　その他　　会社の従業員が通勤用のマイカーで帰宅途中に事故を起こした場合にも、会社が運行供用者責任を負う（最判平成元・6・6交民集22巻3号551頁）。また、「自動車の所有者又は使用権者の依頼を受け、これらの者に代わって、当該自動車を目的地まで運転する役務を提供し、これに対する報酬を得ることを業とする」運転代行業者は、「自動車を使用する権利を有し、これを自己のために運行の用に供していたものと認められる」から、自賠法2条3項の「保有者」に該当する（最判平成9・10・31民集51巻9号3962頁）。問題となるのは、代行業者に運転を依頼した自動車の所有者や使用権限者が同乗している場合に、この者も運行供用者としての責任を負うか否かである。判例は、自動車の所有者等が代行業者に運転を委ねて同乗しているとしても、「事故防止につき中心的な責任を負う者」であり、代行業者に対して「運転の交代を命じ、あるいは運転につき具体的に指示することができる立場にある」から、特段の事情のない限り、被害者である第三者に対して運行供用者責任を負う（＝自賠法3条の「他人」には当たらない）とする（前掲最判平成9・10・31）。それゆえ、事故の被害者に対しては、代行業者と依頼した所有者等が共同して運行供用者責任を負うことになる。ただし、同乗していた所有者等が事故によって負傷した場合には、その者は代行業者の運行支配に比べて「間接的、補助的なものにとどま」るから、代行業者に対する関係では、自賠法3条の「他人」に当たるとした（前掲最判平成9・10・31）。

(3)　要件

　運行供用者の要件ほかに、(ア)自動車の「運行」によること、(イ)「他人」に損害を生じさせたこと、および、(ウ)免責事由のないことが要件となる。

　(ア)　「運行」　　「自動車を当該装置の用い方に従い用いること」である（自賠2条2項）。通常は、「自動車をエンジンその他の走行装置により位置の移動を伴う走行状態におく場合」をいう（最判昭和52・11・24民集31巻6号918頁）。しかし、クレーン車のクレーンやフォークリフトの荷台など、「走行停止の状態」にある「固有の装置をその目的に従って操作使用する場合」も含まれる（前掲最判昭和52・11・24、最判昭和63・6・16判時1298号113頁）。

㈑　「他人」　　被害者が自賠法 3 条の「他人」に当たらないと、強制保険による保護を受けることができない。そこで、同乗者が「他人」に当たるか否かが争われることがある。

　判例は、「他人」とは、「自己のために自動車を運行の用に供する者および当該自動車の運転者を除く、それ以外の者をいう」（最判昭和 42・9・29 判時 497 号 41 頁）とし、同乗者も「他人」に当たるとした。とりわけ、夫の運転する自動車に同乗して負傷した「妻」についても、「被害者が運行供用者の配偶者等であるからといって、そのことだけで、かかる被害者が右にいう他人に当たらないと解すべき論拠は」ないとした（最判昭和 47・5・30 民集 26 巻 4 号 898 頁）。ただし、判例は、「具体的な事実関係のもとにおいて、かかる被害者が他人に当るかどうかを判断すべきである」とし、同乗者であっても運行支配が認められる場合には、「他人」には当たらないとする。すなわち、最高裁は、被害者である同乗者の運行支配が「直接的、顕在的、具体的である」場合には、その同乗者が運行供用者であり、「『他人』であることを主張することは許されない」とした（最判昭和 50・11・4 民集 29 巻 10 号 1501 頁）。

　㈄　免責事由　　自賠法 3 条に基づいて被害者から損害賠償請求をされた被告は、運行供用者でないこと、または、運行供用者であるとしても、同条ただし書の三つの免責事由を立証した場合には、その責任を免れる。

　ところで、自賠法 3 条の文言上は、運行供用者が三つの免責事由のすべてを証明しなければ免責されないようにも解される。しかし、判例は、自賠法 3 条ただし書「所定の免責要件事実」のうち、「ある要件事実の存否が、当該事故発生と関係のない場合においても、なおかつ、該要件事実を主張立証しなければ免責されないとまで解する必要はなく、このような場合、運行供用者は、右要件事実の存否は当該事故と関係がない旨を主張立証すれば足り、つねに右但書所定の要件事実のすべてを主張立証する必要はない」とする（最判昭和 45・1・22 民集 24 巻 1 号 40 頁）。

(4)　効果

　「保有者」を含む運行供用者が、被害者に対して、損害賠償責任を負う。これに対して、他人のために自動車の運転または運転の補助に従事する「運転

者」（自賠 2 条 4 項）は、運行供用者ではなく、民法 709 条によって責任を負う。

4　製造物責任法

(1)　意義

　製造物責任とは、製造物の欠陥により被害を被った者に対する製造業者の責任をいう。製造物責任法が成立した平成 6 年(1994 年)以前は、製造業者と消費者との間に直接の契約関係がないことから、製造物責任は不法行為法（709 条）によって処理されてきた。しかし、被害者が製造業者の過失を立証することは、きわめて困難である。そこで、製造物責任法は、製造物の「欠陥」により人の生命、身体または財産が侵害された場合には、製造業者の過失を問題とすることなく、その損害賠償責任を認めた（3 条）。すなわち、同法は、製造業者の過失ではなく、製造物の欠陥を要件とした無過失責任を認めたものである。ただし、製造業者は、当該製造物を引き渡した時における科学または技術に関する知見によっては、欠陥があることを認識することができなかったことを証明したときは免責される（4 条 1 号）。これは、開発危険の抗弁を規定したものである。しかし、その解釈に際しては、製造業者の認識可能性を問題とすると過失責任と同じになる。そこで、開発危険の抗弁は、個々の製造業者の知見ではなく、当時の「世界最高の科学技術」の知見によっても欠陥を認識することができなかった場合にのみ認められると解される（東京地判平成 14・12・13 判時 1805 号 14 頁参照）。

(2)　主体（賠償義務者）

　製造物責任法によって賠償義務を負うのは、「製造業者等」である。すなわち、①「当該製造物を業として製造、加工又は輸入した者」（2 条 3 項 1 号＝「製造業者」）のほか、②他人の製造物に自らを製造業者であると表示した者（同 2 号）、および、③実質的な製造業者と認めることができる表示をした者（同 3 号）である。

(3)　**要件**

(ア)　製造物　「製造又は加工された動産」をいう（2条1項）。動産が対象となるため、不動産（土地・建物）、電気などの無体物、サービス（役務）の提供は含まれない。また、「製造又は加工」された物でなければならないため、収穫したままの農産物や海産物は、製造物ではない。裁判例には、割烹料亭において調理されたイシガキダイ料理によって食中毒となった事案につき、「イシガキダイという食材に手を加え、客に料理として提供できる程度にこれを調理したもの」であるから、「加工」に当たるとしたものがある（前掲東京地判平成14・12・13）。

(イ)　欠陥　当該製造物が「通常有すべき安全性を欠いていること」をいう（2条2項）。民法717条の工作物責任における「瑕疵」の概念に相当する。欠陥の有無の判断基準については、通常の消費者が期待する安全性を基準とする見解（消費者期待基準）や、製造物によってもたらされる効用と危険とを比較する見解（危険・効用基準）などがある。このうち、医薬品については、危険・効用基準が諸外国において広く用いられている。

　また、製造物責任法は、欠陥の有無の判断要素として、①当該製造物の特性、②通常予見される使用形態、③製造業者等が当該製造物を引き渡した時期を例示する（2条2項）。この判断要素に関連して、欠陥には、一般に次の三つの類型があるとされる。

　第一は、製造上の欠陥であり、製造物が設計・仕様どおりに製造されなかったことにより安全性を欠く場合である。

　第二は、設計自体に問題のある設計上の欠陥である。例えば、フードパックを裁断して自動搬送する機械に従業員が頭部を挟まれて死亡した事案につき、「身体が入ったときに本件機械が自動的に停止するような対策が講じられていなかった」ことが、設計上の欠陥であるとされた（東京高判平成13・4・12判時1773号45頁）。

　第三は、指示・警告上の欠陥である。すなわち、製造物に危険性がある場合には、その危険性を表示しなければならず、これをしなかった場合には欠陥が認められる。例えば、医薬品では、副作用の表示・警告がないことが欠陥となる（最判平成25・4・12民集67巻4号899頁）。また、小学校の給食用に使用さ

れる強化耐熱ガラス製の食器について、その危険性の表示がなかったとして、製造業者の責任が認められた（奈良地判平成15・10・8判時1840号49頁）。

　欠陥の存在時期は、2条2項および3条本文が製造物を「引き渡した」ことを明示するため、引渡しの時（出荷時）であると解されている。

　㋒　生命、身体または財産を侵害したこと　　製造物責任法が適用されるのは、製造物の欠陥により「他人の生命、身体又は財産を侵害したとき」であり（3条本文）、「その損害が当該製造物についてのみ生じたとき」には適用がない（同ただし書）。欠陥によって当該製造物が損傷した場合には、民法の契約不適合責任（562条以下）が適用される。

　㋓　免責事由（4条）のないこと　　前述した開発危険の抗弁（4条1号）が重要である。このほか、「当該製造物が他の製造物の部品又は原材料として使用された場合において、その欠陥が専ら当該他の製造物の製造業者が行った設計に関する指示に従ったことにより生じ、かつ、その欠陥が生じたことにつき過失がないこと」を立証したときも、製造業者の免責が認められる。

(4)　効果

　製造業者等が損害賠償責任を負う（3条）。この損害には、人的損害・物的損害はもちろん、精神的損害や逸失利益も含まれる。

　損害賠償請求権は、「被害者又はその法定代理人が損害及び賠償義務者を知った時から3年間行わないときは、時効によって消滅する」（5条1項前段）。また、「製造業者等が当該製造物を引き渡した時から10年を経過したときも、同様とする」（同後段）。このうち、前段の規定は、民法724条1号と同様である。しかし、後段は、「引き渡した時」を起算点とし、また期間を10年とする点において、民法724条2号と異なる。ただし、人の生命または身体を侵害した場合における損害賠償請求権の消滅時効は、民法724条の2に合わせて、損害および賠償義務者を知った時から「3年間」ではなく、「5年間」となる（5条2項）。さらに、製造物責任法は、10年の権利行使期間に関し、「身体に蓄積した場合に人の健康を害することとなる物質による損害又は一定の潜伏期間が経過した後に症状が現れる損害については、その損害が生じた時から起算する」とした（5条3項）。

5　失火責任法

(1)　意義
「失火ノ責任ニ関スル法律」（失火責任法）は、失火者について民法 709 条の責任を軽減し、その「重大ナル過失」があった場合にのみ、賠償責任を負わせる。同法が失火者の軽過失を免責したのは、①失火者自身も損害を受けていること、および、②木造家屋の多いわが国では、その被害が極めて広範囲に及ぶことを考慮したためである（大連判明治 45・3・23 民録 18 輯 315 頁）。しかし、家屋の構造が変化し、また火災保険の発達など、立法当時と状況の異なる今日では、同法の意義は疑わしい。

(2)　適用範囲
(ア)　債務不履行責任との関係　　大審院は、当初、賃借人の失火（債務不履行）についても失火責任法の適用を認めていた（大判明治 38・2・17 民録 11 輯 182 頁）。しかし、大審院連合部明治 45 年 3 月 23 日判決（前掲）は、これを変更し、債務不履行については民法 415 条が適用され、同法の適用はないとした。最高裁も、この立場を維持している（最判昭和 30・3・25 民集 9 巻 3 号 385 頁）。

失火責任法が「民法 709 条ノ規定」を適用しないと明記し、債務不履行責任を除外していること（前掲最判昭和 30・3・25）、および、契約関係が存する場合には、他人間の不法行為責任よりも責任が重くなるのは当然であるから、判例が妥当である。なお、学説では、失火責任法の適用を延焼部分に限定し、失火から直接に生じた火災には適用されないとする見解（吉村 320 頁）も有力である。

(イ)　「失火」　　過失による火災の発生行為であり、故意による場合（放火）は含まれない。危険物の爆発によって火災が発生した場合には、危険物の管理者には高度の注意義務が課され、その責任が加重されるべきであるから、失火責任法の適用はない（大判大正 2・2・5 民録 19 輯 57 頁参照）。

(ウ)　「重大ナル過失」　　判例は、「通常人に要求される程度の相当な注意をしないでも、わずかの注意さえすれば、たやすく違法有害な結果を予見するこ

とができた場合であるのに、漫然これを見すごしたような、ほとんど故意に近い著しい注意欠如の状態を指す」とする（最判昭和32・7・9民集11巻7号1203頁）。しかし、重過失を「ほとんど故意に近い」過失に限定する必要はなく、「一般人に要求される注意義務を著しく欠くこと」（幾代＝徳本184頁）とする見解が有力である。なお、重過失の立証責任は、被害者（原告）が負う（前掲最判昭和32・7・9）。

　㈑　特殊の不法行為との関係　　すでに述べた（714条-247-248頁、715条-248頁および262頁、717条-278頁）。

事 項 索 引

ろ

わ

判 例 索 引

野澤正充（のざわ・まさみち）

1983 年　立教大学法学部卒業
1985 年　司法試験合格
1991 年　立教大学法学研究科博士後期課程修了
1993 年　博士（法学）
現　在　立教大学法学部教授

【主要著書】
『債権引受・契約上の地位の移転』（一粒社、2001 年）
『契約譲渡の研究』（弘文堂、2002 年）
『ケースではじめる民法〔第2版〕』（共編著、弘文堂、2011 年）
『Step up 債権総論』（編著、不磨書房、2005 年）
『はじめての契約法〔第2版〕』（共著、有斐閣、2006 年）
『債権総論〔NOMIKA〕』（共著、弘文堂、2007 年）
『民法学と消費者法学の軌跡』（信山社、2009 年）
『瑕疵担保責任と債務不履行責任』（編著、日本評論社、2009 年）
『契約法の新たな展開――瑕疵担保責任から契約不適合責任へ』（日本評論社、2022 年）
『契約法――セカンドステージ債権法Ⅰ〔第4版〕』（日本評論社、2024 年）
『債権総論――セカンドステージ債権法Ⅱ〔第4版〕』（日本評論社、2024 年）

事務管理
じ む かんり
・不当利得
ふ とう り とく
・不法行為
ふ ほうこう い
　第4版［セカンドステージ債権法
さいけんほう
Ⅲ］

2011 年 8 月 31 日　第 1 版第 1 刷発行
2017 年 4 月 25 日　第 2 版第 1 刷発行
2020 年 3 月 25 日　第 3 版第 1 刷発行
2024 年 3 月 10 日　第 4 版第 1 刷発行

著　者――野澤正充
発行所――株式会社日本評論社
　　　　　〒 170-8474　東京都豊島区南大塚 3-12-4
　　　　　電　話　03-3987-8621（販売：FAX―8590）
　　　　　　　　　03-3987-8592（編集）
　　　　　https://www.nippyo.co.jp/
　　　　　振　替　00100-3-16
印刷所――株式会社精興社
製本所――株式会社難波製本
装　幀――レフ・デザイン工房